长卷上的万物简史

深海

德国雅各比・斯图尔特出版社编辑部 / 著
[德] 汉斯・巴尔策 / 绘　刘媛媛 / 译

中信出版集团 | 北京

世界海洋

蓝色的行星。从太空中看去，地球是蓝色的，因为海洋占据了地球表面的大部分面积。

地球表面约 71% 被海洋覆盖，它们有些是巨大的大洋——大西洋、印度洋、太平洋及北冰洋，有些是大洋的近海，如北海（大西洋东部的一个海湾）、波罗的海或地中海。

位于大陆边缘的海洋通常较浅，它们的底部实际上仍然是巨大的大陆板块的一部分。一般而言，水深在 200 米以内的地方都属于大陆架，而在大陆架外，海床常常陡峭地向深海倾斜。水面之下，海岭高高耸立在海底，在深海中形成一个个盆地。太平洋、印度洋、大西洋及北冰洋中的这些深海盆地，较深的地方通常在海平面以下 4000 ~ 7000 米。深海海沟要更深一些。太平洋西部的日本、菲律宾和西南部的新西兰的海岸附近，深海海沟较多。世界海洋最深的地方是超过 11 000 米的马里亚纳海沟。

深海是地球上最不为人所知的区域。我们对深海的了解，比月球表面还少，但深海对于地球上的生命来说至关重要。

水

所有生命都需要水。水或者在河流中流淌，或者以降雨的形式从水蒸气组成的云朵中落下，或者被固定在冰川之中，或者在世界各地的海洋（约占地球水量的 96.5%）中涌动着……

德国“波塞冬号”海洋考察船。

大洋

太平洋位于亚洲、大洋洲、南极洲和南、北美洲之间，占据了地球表面大约 35% 的面积及约一半的水。
大西洋位于非洲、欧洲、南极洲和南、北美洲之间，覆盖了地球表面大约 18% 的面积。

远程遥控潜水器，是现代深海考察中最重要的工具。

图中浅蓝色为大陆架浅海和大洋山脉，即所谓的大洋中脊；蓝色为深海盆地；深蓝色为深海海沟。

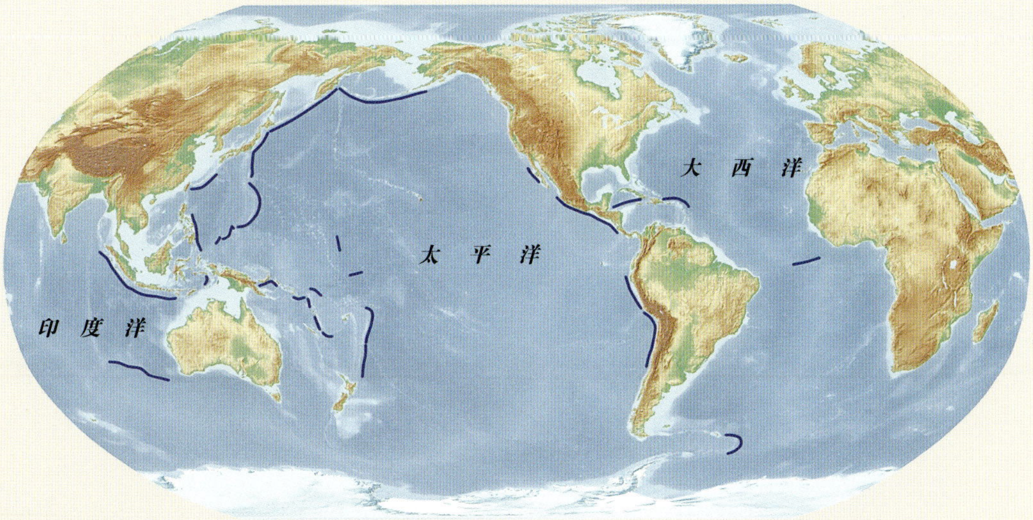

印度洋位于亚洲、南极洲、非洲和澳大利亚大陆之间，占据地球表面大约 15% 的面积。北冰洋位于亚洲、欧洲和北美洲之间。

按深度划分海洋层次

冰冷的水

深海中的水，通常温度在0℃以下，但由于盐度、压力等因素并不会结冰。水的温度越低，就越会留在海洋深处。相反，受热的水则会上升。因此，深层的海水很少会发生移动。

在地球上位于大陆边缘、光线充足的浅海中，如北海和波罗的海，以及大洋的表层海水中，生长着许多种单细胞或多细胞海藻。在这里定居的海绵和珊瑚虫都以这些海藻为食，其他喜欢移动的动物，如水母、贝类和鱼类也同样如此。海洋哺乳动物（如海豹、海狮、海豚或鲸）、鱼类（如鲨鱼），以及软体动物（如章鱼）都是肉食动物，以其他动物为食。

在海平面下大约200米深处，海床突然变得陡峭起来，已不属于大陆架的范围。而阳光还能向下照射到大约1000米深的地方，相应地，这里还生存着少量水生植物。

海平面1000米以下就是真正的深海，以及海底盆地与海岭。这里一片漆黑，温度可以低至−2℃，然而，这里仍然生活着大量的鱼及其他动物，它们通常以来自海洋上层的死亡生物为食。

最深的海洋盆地，深度可以达到约6000米，深海海沟则更深，可以超过11 000米。即使在这些地球上最深的地方，也有生命存在。

鮟鱇是最著名的深海居民之一。它通过头上能在黑暗中发光的“钓竿”引诱猎物。

在海底很深的地方，除了遇难船只的残骸，还有鲸的骨架。

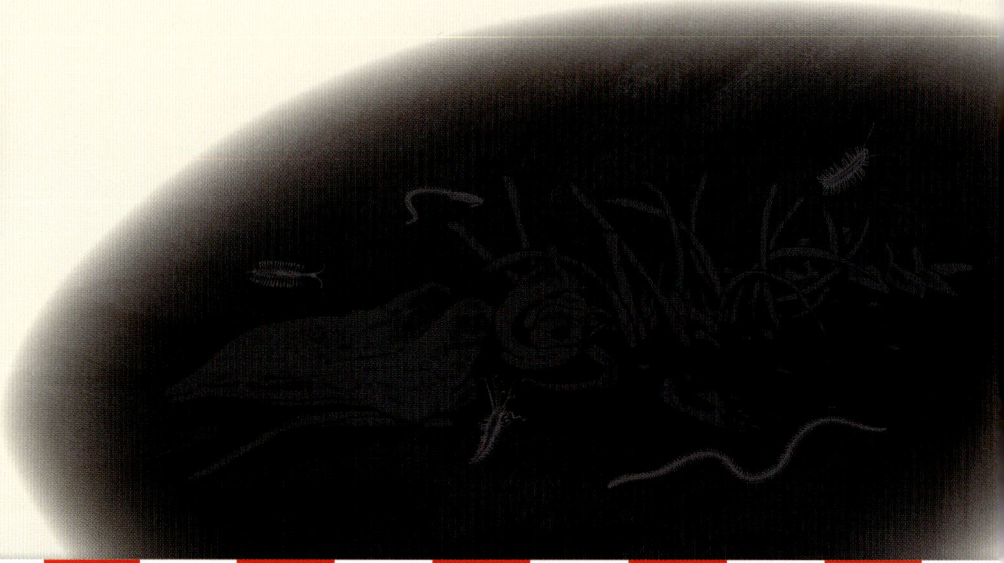

压强

海平面的大气压强约为1标准大气压；在海里，深度每增加10米，压强就增大约1标准大气压。在深度为10 000米的海里，压强为1001标准大气压，约是小汽车轮胎压强的400倍！在这一深度，人类会立刻窒息而死。而一些鱼和其他生物却可以在1000

海平面

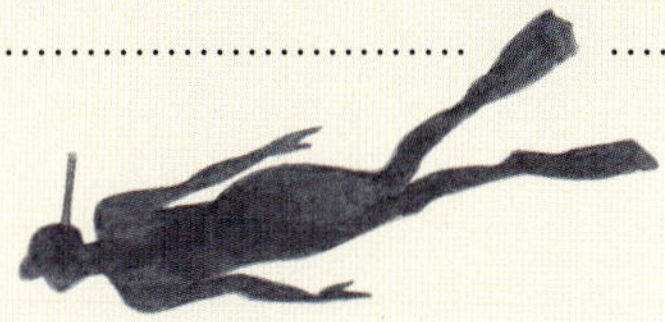

海洋表层

光线充足，是海藻的家园，有鱼群、海豚、海豹等。

－200米

海洋中层

光线较少，有少量水生植物，是鱼群躲避肉食动物的撤退区域。

－1000米

海洋深层

一片漆黑，属海洋盆地底部，有少量动物，如会发光的鱼——鮟鱇。此处蕴藏甲烷冰，也是“黑烟囱”区（深海海底热液活动区）。

4000米

海洋深渊

最深的海洋盆地，有深海甲壳动物和少数鱼类。

－6000米

海洋地狱

深海海沟，有蠕虫、少量鱼类、深海甲壳动物。

－11 000米

标准大气压甚至更大的压强下生存，因为它们的身体含有大量的水，身体内部的压强和它们周围的压强一样大。这些深海鱼没有充满空气的鱼鳔（鱼类通常利用鱼鳔调控自身漂游的高度）。鲸可以潜至水下 3000 米深处，但下潜之后它们的肺中就不再有空气，它们所需要的氧气溶解在血液中。

洋流和天气

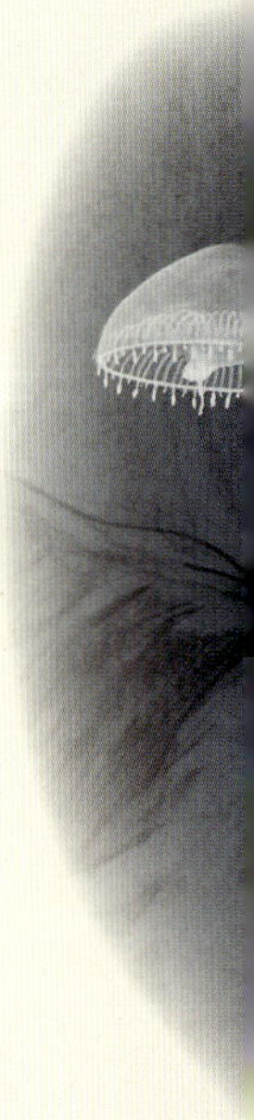

地球是自西向东自转的，而海洋里的水是滞后于陆地运动的。在这个循环过程中，地球表面自转最快的地方在赤道，因此这里的海水会不由自主地跟着转动，但方向与地球自转方向相反，即自东向西。赤道地区洋流的这种运动迫使极地方向的海水在向东运动的同时向赤道流去。来自极地海洋的冷水和热带海洋温暖的水混合在一起，而来自较浅海域的温暖的水和深海中寒冷的水也混合在一起。洋流还会被大陆截断并转变方向，导致洋流系统更加复杂。

正受到灭绝威胁的海龟在温暖海洋中的任何地方都可以生存。

洋流在很大程度上决定了陆地上的天气：暖流会带来温和的空气和大量降雨，这是因为温暖的水比冷水更容易蒸发，也更容易形成云朵，云朵遇冷则形成降雨。寒流则会为一些地区降温减湿。

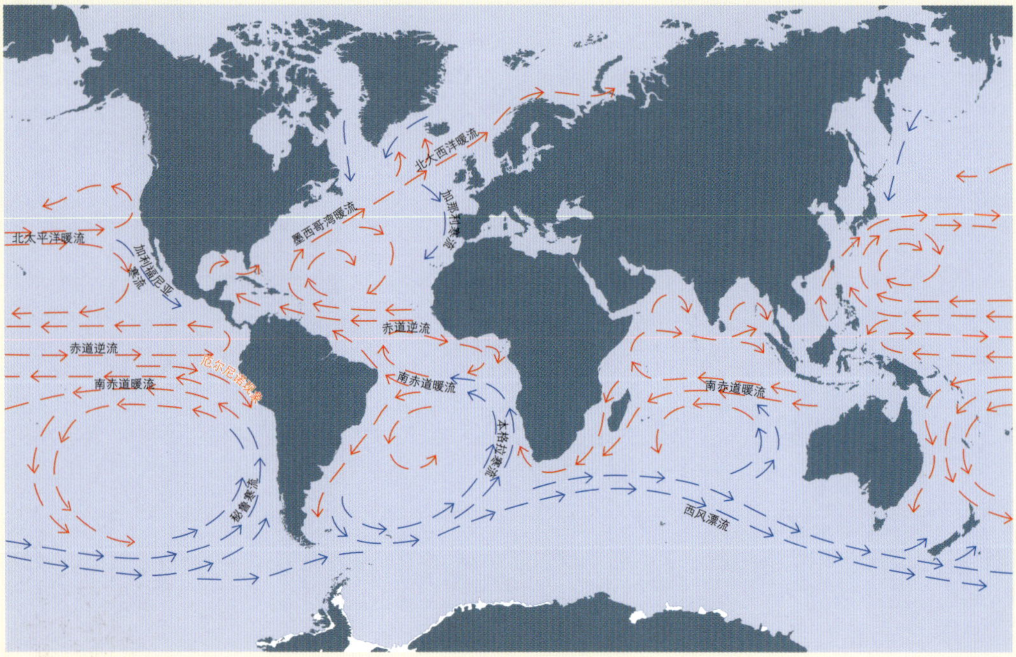

暖流（红色箭头）和寒流（蓝色箭头）的移动轨迹如图所示。

重要的洋流

墨西哥湾暖流是比较重要的洋流之一：温暖的海水在赤道附近的大西洋中流入墨西哥湾，在那里的浅水区域进一步升温，然后穿过北大西洋流向欧洲。欧洲北部温和、湿润的气候在一定程度上要归功于墨西哥湾暖流。秘鲁寒流途经南美洲西海岸，它和非洲南部

水母在海洋深处及海洋表层都能生存，随着洋流漂游。

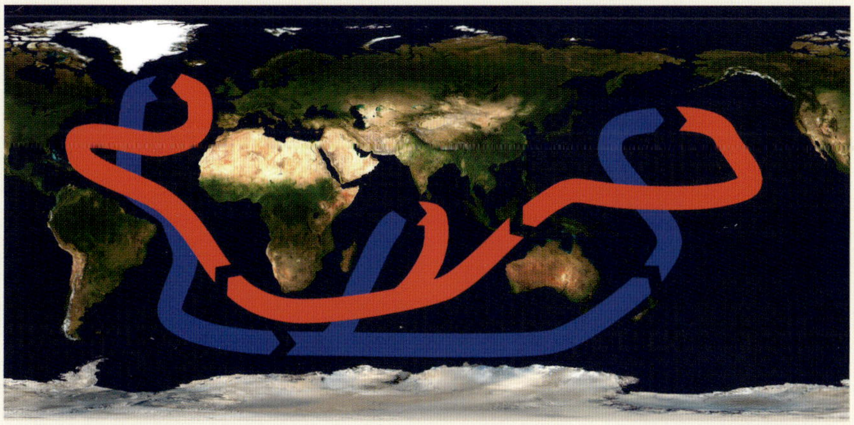

冷的（蓝色）深层洋流和暖的（红色）表层洋流的相互作用。红色箭头变为蓝色箭头的地方，原本温暖的海水已大体冷却下来，沉入海洋深处。

厄尔尼诺现象

通常来说，经过南美洲西海岸的秘鲁寒流会将寒冷的极地海水向北输送，这对鱼类来说非常有利，因为冷水中富含氧气及营养物质。秘鲁寒流流经区域的鱼类资源十分丰富。但是有时（在圣诞节期间）厄尔尼诺会阻止这股寒流的流动。这时鱼类会大量死亡。如今，厄尔尼诺现象比以前发生得更加频繁，这说明气候在发生变化。

西海岸的本格拉寒流一样，会给沿岸带来干燥的沙漠气候。在南美洲东海岸，巴西暖流以与墨西哥湾暖流相反的方向运动，即向南运动。在太平洋中，洋流并不因为大陆转变方向。
与自东向西流动的赤道暖流方向相反的赤道逆流，在热带地区就已形成。

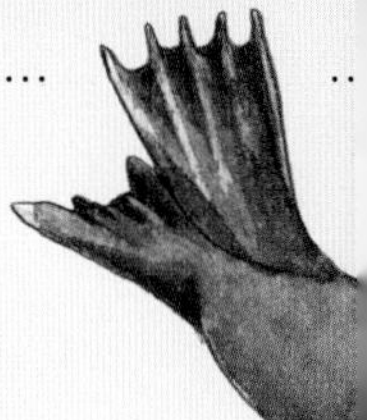

大洋生态系统

海百合是海星的亲戚，它牢牢地“扎根”在海底，靠滤食水中的浮游生物生存。

大部分海洋动物，如水母、贝类、珊瑚虫及多数鱼类，都以水生植物，如海藻为食。大部分海藻个体都极小，通常为单细胞生物。和陆地上的绿色植物一样，海藻也能依靠叶绿素将太阳能转变为化学能储存起来，并将二氧化碳和水转化为有机物。在这个被称为光合作用的过程中，动物们呼吸所必需的氧气也同时被释放出来。海洋里也有肉食动物：须鲸每次潜水都会从海水中滤食上千只小型甲壳动物，主要是磷虾；乌贼和章鱼会捕捉小型鱼类和贝类；鲨鱼会吃小型鱼类……而与它们竞争食物的，是海鸥和企鹅等海鸟。

长期以来，这种生态系统都保持稳定，直到人类将浅海的鱼捕捞殆尽并引起气候变化，而气候变化则使海洋中的生态系统更加紊乱。

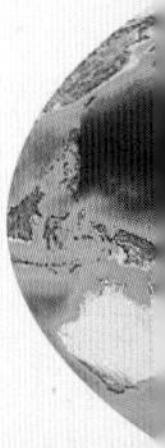

吃和被吃

在深海之中，既有安静生活的、以上层海域的死亡动植物沉下来的残余物为食的甲壳动物和鱼类，又有吃更小的甲壳动物和鱼类的肉食动物。

海洋居民分类

海洋是一座巨大的宝库，为形形色色的海洋居民提供了居住空间与食物。海洋中数量最多的居民是浮游植物，主要是藻类。很多海洋居民都以海藻为食。浮游动物的数量也很多，主要是极小的甲壳动物，如通常所说的磷虾。海洋里的肉食动物也不少，它们主

海狮是肉食动物，
以鱼类为食。

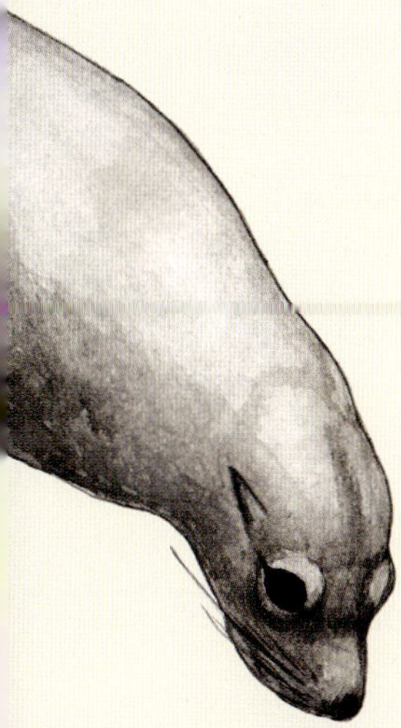

一艘传统海上捕鱼船。现代远洋拖网渔船更大，船上还有制造鱼罐头的工厂。

显微镜下的浮游动物，主要为磷虾等小型甲壳动物。

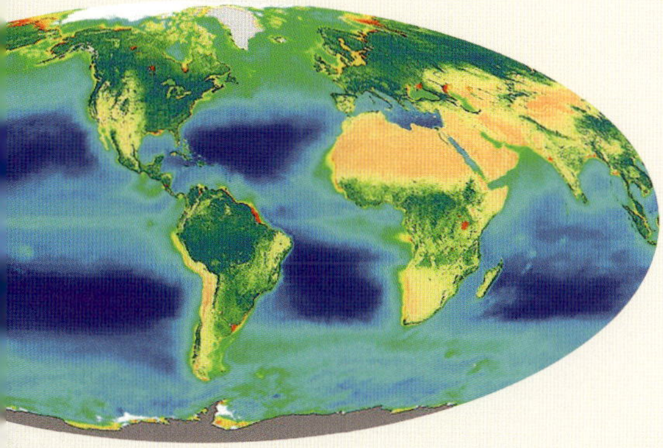

这张地图展示了地球上叶绿素的分布情况，从中可以看出海面的植物分布情况。海岸边和浅海中的植物最多，而大洋的中间地带则很少。

鲸鲨是海洋中最大的鱼类。与鲸鲨相比，潜水员体形显得极小。鲸鲨性情温顺，以浮游生物和小鱼为食。

要以小型海洋动物为食。海洋肉食动物主要包括软体动物（如章鱼和乌贼等）、节肢动物（如龙虾等）、鱼类（如鲨鱼）、哺乳动物（如鲸、海豹、海狮），以及鸟类（如海鸥、企鹅）。

生命的起源

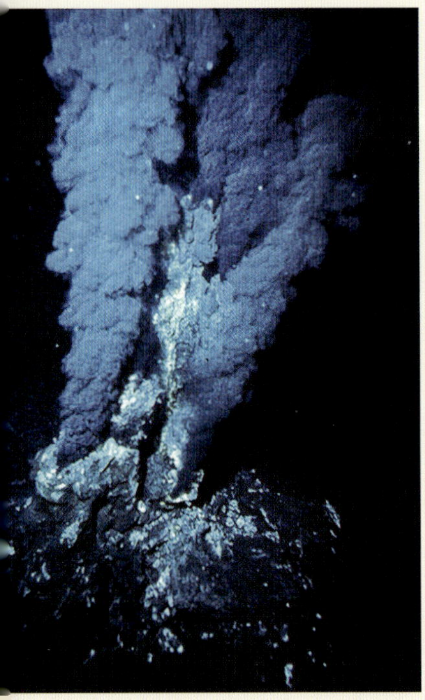

在探照灯的光线下，这个“黑烟囱”看起来是蓝色的。

科学界通常认为，地球上的生命起源于浅海。在浅海里的一种“原始汤”中，通过雷电的电能或太阳能，产生了复杂的有机物。这些有机物可以储存太阳能，并将储存的能量传递到子细胞中。这一理论认为，地球上一切生命的能量都要首先归功于光合作用，即将光能转化为化学能，所有植物体内都在进行这一过程。

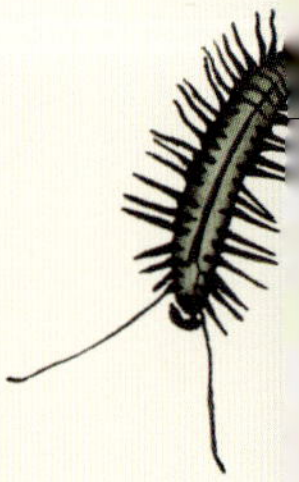

然而，生命也可能起源于深海。在深海中，太阳能不起任何作用，生命利用的是地球内部的热能。这些热能从海底热泉即“黑烟囱”中喷溢出来。细菌在这里诞生，并利用硫化氢（H_2S）将碳元素（C）积聚起来。整个群落生境的蠕虫、贝类等依靠这些细菌获得营养。因此，最初的生命很可能完全不是借助于阳光在靠近海面的地方诞生的，而是诞生于深海之中。

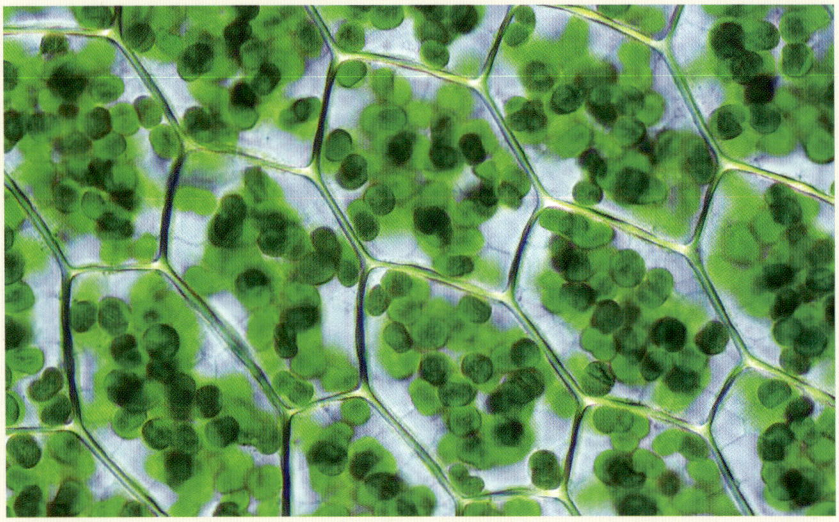

在植物细胞中，比如这些海藻细胞，有极小的绿色细胞器——叶绿体。叶绿体能利用二氧化碳和光能进行光合作用，合成有机物。

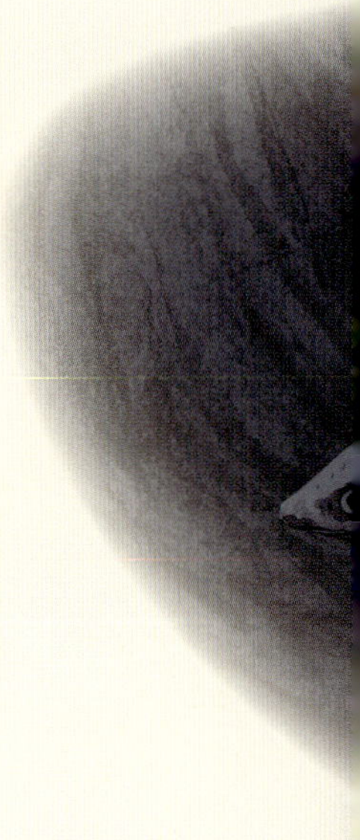

一个“黑烟囱”。

原始生物

海洋中最原始的生物是古菌（古核细胞）和细菌。古菌与细菌都是极小的单细胞生物，没有成形的细胞核，是原核生物。它们要么通过化学过程从地球内部的热量中获取生命所需的能量，像在“黑烟囱”旁所做的一样；要么通过光合作用，在叶绿素的帮助下从

多毛蠕虫在海洋中到处可见，它们以寄生的形式生存，以腐尸和微生物为食。它们也生活在“黑烟囱”旁边。

“黑烟囱”底部的管状蠕虫。这些蠕虫没有消化器官，而是和细菌共生。这些细菌能将热液硫化物的能量转化为管状蠕虫可以吸收的营养。

科学幻想

其他行星有着和地球不一样的大气成分，比如，主要是氨气[氮（N）和氢（H）的化合物]，而不是氮气和氧气。因此，过去人们认为那里是不可能诞生生命的。但是科幻小说家们一直认为，生命诞生的化学基础也许会与地球的不同。自从我们知道炽热的硫化氢也可能是生命的培养基之后，科幻小说家的想法也不再显得那么不合情理了。

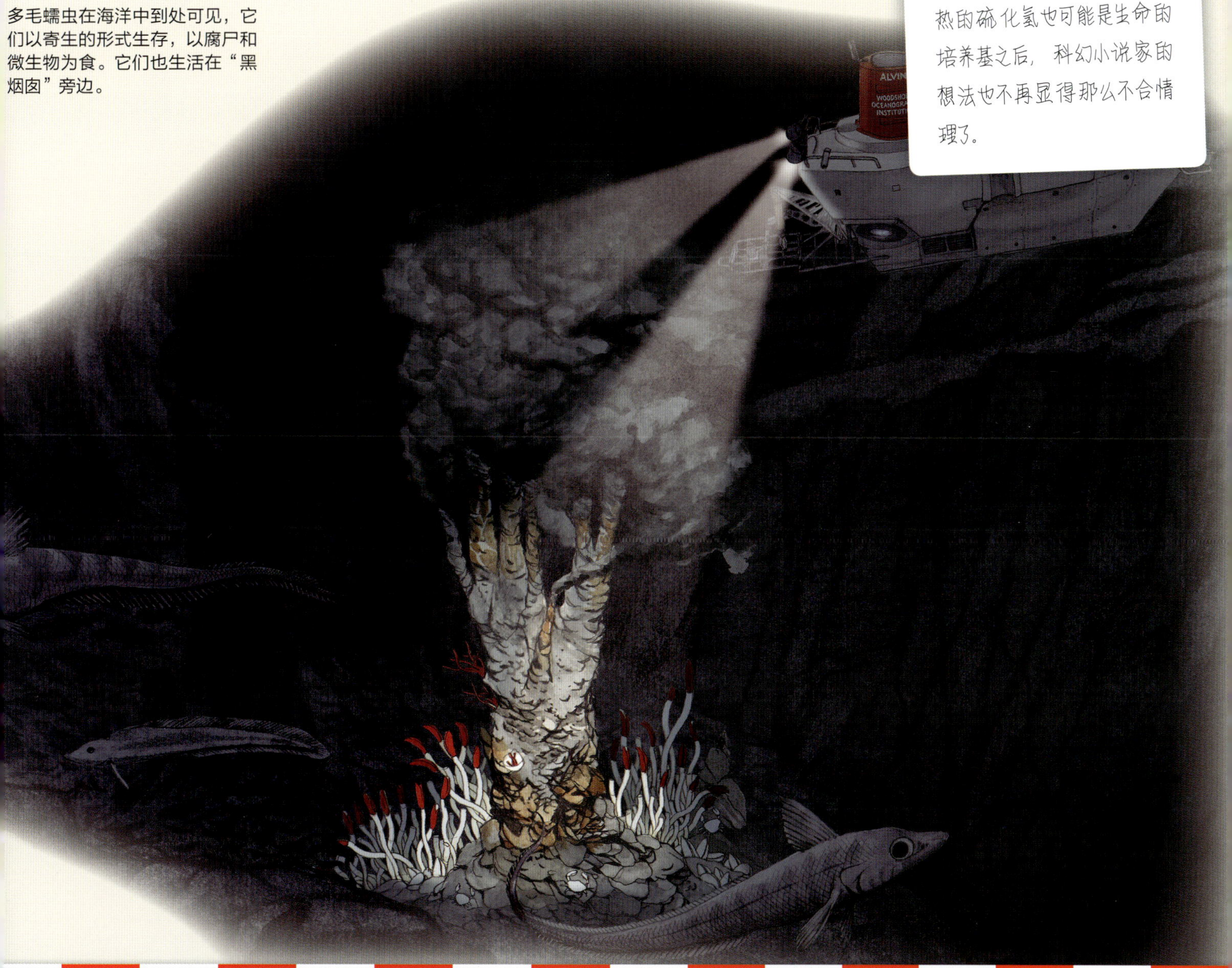

阳光中获取能量。细菌中的寄生菌靠吸收其他生物的能量生存。真核生物比细菌要复杂得多，它们是有成形细胞核的单细胞或多细胞生物，细胞核中储存着遗传信息。真核生物还拥有功能各异的细胞器。

海藻林、浅滩和珊瑚礁：水面之上的生命

沙蠋

北海浅滩中的沙蠋一年就可以"吃掉"浅滩上深度在20厘米以内的所有沙子。它们会消化积聚在沙子上的海藻，再把"干净的"沙子排泄出来。

在海洋里，阳光能照射到的地方生长着水生植物，也就是种类繁多的海藻。一些海藻扎根于海底，就像陆生植物扎根于土壤中一样，而另一些则漂浮在广阔的海面上。在那些利于海藻生长的地方，会形成真正的、几乎无法穿透的海藻林，如大西洋中部的马尾藻海——马尾藻层层叠叠地在水面上漂游生长。

浅滩中富含氧气，在这里，除了海藻，还生存着许多动物，如蠕虫、虾和贝类等。浅滩群落生境中的物种十分丰富。

珊瑚虫在热带海域中靠近水面的地方生存、繁衍。珊瑚虫是一种结构非常简单的动物，集群生活，共同建造一个大石灰壳，即珊瑚礁。珊瑚礁上也长有海藻，就像水族馆中种植的海藻一样，很多色彩鲜艳的鱼都以这些海藻为食。

另一个热带群落生境是位于河流入海口处的红树林。它是海藻、贝类、甲壳动物、昆虫和鸟的天堂。

在阳光照耀下，一条鱼正在它喜欢吃的海草中游动。这些地方的水通常会有些混浊。

四季

在热带和亚热带水域中，海水的温度和含氧量在一年中变化不大，而近极地水域的水温和含氧量则会随着季节变化出现显著改变。夏季，海洋中的食物供应几乎呈爆炸式增长；冬季时又急速回落。生活在这里的动物要么必须在夏天吃得足够多，储备足够的能量，

美丽的珊瑚礁。

一堆堆“沙蠋”，在浅滩上随处可见。其实这是沙蠋把海藻吃掉后排泄出来的沙子。

沙蠋属于多毛蠕虫，身上的毛清晰可见。

一条待在洞穴中的沙蠋。

像北极熊和企鹅一样；要么必须在寒冷的季节“逃往”更温暖的水域，就像许多鱼、鲸和候鸟一样。冷水比温水中含有更多氧气，这对海洋动物来说更加有利，因为它们在寻找食物时运动量会更大，也就更需要氧气。

洄游的鱼群

遇见危险时，鲱鱼群会缩成狭窄的柱状，鱼儿会在这个柱子里兜着圈子游动。这是肉食性鱼类和渔民捕获它们的大好时机。

在广阔的大洋中，依然有浮游生物在靠近水面的地方生长，许多鱼就以这些浮游生物为食，如鲱鱼。白天，鲱鱼会聚成大型鱼群，而晚上，鲱鱼群会散开。随着四季交替，这些鱼群会根据食物情况而洄游，并游到海岸附近的浅水区域产卵。在这里，鲱鱼最容易成为肉食动物的食物，比如海豹、海狮，以及人类。庆幸的是，雌鱼与雄鱼常来自不同鱼群，因此鱼卵受精的机会还是很大的，这有助于保持遗传多样性，对物种的维持非常重要。

大西洋鳗鱼为了繁殖会聚集于中美洲海岸的热带马尾藻海；刚出生的小鳗鱼就能穿过大洋游往欧洲，从欧洲海岸顺着河流游往上游；成年后，它们又从这里出发前往马尾藻海产卵繁殖。鲑鱼则正好相反：它们在河流和小溪的上游产卵繁殖；幼鱼游入广阔的海洋，在海洋中长大变强，之后再从海洋返回河流产卵繁殖。

柠檬鲨经常长时间一动不动地紧贴在沙质海底，因为它的身体是黄色的，在海底很难被发现。猎物一旦靠近，它就会迅速冲出来，用尖利的牙齿咬住猎物。

罐头里的沙丁鱼仍然能让人联想到它们在鱼群中的生活。

食用鱼

人类的部分肉类食物是鱼，首先是集群性鱼类，如大西洋鲱鱼及其亲属沙丁鱼、黍鲱。如果人们知道了鱼群的迁徙路线，用渔网捕捞这些集群性鱼类就变得很容易。鳕鱼则好像不喜欢群居。自古以来，鳕鱼就是欧洲最重要的食用鱼，但是由于过度捕捞，如今已

鲱鱼群。

鱼群

鲱鱼或其他一些鱼会组成鱼群。鱼群可以给鱼儿个体提供安全保障。对于参与其中的鱼儿来说，鱼群就相当于一个警报系统：在这里，鱼儿可以放心大胆地觅食，因为一旦有肉食动物靠近，鱼群中的某条鱼就会发出警报；即使肉食动物闯进了鱼群，相较于独自被肉食动物追捕来说，鱼儿个体也会有更多的生存机会。

鳐鱼就像恐怖故事中的魔鬼一样在大海中“飞翔”。即使在很深的地方也有鳐鱼的身影。鳐鱼是鲨鱼的亲戚，和鲨鱼一样，也是大型肉食动物。

在鱼群中捕猎的海豚。

经变得很稀少了。鲈鲉和生活在浅海海底的一种鲽鱼，即比目鱼，情况也同样如此。像莱茵河或易北河这些河流的水已经变得更干净了，鳗鱼也愿意在这些河流生活了，因此，如今在河里比在海里更容易捕捉到鳗鱼。鲑鱼在几年前还被认为是一种名贵的鱼，但自从鲑鱼实现系统性养殖以后，比如养殖在被隔离出来的挪威峡湾内，价格也便宜了。

海洋深处的生命

拟态

在大多数情况下，拟态意味着猎物尝试用伪装的手段欺骗捕食者，从而逃走。比如让自己的颜色适应周围环境，令自己完全不会被辨识出来，或者模仿另一种不能吃的或有自卫能力的动物轮廓或颜色。捕食者也会利用拟态造成假象，让猎物以为它们是完全无害的生物。

海平面 200 米以下的地方光线较少，比较昏暗，当水深达到 800 ~ 1000 米时，阳光就无法穿透了。一些鱼在白天会返回海洋深层区域，晚上才浮到表层水域觅食浮游生物——此时大部分肉食性鱼都无法看见它们。其他温和的草食性鱼类或甲壳动物则会发挥自己的特长——拟态——将身体隐藏起来，使得自己在周围环境中变得不那么显眼。比如，当它们使身体上部迎向从上方射下来的少量光线，只让自己瘦长的下侧被看到时，从下方来看，它们更像是深色的蛇而不是鱼；当它们用身体侧面将余下的光线反射出去时，它们完全不会在环境中显露出来。

一些鲸追捕藏在深层海水中的集群性鱼时，可以一直追到深度远远超过 1000 米的地方。还有专门在海洋深处捕猎的肉食性鱼。它们的眼睛特别大，可以最大限度地利用深海中的少量光线。而它们最大的竞争者是大王乌贼。

在海洋深处，有些鱼的眼睛都退化了，或多或少都有视力问题，必须依靠其他方法，如依靠味觉器官、听觉器官及鱼鳔（帮助鱼在水中浮沉的器官）来判断自己的处境。有些鱼则会打开它们的“灯”照明。

围绕沉船残骸会形成深海绿洲，这里是各种海洋生物很好的居住地。在这些深海绿洲中居住的生物，要比在深海荒漠中多得多。

大的和小的

深海中生活着已适应了此地条件的蠕虫、贝类、章鱼、虾和鱼等。因为海洋深处食物匮乏，许多深海动物的体形比它们在海洋上层的亲戚要小。但是也有相反的情况：传说中的大王乌贼被捕捞到的次数直到近些年才有所增加，它是食肉的抹香鲸的食物竞争者，

鹦鹉螺长有 60~90 条触角，它所属的鹦鹉螺科下的其他种类长期以来被认为已经灭绝。人们已经发现许多鹦鹉螺祖先的化石。鹦鹉螺通常生活在太平洋的深处，是一种与章鱼有亲属关系的软体动物。

黑叉齿鱼在广阔空寂的深海中很难找到猎物。它能吞下和自己一样大小甚至更大的食物，这样就可以维持很长一阵子啦。

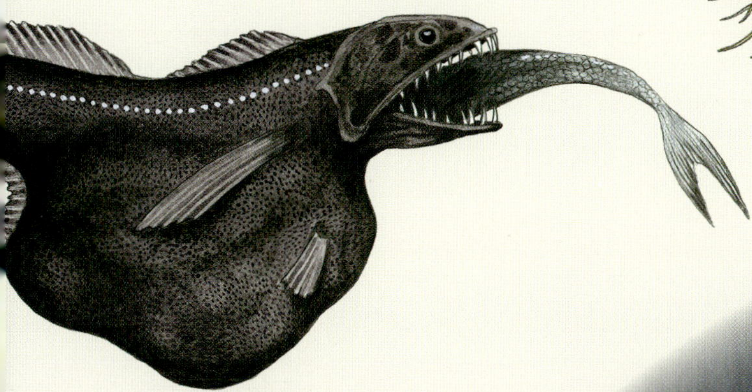

在与大王乌贼的战斗中，鲸也许会获胜，但它也通常会为大王乌贼的腕足所伤。

巨口鱼看起来非常危险。它的眼睛后面有一个能发出生物光的“探照灯”。

长寿鱼（胸棘鲷）生活在深度超过 500 米的海域。虽然环境比较昏暗，但它似乎可以用它的大眼睛看清方向。它生长得非常缓慢，寿命可以长达 150 年。作为一种食用鱼，长寿鱼非常受欢迎。

长有 10 条腕足，身长超过 10 米；一种生长在日本附近海域中的蜘蛛蟹（其实是甲壳动物），其身体直径可以达到 3 米；生活在“黑烟囱”旁的管状蠕虫，长度可以达到 1 米。看起来十分危险的肉食性深海鮟鱇，却只能长到 20~40 厘米。深海的其他鱼和甲壳动物真的都很小。

黑暗中的光

一只小型甲壳动物发光的头部。因为这种甲壳动物就像普通灯泡一样是透明的，所以光才能从它的身体内部透出。

当周围变暗时，深海中的居民要做的事和我们一样：开灯。大约 90% 的深海动物都可以发光。这是通过它们身上的“小型发电站”实现的，那是一种能将化学能转化为光能的器官，这一过程和植物将光能转化为化学能的过程正好相反。细菌可以发光并由此制造出“海上荧光”；而蠕虫、软体动物、甲壳动物和鱼大部分有自己的发光器官，没有发光器官的则会与发光的细菌合作，并给细菌提供食物。它们发光，或者为了在生物稀疏的广阔深海中让同类注意到自己从而找到交配对象，或者是为了给猎物制造假象，让其误认为自己是无害的、正在找寻配偶的同类。鮟鱇就是用它的“灯笼”引诱较小的甲壳动物和鱼的。当这些小动物靠近它布满牙齿的嘴巴时，就一口吞下它们。为了引起注意，深海水母会表演奇特的灯光舞蹈。深海中许多移动光点都源自小型甲壳动物。科学家们正尝试探究这些生物发光的化学过程。谁知道呢，也许在未来，人造发光体也会模仿它们发出生物光。

这只维多利亚多管发光水母在大洋深处富有节奏地漂浮着，构成了一幅迷人的景象。

人们在 6000 米深的深海中发现了长尾鳕鱼，它们以小型海洋动物为食。这些在深海中生存的物种都有发光器官。

发光动物

虽然陆地上也有发光动物，比如萤火虫，但大部分能发出生物光的动物都生活在海洋之中。单细胞的双鞭毛虫也会发出“海上荧光”。在深海中，一些动物发光是为了吸引猎物，但大多数还是为了吸引同类从而繁殖后代，这和陆地上的萤火虫一样。这在深海

懒惰的雄鱼

雌性鮟鱇不仅用头上发光的“钓竿”吸引猎物，也用它吸引体形小得多的、在广阔深海中数量稀少的“侏儒”——雄性鮟鱇。巨棘角鮟鱇科中的雌鱼可以长到40厘米长，而同种的雄鱼只有约2厘米长。当雌雄鱼最终相遇后，就会永远在一起。雄鱼会钩住雌鱼的身体，从雌鱼身体中获得营养。

能发出生物光的小型甲壳动物磷虾在深层水域中制造出无数发光点。

中极其重要，因为离它最近的同类可能也在非常遥远的地方。海洋生物发光时，是将化学能转化为光能向外发射。也就是说，发光也会消耗能量，就和运动一样。

海洋矿山？

正在燃烧的甲烷水合物碎块。

近几十年来，像北海这样的浅海中蕴藏的石油和天然气已经被开采利用。这比在陆地上开采成本更高，但是面对世界范围内的能源荒，这还是非常值得的。海底还有极其丰富的甲烷资源。在通常情况下，甲烷比较稳定。甲烷以甲烷水合物的形式被固定在寒冷的海水中，像冰一样坚固，能起到稳定大陆坡的作用。地球上固定在甲烷水合物中的能源储量至少是石油和天然气总和的两倍。因此，大型能源企业对甲烷水合物非常感兴趣。然而，甲烷水合物的开采是一个大问题，因为在甲烷水合物转化为甲烷气体被收集起来之前，必须对甲烷水合物进行加热；但与此同时，大陆坡中的甲烷水合物也可能会变为天然气，并使得整个大陆坡发生断裂，如在挪威海岸附近所发生的大陆坡断裂，而这一切也可能因气候变暖而自行发生。若大陆坡断裂，则可能引发恐怖的海震（指由地震引起的海水震动，一般只持续几秒钟）和海啸（由海底地震、火山爆发或海上风暴引起的海水剧烈波动，震动周期为十几分钟到一小时）。

有些企业也对海洋里的矿产资源产生了浓厚兴趣，比如蕴藏于深海的锰结核。除了锰，这些锰结核中还含有其他有价值的金属元素。锰结核也许可以用拖网从深海海底拾得。不过到目前为止，在陆地上进行金属开采明显比在深海中更加容易。

锰结核传言

20 世纪 70 年代，人们经常会提到锰结核。据说当时潜艇都出动了，为开采锰结核做准备。报纸纷纷兴奋地报道这一廉价的新原料来源。然而随后证实，这些有关锰结核的消息主要是为了隐瞒潜艇的军事作战行动而发出来的。

在这块富含能量的甲烷水合物的表面，生活着很多细菌，多毛蠕虫又以这些细菌为食。

许多地方的大陆坡都
甲烷水合物组成。如果
些甲烷水合物变成气
释放出来，那么大陆坡
会部分瓦解，带来不可
知的后果。

甲烷

总的来说，甲烷是一种结构简单的碳氢化合物，也是一种非常常见的碳氢化合物。甲烷主要产生于生物被细菌分解的过程中，如在牛的胃里或者在腐烂的淤泥中。甲烷是可燃气体，也是天然气和沼气最重要的组成部分，是重要的能源。但它也是一种危险的温室

锰结核的形成过程与珍珠很相似。

依据这座海底火山土壤的颜色，专家可以判断出这里有哪些矿物从地球内部喷发出来。海底富含金属和其他矿物。

气体，会对气候变暖产生很大影响。不幸的是，最近 200 年中，大气中的甲烷浓度不断增加。地球甲烷储量中的绝大部分都以甲烷水合物的形式固定于深海中。

深海海沟

加勒比海中开曼海沟地貌。人们可以清晰地在上面看到深海盆地以及这条狭长的海沟。

海沟是大洋板块与大陆板块碰撞形成的——大洋板块挤进大陆板块下方。深海中岩浆上方的岩石层在这里变得相当薄，其中蕴含的巨大的力量会使地面产生震动。这种板块运动带来的影响在西太平洋地区比在其他任何地方都要剧烈。太平洋板块向亚欧板块下方的潜没可以称为“俯冲”，在陆地上可以通过一连串火山和受地震威胁区域看出这种“俯冲”——从日本途经菲律宾直到新西兰；而在海洋里，“俯冲”的结果是形成了一系列海沟。其中最深的一条海沟是深度超过 11 000 米的马里亚纳海沟。1960 年，一艘载人潜艇，即瑞士科学家奥古斯特·皮卡德的“深海潜水器”，第一次潜入这个深渊。这次探险最吸引人的成果是发现了最深的深渊中也存在生命。

海啸

深海海沟附近的地面尤其不平静。海啸发生时，危险的巨浪能摧毁海岸附近的一切。地球上经常遭受海啸袭击的国家主要有日本、印度尼西亚等。

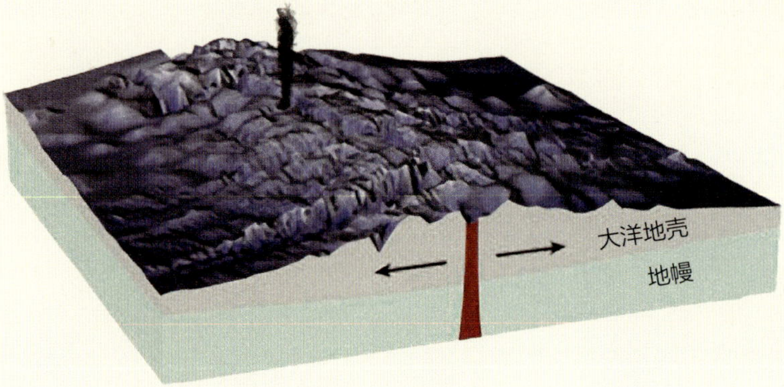

在地壳板块不发生碰撞而是互相分离的地方，岩浆就会从地球内部向上喷出，沿着板块边界形成山脉或者“洋脊”。大西洋中脊就是一条这样的洋脊，它从北到南贯穿整个大西洋。

有名的深海海沟

太平洋里有许多深海海沟。位于日本北方的千岛海沟、日本海沟，日本和大洋洲之间的马里亚纳海沟，以及菲律宾群岛东侧的菲律宾海沟、太平洋南部的克马德克海沟，位于汤加群岛以东的汤加海沟，它们的深度都超过了 10 000 米。这些海沟都位于太平洋西

“的里雅斯特号”潜水器，此时（1960 年）它即将完成创纪录的潜水航行——潜到马里亚纳海沟底部。

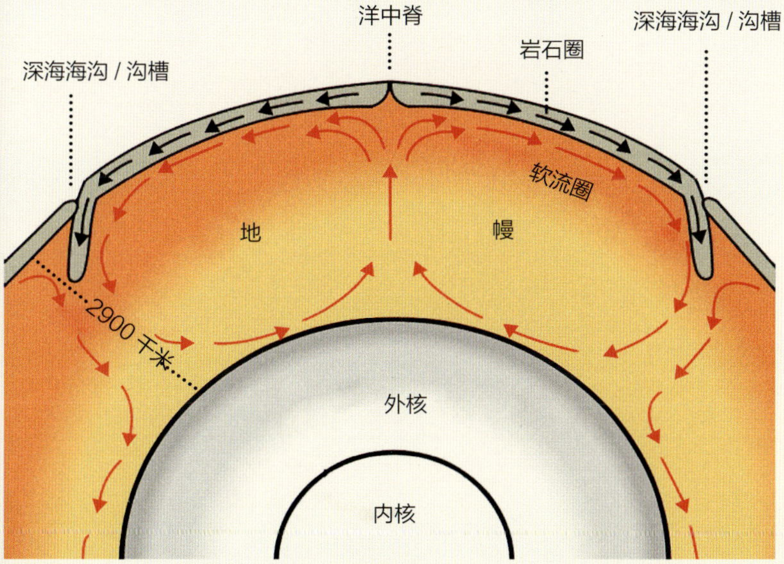

此图表明，发生“俯冲”，即地壳的一个板块挤进另一个板块下方时，深海海沟就会在那里形成。

从深海盆地再向下，就可进入海洋最深的地方——深海海沟或深海沟槽。

面。在太平洋东部海域，在智利和秘鲁海岸西方，也有深度约 8000 米的深海海沟。大西洋中只有两条深度超过 8000 米的海沟：加勒比群岛旁边的波多黎各海沟和南大西洋的南桑威奇海沟。印度洋中的爪哇海沟位于爪哇岛和苏门答腊岛西南方，深度大约为 7500 米。有关爪哇海沟周围海啸灾难的报道一直没有中断过。

探索深海

1870 年出版的儒勒 · 凡尔纳的科幻小说《 海底两万里 》的故事，就发生在一艘巨大的潜艇中。小说其中一个情节描写了人们与一只大王乌贼战斗的场面。由此可以看出，在当时，人们就已经对深海产生了兴趣。

海员通常会用测深锤来测量海洋的深度。当挂着测深锤的绳子没有触及海底时，这一海域就被认为是“深不可测”。19 世纪中期第一批水下电缆铺设时，人们才开始对海洋底部和深海产生兴趣。大约 19 世纪末，人们开始乘坐海洋考察船出海，借助渔网探索深海中的生命。同一时期，最早的潜艇也研制出来。但是直到 20 世纪，人类才抵达深海。1930 年，美国人威廉 · 毕比和奥迪斯 · 巴顿用他们的“深海潜水球”潜到了水下 435 米的深处，这个潜水球是一个带有防弹玻璃舷窗的空心钢球。从 1934 年开始，这个潜水球创下的 923 米的下潜深度纪录保持了 15 年。后来，瑞士人雅克 · 皮卡德在美国人唐 · 沃尔什的陪伴下，用他父亲奥古斯特 · 皮卡德设计的深海潜水器“的里雅斯特号”，在马里亚纳海沟下潜到大约 11 000 米深处，这是世界海洋中最深的地方。世界上再也没有其他人比他更接近地球中心了。如今，进行深海勘探的主要是水下机器人。它们可以在水下进行综合作业，如可以用照相机拍摄精度很高的照片。这些照片可以通过光纤直接传回母船。

一套制造于 1900 年前后的皮质潜水服和铜质潜水头盔。当时的潜水员穿着这套装备无法下潜太深。

“的里雅斯特号”。

潜水技术

在 1000 米甚至 10 000 米深的地方，压强巨大。10 000 米水柱几乎可以用其自身的压强碾碎处在它下方的所有东西。而在水中，压强不仅来自上方，而是四面八方都有。一般一个牢固的空心球可以承受住这些高压。毕比和巴顿的潜水球就利用了这一原理。奥

第一条跨大西洋电缆的铺设并非一次成功，这是因为人们对深海和海底轮廓了解得太少。这幅画记录下了1865年在“大东方号”游轮的甲板上跨大西洋电缆断裂的一幕。一年之后，电缆铺设成功，将南美洲、北美洲和欧洲紧紧地联系在一起。

俄罗斯潜艇“米尔一号”拍摄到的1912年在北大西洋沉没的“泰坦尼克号”残骸的船头。

奥古斯特·皮卡德

每位看过《丁丁历险记》的读者都知道天才的向日葵教授。而向日葵教授的人物原型就是喜欢思考的探险家奥古斯特·皮卡德。他在20世纪30年代乘坐挂在气球上的舱体上升到了平流层，比之前人类抵达的高度要高得多。1953年，他乘坐自己设计的深海潜水器在地中海潜到3150米深处，这在当时创下了新的下潜纪录。

“大东方号”是英国一艘带帆蒸汽机船，是当时世界上最长的船。

古斯特·皮卡德将他研制出的更大的球挂在了一个潜体下方，这个潜体由水箱组成，一部分水箱是空的，可以装满水；另一部分则装满汽油。电磁铁紧紧抓住作为压舱物的废铁。当水箱被装满时，潜艇就会下沉；当压舱物被扔掉之后，潜艇又会上浮，它利用了汽油比水轻的原理。

海洋考察船的航海日志

惊喜

人类对深海的研究比对月球表面还要少。因此，深海探险家总是不断得到新的惊喜——未知的动物种类和生态系统。比如大王乌贼很长时间以来都只存在于海员的惊险故事中，直到人们真正捉到它；而6000米深度以下曾经被认为不可能有生命，直到潜水员见证了生物的存在。

南大西洋的海况变幻莫测。尽管是夏天，但是因为这里靠近南极，所以天气很凉爽。我们的海洋考察船在空无一人的南桑威奇群岛以西大约100海里（1海里=1.852千米）处摇晃着，英国人和阿根廷人因为这个群岛发生了争执。我们真的很想抛锚停下来，但是我们正位于米蒂厄海渊之上，水深超过8000米，在这里抛锚停泊很不现实：仅仅一根8000米长锚链的重量就可能让我们的船沉下去。

我们的水下机器人“猞猁”正在工作。它和母船以一条光纤相连。通过这条光纤，我们可以控制它上面由电池驱动的电子发动机，也可以用它携带的相机更好地观察水下的一切，仿佛身临其境。“猞猁”现在到了1000米深度。它的探照灯照到了几条鱼。我关掉了探照灯。是的，这些鱼在发出生物光。嘿，这是什么？真的——一只大王乌贼！哇！哦，我们什么都看不见了——我们的这位朋友的一个吸盘正好吸在了相机镜头上。“猞猁”，使用机械手！对，这样我们就可以夹住它啦！好的，这家伙松开了。一个很棒的样本：这个家伙从它的腕足尖部到它的头顶得有好几米长。我可不想在游

章鱼是非常聪明的软体动物。

一台类似这样的能“自主”作业的水下机器人会被用在一些特殊的地方，比如北极冰层下面。想让这样的机器人带着搜集到的资料回到出发点，还真需要点儿运气。

研究型潜艇

由人类驾驶的深海潜艇可以下潜到大约4000米深处。它们装备了电动机来驱动推进器，艇里有可供人类呼吸的氧气。潜艇可以用机械手和网采集深海生物，之后将其送到母船上进行研究。许多深海研究是为军事服务的，特种潜艇可以找到沉船或核潜艇的踪

1986 年，深海潜水器“阿尔文号”抵达“泰坦尼克号”残骸处。

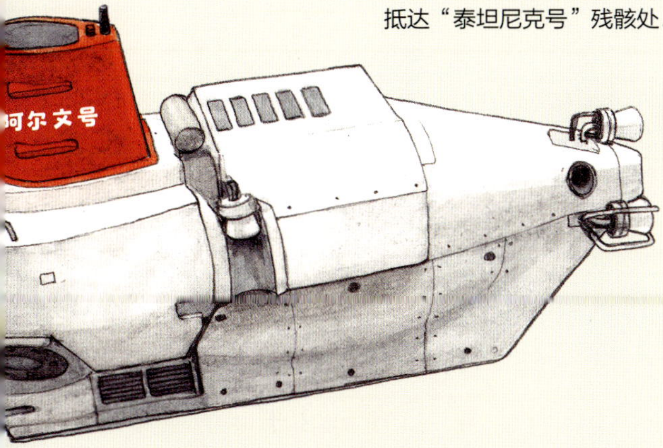

“爱德华号”是一台现代远程遥控水下机器人。它通过一根“脐带”和母船相连，母船可以为它提供能量，并分析、利用它传回的资料。

泳的时候遇到它。“猞猁”现在到了 1200 米深处。水温是 −1℃。下面漆黑一片，只有几个发光点，没有遇到什么。我们看看这下面谁的“灯”最亮。“猞猁”的探照灯指向最大的光点……我就知道，当然是鮟鱇的“灯笼”了。它正好向我们的相机游来，露出了它漂亮的小牙。现在可以拍几张漂亮的照片了！我已经有点儿害怕了，虽然我知道这个小家伙最多 40 厘米长。

今天就这么多了。“猞猁”还需要几个小时才能到达海洋底部。

“潜航号”是一艘现代载人深海潜艇，结构与飞机相似。它至少可以在水下 1000 米深处运行。

迹。但是也有独立研究机构的潜艇，用于寻找未知的动物种类，研究其生活方式或者气候变化在大洋中产生的后果。在极深的地方，如今使用的都是水下机器人，而不是载人潜水工具。

图书在版编目（CIP）数据

长卷上的万物简史 . 深海 / 德国雅各比 · 斯图尔特出版社编辑部著 ; (德) 汉斯 · 巴尔策绘 ; 刘媛媛译
. -- 北京 : 中信出版社 , 2019.6
ISBN 978-7-5217-0033-6

Ⅰ . ①长… Ⅱ . ①德… ②汉… ③刘… Ⅲ . ①科学知识—学前教育—教学参考资料 Ⅳ . ① G613.3

中国版本图书馆 CIP 数据核字 (2019) 第 024256 号

LEPORELLO – Tiefsee – GEHEIMNISVOLLE MEERESWELT
Text: Fachredaktion J&S
Illustrator: Hans Baltzer

长卷上的万物简史 · 深海

著　　者：德国雅各比 · 斯图尔特出版社编辑部
绘　　者：[德] 汉斯 · 巴尔策
译　　者：刘媛媛
出版发行：中信出版集团股份有限公司
（北京市朝阳区惠新东街甲4号富盛大厦2座　邮编　100029）
承 印 者：深圳当纳利印刷有限公司

开　　本：889mm × 1194mm　1/16　　印　　张：2　　字　　数：60千字
版　　次：2019年6月第1版　　印　　次：2019年6月第1次印刷
京权图字：01-2018-6365　　广告经营许可证：京朝工商广字第8087号
书　　号：ISBN 978-7-5217-0033-6
定　　价：42.00元

古今度量衡单位换算表

《天工开物》原著中所用的度量衡单位为明代制度，与今不同，特依据《国度量衡史》（1957 年版）及《GB 3100 国际单位制及其应用》，将明制换成国际单位制。具体换算如下：

度量衡类别	明制及进位法	折合国际单位制
长度	1 厘	0.311 毫米
	1 分 =10 厘	3.11 毫米 =0.311 厘米
	1 寸 =10 分	3.11 厘米 =0.311 米
	1 尺 =10 寸	31.1 厘米
	1 丈 =10 尺	3.11 米
	1 里 =180 丈	559.8 米 =0.559 8 千米
面积	1 平方寸	9.672 1 平方厘米
	1 平方尺 =100 平方寸	967.21 平方厘米 =0.096 7 平方米
	1 平方丈 =100 平方尺	9.672 1 平方米
地积	1 厘	5.803 3 平方米
	1 分 =10 厘 =6 平方丈	58.032 6 平方米
	1 亩 =10 分	580.326 平方米
	1 顷 =100 亩	5.803 26 公顷
体积	1 立方寸	30.080 2 立方厘米
	1 立方尺 =1 000 立方寸	300.802 立方厘米 =0.030 08 立方米
	1 立方丈 =1 000 立方尺	30.080 2 立方米
容积	1 合	10.737 毫升 =0.173 7 升
	1 升 =10 合	1.737 升
	1 斗 =10 升	10.737 升
	1 石 =10 斗	107.37 升
重量	1 分	0.373 克 =3.73 毫克
	1 钱 =10 分	3.73 克
	1 两 =10 钱	37.3 克 =0.373 千克
	1 斤 =16 两	596.82 克 =0.596 82 千克
	1 钧 =30 斤 *	17.904 6 千克
	1 担 =100 斤	59.682 千克

*《天工开物》中“钧”有时表示 1 斤，有时表示 30 斤，如万钧钟指万斤钟，需注意。

天工開物

全本全注全译全彩图本

上

[明]宋应星——著
夏剑钦——译注

岳麓書社
·长沙·

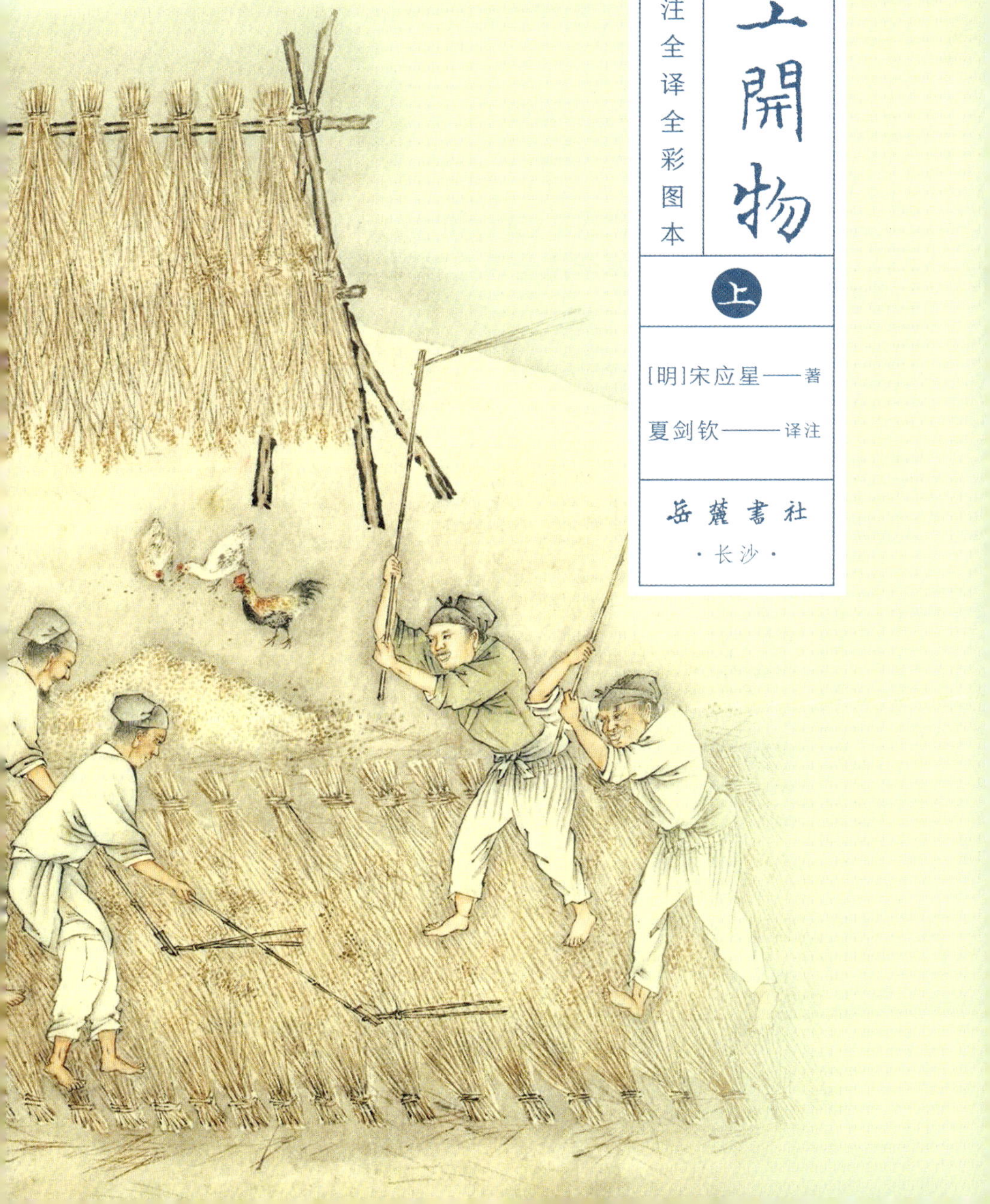

图书在版编目(CIP)数据

天工开物:全本全注全译全彩图本/(明)宋应星著;夏剑钦译注.--长沙:岳麓书社,2025.4.--ISBN 978-7-5538-2303-4

Ⅰ.N092

中国国家版本馆 CIP 数据核字第 2025LM0494 号

TIANGONG KAIWU:QUAN BEN QUAN ZHU QUAN YI QUAN CAITU BEN

天工开物:全本全注全译全彩图本

作　　者:[明]宋应星

译　　注:夏剑钦

出 版 人:崔　灿

出版统筹:蔡　晟　周家琛

责任编辑:王　彦

责任校对:舒　舍

装帧设计:罗志义

岳麓书社出版发行

地址:湖南省长沙市爱民路 47 号

直销电话:0731-88804152　0731-88885616

邮编:410006

版次:2025 年 4 月第 1 版

印次:2025 年 4 月第 1 次印刷

开本:890mm×1240mm　1/32

印张:21.5

字数:459 千字

书号:ISBN 978-7-5538-2303-4

定价:168.00 元

承印:湖南天闻新华印务有限公司

如有印装质量问题,请与本社印务部联系

电话:0731-88884129

前　言

《天工开物》是我国明朝末年继李时珍《本草纲目》、徐光启《农政全书》问世以来，文坛出现的又一部奇书。说它奇，主要是中国封建社会到了明末，不仅中央专制集权已经登峰造极，政治腐败到了不可收拾的局面，而且士风日坏，脱离实际、趋利避害的理学僵化学风也到了无以复加的程度。朝廷以经义八股文取士，读书人不问政治，皓首穷经，只为了功名利禄、金榜题名，致使社会上那些为科举考试服务的“四书五经”选本，制义时文作法、范文，乃至肖题、认题、抄袭、猜题、作弊之类的资料五花八门，铺天盖地。在这种全民崇尚儒学、鄙视其他学问，尤贱科技的腐朽社会风气下，卓然出现一种专为民众解决衣食住行问题、促进农业与手工业生产向前发展而“与功名进取毫不相关”的科技著作《天工开物》，这无异于冒出一朵“出淤泥而不染”的奇葩，在文坛显得格外清新亮丽。就当时来说，《天工开物》是世界上第一部关于农业和手工业生产的综合性科技著作。它一问世，就被国外学者誉为“中国 17 世纪的工艺百科全书”，其作者宋应星被李约瑟博士称为“中国的狄德罗”。

宋应星（1587 —？），字长庚，江西奉新人，明代科学家。明万历四十三年（1615）乡试中举，以后多次参加会试不第。历任江西分宜教谕、福建汀州府（治今长汀）推官、南京亳州（今属安徽）知州等职。崇祯十七年（1644）弃官归里，终老于乡。他一生讲求实学，不满士人热衷经义八股文取士的功利世风，而对当时商品经济高度发展、生产技术达到新水平的趋势极感兴趣。在江西分宜教谕任内，他在教授生员之余，也致力于对农业和手工业生产的科学考察和研究，收集了丰富的科学资料，并对中国几千年来出现过的农业和手工业生产的知识和经验进行总结性的研究和概括，使之系统化、条理化，以图文并茂的形式著成《天工开物》一书。该书所收农业、手工业科技知识，诸如农业的水稻浸种、育秧、插秧、除草、防灾，以及麦、黍、粟、麻、菽等五谷生产的全过程，手工业则如机械、砖瓦、陶瓷、硫黄、烛、纸、兵器、火药、纺织、染色、制盐、采煤、榨油等生产技术，均做了详尽的介绍和论述，既有实用价值，又有理论意义，体现了他在农业、生物学、化学、物理学等多方面的理论修养。书中还记述了当时工农业生产中一些先进的科技成果，所用技术数据有定量的描述，并注重引入理论概念，而不是单纯的技术描述。这些都表现出作者先进的科学思想和理论素养。更为可贵的是，作者强调人类要和自然相协调、人力要与自然力相配合、利用自然力（天工）来进行创造性生产的哲学观，使本书更具科学性和生命力。

《天工开物》一书经三年编撰，于崇祯十年（1637）完成，由作者的好友涂绍煃（字伯聚）资助刊印。全书分上、中、下三卷共十八篇，编次顺序按“贵五谷而贱金玉”的原则安排；将与衣食有关的农业六篇置于卷首，卷中是有关工业和手工业的陶埏、冶铸、舟车等七篇，卷下是五金、佳兵、丹青等五篇，而以珠玉殿后，体现了作者重农、重工、重实学的思想。该书问世后，于明末清初传入邻国日本，并被大量刊印，成为日本人普遍阅读的科技书籍之一。学者们纷纷利用书中的技术资料指导生产，从而推动了日本近代农业的发展。19 世纪流入欧洲后，《天工开物》即作为一部科技“权威著作”，先后被译成法文、英文、德文、俄文出版发行。

令国人十分遗憾的是，这部举世瞩目的科学名著，在中国国内明朝末期至清朝末期，几乎湮没无闻。直到民国初年，地质学家丁文江在云南考察时，发现一本载有《天工开物》片段的古籍，托友人到日本抄录购买，才知道中国明代有这么一本奇书。这中间的缘由，无疑主要是清代封建专制仍以科举取士，“万般皆下品，唯有读书高”，而通向读书做官之路要读的书，仍然是崇儒学、贱科技。辛亥革命后，社会有了进步，至民国十八年（1929），国内才有江苏武进涉园据日本明和八年（1771）刊本，并以《古今图书集成》本校订重刊的《天工开物》涉园本。

本次出版即以涉园本为底本，并将原文翻译成现代汉语。译文力求依据“信、达、雅”的原则，尽量做到准确可靠，语言流畅，文辞规范。古文难译，不当之处，尚望方家指正。

夏剑钦

2016 年 2 月于长沙西湖丽景望岳轩

清　佚名　《十二月月令图九月》

目　录

卷　上

卷　中

序

天覆地载[1]，物数号万，而事亦因之，曲成而不遗[2]，岂人力也哉？事物而既万矣，必待口授目成而后识之，其与几何[3]？万事万物之中，其无异生人[4]与有益者，各载其半；世有聪明博物者，稠人[5]推焉。乃枣梨之花未赏，而臆度楚萍[6]；釜(fǔ)鬵(xín)之范鲜(xiǎn)经[7]，而侈谈莒(jǔ)鼎。画

天所覆盖、地所承载的物种，可称得上万种之多，但天地创造万物都是有因缘有规律的，非常周到而不会遗漏，这岂是人力所定的吗？事物既然多到上万种，若都必须等到别人口头讲授或自己亲眼见到，然后才认识它，那人们又能懂得多少呢？万事万物之中，对人的生产生活没有好处和有好处的，各占一半；世上能辨识许多事物的聪明人，必定会被众人推崇。然而，有的人连枣树、梨树开的花都没见过，却主观猜测什么楚萍；连古时铸造锅子的模子都没有见过，就大谈古代莒鼎的真假。画图的人喜欢画谁也没见过的鬼魅，而厌

1 天覆地载：语出《礼记·中庸》“天之所覆，地之所载”，形容范围至大至广的天地之间。

2 曲成而不遗：语出《周易·系辞上》“曲成万物而不遗”，言圣人（或上天）随变而应，屈曲委细，成就万物而不会有遗漏。

3 与：语助词。几何：若干，多少。

4 生人：养育人。

5 稠人：即众人。

6 楚萍：即楚江萍。相传楚昭王渡江，得萍实，使人问于孔子。孔子谓可剖而食之，为吉祥之兆。后来便以“楚江萍”比喻吉祥而难得之物。

7 釜：类似锅的古代炊具。鬵：釜类的烹器。范：铸造器物用的模子。鲜：少。经：经历，实践，接触。

工好图鬼魅而恶犬马，即郑侨、晋华，岂足为烈[8]哉？

幸生圣明极盛之世，滇南车马纵贯辽阳，岭徼(jiào)[9]宦商横游蓟(jì)北[10]。为方万里中，何事何物，不可见见闻闻。若为士而生东晋之初、南宋之季，其视燕、秦、晋、豫方物，已成夷产[11]；从互市而得裘(qiú)帽，何殊肃慎之矢[12]也？且夫王孙帝子，生长深宫，御厨玉粒正香，而欲观耒耜(lěi sì)[13]；尚宫[14]锦衣方剪，而想象机丝。当斯时也，披图

恶画人们天天可见到的狗和马，那即使有郑国的公孙侨、西晋的张华那样的名声，又有什么显赫的呢？

我幸运地生在圣明强盛的时代，云南的车马可以直通东北的辽阳，岭南一带的游宦和商人可以横游河北一带。在这方圆万里的区域内，有什么事物不能听得到看得见呢？如果士人生在东晋初期或南宋末叶，人们偏安江南，可能他们会把河北、陕西、山西、河南的土产，看成外国的产品；与外商通商所换得的皮衣、皮帽，和古代从东北边陲肃慎国进贡的弓矢，又有什么不同呢？那些帝王的子孙，在深宫中长大，御厨里正飘着精美米饭的香味，却想观看农耕的器具；宫女们正在剪裁华丽的衣服，却想象着织机和丝帛的情状。在这样的时候，若打

8 烈：此为光明、显赫。

9 岭徼：五岭以南地区。岭，指五岭，即越城岭、都庞岭、萌渚岭、骑田岭和大庾岭的总称，在湖南、江西南部和广西、广东北部交界处。徼，边界。

10 蓟北：指河北一带。

11 夷产：少数民族地区所出产的。东晋、南宋偏安江南，所以燕、秦、晋、豫等地的物产当时也被看作异族的东西。

12 肃慎是古族名，亦作息慎、稷慎。商、周时，居黑龙江、松花江流域从事狩猎；曾以“楛矢、石砮”臣服于周。肃慎之矢指其箭。

13 耒耜：古代耕地翻土的工具。

14 尚宫：中国古代女官名，隋、唐、宋、明均有设置，主管皇宫事务。

一观，如获重宝矣！

年来著书一种，名曰《天工开物[15]》卷。伤哉贫也！欲购奇考证，而乏洛下之资；欲招致同人商略赝(yàn)真，而缺陈思之馆[16]。随其孤陋见闻，藏诸方寸[17]而写之，岂有当哉？

吾友涂伯聚[18]先生，诚意动天，心灵格物[19]，凡古今一言之嘉，寸长可取，必勤勤恳恳而契合焉。昨岁《画音归正》，由先生而授梓[20]。兹有后命，复取此卷而继起为之，其亦夙(sù)缘之所召哉！

开图册一看，不就会像获得至宝一样吗？

近年来我撰著一部书，名叫《天工开物》。可惜家中太贫困了！想购买一些奇巧的资料用来考证，却像在洛阳城内买东西一样少一个钱也不行；想要招集兴趣相同的朋友来商讨物品的真伪，却没有像陈思王曹植那样供学士们讨论的馆舍。只能将自己藏在心中的孤陋见闻照实写出来，这样是否妥当呢？

我的好友涂伯聚先生，诚意可以感动上天，心智可以探究事理，凡是古往今来的简短嘉言，只要有一点长处可取的，一定会诚挚恳切地照着去修订。去年，我所著的《画音归正》一书，就是由先生雕版付印的。现在又有新的任务，他又拿着这部书去继续雕版付印，这种情谊恐怕是前生因缘所召来的吧！

本书分成前后两卷，是按照“五谷为

15 天工开物：意即人们利用自然，巧夺天工，开发自然，从而创造出各种有用之物。
16 陈思之馆：指三国时陈思王曹植召集文人学士研讨文学的馆舍。
17 方寸：指心。脑海。
18 涂伯聚：名绍煃，字伯聚，江西新建人，宋应星的同窗好友。与宋应星中同榜举人，万历四十七年（1619）进士，历任都察院观政、南京工部主事等官。
19 格物：语出《礼记·大学》：“欲诚其意者，先致其知。致知在格物。”指穷究事物的原理。
20 授梓：交付雕板。谓付印。梓，雕刻印书的木板，引申为刊刻、印刷。

卷分前后，乃“贵五谷而贱金玉[21]”之义，《观象》《乐律》二卷，其道太精，自揣非吾事，故临梓删去。丐[22]大业文人[23]，弃掷案头，此书与功名进取毫不相关也。

时 崇祯丁丑孟夏月，奉新宋应星书于家食之问堂[24]。

贵而金玉为贱”的原则编排的，《观象》《乐律》两卷，其中的道理过于精深，自量不是我能胜任的事，所以在临将付印时，把它删去了。追求功名利禄的文人，可以将此书丢弃在几案上，因为这本书和求取功名是毫不相关的。

时在崇祯十年（丁丑，1637）孟夏之月（四月），奉新县宋应星书写于家食之问堂。

21 贵五谷而贱金玉：语出西汉政治家晁错《论贵粟疏》：“是故明君贵五谷而贱金玉。”意为重视农业生产，轻视或否定贵金属和稀有商品的使用价值。

22 丐：乞求，希望。

23 大业文人：此指把读书作为图取功名大事的文人。

24 家食之问堂：堂号名。家食之问，关于农业生产的学问。

卷上

乃粒[1]第一

宋子[2]曰：上古神农氏[3]若存若亡，然味其徽号[4]，两言[5]至今存矣。生人不能久生而五谷生之，五谷不能自生而生人生之。土脉历时代而异，种性随水土而分。不然，神农去陶唐[6]，粒食已千年矣。耒耜之利，以教天下，岂有隐焉。而纷纷嘉种，必待后稷（jì）[7]详明，其故何也？

纨绔（wán kù）之子，以赭（zhě）

宋先生说：传说中古代农业和医药的发明者神农氏，好像真的存在过又好像没有此人，然而，仔细体味“神农”这个赞美的称号，就觉得“神农”这两个字至今仍然是存在着重要意义的。人类自身并不能长久生存下去，而是靠五谷才生存了下来；可是五谷并不能自己生长，而需要靠人类的种植生长。土壤经过漫长的时代而有所改变，谷物的种类、特性也会随着不同的水土而有所区别。不然的话，从远古神农时代到发明陶器的唐尧时代，人们食用的粮食品种已经历千年之久了，神农氏教导天下百姓利用耒耜等耕作工具进行耕种的方法，难道还有什么不清楚的吗？而后来纷纷出现的许多良种谷物，一定要等到周之先祖后稷出来才得以详细说

1 乃粒：语出《书经·益稷》：“烝（zhēng）民乃粒，万邦作乂（yì）。”意思是民众有粮吃，天下才能治安。此处“乃粒”指谷物，并以此命名本章。

2 宋子：宋应星自称。《天工开物》每卷开头均有“宋子曰”一段论说作为引言，以反映其思想、观点。

3 神农氏：传说中上古时农业和医药的发明者。一说神农氏即炎帝。

4 徽号：美好的称号。

5 两言：即指“神农”二字。

6 陶唐：指上古帝王尧。尧初居于陶，后封于唐，故称陶唐。

7 后稷：古代周族的始祖，名弃。善于种植各种粮食作物，曾在尧舜时代任农官，教民耕种。

衣[8]视笠蓑[9]；经生之家[10]，以“农夫”为诟(gòu)詈(lì)[11]。晨炊晚饷，知其味而忘其源者众矣！夫先农而系之以神，岂人力之所为哉！

明，这其中的原因又是什么呢？

那些不务正业的富贵人家子弟，将劳动人民看成罪人；那些读书人家把“农夫”二字当成辱骂人的话。像这样饱食终日，只知道早晚饭食的美味，却忘记了粮食是从哪里得来的人，真是太多了！如此看来，将开创农业生产的始祖奉为“神”就是理所当然的了，这难道是人力故意所为吗？

清　董诰　《清音荟景册》之新畲耕馌

8 赭衣：古代囚徒穿的红色衣服，此代囚徒。
9 笠蓑：指斗笠、蓑衣，此代劳动人民。
10 经生之家：读书人家。
11 诟詈：辱骂。

清　佚名　《豳风十二月图说册》之八月其获

总名

凡谷无定名，百谷指成数[1]言。五谷[2]则麻、菽(shū)、麦、稷、黍(shǔ)，独遗稻者，以著书圣贤起自西北也。今天下育民人者，稻居十七，而来[3]、牟(móu)[4]、黍、稷居十三。麻、菽二者，功用已全入蔬、饵(ěr)[5]、膏馔(zhuàn)之中，而犹系之谷者，从其朔[6]也。

谷物并不是一种固定的名称，百谷是就谷物的总体而言的。“五谷”是指麻、菽、麦、稷、黍，其中唯独漏掉了稻谷，这是因为著书的先贤是西北人的缘故。现在全国养育百姓的粮食之中，稻谷占了十分之七，而小麦、大麦、黍、稷共占十分之三。麻和豆这两类已经被完全列为蔬菜、糕饼、脂油等副食使用了，依然将它们归入五谷之中，只不过是沿用了古代初始的说法罢了。

1 成数：整数，总体。

2 五谷：五种谷物，说法不一。《周礼·天官·疾医》：“以五味、五谷、五药养其病。”郑玄注：“五谷，麻、黍、稷、麦、豆也。”《孟子·滕文公上》：“树艺五谷。”赵岐注：“五谷，谓稻、黍、稷、麦、菽也。”作者采用的是前一种说法，没有南方的稻谷。

3 来：小麦。

4 牟：通“麰”。大麦。

5 饵：糕饼。

6 朔：此指初始之意。

稻

凡稻种最多。不粘者，禾曰秔(jīng)[1]，米曰粳。粘者，禾曰稌(tú)[2]，米曰糯。南方无粘黍，酒皆糯米所为。质本粳而晚收带粘俗名婺(wù)源光之类，不可为酒，只可为粥者，又一种性也。凡稻谷形有长芒、短芒江南长芒者曰浏阳早，短芒者曰吉安早、长粒、尖粒、圆顶、扁面不一。其中米色有雪白、牙黄、大赤、半紫、杂黑不一。

湿种[3]之期，最早者春分以前，名为社种[4]遇天寒有冻死不生者，最迟

稻谷的种类最多。不黏的，禾叫粳稻，米叫粳米；黏的，禾叫稌稻，米叫糯米（南方没有黏黍，酒都是用糯米酿制的）。本来属于粳稻的一种但晚熟且带黏性的（俗名叫“婺源光”一类的），不能用来酿酒，只能用来煮粥，这是另一种稻。稻谷形状有长芒、短芒（江南称长芒稻为“浏阳早”，短芒稻为“吉安早”）、长粒、尖粒、圆顶、扁粒等多种不一。其中米的颜色有雪白、淡黄、大红、淡紫和杂黑等多种。

浸种期，最早是在春分以前，叫作社种（遇到天寒有被冻死而不得生长的），最晚在清明以后。播种时，先用稻草或麦秆包盖好种子，浸泡在水里几天。等种谷发芽后再撒播到秧田里，

1 秔：一种黏性较小的稻类。一般作“粳”的异体字。

2 稌：糯稻。

3 湿种：浸种。

4 社种：在社日浸的种。古代祭祀土地神的节日称社日。分春秋两次，一般在立春、立秋后的第五个戊日，分别叫“春社”“秋社”，这里指的是春社。

者后于清明。凡播种，先以稻、麦稿[5]包浸数日。俟其生芽，撒于田中，生出寸许，其名曰秧。秧生三十日即拔起分栽。若田亩逢旱干、水溢，不可插秧。秧过期，老而长节，即栽于亩中，生谷数粒，结果而已。凡秧田一亩所生秧，供移栽二十五亩。

凡秧既分栽后，早者七十日即收获粳有救公饥、喉下急，糯有金包银之类。方语百千，不可弹(dān)述[6]，最迟者历夏及冬二百日方收获。其冬季播种、仲夏即收者，则广南[7]之稻，地无霜雪故也。凡稻旬日失水，即愁旱干。夏种冬收之谷，必山间源水不绝之亩，其谷种亦耐久，其土脉亦寒，

苗长到一寸多，就叫作秧。秧龄满三十天，即可拔起分插。稻田遇到干旱或者水涝，都不能插秧。秧苗过了育秧期就会变老而拔节，这时即使把秧插到田里，结谷也只是几粒，仅仅结了果而已。通常一亩秧田所培育的秧苗，可供移插二十五亩田。

插秧后，早熟的品种大约七十天就能收割（粳稻有“救公饥”“喉下急”，糯稻有“金包银”等品种。各地的方言叫法多样，难以尽述），最晚熟的品种，要历经夏天到冬天长达二百多天时间才能收割。至于冬季播种、夏季五月就能收获的，那是两广地区的水稻，因为那里终年没有霜雪。如果水稻缺水十天，就要担心干旱了。夏天种、冬天收的水稻，必须种在山间水源不断的田里，这类稻种生长期长，土温也低，禾苗长势较慢。靠近湖边的田地，要等到夏季洪水过后，大约六月份才能插秧。其秧苗应在立夏时节播种，还要播在地势较高

5 稿：谷类植物的茎秆。
6 弹述：尽述。
7 广南：指广东、广西一带。

不催苗也。湖滨之田，待夏潦(liáo)[8]已过，六月方栽者。其秧立夏播种，撒藏高亩之上，以待时也。

南方平原，田多一岁两栽两获者。其再栽秧，俗名晚糯，非粳类也。六月刈(yì)[9]初禾，耕治老膏田，插再生秧[10]。其秧清明时已偕早秧撒布。早秧一日无水即死，此秧历四、五两月，任从烈日旱干无忧，此一异也。凡再植稻遇秋多晴，则汲灌与稻相终始。农家勤苦，为春酒之需也。凡稻旬日失水则死期至，幻出旱稻一种，粳而不粘者，即高山可插，又一异也。香稻一种，取其芳气以供贵人，收实甚少，滋益全无，不足尚也。

的秧田里，等汛期过后才插秧。

南方平原的稻田，大多是一年两栽两熟的。第二次插的秧俗名叫晚糯，不是粳稻。六月割完早稻，田地经过犁耙后，再插上晚稻秧。这种秧是在清明时就和早稻秧同时播种的。早稻秧一天缺水就会死，而这种秧经过四月和五月两个月，任凭曝晒和干旱都不用担心，这是一种不同的类型。晚稻遇到秋季多晴天时，就要始终不停地灌水。农家这样辛勤地劳动，是为了酿造春酒的需要。水稻缺水十天就会死掉。但后来从中变化出一种旱稻，是不黏的粳稻，即使在高山上也可种植，这又是一种变异的类型。还有一种香稻，因为它有香气，所以通常专供富贵人家享用；但其产量很低，又没有什么滋补的益处，并不值得提倡。

8 夏潦：夏季因久雨而形成的大水。

9 刈：割。

10 再生秧：指晚稻秧。

清　佚名　《耕织图册》之入仓

稻宜[1]

凡稻，土脉焦枯[2]，则穗、实萧索[3]。勤农粪田，多方以助之。人畜秽(huì)遗[4]、榨油枯饼枯者，以去膏而得名也。胡麻、莱菔(lái fú)子为上，芸薹(tái)次之，大眼桐又次之。[5]樟、桕(jiù)、棉花又次之。草皮、木叶以佐生机，普天之所同也。南方磨绿豆粉者，取溲(sōu)浆[6]灌田肥甚。豆贱之时，撒黄豆于田，一粒烂土方三寸，得谷之息[7]倍焉。土性带冷浆者[8]，

凡稻子栽在土壤贫瘠的田里，则长出的稻穗、稻粒就会稀疏不饱满。勤劳的农民通过施粪等多种方法来增进稻田的肥力。人畜的粪便、榨了油的枯饼（“枯”是因为榨去了油而得名。其中芝麻籽饼、萝卜籽饼是最好的，油菜籽饼稍稍差点儿，油桐籽饼又稍微差些，樟树籽饼、乌桕籽饼、棉花籽饼再稍稍差些）、草皮、树叶被用来辅助肥力，促进水稻生长，这是全国各地都相同的。（南方磨绿豆粉的农民，用磨粉时滤出来的发酵的浆液来浇灌稻田，肥效很好。豆子便宜时，将黄豆粒撒在稻田里，一粒黄豆腐烂后可以肥稻田三平方寸，增产所得的收益便是所撒播黄豆成本的双倍。）对于土温低的“冷水田”，

1 稻宜：指适宜稻谷生长的条件，包括稻田的施肥、土壤改良等。

2 焦枯：干枯，指土壤贫瘠。

3 萧索：缺乏生机，不饱满。

4 秽遗：粪便。

5 胡麻：芝麻。莱菔子：萝卜的种子。芸薹：油菜。大眼桐：油桐。

6 溲浆：做豆粉滤出的浆水，可做肥料。

7 息：利息。这里指增产所得的收益。

8 土性带冷浆者：指土温低的“冷水田”。

宜骨灰蘸(zhàn)秧根凡禽兽骨，石灰淹苗足[9]，向阳暖土不宜也。土脉坚紧者，宜耕垄，叠块压薪而烧之，埴(zhí)坟[10]松土不宜也。

插秧时宜将秧根用骨灰点蘸（用禽、兽骨都可以），再将石灰撒于秧脚，但对于向阳的暖水田就不适用了。对于土质坚硬的田，应该把它耕成垄，将土块叠起堆放在柴草上烧，但对于黏土和土质疏松的稻田就不适合这样处理。

清　焦秉贞　《耕织图册》之拔秧

9 苗足：指秧根、秧脚。

10 埴坟：指轻黏土和壤土。埴，黏土。

清　袁耀　《山庄秋稔图》

稻工[1] 耕、耙、耔（zǐ）、耘[2]具图

凡稻田刈获不再种者，土宜本秋耕垦，使宿稿[3]化烂，敌[4]粪力一倍。或秋旱无水及怠农春耕，则收获损薄也。凡粪田若撒枯浇泽[5]，恐霖[6]雨至，过水来，肥质随漂而去。谨视天时，在老农心计也。凡一耕之后，勤者再耕、三耕，然后施耙，则土质匀碎，而其中膏脉释化[7]也。

凡牛力穷者，两人以扛悬耜，项背相

凡是收割后不再耕种的稻田，应该在当年秋季翻耕、松垦，使稻茬在稻田里腐烂，这样所取得的肥效相当于粪肥的一倍。若秋天干旱没有水，或是懒散的农家误了农时春耕，那第二年最终的收获就会减少。给稻田施肥时，不论施干肥或上稀粪，都怕碰上连绵大雨，因为雨水一冲，肥分就会随水漂走。所以需要密切注意天气变化，这就要靠老农的智慧了。稻田耕过一遍之后，有些勤快的农民还要翻耕第二遍、第三遍，然后再耙碎弄平，这样一来土质就会碎得很均匀，其中的肥分也就分散得很均匀了。

农民家里缺少牛耕畜力的，两个人在犁上绑一根杠子，前后相顾拉犁翻耕，狠劲儿干一整天，只能相当于一头牛的

1 稻工：指稻田耕作的工种，包括耕、耙及田间管理等。
2 耔：给苗培土。耘：除草。《诗经·小雅·甫田》："或耘或耔。"
3 宿稿：指收割后留在田里的稻茬。
4 敌：对等，相当。
5 撒枯：施枯粉之类的干肥。浇泽：上稀粪。
6 霖：连绵雨。《左传·隐公九年》："凡雨，自三日以往为霖。"
7 膏脉释化：指将肥料稀释分散。

耕
耒

耙

望[8]而起土。两人竟日仅敌一牛之力。若耕后牛穷，制成磨耙，两人肩手磨轧，则一日敌三牛之力也。凡牛，中国惟水、黄两种。水牛力倍于黄。但畜水牛者，冬与土室御寒，夏与池塘浴水，畜养心计亦倍于黄牛也。凡牛春前力耕汗出，切忌雨点，将雨则疾驱入室。候过谷雨[9]，则任从风雨不惧也。

吴郡[10]力田者，以锄代耜，不借牛力。愚见贫农之家，会计[11]牛值与水草之资，窃盗死病之变，

劳动效率。如果犁耕后缺少畜力，就做个磨耙，两人用肩和手拉着耙，这样干上一整天则相当于三头牛的劳动效率。我国中原地区只有水牛、黄牛两种。其中水牛力气要比黄牛大一倍。但是畜养水牛，冬季要有牛棚来抵御酷寒，夏天要有池塘供洗澡，养水牛所花费的心力也就比养黄牛的多一倍。如果耕牛在立春之前耕地时用力过度出了汗，一定要避免淋雨，快要下雨时就赶紧将耕牛赶进牛棚。等到过了谷雨之后，牛就任凭风吹雨淋也不怕了。

苏州一带种田的农民，用铁锄代替犁，因此不用耕牛。我认为贫苦的农户，如果合计一下购买耕牛的本钱和水草饲料的费用，以及耕牛被盗窃、生病和死亡等的意外损失，那就不如用人力耕作。假如说，有牛的农户能耕种十亩农田，而没牛的农户用铁锄，勤快的也能种上有牛人的一半。既然是没有牛，那秋收之

8 项背相望：指前后两人相互照看着。

9 谷雨：二十四节气之一。《逸周书·周月》曰："春三月中气：雨水、春分、谷雨。"《群芳谱》："谷雨，谷得雨而生也。"

10 吴郡：今江苏苏州一带。

11 会计：合计。

不若人力亦便。假如有牛者供办十亩，无牛用锄而勤者半之。既已无牛，则秋获之后，田中无复刍(chú)[12]牧之患，而菽、麦、麻、蔬诸种，纷纷可种。以再获偿半荒之亩，似亦相当也。

凡稻分秧之后数日，旧叶萎黄而更生新叶。青叶既长，则耔可施焉。俗名挞(tà)禾。植杖于手，以足扶泥壅(yōng)[13]根，并屈宿田水草，使不生也。凡宿田菵(wǎng)草[14]之类，遇耔而屈折。而稊(tí)、稗(bài)与荼(tú)、蓼(liǎo)[15]非足力所可除者，则耘以继之。耘者苦在腰、手，辨在两眸。非类既去，而嘉谷茂焉。从此泄以防

后也不必考虑喂牛的饲料以及怎么放牧等烦心事，同时可以腾出手来种植豆、麦、麻、蔬菜等作物了。这样，用二次收获来补偿荒废了的那一半田地的损失，似乎也就和有牛的家庭差不多了。

水稻插秧后的几天内，旧叶会变得枯黄而长出新叶来。新叶长出来后，就可以给禾苗培土松泥了（俗名叫作“挞禾”）。手里拄着木棍，用脚把泥培在稻禾根部，并且把原来田里的杂草踩进泥里，使它不能生长。原来田里的水稗子草之类小草，用培泥的方法就可以使草弯曲入泥。但是稊草、稗草、苦菜、水蓼等杂草却不是用脚力就能除掉的，必须接用手来耘田（除草）。除草的人腰和手会比较辛苦，分辨稻禾和稗草则要靠人的两只眼睛。除干净了杂草，禾苗就会长得很茂盛。此后，只要注意排水防

12 刍：喂牲口的草。

13 壅：用泥土或肥料培在植物根部。

14 菵草：别称水稗子，属禾本科，一年生草本植物。

15 稊、稗、荼、蓼都是水生杂草。稊，一种形似稗、实如小米的草；荼，又名苦菜；蓼，水蓼。

耔

耘

潦，溉以防旱，旬月而“奄观铚刈[16]”矣。

涝、灌溉防旱，一个月后就可以看到开镰收割了。

清　焦秉贞　《耕织图册》之收刈

16 奄观铚刈：同去观看开镰收割。奄，同。铚，收割庄稼用的镰刀，此为开镰收割。

稻灾

凡早稻种，秋初收藏，当午晒时烈日火气在内，入仓廪（lǐn）[1]中关闭太急，则其谷粘带暑气（勤农之家，偏受此患）。明年田有粪肥，土脉发烧，东南风助暖，则尽发炎火[2]，大坏苗穗，此一灾也。若种谷晚凉入廪，或冬至数九天[3]收贮雪水、冰水一瓮（wèng）[4]（交春即不验），清明湿种时，每石（dàn）[5]以数碗激洒，立解暑气，则任从东南风暖，而此苗清秀异常矣（祟（suì）[6]在种内，反怨鬼神）。

早稻种子一般在秋初时收藏，若是中午在烈日下曝晒，种子内的热气还没散发就装入谷仓，之后封闭谷仓又太急的话，稻种就会带暑气（太勤快的农家反倒会受这种灾害）。第二年播种之后，田里的粪肥就会发酵使土壤温度升高，再加上东南风带来的暖热气息，整片稻禾就会如同受到火烧一样发生稻瘟病，给禾苗和稻穗造成很大的损害，这是水稻的第一种灾害。若是稻种等到晚上凉了后再入仓，或者是在冬至的数九寒天时节收藏一缸雪水、冰水（立春之后收藏的就会没有效果），到来年清明浸种时，每石稻种泼上几碗，暑气就会立刻解除，任凭东南风吹拂带来多高的温度，禾苗稻穗都会长得非常好（病根在稻种里面，

1 廪：粮仓。

2 炎火：指稻瘟病、赤枯病。

3 冬至数九天：我国民间习俗，从冬至起，每九天为一“九”，到“九九”为止，共八十一天，是冬季最冷的时期，称为“数九”天，有“冷在三九”的说法。

4 瓮：一种盛水或酒等的陶器，腹部较大。

5 石：容量单位，十斗为一石。

6 祟：原指鬼怪或鬼怪害人，此为作祟、病根。

凡稻撒种时，或水浮数寸，其谷未即沉下，骤发狂风，堆积一隅，此二灾也。谨视风定而后撒，则沉匀成秧矣。凡谷种生秧之后，防雀聚食，此三灾也。立标飘扬鹰俑[7]，则雀可驱矣。凡秧沉脚[8]未定，阴雨连绵，则损折过半，此四灾也。邀[9]天晴霁(jì)三日，则粒粒皆生矣。凡苗既函[10]之后，亩土肥泽连发，南风熏热，函内生虫形似蚕茧，此五灾也。邀天遇西风雨一阵，则虫化而谷生矣。

凡苗吐穑(sè)[11]之后，暮夜“鬼火[12]”游烧，此六灾也。此火乃朽木腹

有人反而去埋怨鬼神）。

播撒稻种时，如果田里积水有好几寸深，种谷还没来得及沉下就突然刮起了狂风，谷种就会堆积在秧田的一个角落，这是第二种灾害。因此，要在风势平定后再播撒稻种，那样，谷种就能均匀地沉下并育成秧苗。稻种长出秧苗之后，要防止雀鸟成群飞来啄食，这是第三种灾害。在稻田中竖立一根杆子，上面悬挂些假鹰随风飘扬，就可以驱赶雀鸟了。撒播的稻种还没有扎根立稳时，若碰上阴雨连绵的天气，种苗就会损坏一大半，这是第四种灾害。只希求得连续三个晴天，种苗就会粒粒都生根成活了。秧苗返青长出新叶之后，泥土里的肥力不断散发出来，再加上南风带来的热气一熏，禾苗叶鞘及茎秆里就会生虫（形状像蚕茧一样），这是第五种灾害。只求老天这时能遇上一阵西风雨，害虫就能被消灭，禾苗便可以正常地生长了。

7 俑：古代殉葬的偶人。鹰俑则是用以驱雀的假鹰。

8 沉脚：扎根。

9 邀：求得，希求。

10 既函：指秧苗返青。

11 吐穑：吐穗，抽穗。

12 鬼火：即磷火。夜晚时在墓地或郊野出现的浓绿色磷光。

中放出。凡木母火子，子藏母腹，母身未坏，子性千秋不灭。每逢多雨之年，孤野坟墓多被狐狸穿塌。其中棺板为水浸，朽烂之极，所谓母质坏也。火子无附，脱母飞扬。然阴火不见阳光，直待日没黄昏，此火冲隙而出，其力不能上腾，飘游不定，数尺而止。凡禾穑、叶遇之立刻焦炎。逐火之人见他处树根放光，以为鬼也，奋梃（tǐng）[13]击之，反有鬼变枯柴之说。不知向来鬼火见灯光而已化矣。凡火未经人间传灯者，总属阴火，故见灯即灭。

凡苗自函活[14]以至颖栗[15]，早者食水三斗，

禾苗抽穗之后，夜晚“鬼火”四处飘游烧焦禾稻，这是第六种灾害。“鬼火”是从腐烂的木头中散放出来的。木与火如同母与子，子藏母腹之中，母身即木头尚未腐烂，火也就永远藏在木头里面。每逢多雨的年份，荒野中的坟墓多被狐狸挖穿而塌陷。坟里面的棺材板子被水浸透而腐烂，这就是所谓母体坏了。木中的火失去依附，就会离开母体而四处飞扬。但是阴火是见不得阳光的，只有等到黄昏太阳落山，这种火才会从坟墓的缝隙里冲出来，它不能飞得很高，只能飘游不定止于几尺高的空间。禾叶和稻穗一旦遇上立刻就被烧焦。驱逐“鬼火”的人，一看见树根处有火光，便以为是鬼，举起棍棒去打它，反倒有了“鬼变枯柴”的说法。他不知道“鬼火”向来都是一见灯光就会消失的。（没有经过人们灯火传燃的都属于阴火，因而一见到灯光就熄灭了。）

秧苗自返青到抽穗结实，早熟稻每

13 梃：棍棒。

14 函活：指秧苗返青。

15 颖栗：抽穗结实。

晚者食水五斗，失水即枯将刈之时少水一升，谷数虽存，米粒缩小，入碾臼中亦多断碎，此七灾也。汲灌之智，人巧已无余矣。凡稻成熟之时，遇狂风吹粒陨落，或阴雨竟旬，谷粒沾湿自烂，此八灾也。然风灾不越三十里，阴雨灾不越三百里，偏方厄难[16]亦不广被。风落不可为。若贫困之家，苦于无霁，将湿谷盛于锅内，燃薪其下，炸去糠膜，收炒糗(qiǔ)[17]以充饥，亦补助造化之一端矣。

蔸需要水量三斗，晚熟稻每蔸需水量五斗，没有水了就会枯死（快要收割之前如果缺少一升水，谷粒数目虽然还是那么多，但米粒会变小，用碾或臼加工的时候，也会多有破碎），这是第七种灾害。在引水灌溉方面，人们的聪明才智已经发挥无余了。稻子成熟的时候，往往会遇到刮狂风将稻粒吹落，或者遇上连续十来天的阴雨使谷粒沾湿自行霉烂，这是第八种灾害。但是风灾的范围一般不会超过方圆三十里，阴雨成灾的范围一般也不会超过方圆三百里，这种局部地区的灾害不会范围很广。谷粒被风吹落这是没有办法的。若是贫苦的农家苦于阴雨不晴，可以把湿稻谷放在锅里，烧火爆去谷壳，做炒米饭来充饥，这也算是补救自然灾害的一种办法吧。

16 偏方厄难：指局部的灾难。

17 糗：炒熟的米麦等干粮。

清　佚名　《豳风十二月图说册》之四之日举趾

水　利　筒车[1]、牛车、踏车[2]、拔车[3]、桔槔[4]皆具图

凡稻防旱借水，独甚五谷。厥土沙泥、硗腻[5]，随方不一。有三日即干者，有半月后干者。天泽[6]不降，则人力挽水以济。凡河滨有制筒车者，堰陂障流[7]，绕于车下，激轮使转，挽水入筒，一一倾于枧[8]内，流入亩中。昼夜不息，百亩无忧。不用水时，拴木碍止，使轮不转动。

水稻靠水，最怕旱情，可说是五谷中最独特的。土质的沙性、黏性、贫瘠、肥沃，各地情况都不一样。有的稻田灌水后三天就干涸了，也有的半个月后才干涸。如果天不降雨，就要靠人力引水浇灌来补救。靠近江河边有使用筒车的，先筑个堤坝挡住水流，使水流环绕在筒车下，冲击筒车的水轮旋转，让水进入筒内，这样一筒筒的水便会随着水轮旋转倒进引水槽，然后导流进入田里。这样昼夜不停地引水，即便浇灌上百亩田地也不成问题。（不用水时，可用木栓卡住水轮，不让水轮转动。）在没有流水的湖边、池塘边，有的

1 筒车：一种引水灌田的机械设备。也称“天车”。王祯《农书》卷十八：“筒车，流水筒轮。凡制此车，先视岸之高下，可用轮之大小，须要轮高于岸，筒贮于槽，乃为得法。”

2 踏车：踩踏水车以提水灌排的车，又名水车、龙骨车，亦作翻车。《后汉书·宦者列传·张让传》“作翻转渴乌”，李贤注：“翻车，设机车以引水，渴乌为曲筒，以气引水上也。”

3 拔车：一种车身短、用手转动摇柄的提水车。

4 桔槔：一种井上打水的工具，亦称吊杆。用绳子把杆子吊起来，杆子一头系上水桶，另一头系上重物，以求省力。

5 硗：土坚硬而瘠薄。腻：土肥沃。

6 天泽：雨水。

7 堰陂障流：筑堤来阻挡水流。堰，挡水的堤坝，此作筑堰挡水。陂，水边障水的堤岸，又作筑堤防水。

8 枧：同“笕”。引水的水槽。

筒車
欐坂障水
柳椿
閘
岸

堰

陂

高轉筒車

其湖池不流水，或以牛力转盘，或聚数人踏转。车身长者二丈，短者半之。其内用龙骨拴串板，关水逆流而上。大抵一人竟日之力，灌田五亩，而牛则倍之。

其浅池、小浍(kuài)[9]不载长车者，则数尺之车，一人两手疾转，竟日之功可灌二亩而已。扬郡[10]以风帆数扇，俟风转车，风息则止。此车为救潦，欲去泽水以便栽种。盖去水非取水也，不适济旱。用桔槔、辘轳(lù lú)[11]，功劳又甚细已。

使用牛力拉动转盘进而带动水车，有的用几个人一齐踩踏来转动水车。水车车身长的达两丈，短的也有一丈。车内用龙骨拴接一块块串板，关住一格格的水使它向上逆行。大概一人干一整天，能浇灌田地五亩，用牛力则功效高出一倍。

浅水池和小水沟，如果安放不下长水车，就可以使用几尺长的手摇水车。一个人用两手握住摇把迅速转动，一天的工夫能浇灌两亩田地。扬州一带使用几扇风帆，靠风力带动水车旋转，风停息水车也就不动了。这种车是专为排涝使用的，排除积水以便于栽种。因为是用来排涝而不是用于取水灌溉的，所以并不适于抗旱。还有用桔槔和辘轳汲取井水灌溉的，那功效就更低微了。

9 浍：田间的水沟。

10 扬郡：今江苏扬州地区。

11 辘轳：利用轮轴原理制成的一种起重装置，通常安在井上汲水。

牛車
中柱
牛轉盤外

踏車
龍骨

拔車

水車

桔槔
墜石

轆轤

麦

凡麦有数种。小麦曰来，麦之长也；大麦曰牟、曰穬(kuàng)[1]；杂麦曰雀[2]、曰荞；皆以播种同时、花形相似、粉食同功而得麦名也。四海之内，燕、秦、晋、豫、齐鲁诸道[3]，烝(zhēng)[4]民粒食，小麦居半，而黍、稷、稻、粱仅居半。西极川、云，东至闽、浙，吴、楚腹焉，方长六千里中，种小麦者，二十分而一。磨面以为捻(niǎn)头、环饵、馒首、汤料之需，而饔飧(yōngsūn)[5]不及焉。种余麦者五十分而一，

麦子有好多种。小麦叫作“来”，是麦子中列在首位的一种；大麦有叫作“牟”的，也有叫作“穬”的；杂麦有叫“雀”的，有叫“荞”的；都是因为它们的播种时间相同，花的形状相似，又都是磨成面粉用来食用的，所以都称为麦。在我国，河北、陕西、山西、河南、山东等地，老百姓吃的粮食当中，小麦占了一半，而黍、小米、稻子、高粱等加起来占另一半。西至四川、云南，东至福建、浙江、江苏，以及中部的江西、湖南、湖北等地区，方圆六千里之中，种植小麦的大约占二十分之一。人们将小麦磨成面粉用来做花卷、饼糕、馒头和汤面等食用，但早晚正餐都不用它。种植其他麦类的只有五十分之一，民间贫苦百姓拿来当早餐吃，富贵人家是不会吃它

1 穬：有芒的谷物。此处指大麦的一种。

2 雀：杂麦的一种，又称燕麦。

3 道：古代行政区划名。唐代曾分全国为十五道，道相当于现在的省。

4 烝：众多。

5 饔：早餐。飧：晚餐。

6 闾阎：此处泛指民间。

清　裘曰修　《御制割麦行图》（局部）

lǘ
闾阎[6]作苦以充朝膳，而贵介[7]不与焉。

穬麦独产陕西，一名青稞，即大麦，随土而变。而皮成青黑色者，秦人专以饲马，饥荒人乃食之。大麦亦有粘者，河洛[8]用以酿酒。雀麦细穗，穗中又分十数细子，间亦野生。荞麦实非麦类，然以其为粉疗饥，传名为麦，则麦之而已。

凡北方小麦，历四时之气，自秋播种，明年初夏方收。南方者种与收期，时日差短。江南麦花夜发，江北麦花昼发，亦一异也。[9]大麦种获期与小麦相同。荞麦则秋半下种，不两月而即收。其苗遇霜即杀，邀天降霜迟迟，则有收矣。

们的。

穬麦只产在陕西一带，又叫青稞，也就是大麦，它随土质的不同而皮色相应变化。麦皮青黑色的，陕西人专门用来喂马，只有在饥荒的时候人们才吃它。（大麦也有带黏性的，在黄河、洛水之间的地区人们用它来酿酒。）燕麦的麦穗比较细小，每个麦穗中又分长开十多个麦粒，这种麦间或也有野生的。至于荞麦，它实际上并不算是麦类，但因为人们用它磨粉来充饥，流传下来名叫麦，也就算它是麦吧。

北方的小麦，经历四季的气候变化，秋天时候播种，第二年初夏时节才收获。南方则从播种到收割，时间相对短一些。江南麦子夜晚开花，江北麦子白天开花，这也算一件奇事。大麦的播种和收割的日期与小麦基本相同。荞麦则应在中秋时播种，不到两个月就可以收割。荞麦苗遇到霜就会冻死，所以希求上天降霜的时间晚一点，荞麦就可能获得好收成了。

7 贵介：尊贵，高贵。此处指富贵人家。

8 河洛：指黄河与洛水两水之间的地区。

9 这种说法是不妥当的，实际上江南、江北的小麦日夜都开花，一般是白天开花比夜晚多。

麦　工[1]　北耕种、耨(nòu)[2]具图

凡麦与稻初耕垦土则同，播种以后则耘、耔诸勤苦皆属稻，麦惟施耨而已。凡北方厥土坟垆(lú)[3]易解释者，种麦之法耕具差异，耕即兼种。其服[4]牛起土者，耒不用耜[5]，并列两铁于横木之上，其具方语[6]曰镪。镪中间盛一小斗，贮麦种于内，其斗底空梅花眼。牛行摇动，种子即从眼中撒下。欲密而多，则鞭牛疾走，子撒必多；欲稀而少，则缓其牛，撒种即少。既播种后，用驴驾两小石

种麦子与种水稻，最初翻土整地的工序相同，但播种以后，种水稻还需要多次耘、耔等勤苦的劳动，麦田却只要锄锄草就可以了。北方的土壤多在高处，是疏松黑土容易耕种，种麦的方法和工具都与种稻子有所不同，且耕和种是同时进行的。用牛拉着起土的农具，不装犁头，而装一根横木，在横木上并排安装两块尖铁，这种农具方言把它称为镪（耧）。镪（耧）的中间装个小斗，麦种盛在斗内，斗底钻些梅花眼。牛行走时摇动斗，种子就从眼中撒下。若想种得既密又多，就赶牛快走，种子就撒得多；如要稀些少些，就让牛慢走，撒种就少。播种后，再用驴拖两个小石磙压土埋麦种。土压紧了，麦种才能发芽。南方土壤与北方的不同，要将麦地多次耕翻耙

1 麦工：指麦地的工夫、工种、田间管理等。
2 耨：古代一种锄草用的农具，也指锄草、除草。
3 坟垆：高起的黑色土壤。
4 服：用牛、马驾车。《周易·系辞下》："服牛乘马。"
5 耜：古代跟犁上的铧相似的铁锹，此指犁头。
6 方语：方言，土话。

耨

北耕兼種圖
麥粟粱皆用此具
種子
鐵尖
鐵尖

北蓋種圖
石陀

团，压土埋麦。凡麦种紧压方生。南地不与北同者，多耕多耙之后，然后以灰拌种，手指拈而种之。种过之后，随以脚跟压土使紧，以代北方驴石也。

耕种之后，勤议耨锄。凡耨草用阔面大镈(bó)[7]，麦苗生后，耨不厌勤 有三过[8]四过者。余草生机尽诛[9]锄下，则竟亩精华尽聚嘉实矣。功勤易耨，南与北同也。凡粪麦田，既种以后，粪无可施，为计在先也。陕、洛之间忧虫蚀者，或以砒礵拌种子，南方所用惟炊烬也 俗名地灰。南方稻田有种肥田麦者，不粪麦实。当春小麦、大麦青青之时，耕杀田中，蒸罨(yǎn)[10]土性，秋收稻谷必加倍也。

松之后，再用草木灰拌种，用手指拈着种子点播。点播之后，接着用脚跟把土踩紧，以代替北方用驴拉石磙子压土。

如此耕地播种之后，就要勤于耨土锄草。锄草要用宽面大锄，麦苗生出来后，锄得越勤越好（有锄三四次的）。杂草锄尽，田里的全部肥料养分就都会聚集于麦苗，结成饱满的麦粒了。工夫勤，草就容易除净，这在南方和北方都是一样的。给麦田施肥，因为播种后不好施，所以应当预先施足基肥。陕西和河南洛水流域，怕害虫蛀蚀麦种，有用砒礵拌种的，南方则只用草木灰（俗称地灰）。南方稻田有种麦子来肥田的，并不追肥让麦子抽穗结实。而是当春小麦或大麦还在青苗期时，就把它们耕翻压死在田里，做绿肥来改良土壤，秋收时稻谷的产量必定能倍增。

7 镈：古代锄一类的农具。

8 过：遍。

9 尽诛：锄尽杂草。诛，铲除。

10 蒸罨：此指将麦苗覆在土里蒸腾腐烂，用以改良土壤。罨，覆盖，敷。

南種牟麥圖
踵力盖繁

凡麦收空隙，可再种他物。自初夏至季秋[11]，时日亦半载，择土宜而为之，惟人所取也。南方大麦有既刈之后乃种迟生粳稻者。勤农作苦，明赐[12]无不及也。凡荞麦，南方必刈稻，北方必刈菽、稷而后种。其性稍吸肥腴(yú)[13]，能使土瘦。然计其获入，业偿半谷有余，勤农之家何妨再粪也。

麦子收割之后的空隙时段，地里还可以再种其他作物。从夏初到秋末，有近半年时间，完全可以因地制宜地种点其他作物，这就看个人所需了。南方就有在大麦收割后再种植晚熟粳稻的。勤劳的农民辛苦劳作，总会得到回报的。荞麦是在南方收割水稻后和北方收割豆子、谷子后才种的。荞麦的特性是吸收肥料较多，会使土壤变瘦。但若计算它的产量，差不多是原先谷物产量的一半还多，故勤劳的农家不妨再施肥种一点。

11 季秋：秋季的第三个月，即农历九月，晚秋。

12 明赐：原意为神灵、上天的恩赐，此作酬劳。

13 肥腴：肥沃。此指肥料。

明　陆治　《春耕图》

麦灾

凡麦防患抵稻三分之一。播种以后，雪、霜、晴、潦皆非所计。麦性食水甚少，北土中春再沐雨水一升，则秀华[1]成嘉粒矣。荆、扬以南唯患霉雨。倘成熟之时晴干旬日，则仓廪皆盈，不可胜食。扬州谚云“寸麦不怕尺水”，谓麦初长时，任水灭顶无伤；“尺麦只怕寸水”，谓成熟时寸水软根，倒茎沾泥，则麦粒尽烂于地面也。

江南有雀一种，有肉无骨，飞食麦田数盈千万，然不广及，罹害者数十里而止。江北蝗生，则大祲(jìn)[2]之岁也。

种麦子的灾害只相当于种植稻子的三分之一。播种以后，遇上雪天、霜天、晴天、洪涝天气都没有什么影响。麦子的特性是需要的水量很少，北方只要在仲春时节下一场能浇透地的大雨，麦子就能开花并结出饱满的麦粒了。在荆州、扬州这些长江以南的地区，最怕的就是梅雨天气。如果在麦子成熟的时段，天气晴上十来天，就能麦子满仓，吃也吃不完了。扬州有农谚说“寸麦不怕尺水”，就是说麦子刚成长的时候，任水没顶都没有什么关系；“尺麦只怕寸水”，那是说麦子成熟时，哪怕一寸深的水也能把麦根泡软，茎秆就会倒伏在泥里，麦粒也就都烂在地里了。

江南有一种鸟雀，有肉无骨，成千上万地飞来啄食麦子，但灾害波及的范围不广，不过方圆几十里罢了。而长江以北的地区，一旦发生蝗虫灾害，那年就会变成大灾之年。

1 秀华：即开花。秀，指谷类植物抽穗开花。

2 祲：古代所谓阴阳相侵所形成的不祥之气。此指灾害。

黍、稷、粱、粟

凡粮食，米而不粉者种类甚多。相去数百里，则色、味、形、质随方而变，大同小异，千百其名。北人唯以大米呼粳稻，而其余概以小米名之。凡黍与稷同类，粱与粟同类。黍有粘有不粘 粘者为酒。稷有粳无粘。凡粘黍、粘粟统名曰秫，非二种外更有秫（shú）[1]也。黍色赤、白、黄、黑皆有，而或专以黑色为稷，未是。至以稷米为先他谷熟，堪供祭祀，则当以早熟者为稷，则近之矣。

凡黍在《诗》《书》[2]有虋（mén）[3]、芑（qǐ）[4]、秬（jù）[5]、秠（pī）[6]等

各种粮食之中，碾成米粒而不磨成粉来食用的品种很多。相距几百里，粮食的颜色、味道、形状和质量会随地区的不同有些变化，尽管大同小异，名称却是成百上千。北方人只把粳稻叫大米，其余的都叫小米。黍与稷同属一类，粱与粟又属同一类。黍有黏的和不黏的（黏的可以酿酒）。稷只有不黏的，没有黏的。黏黍、黏粟统称为“秫”，并不是两种之外另有叫“秫”的作物。黍的颜色红、白、黄、黑都有，有人专把黑黍称为稷，这不对。至于说因为稷米比其他谷类早熟，可以用于祭祀，所以把早熟的黍称为稷，这个说法还差不多。

黍在《诗经》《尚书》中还有虋、芑、秬、秠等名称，在当今的方言中则

1 秫：粱米、粟米之黏者。多用以酿酒。
2《诗》《书》:《诗经》《尚书》。
3 虋：赤粱粟。为谷之良种。
4 芑：白苗的粱。
5 秬：黑黍。
6 秠：黑黍的一种，一个黍壳中长有两粒黍米的。

名，在今方语有牛毛、燕颔、马革、驴皮、稻尾等名。种以三月为上时，五月熟；四月为中时，七月熟；五月为下时，八月熟。扬花、结穗总与来、牟不相见也。凡黍粒大小，总视土地肥硗、时令[7]害育。宋儒拘定以某方黍定律，未是也。

有牛毛、燕颔、马革、驴皮、稻尾等名称。黍最早的在三月下种，五月份成熟；居中的是在四月下种，七月份成熟；最晚的是五月下种，八月份成熟。开花和结穗的时间总与大、小麦不同时。黍粒的大小总是取决于土地肥力的厚薄、岁时节令的好坏。宋朝的儒生拘泥于以某个地区的黍粒为依据来定标准，那是不对的。

凡粟与粱统名黄米。粘粟可为酒，而芦粟[8]一种名曰高粱者，以其身高七尺如芦、荻也。粱粟种类名号之多，视黍稷犹甚。其命名或因姓氏、山水，或以形似、时令，总之不可枚举。山东人唯以谷子呼之，并不知粱粟之名也。

粟与粱统称黄米。其中黏粟可用于酿酒，此外有一种芦粟名叫高粱，是因为它的茎秆高达七尺，很像芦、荻。粱粟的种类、名称，比黍和稷的还要多。那些名称有的是用人的姓氏、山水，有的则根据其形状或时令命名，总之无法一一列举出来。山东人只称它们为“谷子”，并不知道粱粟还有那些名称。

已上四米皆春种秋获，耕耨之法与来、牟同，而种收之候则相悬绝云。

以上四种米都是在春天播种秋天收获的，耕作的方法与大、小麦的相同，而播种与收割的时间却和麦子相差很远。

7 时令：按季节制定的关于农事等的政令。《礼记·月令》：“天子乃与公卿大夫共饬国典，论时令，以待来岁之宜。”

8 芦粟：高粱的一种。又称甜高粱，俗称甜芦粟，茎可生吃或制糖。

清　焦秉贞　《耕织图册》之布秧

麻

凡麻可粒可油者，惟火麻[1]、胡麻[2]二种。胡麻即脂麻，相传西汉始自大宛(yuān)[3]来。古者以麻为五谷之一，若专以火麻当之，义岂有当哉？窃意《诗》《书》五谷之麻，或其种已灭，或即菽、粟之中别种，而渐讹其名号，皆未可知也。

今胡麻味美而功高，即以冠百谷不为过。火麻子粒压油无多，皮为疏恶布[4]，其值几何？胡麻数龠(yuè)[5]充肠，移时不馁(něi)[6]。粔(jù)饵[7]、饴饧(yí xíng)[8]得粘其粒，味高而品

麻类既可做粮食又可做油料的，只有大麻和胡麻两种。胡麻就是芝麻，传说是西汉时期才从大宛国传来的。古时候的人把麻列为“五谷”之一，若是专以大麻来相称，难道是恰当的吗？在我看来，古代《诗经》《尚书》里所说“五谷”中的麻，或者已经绝种了，或者就是豆、粟中的某一种，后来逐渐错传它们的名称，这都是难以知晓的。

现在的芝麻味道好、用途大，即使把它摆在百谷的首位也不过分。大麻籽粒榨不出多少油，麻皮做成的又是粗布，它的价值有多大？芝麻只要有少量进了肚子，很久都不会饿。

1 火麻：即大麻。桑科，一年生草本植物。其茎皮纤维可以织麻布、制绳、造纸。种子可以榨油。中医以果实入药，称“火麻仁”或“大麻仁”。

2 胡麻：即芝麻。

3 大宛：古西域国名。在今费尔干纳盆地。王治贵山城（在今塔吉克斯坦的苦盏）。

4 疏恶布：粗布。

5 龠：古代容量单位，一龠等于半合（gě）。一合为一升的十分之一。

6 馁：饥饿。

7 粔饵：泛指糕点。

8 饴饧：泛指糖果。

贵。其为油也，发得之而泽，腹得之而膏，腥膻(shān)得之而芳，毒厉[9]得之而解。农家能广种，厚实可胜言哉。

种胡麻法，或治畦圃(qí pǔ)，或垄田亩。土碎草净之极，然后以地灰[10]微湿，拌匀麻子而撒种之。早者三月种，迟者不出大暑[11]前。早种者花实亦待中秋乃结。耨草之功唯锄是视。其色有黑、白、赤三者。其结角长寸许，有四棱者，房[12]小而子少，八棱者房大而子多。皆因肥瘠(jí)所致，非种性也。收子榨油每石得四十斤余，其枯用以肥田。若饥荒之年，则留供人食。

糕饼、糖果上粘点芝麻，就会味道好而品质高。芝麻榨成了油，抹在头发上能使头发有光泽，吃了能增加脂肪，拌炒腥膻之物能去腥臊而生香味，涂在疮上还能解毒。农家若能多种些芝麻，那好处是说不尽的。

种植芝麻的方法，有的是在园圃起畦，有的是在田里培垄。先把土块尽量打碎，把杂草除净，然后用有点湿的草木灰拌匀芝麻种子来撒播。早的在三月份下种，晚的则要在大暑前。早种的芝麻也要到中秋才能开花结实。除草全靠用锄。芝麻有黑、白、红三种颜色。所结的蒴果长约一寸，角房有四棱的，空间小而粒少；有八棱的，空间大而粒多。这都是由于土质肥瘠所造成的，并不是品种的原因。每石芝麻可榨油四十多斤，剩下的枯渣用来肥田。如果碰上饥荒的年份，就留给人吃。

9 毒厉：毒疮。

10 地灰：草木灰。

11 大暑：二十四节气之一，在农历六月中，公历在 7 月 23 日或 24 日。一般是我国一年中气候最热的时候，也是喜温作物生长速度最快的时期。

12 房：指结构和作用像房子的东西，如蜂房、莲房。此指麻的角房。

清　佚名　《顾绣渔樵耕读图》

菽

凡菽种类之多，与稻、黍相等，播种、收获之期，四季相承。果腹之功在人日用，盖与饮食相终始。一种大豆，有黑、黄两色，下种不出清明[1]前后。黄者有五月黄、六月爆、冬黄三种。五月黄收粒少，而冬黄必倍之。黑者刻期[2]八月收。淮北长征骡马必食黑豆，筋力乃强。

凡大豆视土地肥硗、耨草勤怠、雨露足悭（qiān）[3]，分收入多少。凡为豉、为酱、为腐，皆大豆中取质焉。江南又有高脚黄，六月刈早稻方再种，九、十

豆子的种类与稻、黍的种类一样繁多，播种和收获的时间，在一年四季中接连不断。人们将豆子视为日常饮食中始终离不开的重要食品。一种是大豆，有黑、黄两种颜色，播种期在清明节前后。黄色的有“五月黄”“六月爆”和“冬黄”三种。“五月黄”产量低，“冬黄”则要比它高一倍。黑豆一定要到八月才能收获。淮北地区长途运载货物的骡马，一定要吃黑豆，才能筋强力壮。

大豆收获的多少，要看土质的好坏、锄草勤与不勤以及雨水是否充足。加工豆豉、豆酱和豆腐都是用大豆做原料。江南还有一种叫作“高脚黄”的大豆，是等到六月割了早稻后才种的，九、十月便可收获。江西吉安一带种大豆的方法很巧妙：收割后

1 清明：二十四节气之一，在公历4月4日、5日或6日。此时气候温暖，草木萌茂，农事多忙于春耕春种。

2 刻期：按期。

3 悭：缺欠，不足。

清　余穉　《端阳景图》（局部）

月收获。江西吉郡[4]种法甚妙：其刈稻田竟不耕垦，每禾稿头中拈豆三四粒，以指扱(chā)[5]之，其稿凝露水以滋豆，豆性充发，复浸烂稿根以滋。已生苗之后，遇无雨亢(kàng)[6]干，则汲水一升以灌之。一灌之后，再耨之余，收获甚多。凡大豆入土未出芽时，防鸠雀害，驱之惟人。

一种绿豆，圆小如珠。绿豆必小暑[7]方种，未及小暑而种，则其苗蔓延数尺，结荚甚稀。若过期至于处暑[8]，则随时开花结荚，颗粒亦少。豆种亦有二，一曰摘绿，荚先老者先摘，人逐日而取之。一曰拔绿，

的稻茬田竟不翻耕，而在每蔸稻茬中用手指拈着三四粒种豆插进去。稻茬所凝聚的露水滋润着种豆，豆子胚芽长出以后，又有浸烂的稻草根来滋养。豆子生出苗儿后，遇到干旱无雨的天气，就每蔸浇灌一升水。浇水以后，再除草一次，就可以获得丰收了。大豆播种后没发芽之时，要防避鸠雀祸害，这就得有人去驱赶。

一种是绿豆，像珍珠一样又圆又小。绿豆必须在小暑时才能播种，没到小暑时节就下种，豆苗会蔓生至好几尺长，结的豆荚却非常稀少。如果过了小暑甚至到了处暑时才播种，那就会随时开花结荚，结的豆粒也会少。绿豆的品种也有两个，一种叫作"摘绿"，其豆荚先老的先摘，人们每天都要摘取。另一种叫作"拔绿"，是要等到田里的豆子全都成熟时再

4 吉郡：今江西吉安地区。
5 扱：插。
6 亢：过度；极；很。
7 小暑：二十四节气之一，在公历7月6日、7日或8日，农历六月初伏前后。此时天气渐热，农事多忙于夏秋作物的播种和田间管理。
8 处暑：二十四节气之一，在公历8月22日、23日或24日。处暑在农历七月，谓暑气至此而止，气候逐渐转凉。

则至期老足，竟亩拔取也。凡绿豆磨、澄、晒干为粉，荡片、搓索[9]，食家珍贵。做粉溲浆灌田甚肥。凡畜藏绿豆种子，或用地灰、石灰、马蓼[10]，或用黄土拌收，则四、五月间不愁空蛀。勤者逢晴频晒，亦免蛀。凡已刈稻田，夏秋种绿豆，必长接斧柄，击碎土块，发生乃多。

凡种绿豆，一日之内遇大雨扳土[11]则不复生。既生之后，防雨水浸，疏沟浍以泄之。凡耕绿豆及大豆田地，耒耜欲浅，不宜深入。盖豆质根短而苗直，耕土既深，土块曲压，则不生者半矣。“深耕”二字不可施之菽类。此先农之所未发者。

一起收获的。将绿豆磨成粉浆，澄去浆水，晒干成淀粉，就可以做粉皮、粉条，那是人们珍贵的食品。做豆粉剩下的粉浆水用来浇灌田地，肥效很高。储藏绿豆种子，有的人用草木灰、石灰、马蓼，有的人用黄土拌种后再收藏，那就到四五月间也不用担心被虫蛀。勤快的人每逢晴天就把绿豆拿出来晒晒，这样也能避免虫蛀。夏秋两季在已经收割后的稻田里种绿豆，必须使用接长了柄的斧头，将土块打碎，这样才能长出较多的苗。

绿豆播种后一天之内若遇上大雨，土壤就会板结而再长不出豆苗。绿豆已长出苗了，就要防止雨水浸泡，及时疏通田里的水沟将水排出。凡是耕垦种绿豆和大豆的田土，要耕得浅，不能太深。因为豆子是根短苗直的作物，耕土过深的话，土块会把豆芽压弯，就将有半数豆芽长不出来。可见，“深耕”二字并不适用于

9 搓索：用手搓成绳索。此指做粉条。

10 马蓼：一年生或多年生草本。初夏开花成穗，略带红色。又称大蓼。李时珍《本草纲目·草五·马蓼》：“凡物大者，皆以马名之，俗呼大蓼是也。”

11 扳土：雨水使土壤板结。

一种豌豆，此豆有黑斑点，形圆同绿豆，而大则过之。其种十月下，来年五月收。凡树木叶迟者，其下亦可种。

一种蚕豆，其荚似蚕形，豆粒大于大豆。八月下种，来年四月收。西浙桑树之下遍繁种之。盖凡物树叶遮露则不生，此豆与豌豆，树叶茂时彼已结荚而成实矣。襄、汉上流，此豆甚多而贱，果腹之功不啻黍稷也。

一种小豆，赤小豆入药有奇功，白小豆一名饭豆当餐助嘉谷。夏至[12]下种，九月收获，种盛江淮之间。

一种穞音吕豆，此豆古者野生田间，今则北土盛种。成粉荡皮可敌绿

豆类，这是过去的农民所不曾发现的。

一种是豌豆，这种豆有黑斑点，形状圆圆的有点像绿豆，但又比绿豆大。十月播种，第二年五月份收获。春天出叶晚的落叶树下也可以种植。

一种是蚕豆，它的豆荚像蚕形，豆粒比大豆要大。八月下种，第二年四月收获。浙江西部地区普遍都是在桑树下种植蚕豆。一般来说，农作物被树叶遮盖就长不好，但蚕豆和豌豆等到树叶繁茂时，却已结荚长成豆粒了。在湖北襄河、汉水上游一带，蚕豆很多而且价格便宜，当作粮食来饱肚子，其功用并不比黍稷小。

一种是小豆，红小豆入药有很奇特的疗效，白小豆（也叫饭豆）可以作为下饭的美味。小豆夏至时播种，九月份收获，大量种植在长江、淮河之间的地区。

一种是穞豆，这种豆古时候是野生在田里的，现在北方已经大量种植了。用来做淀粉、粉皮，可以抵得上绿豆。北京的小商贩整天叫卖“穞豆皮”，可见它的产量一定是很多的了。

12 夏至：二十四节气之一，在公历 6 月 21 日或 22 日。这一天太阳经过夏至点，北半球白天最长，夜间最短。这一时期，农作物生长旺盛。

豆。燕京负贩[13]者，终朝[14]呼稽豆皮，则其产必多矣。

一种白扁豆，乃沿篱蔓生者，一名蛾眉豆。

其他豇(jiāng)豆、虎斑豆、刀豆，与大豆中分青皮、褐色之类，间繁一方者，犹不能尽述。皆充蔬代谷以粒烝民者，博物者其可忽诸！

一种是白扁豆，它是沿着篱笆蔓生的，也叫蛾眉豆。

其他如豇豆、虎斑豆、刀豆，与大豆中的青皮、褐皮等品种，仅在个别地方有种植，就不能一一详尽叙述了。这些豆类都是黎民百姓用来充当蔬菜或代替粮食的，广知各种事物的读书人，怎么能够忽视它们呢！

南宋　马麟　《豆蝶图》（局部）

13 负贩：小商贩。
14 终朝：整天。

清　金廷标　《春野新耕图》

乃服[1]第二

宋子曰：人为万物之灵，五官百体[2]，赅[3]（gāi）而存焉。贵者垂衣裳[4]，煌煌[5]山龙[6]，以治天下。贱者裋褐[7]（shù hè）、枲裳[8]（xǐ），冬以御寒，夏以蔽体，以自别于禽兽。是故其质则造物[9]之所具也。属草木者为枲、麻、苘[10]（qǐng）、葛，属禽兽与昆虫者为裘、褐、丝、绵。各载其半，而裳服充焉矣。

宋先生说：人是万物的灵长，五官和全身各个部分都长得很齐备。尊贵的人穿着绣有明亮华丽的山、龙图案的袍裳治理天下，穷苦的百姓穿着粗麻布衣服，冬天用来御寒，夏天借以遮掩身体，以此与禽兽相区别。那些衣服的原料都是自然界所提供的。其中属于植物的有棉、大麻、苘麻、葛，属于禽兽昆虫的有裘皮、毛、丝、绵。二者各占一半，做衣服足够了。

如同天上的织女使用的那样巧妙的纺织技术，已经传到了人间。人们从原材料中纺出带有花纹的布匹，又经过刺

1 乃服：即衣服。乃，助词，无义。
2 百体：身体的各个部分。
3 赅：完备。
4 垂衣裳：意谓定衣服之制，示天下以礼。
5 煌煌：明亮，光彩夺目。
6 山龙：古代衮服或旌旗上的山、龙图案，也借指绣有山、龙图案的衮服。《晋书·舆服志》："王公衣山龙以下九章，卿衣华虫以下七章。"
7 裋褐：粗陋布衣。古代多为贫贱者所服。
8 枲裳：即麻衣。枲，麻。
9 造物：即造物者，创造万物的神。这里指自然界。
10 苘：苘麻。一年生草本植物，茎皮多纤维，可用来制绳索或织麻袋等。

明　仇英　《百美图》（局部）

天孙[11]机杼(zhù)[12]，传巧人间。从本质而见花，因绣濯(zhuó)而得锦。乃杼(zhóu)柚[13]遍天下，而得见花机之巧者，能几人哉？“治乱”“经纶[14]”字义，学者童而习之，而终身不见其形象，岂非缺憾也！先列饲蚕之法，以知丝源之所自。盖人物相丽[15]，贵贱有章，天实为之矣。

刺绣、染色而造就华美的锦缎。尽管织机普及天下，但是真正见识过花机巧妙的人又有多少呢？像“治乱”“经纶”这些词的原意，文人学士们自小就学习过，但他们终其一生都没有见过它的真实形象，难道这不是学者们的缺憾吗？现在我先列举养蚕的方法，让大家知道丝是从哪里来的。大概人和衣服相互映衬，华贵与贫贱区分清楚，这也是上天自然形成的吧。

唐　周昉　《簪花仕女图》（局部）

11 天孙：星官名，即织女星。《史记·天官书》：“织女，天女孙也。”

12 机杼：指织布机。此指纺织。

13 杼柚：亦作杼轴。杼为织布的梭子，柚为筘，都是织机的主要部件。此指织机。

14 经纶：理出丝绪为经，编丝成绳为纶，以经纶比喻筹划国家大事。

15 人物相丽：指人与衣服互相映衬。物，指衣服。丽，附着。

蚕种

凡蛹变蚕蛾，旬日[1]破茧而出，雌雄均等。雌者伏而不动，雄者两翅飞扑，遇雌即交，交一日、半日方解。解脱之后，雄者中枯而死，雌者即时生卵。承藉卵生者，或纸或布，随方[2]所用。嘉、湖[3]用桑皮厚纸，来年尚可再用。一蛾计生卵二百余粒，自然粘于纸上，粒粒匀铺，天然无一堆积。蚕主收贮，以待来年。

蚕由蛹变成蚕蛾，需要经过约十天的时间才能破茧而出，雌蛾和雄蛾数量大致相等。雌蛾伏着不活动，雄蛾振动两翅飞扑，遇到雌蛾就交配，交配半天甚至一天才脱身。分开之后，雄蛾因体内精力枯竭而死，雌蛾立刻就开始产卵。用纸或布来承接蚕卵，各地的习俗有所不同。（嘉兴和湖州使用桑皮做的厚纸，第二年仍然可以再使用。）一只雌蛾可产卵二百多粒，产下的蚕卵会自然地粘在纸上，一粒一粒均匀铺开，天然地没有一处堆积。养蚕的人把蚕卵收藏起来，等待第二年用。

1 旬日：十天。
2 随方：根据地方的习俗。
3 嘉：嘉兴府，治嘉兴（今属浙江）。湖：湖州府，治乌程（今湖州市）。

蚕浴[1]

凡蚕用浴法，唯嘉、湖两郡。湖多用天露、石灰，嘉多用盐卤水。每蚕纸一张，用盐仓走出卤水二升，参水浸于盂内，纸浮其面。*石灰仿此*。逢腊月十二即浸浴，至二十四日，计十二日，周即漉（lù）起[2]，用微火烘干。从此珍重箱匣中，半点风湿不受，直待清明抱产[3]。其天露浴者，时日相同。以篾盘盛纸，摊开屋上，四隅小石镇压，任从霜雪、风雨、雷电，满十二日方收。珍重待时如前法。

对蚕种进行浸浴的只有嘉兴、湖州两个地方。湖州多采用天露浴法和石灰浴法，嘉兴则多采用盐水或卤水浴法。每张蚕纸用从盐仓流出来的卤水约两升掺水倒在一个盆盂内，纸会浮在水面上。（石灰浴仿照此法。）每逢腊月十二就开始浸种，浸到二十四日，共计十二天，到时候就把蚕纸捞起，用微火将水分焙干。从这时候起，就要小心保管在箱子、盒子里，不让蚕种受半点风寒湿气，一直等到清明节时才取出蚕卵进行孵化。采用天露浴法的，时间与上述方法相同。将蚕纸摊开平放在屋顶的竹篾盘上，将蚕纸的四角用小石块压住，任凭霜雪、风雨、雷电，放满十二天后再收起来。珍藏起来等到时候再用的方法如前面说的一样。大概低劣孱弱的蚕种经过浴种

1 蚕浴：即蚕种的浸浴，古时对蚕种进行消毒和选择的一种方法。

2 漉起：捞起。

3 抱产：孵化幼蚕。

盖低种经浴，则自死不出，不费叶故，且得丝亦多也。晚种不用浴。

就会死掉不出，因而不会浪费桑叶，而且这样处理后蚕吐丝也多。对于一年中孵化、饲养两次的晚蚕则不需要浴种。

清　佚名　《耕织图册》之浴蚕

蠶浴

种　忌[1]

凡蚕纸用竹木四条为方架，高悬透风避日梁枋（fāng）[2]之上，其下忌桐油、烟煤火气。冬月忌雪映[3]，一映即空。遇大雪下时，即忙收贮，明日雪过，依然悬挂，直待腊月浴藏。

装蚕种的纸，是用四根竹棍或者木棍做成的方架，将方架挂在高高的通风避阳光的梁枋上，方架下面应避免桐油、煤烟火气。冬天则要避免雪光映照，因为蚕卵一经雪光映照就会变成空壳。遇到下大雪时，就要赶紧将蚕种收藏起来，第二天雪停了以后，依旧悬挂起来，一直等到十二月浴种之后再进行收藏。

清　佚名　《耕织图册》之窖茧

1 种忌：蚕种的禁忌。

2 枋：房屋两根柱子间起连接作用的方形横木。

3 雪映：雪光映照。

种　类

凡蚕有早、晚二种[1]。晚种每年先早种五六日出川中者不同。结茧亦在先，其茧较轻三分之一。若早蚕结茧时，彼已出蛾生卵，以便再养矣。晚蛹戒不宜食。凡三样浴种[2]，皆谨视原记。如一错误，或将天露者投盐浴，则尽空不出矣。凡茧色唯黄、白二种。川、陕、晋、豫有黄无白，嘉、湖有白无黄。若将白雄配黄雌，则其嗣变成褐茧。黄丝以猪胰漂洗，亦成白色，但终不可染漂白、桃红二色。

蚕分早蚕和晚蚕两种，晚蚕每年比早蚕先孵出五六天（四川的蚕不同）。结茧也在早蚕之前，但它的茧约比早蚕的茧轻三分之一。若早蚕结茧时，晚蚕已经出蛾产卵，就可以用来继续喂养。（晚蚕的蚕蛹不能吃。）用三种不同方法浸浴的蚕种，无论采用其中哪一种都要认真记准原来的标记。一旦弄错了，例如将天露浴的蚕种放到盐卤水中进行盐浴，那么蚕卵就全都会变空壳，出不了蚕。茧的颜色只有黄色、白色两种，四川、陕西、山西、河南有黄色的茧而没有白色的茧，嘉兴和湖州有白色的茧没有黄色的茧。如果将白色茧的雄蛾和黄色茧的雌蛾相交配，那它们的后代就会结出褐色的茧。黄色的蚕丝如果用猪胰漂洗，也可以变成白色，但终究不能漂成纯白，也不能染上桃红色。

凡茧形亦有数种。

茧的形状也有几种。晚蚕的茧结

1 早、晚二种：即一化性蚕、二化性蚕。

2 三样浴种：指用盐卤水、石灰水、天露三种方法浸浴的蚕种。

晚茧结成亚腰[3]葫芦样，天露茧尖长如榧(fěi)子[4]形，又或圆扁如核桃形。又一种不忌泥涂叶者，名为贱蚕，得丝偏多。

凡蚕形亦有纯白、虎斑、纯黑、花纹数种，吐丝则同。今寒家有将早雄配晚雌者，幻出嘉种，一异也。[5]野蚕[6]自为茧，出青州、沂(yí)水[7]等地，树老即自生。其丝为衣，能御雨及垢污。其蛾出即能飞，不传种纸上。他处亦有，但稀少耳。

成束腰的葫芦形，经过天露浴的蚕茧尖得像榧子形，也有圆扁得像核桃形的。还有一种不怕吃带泥土的桑叶的蚕，名叫“贱蚕”，吐丝反而会比较多。

蚕的体色有纯白、虎斑、纯黑、花纹几种，吐丝都是一样的。现在的贫苦人家有用雄性早蚕蛾与雌性晚蚕蛾相交配而培育出良种的，也是一种奇异的事。柞树上的野蚕不用人工饲养而能自己结茧，产于山东的青州、沂水等地，树老叶黄时就自然会长出野蚕蛾。用这种蚕吐的丝织成的衣服，能防雨且耐脏。野蚕蛾钻出茧后就能飞走，不在蚕纸上产卵传种。别的地方也有野蚕，只是稀少罢了。

3 亚腰：形容中间细两头粗的样子，即束腰。

4 榧子：即香榧的种子，形如橄榄。

5 将一化性雄蚕蛾与二化性雌蚕蛾杂交，变幻出良种，这是蚕种杂交育种技术的最早记录。

6 野蚕：这里特指柞树上的野蚕。

7 青州：府名。明初改益都路置，治益都（今青州）。沂水：今山东沂水县。

抱　养[1]

凡清明逝[2]三日，蚕蚴(miáo)[3]即不偎衣衾(qīn)暖气，自然生出。蚕室宜向东南，周围用纸糊风隙，上无棚板者宜顶格[4]，值寒冷则用炭火于室内助暖。凡初乳蚕，将桑叶切为细条。切叶不(dǔn)[5]束稻麦稿为之，则不损刀。摘叶用瓮坛盛，不欲风吹枯悴。

二眠[6]以前，腾筐[7]方法皆用尖圆小竹筷提过。二眠以后则不用箸(zhù)[8]，而手指可拈矣。凡

清明节后三天，蚕卵不必依靠衣被的遮盖保暖就可以自然生出蚕来。蚕室的位置最好是面向东南方，蚕室周围的墙壁要用纸糊住透风的缝隙，房顶上如果没有顶棚的就要装上顶棚，若天气寒冷温度低，蚕室内就要用炭火加温。喂养初生的蚕宝宝，要把桑叶切成细条。切桑叶的砧板要用稻麦秆捆扎，这样就不会损坏刀口。摘回来的桑叶要用陶瓮、陶坛子装好，不要让风吹干枯了。

蚕在经历第二次脱皮眠期之前，腾筐的方法都是用尖圆的小竹筷把蚕夹过去。二眠以后就不必用竹筷子，可以直接用手指拈捡了。腾筐次数的

1 抱养：饲养；喂养。

2 逝：（时间、水流等）过去。

3 蚕蚴：初生的蚁蚕。

4 顶格：装上顶棚。

5 不：墩子。这里指砧板。

6 二眠：蚕在幼虫期要蜕皮四次，蜕皮期间蚕不食不动，叫作“眠”。二眠是指蚕在第二次蜕皮前的眠。

7 腾筐：除去蚕筐中的脏物。也叫“除沙”。

8 箸：筷子。

腾筐勤苦，皆视人工。怠于腾者，厚叶与粪湿蒸，多致压死。凡眠齐[9]时，皆吐丝而后眠。若腾过，须将旧叶些微拣净。若粘带丝缠叶在中，眠起之时，恐其即食一口，则其病为胀死。三眠已过，若天气炎热，急宜搬出宽凉所，亦忌风吹。凡大眠[10]后，计上叶十二餐方腾，太勤则丝糙。

多少关键在于人是不是真的勤劳。如果人懒得腾筐，堆积的残叶和蚕粪太多，就会湿热气蒸，多半会把蚕压死。蚕进入眠期，总是要先吐丝。在这个时候腾筐，必须把零碎的残叶拣除干净。如果还有粘着丝的残叶留下来的话，蚕觉醒之时，哪怕只吃一口残叶也会得病胀死。三眠过后，如果天气炎热，就要急忙把蚕搬到宽敞凉爽的房间里，但也忌受风。大眠之后，要喂食十二餐桑叶之后再腾筐，腾筐次数太多，蚕吐的丝就会粗糙。

明　文俶　《春蚕食叶图》（局部）

9 眠齐：指蚕进入眠期。

10 大眠：指蚕在第四次蜕皮前的眠。

清　丁观鹏　《西园雅集图》（局部）

养　忌

凡蚕畏香，复畏臭。若焚骨灰、淘毛圊（qīng）[1]者，顺风吹来，多致触死。隔壁煎鲍鱼、宿脂[2]，亦或触死。灶烧煤炭，炉爇（ruò）[3]沉、檀，亦触死。懒妇便器摇动气侵，亦有损伤。若风则偏忌西南，西南风太劲，则有合箔皆僵者。凡臭气触来，急烧残桑叶烟以抵之。

蚕害怕香味，又害怕臭味。如果烧骨头或掏厕所的臭味顺风吹来，接触到蚕，往往会把蚕熏死。隔壁煎腌鱼或不新鲜的肥肉之类的气味也能把蚕熏死。灶里烧煤炭，香炉里燃沉香、檀香，这些气味接触到蚕时也会把蚕熏死。懒妇的便桶摇动时散发出的臭气，也会损伤蚕。若是刮风，蚕就特别怕西南风，西南风太猛了，有满筐的蚕都得了僵蚕病的。每当臭气袭来时，要赶紧烧起残桑叶，用桑叶烟来抵挡臭气。

明　谈志伊　《佛桑山鸟册页》

1 毛圊：厕所。
2 鲍鱼：腌鱼。宿脂：放久了的油脂、肥肉之类，因不新鲜而有臭味。
3 爇：点燃。

叶 料[1]

凡桑叶无土不生。嘉、湖用枝条垂压[2]，今年视桑树傍生条，用竹钩挂卧，逐渐近地面，至冬月则抛土压之，来春每节生根，则剪开他栽。其树精华皆聚叶上，不复生葚(shèn)[3]与开花矣。欲叶便剪摘，则树至七八尺即斩截当顶，叶则婆娑(suō)[4]可扳伐，不必乘梯缘木也。其他用子种者，立夏桑葚紫熟时取来，用黄泥水搓洗，并水浇于地面，本秋即长尺余。来春移栽，倘灌粪勤劳，亦易长茂。但间有生葚与开花者，则叶最薄少

桑树无论哪种土壤条件都可以生长。浙江嘉兴和湖州用压条的方法培植桑树，选当年桑树的侧枝用竹钩坠挂，使它逐渐接近地面，到了冬天就用土压住枝条，第二年春天，枝条的每个茎节都会生根入土，这就可以剪开来进行移植了。用这种方法培植的桑树，养分都会聚积在叶片上，不再开花结果（葚）了。为了便于剪摘桑树叶子，可以在桑树长到七八尺高的时候，就截去它的树尖，以后繁茂的枝叶就会披散下来，可以随手扳枝摘取，而不必登梯爬树去采叶了。此外还有用种子种的桑树，立夏时紫红色的桑葚果子成熟了，摘下来后用黄泥水搓洗，然后连水一块浇灌在地里，当年秋天就可以长到一尺多高。第二年春天进行移栽时，如果浇水施肥勤劳些，枝叶就容易长得茂盛。但其中也有开花结

1 叶料：蚕吃的桑叶、柘叶等食料。

2 枝条垂压：指桑枝的压条繁殖。

3 葚：桑树的果实。

4 婆娑：枝叶扶疏、纷披。

耳。又有花桑叶薄不堪用者，其树接过，亦生厚叶也。

又有柘(zhè)[5]叶三种以济桑叶之穷。柘叶浙中不经见，川中最多。寒家用浙种桑叶穷时，仍啖(dàn)[6]柘叶，则物理一也。凡琴弦、弓弦丝，用柘养蚕，名曰棘茧，谓最坚韧。

凡取叶必用剪，铁剪出嘉郡桐乡[7]者最犀利，他乡未得其利。剪枝之法，再生条次月叶愈茂，取资既多，人工复便。凡再生条叶，仲夏以养晚蚕，则止摘叶而不剪条。二叶摘后，秋来三叶复茂，浙人听其经霜自落，片片扫拾

果的，叶子就又薄又少。还有一种桑树名叫花桑，叶子太薄不能用，但这种桑树通过嫁接也能长出厚叶。

另外还有三种柘树的叶子（又名黄桑叶），可以弥补桑叶的不足。柘树在浙江并不常见，而在四川最多。贫寒人家养蚕，在浙江种的桑叶不够用时，也让蚕吃柘树叶，同样能够将蚕喂养大。琴弦、弓弦的丝弦都是采用喂柘叶的蚕所吐的丝，用柘叶饲养的蚕所结的茧名叫“棘茧”，据说这种丝最为坚韧。

采摘桑叶必须用剪刀，出自嘉兴桐乡的铁剪刀最为锋利，其他地方出产的都没有桐乡的那么锋利。桑树剪枝得法，第二个月新生枝条的叶子会更加茂盛，采摘的叶子多了，人们采剪就更为方便。再生枝条的桑叶，农历五月份便可用来喂养晚蚕，那时就只采摘桑叶而不再剪枝了。第二茬桑叶摘取后，第三茬叶子到秋天又会长得很茂盛，浙江人听任它经霜自落，然后将落叶全都收拾起

5 柘：一种桑科树木，又叫黄桑。叶子可养蚕，木材可做弓。

6 啖：吃。

7 桐乡：地名，今浙江省桐乡市。

以饲绵羊，大获绒毡(zhān)之利。

来饲养绵羊，可大大地获剪取羊毛制作羊绒毛毡的收益。

清　焦秉贞　《耕织图册》之采桑

食　忌

凡蚕大眠以后，径[1]食湿叶。雨天摘来者，任从铺地加餐；晴日摘来者，以水洒湿而饲之，则丝有光泽。未大眠时，雨天摘叶用绳悬挂透风檐下，时振其绳，待风吹干。若用手掌拍干，则叶焦而不滋润，他时丝亦枯色。凡食叶，眠前必令饱足而眠，眠起即迟半日上叶无妨也。雾天湿叶甚坏蚕，其晨有雾，切勿摘叶。待雾收时，或晴或雨，方剪伐也。露珠水亦待旴(xū)干[2]而后剪摘。

蚕到大眠以后，就可以直接吃潮湿的桑叶了。下雨天摘来的桑叶，也可以随便放在地上拿来给它吃；天晴时摘来的桑叶，还要用水洒湿后再去喂蚕，这样吐出的丝才更有光泽。但在还没有到大眠的时候，雨天摘来的桑叶要用绳子悬挂在通风的屋檐下，经常抖动绳子，让风吹干。若是用手掌轻轻拍干的，叶子就会发焦而不滋润了，将来蚕吐的丝也就会干枯，而且没有什么色泽。养蚕喂叶时，一定要让蚕在睡眠前能吃饱吃足，蚕睡醒之后，即使推迟半天喂桑叶也没什么妨碍。雾天里潮湿的桑树叶子对蚕的危害很大，因此一旦早晨有雾，就一定不要去采摘桑叶。等雾收散后，无论晴雨都可以剪摘了。带露水的桑叶要等太阳出来把露水晒干后再进行剪摘。

1 径：直接。

2 旴干：指太阳晒干。旴，太阳刚出时的样子。

清　佚名　《豳风十二月图说册》之蚕月条桑（局部）

病　症

凡蚕卵中受病，已详前款。出后湿热积压，防忌在人。初眠腾时，用漆合[1]者不可盖掩逼出炁(qì)[2]水。凡蚕将病，则脑[3]上放光，通身黄色，头渐大而尾渐小；并及眠之时，游走不眠，食叶又不多者，皆病作也。急择而去之，勿使败群。凡蚕强美者必眠叶面，压在下者或力弱或性懒，作茧亦薄。其作茧不知收法，妄吐丝成阔窝者，乃蠢蚕，非懒蚕也。

蚕在卵期受的病害，已经在前面谈过了。蚕卵孵化出来后要防止湿热、堆压，这关键在于养蚕人的护理。蚕初眠腾筐时，若用漆盒装的，就不要盖上盖，以便于水分蒸发。当蚕将要发病的时候，胸部透明发亮，全身发黄，头部渐渐变大而尾部慢慢变小；此外，有些蚕在该睡眠的时候仍然游走不眠，吃的桑叶又不多，这都是病将发作的表现。应立即挑拣出去扔掉，莫让它传染败坏蚕群。健康而色泽美好的蚕一定会在叶面上睡眠，压在桑叶下面的蚕，不是体弱，就是懒于活动的，所结的蚕茧也薄。作茧、吐丝都不按规则章法而是胡乱吐丝结成松散丝窝的蚕，是不正常的蚕，并非懒于活动的蚕。

1 合：通“盒”。
2 炁：同“气”。
3 脑：古人习惯把蚕的胸部称为脑。

老　足[1]

凡蚕食叶足候，只争时刻。自卵出蚰多在辰、巳二时，故老足结茧亦多辰巳二时[2]。老足者，喉下两嗛(qiǎn)[3]通明，捉时嫩一分则丝少。过老一分，又吐去丝，茧壳必薄。捉者眼法高，一只不差方妙。黑色蚕不见身中透光，最难捉。

蚕吃够了桑叶即将成熟的时候，要特别注意抓紧时间捉蚕结茧。蚕卵孵化的时间一般在上午七点到十一点，所以蚕发育成熟而结茧也多在这两个时辰。老熟的蚕胸部下边两侧的丝腺透明，捉时若尚未成熟，嫩一分吐丝就会少些。如果捉得过老一分，因为蚕已吐掉一部分丝，茧壳就必然会薄。捉蚕的人眼睛分辨蚕的水平要高，能够做到一只都不捉错才算最好。体色黑的蚕老熟了也看不见身体透明的部分，因此最难辨捉。

1 老足：指蚕老熟了，将吐丝结茧。

2 辰、巳二时：辰时，上午七时至九时；巳时，上午九时至十一时。

3 嗛：同“嗛”。猴类把食物贮在颊部。此处指蚕胸部下边两侧的丝腺。

老足

结　茧　山箔具图

凡结茧必如嘉、湖，方尽其法。他国[1]不知用火烘[2]，听蚕结出，甚至丛秆之内，箱匣之中，火不经，风不透。故所为屯、漳[3]等绢，豫、蜀等绸，皆易朽烂。若嘉、湖产丝成衣，即入水浣濯百余度[4]，其质尚存。其法析[5]竹编箔(bó)[6]，其下横架料木约六尺高，地下摆列炭火炭忌爆炸。方圆去四五尺即列火一盆。初上山[7]时，火分两略轻少，引他成绪，蚕恋火意，即时造茧，

处理蚕所结的茧必须像嘉兴、湖州人所做的那样，才是最好的办法。其他地方都不知道怎样用炭火加温，而是任由蚕随便吐丝、四处结茧，甚至秆之内、箱匣之中都结茧，可见不经火烘，就不会通风透气。因此用那种方法织成的屯溪、漳州等地的绢，河南、四川等地的绸，都容易朽烂。若用嘉兴、湖州产的蚕丝做衣服，即使放在水里洗上一百多次，丝质还是完好的。嘉兴、湖州的做法是，削竹篾编成蚕箔，在蚕箔下面横架木料搭成离地约六尺高的架子，地面摆放炭火（防止炭火爆出）。前后左右每隔四五尺就摆放一盆火。蚕开始到山箔上结茧时，火力稍微小一些，这样就可以引诱蚕结茧，因为蚕喜欢暖

1 他国：指其他地方。

2 火烘：蚕结茧时用炭火加温，可加速吐丝。且吐出的丝还可及时干燥，增加吐丝量。

3 屯：今安徽屯溪。漳：福建漳州。

4 度：次，回。

5 析：劈开；剖析。

6 编箔：用竹篾织成蚕箔。

7 上山：亦称上簇，即把熟蚕放到蚕山上结茧。

山箔

不复缘走。

茧绪既成，即每盆加火半斤，吐出丝来随即干燥，所以经久不坏也。其茧室不宜楼板遮盖，下欲火而上欲风凉也，凡火顶上者不以为种，取种宁用火偏者。其箔上山用麦稻稿斩齐，随手纠捩（liè）[8]成山，顿插箔上。做山之人最宜手健。箔竹稀疏用短稿略铺洒，防蚕跌坠地下与火中也。

和，马上就会开始结茧，不会再到处爬动。

当茧衣结成之后，每盆炭火再添上半斤炭以升温，这可让蚕吐出的丝随即干燥，这种丝也就能经久不坏。供蚕结茧的房间不宜用楼板遮盖，因为结茧时下面要用火烘，而上面需要通风。凡是火盆正顶上的蚕茧不能用作蚕种，取种要用离火偏远的。蚕箔上的山簇，是用切割整齐的稻秆或麦秸随手扭结而成的，垂直插放在蚕箔上。做山箔的人最好是手艺纯熟的。蚕箔编得稀疏的，可以在上面略铺一些短稻草秆，以防蚕掉到地上或火盆中。

8 纠捩：扭结。

清　佚名　《耕织图册》之上簇

取　茧

凡茧造三日，则下箔而取之。其壳外浮丝一名丝匡者，湖郡老妇贱价买去每斤百文。用铜钱坠打成线，织成湖绸。去浮之后，其茧必用大盘摊开架上，以听治丝[1]、扩绵。若用厨箱掩盖，则浥(yì)郁[2]而丝绪断绝矣。

蚕爬上山箔结茧三天，就可以拿下蚕箔取茧。蚕茧壳外面的浮丝名叫丝匡（茧衣），湖州的老年妇女用很便宜的价钱买了回去（每斤约一百文钱）。用铜钱坠子做纺锤打成线，织成湖绸。除去浮丝以后的蚕茧，必须摊在大盘里的架子上，准备缫丝或者造丝绵。如果用橱柜、箱子装盖起来，就会因湿气郁结不好疏解而造成断丝。

清　陈枚　《耕织图册》之捉绩

1 治丝：指缫丝，将丝从蚕茧中抽出，合并成生丝，简言之，即煮茧抽丝的过程。
2 浥郁：湿气滞结。

取繭

物　害

凡害蚕者，有雀、鼠、蚊三种。雀害不及茧，蚊害不及早蚕，鼠害则与之相终始。防驱之智是不一法，唯人所行也。雀屎粘叶，蚕食之立刻死烂。

危害蚕的动物，有麻雀、老鼠、蚊子等三种。麻雀危害不到茧，蚊子危害不到早蚕，老鼠的危害则始终存在着。预防和消除物害的办法是多种多样的，只能随人施行。（麻雀屎黏在桑叶上，蚕吃了会立即死亡、腐烂。）

明　文俶　《金石昆虫草木状》之鼷鼠

择　茧

凡取丝必用圆正独蚕茧，则绪不乱。若双茧并四五蚕共为茧，择去取绵用。或以为丝则粗甚。

取丝缫丝用的蚕茧，必须选择茧形圆滑端正的独茧，这样缫丝时丝绪就不会乱。如果是双宫茧（即两条蚕共同结的茧）或由四五条蚕一起结的同宫茧，就应该挑出来造丝绵。如果用来缫丝，丝就会很粗。

清　佚名　《耕织图册》之择茧

擇繭

造　绵[1]

凡双茧并缫（sāo）丝锅底零余[2]，并出种茧壳[3]，皆绪断乱不可为丝，用以取绵。用稻灰水煮过不宜石灰，倾入清水盆内。手大指去甲净尽，指头顶开四个，四四数足[4]，用拳顶开又四四十六拳数[5]，然后上小竹弓。此《庄子》所谓洴澼纩（píng pì kuàng）[6]也。

双茧和缫丝后剩在锅底的碎丝断茧，以及种茧出蛾后的茧壳，都是丝绪已断乱而不能再用来缫丝的，只能用来造丝绵。将这些只能造丝绵的蚕茧用稻草灰泡的水煮过（不宜用石灰水），倒在清水盆内。将两个大拇指的指甲剪干净，用指头顶开四个蚕茧，套在四个指头上作为一组，共套四组。再用拳头把它们一组一组地顶开，顶四组共十六个茧，然后套在小竹弓上。这就是《庄子》所说的“洴澼纩”。

湖绵独白净清化者，总缘手法之妙。上弓之时惟取快捷，带水扩开。若稍缓水流去，则结块

湖州的丝绵特别洁白、纯净，那是由于造丝绵的人手法巧妙。往竹弓上套茧时，必须动作敏捷，带水拉开。如果动作稍慢一点儿，水已流去，丝绵就会

1 造绵：造丝绵。

2 缫丝锅底零余：指缫丝中剩在锅底的碎丝断茧。

3 出种茧壳：种茧出蛾后的茧壳。

4 四四数足：指连续套入四个茧，取出成一小抖。

5 用拳顶开又四四十六拳数：指做完四组后，再用两手拳头把它们一组一组地顶开，拉成四个小抖共十六个茧。

6 洴澼纩：出自《庄子·逍遥游》：“宋人有善为不龟手之药者，世世以洴澼纩为事。”洴澼，在水上漂洗。纩，同“纩”，丝绵。

不尽解，而色不纯白矣。其治丝余者名锅底绵，装绵衣衾内以御重寒，谓之挟纩（kuàng）。凡取绵人工，难于取丝八倍，竟日只得四两余。用此绵坠打线织湖绸者，价颇重。以绵线登花机者名曰花绵，价尤重。

板结成块，而不能完全均匀地拉开，颜色看起来也就不纯白了。缫丝剩余的绵，叫作锅底绵，把这种丝绵装入衣被里制成丝绵衣服和被子用来御寒，叫作挟纩。制作丝绵的工夫要比缫丝所花的工夫多八倍，一人劳动一整天也只能得四两多丝绵。用这种丝绵坠打成线织成的湖绸，价格很贵。用这种丝绵线在提花机上织出来的产品叫作花绵，价格更贵。

清　焦秉贞　《耕织图册》之成衣

治　丝　缫车具图

凡治丝先制丝车，其尺寸器具开载后图。锅煎极沸汤，丝粗细视投茧多寡，穷日之力一人可取三十两。若包头丝[1]，则只取二十两，以其苗长也。凡绫罗丝，一起投茧二十枚，包头丝只投十余枚。凡茧滚沸时，以竹签拨动水面，丝绪自见。提绪入手，引入竹针眼，先绕星丁头[2]以竹棍做成，如香筒样，然后由送丝竿[3]勾挂，以登大关车[4]。断绝之时，寻绪丢上，不必绕接。其

煮茧抽出生丝的过程，第一步就是要制作缫车，缫车的尺寸、部件及其组合构造都列在后面的附图上。缫丝时首先要将锅内的水烧得滚开，把蚕茧放进锅中，生丝的粗细取决于投入锅中的蚕茧的多少，一个人劳累一整天，可以取到三十两丝。如果是织造包头巾的丝，就只能得到二十两，因为那种丝缕既细又长。织绫罗用的丝，一次要投进蚕茧二十个，而织造包头巾的丝，只需投进去十几个。当煮蚕茧的水滚沸的时候，用竹签拨动水面，丝头自然就会出现。将丝头提在手中，穿进竹针眼，先绕过星丁头（缫车上起导丝作用的滑轮，用竹棍做成，如香筒的形状），然后用送丝竿钩挂着连接到绕丝的大关车上。遇到断丝的时候，只需找到丝绪头搭上去，不必绕接原来的丝。为了使蚕丝在大关车上排列均匀而不致堆积在一起，送丝竿和

1 包头丝：指织造包头巾的丝。
2 星丁头：指缫车上起导丝作用的滑轮。
3 送丝竿：移丝竿。
4 大关车：用脚踏转动的绕丝部件。

繅車一

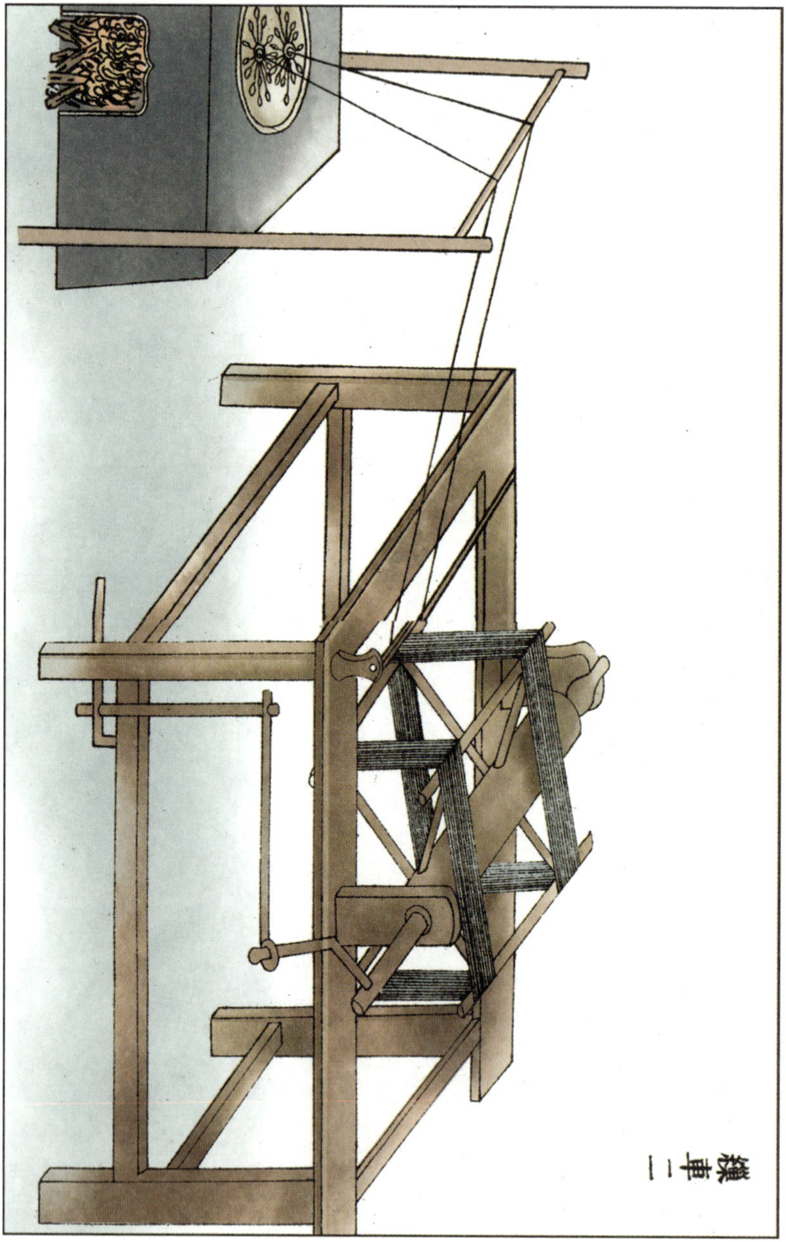

繅車二

丝排匀不堆积者，全在送丝竿与磨不[5]之上。川蜀丝车制稍异，其法架横锅上，引四五绪而上，两人对寻锅中绪，然终不若湖制之尽善也。

脚踏摇柄要相互配合好。四川的缫丝车制作稍有不同，那种制作方法是把支架横架在锅上，两人面对面在锅中寻找丝绪头，一次牵引上四五缕丝上车，然而，这种方法终究不如湖州制造的缫车那样完善。

凡供治丝薪，取极燥无烟湿者，则宝色不损。丝美之法有六字：一曰“出口干”，即结茧时用炭火烘。一曰“出水干”，则治丝登车时，用炭火四五两盆盛，去车关五寸许。运转如风转时，转转火意照干，是曰出水干也。若晴光又风色，则不用火。

供缫丝用的柴火，要选择非常干燥且无烟的，这样丝的色泽才不会受损。使丝质量美好的办法有六字口诀：一是“出口干”，即蚕结茧时用炭火烘干；一是“出水干”，就是把丝绕上大关车时，用盆装四五两炭生火，放在离大关车五寸左右的地方。当大关车旋转如飞时，丝一边转一边被火烘干，这就是口诀中所说的出水干（如果是晴天又有风，就不用炭火了）。

5 磨不：带动送丝竿往复运动的脚踏摇柄。

治絲一

治絲二

调　丝[1]

凡丝议织时，最先用调。透光檐端宇下[2]以木架铺地，植竹四根于上，名曰络笃[3]。丝匡竹上，其傍倚柱高八尺处，钉具斜安小竹偃(yǎn)月[4]挂钩，悬搭丝于钩内，手中执籰(yuè)[5]旋缠，以俟牵经织纬之用。小竹坠石为活头[6]，接断之时，扳之即下。

准备织丝的时候，首先要调丝（将丝绕在籰子上）。调丝要在屋檐下光线明亮的室内进行，将木架平放在地上，木架上直立四根竹竿，这器具名叫络笃。蚕丝缠绕在四根竹竿上，在络笃旁边靠近立柱八尺高的上面，用铁钉固定一根斜向的小竹竿，上面装一个半月形的挂钩，将丝悬挂在钩子上，手里拿着络丝的大关车旋转绕丝，以备牵经和卷纬时用。小竹竿的一头垂下一个小石块为活头，连接断丝时，一拉小绳，小钩就落下来了。

1 调丝：将丝绕在籰子上。
2 宇下：屋檐下，室内。
3 络笃：绕丝的用具。
4 偃月：半月形。
5 籰：籰子，绕丝、纱、线等的工具。
6 活头：活套。

活套
調絲
絡篤

纬　络[1]　纺车具图

凡丝既籰之后，以就经纬。经质用少而纬质用多，每丝十两，经四纬六，此大略也。凡供纬籰，以水沃湿丝，摇车转铤(tǐng)[2]而纺于竹管之上。竹用小箭竹。

蚕丝用绕丝棒绕上大关车后，就可以做经线和纬线了。经线用的丝少，纬线用的丝多，每十两丝，大约要用经线四两、纬线六两。绕到大关车上的丝，先用水淋湿浸透，再摇动大关车转锭将丝缠绕在竹管上（竹管是用小箭竹做的）。

北宋　王居正　《纺车图》（局部）

1 纬络：亦称卷纬、摇纡，指卷绕织物的纬线。
2 铤：锭子，纺织工艺中加捻卷绕机构的主要机件。

清　焦秉贞　《耕织图册》之纬

经　具[1]　溜眼、掌扇、经耙、印架[2]皆具图

凡丝既簟之后，牵经就织。以直竹竿穿眼三十余，透过篾圈，名曰溜眼。竿横架柱上，丝从圈透过掌扇，然后缠绕经耙之上。度数既足，将印架捆卷。既捆，中以交竹[3]二度，一上一下间丝，然后扱于筘（kòu）[4]内 此筘非织筘。扱筘之后，然的杠[5]与印架相望，登开五、七丈。或过糊[6]者，就此过糊。或不过糊，就此卷于的杠，穿综[7]就织。

丝绕在大关车上之后，就可以牵拉经线准备织造了。在一根直竹竿上钻出三十多个孔，穿过那些名叫“溜眼”的篾圈。把这条竹竿横架在柱子上，丝通过篾圈再穿过“掌扇”，然后缠绕在经耙上。当达到足够的长度时，就用印架卷好、系好。捆卷好之后，中间用两根交棒把丝分隔成一上一下两层，然后再穿入定幅的梳筘里面（这个梳筘不是织机上的织筘）。穿过梳筘之后，把经轴与印架相对拉开五丈到七丈远。蚕丝需要上浆的，就在这个时候上浆。有的不需要浆丝，就可以直接卷在经轴上，经线穿过综眼就投梭织造了。

1 经具：牵经线的工具。
2 溜眼：经眼。掌扇：分交用的经牌，又叫分交筘。经耙：经架。印架：即卷经架，是纺织前整理经线的工具。
3 交竹：穿经时用竹棍夹住交错的丝，使丝线一上一下分开的竹竿。又叫交棒。
4 扱于筘：插，穿。筘，指定幅的筘。
5 的杠：即经轴，织机上卷绕经丝的部件。
6 过糊：上浆。
7 综：织机上使经线上下交错以受纬线的装置。

經耙
交頭

溜眼
掌扇

过　糊

凡糊用面筋[1]内小粉为质。纱罗[2]所必用，绫绸或用或不用。其染纱不存素质[3]者，用牛胶水[4]为之，名曰清胶纱。糊浆承于筘上，推移染透，推移就干。天气晴明，顷刻而燥，阴天必借风力之吹也。

浆丝用的糊要用揉面筋沉下的小麦粉为原料。织薄纱和质地稀疏的罗用的丝必须要过浆，织厚一点的绫、绸的丝则可以浆，也可以不浆。有些纱染色后失去原来特性的，就要用牛胶水来浆，这种纱叫清胶纱。浆丝的糊料要放在梳筘上，来回推移梳筘使丝浆透，放干。如果天气晴朗，丝很快就能干，阴天时就要借风力把丝吹干。

1 面筋：是面粉经加水拌和洗去淀粉后剩下的混合质。
2 纱罗：轻软细薄的丝织品的通称。
3 素质：本来的特性；事物本来的性质。
4 牛胶水：牛皮胶水。

過糊
印架

边　维[1]

凡帛[2]不论绫罗，皆别[3]牵边[4]，两傍各二十余缕。边缕必过糊，用筘推移梳干。凡绫罗必三十丈、五六十丈一穿，以省穿接繁苦。每匹[5]应截画墨于边丝之上，即知其丈尺之足。边丝不登的杠，别绕机梁之上。

丝织品不管是厚的绫还是薄的罗，都要另外牵边，两端都要各牵引丝二十多根。边丝必须上浆，用筘推移梳干。绫罗的经丝，每三十丈或五六十丈穿一次筘，这样就可以减少穿筘的繁忙和辛苦。丝的长度每够一匹的时候就应该用墨在边丝上留个记号，就知道那儿已织够一匹了。边丝不必绕在经轴上，而要另外绕在织机的横梁上。

1 边维：边经。

2 帛：丝织品的总称。

3 别：另外。

4 牵边：织边。

5 匹：绸布等织物的量名。《汉书·食货志》："布帛广二尺二寸为幅，长四丈为匹。"

清　陈枚　《耕织图册》之织（局部）

经　数[1]

凡织帛，罗纱筘以八百齿为率。绫绢筘以一千二百齿为率。每筘齿中度经过糊者，四缕合为二缕，罗纱经计三千二百缕，绫绸经计五千六千缕。古书八十缕为一升，今绫绢厚者，古所谓六十升[2]布也。凡织花文必用嘉、湖出口、出水皆干[3]丝为经，则任从提挈，不忧断接。他省者即勉强提花[4]，潦草而已。

凡织丝织品，薄一点的纱、罗用的筘以八百个齿为标准。织厚一点的绫、绢用的筘则以一千二百个齿为标准。每个筘齿中穿引上过浆的经线，每四根合成两股，罗、纱的经线共计三千二百根，绫、绸的经线总计五六千根。古书上记载每八十根为一升，现在较厚的绫、绢也就是古时所说的六十升布。织带花纹的丝织品必须用浙江嘉兴、湖州两地在结茧和缫丝时都烘干了的丝作为经线，这种经线可以任意提拉，不必担心断了要再接。其他地区的丝即使能勉强当作提花织物，也是草率而不精致的。

1 经数：经线的数目。

2 升：古代布八十缕为一升。缕为一根经线。《朱子语类》卷八五："古者布帛精粗，皆有升数，所以说'布帛精粗不中度，不鬻于市'。"

3 出口、出水皆干：指结茧和缫丝时均用炭火烘干。

4 提花：织花；提花织物。指用经线、纬线错综地在织物上织起凸起的图案。

清　任伯年　《藤花鹦鹉》

花机式[1] 具全图

凡花机通身度长一丈六尺，隆起花楼[2]，中托衢盘[3]，下垂衢(qú)脚[4]。水磨竹棍为之，计一千八百根。对花楼下掘坑二尺许，以藏衢脚。地气湿者，架棚二尺代之。提花小厮[5]坐立花楼架木上。机末以的杠卷丝，中间叠助木[6]两枝，直穿二木，约四尺长，其尖插于筘两头。

叠助，织纱罗者，视[7]织绫绢者减轻十余斤方妙。其素罗[8]不起花

提花机整个的长度约一丈六尺，其中高高耸起的是控制经线的花楼，中间托着的是调整经线的衢盘，下面垂着的是使经线复位的衢脚（用加水磨光滑的竹棍做成，共有一千八百根）。在花楼的正下方挖一个约两尺深的坑，用来安放衢脚（如果地底下潮湿，就可以架两尺高的棚来代替）。提花的小杂工，坐在花楼的木架子上。花机的末端以的杠（经轴）卷丝，中间用两根打筘的叠助木，垂直穿接两根约四尺长的木棍，木棍尖端分别插入织筘的两头。

织纱、罗的叠助木比织绫、绢的要轻十多斤才算好。素罗不用起花纹，而在软纱、绫、绢上织出波浪纹和梅花

1 花机式：提花机的标准、构造。
2 花楼：提花机上控制经线起落的部件。
3 衢盘：调整经线开口位置的部件。
4 衢脚：使经线复位的部件。
5 小厮：旧时称年轻僮仆。
6 叠助木：打筘用的压木。
7 视：比。
8 素罗：白色的纱罗。

纹，与软纱绫绢踏成浪梅小花者，视素罗只加桄(guàng)[9]二扇。一人踏织自成，不用提花之人，闲住花楼，亦不设衢盘与衢脚也。其机式两接[10]，前一接平安[11]，自花楼向身一接斜倚低下尺许，则叠助力雄。若织包头细软，则另为均平不斜之机。坐处斗(dòu)[12]二脚，以其丝微细，防遏[13]叠助之力也。

等小花纹，则要比织素罗多加两片综框。由一个人踏织就可以了，不用一个人闲坐在提花机的花楼上，也不用设置衢盘与衢脚。花机的形制分为两段，前一段水平安放，自花楼朝向织工的一段，向下倾斜一尺多，这样叠助木的力量就会大些。如果织包头纱一类的细软织物，就要另外安装平的不倾斜的花机。在工人坐的地方装上两个脚架，因为那种织包头纱的丝很细，要防止和遏制叠助木的冲力过大。

9 桄：织机上的横木，也是门、几、车、船、梯、床等物件上的横木。

10 接：同“截”。

11 平安：水平安放。

12 斗：拼合；会合；安装。

13 防遏：防备遏止。

杠 的
助叠
稱
庄
木牛眠

花機圖
花樓
鐵鈴
老鴉翅
門樓
衢盤
包頭機此處不低斜下安兩脚
坑
衢脚
坑

腰机式[1] 具图

凡织杭西、罗地等绢，轻素等绸，银条、巾帽等纱，不必用花机，只用小机。织匠以熟皮[2]一方置坐下，其力全在腰尻（kāo）[3]之上，故名腰机。普天织葛、苎、棉布者，用此机法，布帛更整齐坚泽[4]，惜今传之犹未广也。

凡是织“杭西”“罗地”等绢，“轻素”等绸，“银条”“巾帽”等纱，都不必使用提花机，而只要用小织机就可以了。织匠用一块熟皮当靠垫，操作时全靠腰部和臀部用力，所以又叫作腰机。各地织葛、苎麻、棉布的，用这种织机，织品就会更加整齐结实且有光泽，只可惜这种机器的织法至今还没有传得很广。

1 腰机式：腰机的式样、构造。腰机是一种织窄幅丝织品的织机。

2 熟皮：经鞣制的动物皮。

3 尻：脊骨末端，臀部。

4 坚泽：结实有光泽。

腰機圖
幅皮

结花本[1]

凡工匠结花本者，心计最精巧。画师先画何等花色于纸上，结本者以丝线随画量度，算计分寸杪(miǎo)忽[2]而结成之。张悬花楼之上，即织者不知成何花色，穿综带经，随其尺寸度数提起衢脚，梭过之后居然花现。盖绫绢以浮轻[3]而见花，纱罗以纠纬而见花。绫绢一梭一提，纱罗来梭提，往梭不提。天孙机杼，人巧备矣。

结织花纹纹样的工匠，心智最为精细巧妙。无论画师先画什么样的图案在纸上，结织花纹纹样的工匠都能用丝线按照画样仔细量度，精确细微地算计分寸而编结出织花的纹样来。织花的纹样张挂在花楼上，即便织工不知道会织出什么花样，只要穿综带经，按照织花的纹样的尺寸、度数，提起纹针，穿梭织造，图案上的花纹就会呈现出来。绫绢是以突起的经线来形成花样的，纱罗是以绞纠纬线来形成花样的。织绫绢是投一梭提一次衢脚，织纱罗是来梭时提，去梭时不提。天上织女的那种纺织技术，现在人间的巧匠已具备了。

1 花本：织造花色织物时所绘的织花样稿。俗称纹样。

2 杪忽：微少；极小的长度。亦作“杪智”。

3 浮轻：当作“浮经”，指浮起、突起的经线。

穿　经[1]

凡丝穿综度经，必用四人列坐。过筘之人，手执筘(kòu)耙[2]先插以待丝至。丝过筘则两指执定，足五、七十筘，则绦(tāo)结[3]之。不乱之妙，消息[4]全在交竹[5]。即接断，就丝一扯即长数寸。打结之后，依还原度，此丝本质自具之妙也。

将蚕丝穿过综再穿过织筘，必须四个人前后排列坐着操作。负责穿筘的人手拿引丝过筘的筘耙先插入筘齿，等对面的人把丝递过来准备接丝。等丝经过筘后，就用两个手指捏住，每穿好五十到七十个筘齿，就把丝合起来打一个结。丝之所以不乱的奥妙，全在将丝分开的交竹上。若是接断丝，就把丝扯拉一下，这样丝就会伸长几寸。打上结后，那些丝仍会回缩到原来的长度，这是丝本身就具有的奇妙的弹性。

1 穿经：把经线穿过综和筘。

2 筘耙：引丝过筘的工具。

3 绦结：编成结。

4 消息：机关；发动机械装置的枢机。引申指起决定作用的事物。

5 交竹：一种工具，可将丝上下分开，不致紊乱。

清　焦秉贞　《耕织图册》之经

分 名[1]

凡罗，中空小路以透风凉，其消息全在软综[2]之中。衮头两扇打综，一软一硬。凡五梭三梭最厚者七梭之后，踏起软综，自然纠转诸经，空路不粘。若平过不空路而仍稀者曰纱，消息亦在两扇衮头之上。直至织花绫绸，则去此两扇，而用桄综[3]八扇。

凡左右手各用一梭交互织者，曰绉纱。凡单经[4]曰罗地，双经[5]曰绢地，五经[6]曰绫地。凡花分实地与绫地，绫地者光，实地者暗。先染丝而

罗这种丝织物，中间有一小列纱孔排成横路，用来透风取凉，织造的关键全在于织机上用软线做的绞综。绞综的两扇衮头打综织成平纹，一软一硬。一般织五梭或者三梭（最厚的织七梭）之后，提起绞综，自然就会使经丝绞起纱孔，形成网眼而不粘连。若是全面地起纱孔，不排成横路，使纱孔显得稀疏，就叫作纱，织造的关键也在于绞综的两扇衮头上。至于织造绫绸，就要去掉绞综的两扇衮头，而改用辘踏牵动的桄综八扇了。

用左、右手捻着丝线一梭一梭地交互织成的丝织品，叫作绉纱。经线单起单落织成的叫作罗地，双起双落织成的叫绢地，五根经线一起织成的叫绫地。花织物分平纹地与绫纹

1 分名：丝织物的分类和名称。
2 软综：用软线做的绞综。
3 桄综：用辘踏来牵引的综，八扇综起伏即可织成花纹。
4 单经：经线单起单落织成的。
5 双经：经线双起双落织成的。
6 五经：经线每隔四根提起一根而用五根织成的。

后织者曰缎。北土屯绢，亦先染丝。就丝绸机上织时，两梭轻，一梭重，空出稀路者，名曰秋罗。此法亦起近代。凡吴越秋罗，闽广怀素，皆利搢(jìn)绅当暑服，屯绢则为外官、卑官逊别锦绣用也。

地两种结构，绫纹地光亮，而平纹地较暗。先染丝而后织的，叫作缎（北方叫作屯绢的，也是先染色）。在丝织机上织时，若两梭平纹，一梭起绞综，形成空疏横路的，叫作秋罗。这个织法是近代才出现的。江苏南部和浙江的秋罗，福建、广东的熟纱，都是官绅用来做夏服的；屯绢则是不够资格穿锦绣的地方官、小官所用的。

清　佚名　《御题棉花图册》之上机

熟　练[1]

凡帛织就犹是生丝，煮练方熟。练用稻稿灰入水煮。以猪胰脂陈宿一晚，入汤浣(huàn)[2]之，宝色烨然[3]。或用乌梅者，宝色略减。凡早丝为经、晚丝为纬者，练熟之时每十两轻去三两。经纬皆美好早丝，轻化只二两。练后日干张急[4]，以大蚌壳磨使乖钝，通身极力刮过，以成宝色。

丝织品织成以后还是生丝，要经过煮练之后，才能成为熟丝。煮练丝织品是用稻秆灰加水一起煮，并用猪胰脂浸泡一晚，再放进水中洗涤，这样丝色就能很光亮。如果是用乌梅水煮的，丝色就会差些。用早蚕的蚕丝为经线，晚蚕的蚕丝为纬线，煮过以后，每十两会减轻三两。若经纬线都用的是上等的早蚕丝，那么十两只减轻二两。丝织品煮过之后要用热水洗掉碱性并立即绷紧晾干，然后用磨光滑了的大蚌壳，用力将丝织品整个儿地刮一遍，使它现出光泽来。

1 熟练：即煮练，使生丝变熟丝。是一个利用化学药剂除去丝胶的过程。

2 浣：洗涤。

3 烨然：光彩鲜明的样子。

4 日干张急：即绷紧晾干。张急，绷紧，张得很紧。

清　焦秉贞　《耕织图册》之练丝

龙　袍

凡上供龙袍，我朝局在苏、杭。其花楼高一丈五尺，能手两人扳提花本，织过数寸即换龙形。各房斗合，不出一手。赭黄[1]亦先染丝，工器原无殊异，但人工慎重[2]与资本皆数十倍，以效忠敬之谊。其中节目微细[3]，不可得而详考云。

为制作上供给皇帝用的龙袍，本朝（明朝）在苏州和杭州两地设有织染局。织龙袍的织机，花楼高达一丈五尺，由两个技术精湛的织造能手，手提花样提花，每织成几寸以后，就变换织成另一段龙形的图案。一件龙袍要由几部织机分段织出拼合而成，而不是出自一个人之手。所用的丝要先染成赭黄色，所用的织具本来没有什么特别不同，但织工须小心谨慎，工作繁重，人工和成本是一般丝织品的几十倍，以此表达对朝廷忠诚敬重的心意。至于织造过程中的许多细节，就无法详细考察明白了。

1 赭黄：土黄色。古代皇帝袍服以此色染之。

2 慎重：指谨慎而繁重。

3 节目微细：指织造过程中的细节。

清　焦秉贞　《历朝贤后故事图册》之濯龙蚕织

倭（wō）缎[1]

凡倭缎制起东夷[2]，漳、泉海滨效法为之。丝质来自川蜀，商人万里贩来，以易胡椒归里。其织法亦自夷国传来。盖质已先染，而斫（zhuó）[3]绵夹藏经面，织过数寸即刮成黑光。北虏[4]互市者见而悦之。但其帛最易朽污，冠弁（biàn）[5]之上顷刻集灰，衣领之间移日损坏。今华夷皆贱之，将来为弃物，织法可不传云。

倭缎（漳绒）的制作起源于日本，由福建漳州、泉州等沿海地区效法仿造。织倭缎的丝来自四川，由商贩从远隔万里的四川运过来，以此换买胡椒回去卖。这种倭缎的织法也是从日本传来的。所用蚕丝是先已染色的，将截裁的绵线织入经线之中，织成数寸之后，就用刀刮成黑光。当时北方的少数民族在互市贸易时一见到这种绒缎就很喜欢。但是这种丝织品最容易弄脏，用它做的帽子很快便会积聚灰尘，用它织成的衣服，衣领上的绒毛也容易随着时日破损。因此现在我国各民族都不喜欢它，将来这种倭缎一定会被抛弃，织法可以不再流传了。

1 倭缎：日本出产的一种缎子。后我国福建漳州仿造这种丝织品，称漳绒、漳缎。

2 东夷：中国古代对东方各族的泛称。这里指日本。

3 斫：截；斩。

4 北虏：古代对北方少数民族的贬称。

5 冠弁：古代的帽子。冠为礼帽，弁分皮弁（武冠）、爵弁（文冠）。

布　衣　赶、弹、纺具图

凡棉布御寒，贵贱同之。棉花古书名枲麻[1]，种遍天下。种有木棉、草棉[2]两者，花有白、紫二色。种者白居十九，紫居十一。凡棉春种秋花，花先绽者逐日摘取，取不一时。其花粘子于腹，登赶车[3]而分之。去子取花，悬弓弹化。为挟纩温衾袄者，就此止功。弹后以木板擦成长条以登纺车，引绪纠成纱缕，然后绕𥴧牵经就织。凡纺工能者一手握三管[4]纺于铤上。捷则不坚。

凡棉布寸土皆有，而

用棉和布来御寒，不分贵贱。棉花在古书中被称为枲麻，全国各地都有人种植。棉花有木棉和草棉两种，花也有白色和紫色两种颜色。其中种白棉花的占了十分之九，种紫棉花的约占十分之一。棉都是春天下种，秋天结棉花，先裂开吐絮的棉桃先摘回，而不是所有的棉桃同时摘取。棉花里的棉籽是同棉絮粘在一起的，要将棉花放在赶车上将棉与籽分离。棉花去籽以后，再用悬弓来弹松（作为棉被和棉衣中用的棉絮，就加工到这一步为止）。棉花弹松后用木板搓成长条，再放到纺车上纺成棉纱，然后绕在大关车上就可牵经织造了。熟练的纺纱工，一只手能同时握住三个纺锤，把三根

1 枲麻：大麻的雄株。作者误将枲麻当作棉花。

2 木棉：落叶乔木。先叶开花，大而红，结卵圆形蒴果。种子的表皮有白色纤维，质柔软，可用来装枕头、垫褥等。又名攀枝花、英雄树。草棉：也叫非洲棉或小棉。一年生草本植物，蒴果（棉铃）较小，纤维短而细，可用于纺纱、絮衣服被褥等。

3 赶车：去掉棉籽的工具。

4 管：纺锤。

赶棉
烘火

彈棉

擦條

紡縷圖一

紡縷圖二

织造尚松江[5]，浆染尚芜湖。凡布缕紧则坚，缓则脆。碾石取江北性冷质腻者 每块佳者值十余金。石不发烧，则缕紧不松泛。芜湖巨店首尚佳石。广南为布薮(sǒu)[6]而偏取远产，必有所试矣。为衣敝浣，犹尚寒砧(zhēn)捣声[7]，其义亦犹是也。

外国朝鲜造法相同，惟西洋则未核其质，并不得其机织之妙。凡织布有云花、斜文、象眼等，皆仿花机而生义。然既曰布衣，太素[8]足矣。织机十室必有，不必具图。

棉纱纺在锭子上（棉纱织得太快就不结实）。

各地都生产棉布，但棉布织得最好的是松江，浆染得最好的是芜湖。棉布的纱缕纺得紧就结实耐用，纺得松就易脆裂。碾石要选用江北那种性冷质滑的（好的每块能值十多两银子）。碾布时石头不容易发热，棉布的纱缕就紧，不松懈。芜湖的大布店最注重用这种好碾石。南方广东是棉布集中的地方，但广东人偏要用远地出产的碾石，必定是他们之前试用过。正如人们浆洗旧衣服，也喜欢放在性冷的石砧上捶打，道理也是如此。

朝鲜棉布的织布方法与此相同，只有西洋的棉布还没有研究过，也不了解那里的机织技术。棉布上可以织出云花、斜纹、象眼等花纹，都是仿照花机的丝织品花样织出的。但既然叫作布衣，用最朴实的织法也就行了。每十户人家之中必定有一架织机，也就不必附图了。

5 松江：治今上海松江区，辖今上海市吴淞江以南地区。明清时为全国棉纺织业中心，有“衣被天下”之称。

6 薮：人或物聚集的地方。

7 寒砧捣声：指把衣服放在性冷的石砧上捶打。

8 太素：犹朴素。

枲著[1]

凡衣衾挟纩[2]御寒，百人之中止一人用茧绵，余皆枲著。古缊(yùn)袍[3]今俗名胖袄[4]。棉花既弹化，相[5]衣衾格式[6]而入装之。新装者附体轻暖，经年板紧，暖气渐无，取出弹化而重装之，其暖如故。

做棉衣、棉被御寒，一百个人之中大概只有一个人用丝绵，其余的都是用棉絮。古代的棉袍，今天人们俗称胖袄（棉袄）。棉花既已弹松，就可以按照衣服的式样把棉花装进去。新装的棉衣、棉被穿盖起来既轻柔又暖和，但穿盖久了就会变得板结紧实，渐渐不保暖了，这时可将棉花取出来弹松软，重新装制，又会变得像原来一样暖和。

1 枲著：本以麻衬于袍内为“枲著”，但因作者以枲麻为棉花，故这里也是指棉花、棉絮。
2 衣衾挟纩：棉衣、棉被。
3 缊袍：以乱麻为絮的袍子，古代贫苦的人穿这种衣服。
4 胖袄：江西方言，意为大棉袄。
5 相：依照；按照。
6 格式：款式，样式。

清　佚名　《御题棉花图册》之弹花

夏 服

凡苎麻[1]无土不生。其种植有撒子、分头两法。池郡[2]每岁以草粪压头，其根随土而高。广南青麻[3]撒子种田茂甚。色有青、黄两样。每岁有两刈者，有三刈者，绩[4]为当暑衣裳、帷帐。

凡苎皮剥取后，喜日燥干，见水即烂。破析时则以水浸之，然只耐二十刻[5]，久而不析则亦烂。苎质本淡黄，漂工化成至白色。先用稻灰、石灰水煮过，入长流水再漂，再晒，以成至白。纺苎纱能者用脚车，一女工并敌[6]

苎麻是没有哪个地方的土不能生长的。种植苎麻的方法有撒播种子和分株种植两种。（安徽贵池地区每年都用草粪堆在苎麻根上，麻根随着压土而长高。广东的青麻是播撒种子在田里种植的，生长得非常茂盛。）苎麻颜色有青色、黄色两种。每年有收割两次的，也有收割三次的，绩麻织成布后可以用来做夏天的衣服和帐幕。

苎麻皮刮剥下来后，最好在太阳下晒干，因为它见了水就会腐烂。撕破分开成纤维时要先用水浸泡，但是也只能浸泡四五个小时，时间久了不分开就会烂掉。苎麻本来是淡黄色的，经过漂洗后会变成白色。（先用稻草灰、石灰水煮过，再放到流水中漂洗，然后晒干，就会变得特别白。）一个熟练的

1 苎麻：多年生草本植物。茎皮纤维洁白有光泽，坚韧，是纺织工业的重要原料。
2 池郡：今安徽贵池地区。
3 青麻：即青叶苎麻，苎麻的一种。
4 绩：缉麻。把麻纤维披开接续起来搓成线。
5 刻：古代用漏壶计时，一昼夜共一百刻。
6 敌：对等；相当；匹敌。

三工，惟破析时穷日之力只得三五铢[7]重。织苎机具与织棉者同。凡布衣缝线，革履[8]串绳，其质必用苎纠合。

凡葛蔓生，质长于苎数尺。破析至细者，成布贵重。又有苘麻一种，成布甚粗，最粗者以充丧服。即苎布有极粗者，漆家以盛布灰，大内[9]以充火炬。又有蕉纱，乃闽中取芭蕉皮析缉为之，轻细之甚，值贱而质枵（xiāo）[10]，不可为衣也。

纺苎纱能手使用脚踏纺车，能相当于三个普通纺工，但破开麻皮撕成纤维，一个人干一整天也只能得麻三五铢重。织麻布的机具与织棉布的相同。缝布衣的线，绱皮鞋的串绳，都是用苎麻搓成的。

葛藤是蔓生的，它的纤维比苎麻的要长几尺。葛皮破析得很细的纤维织成的布很贵重。还有一种苘麻，织成的布很粗，最粗的用来做丧服用。就是那苎麻布也有极粗的，供油漆工包油灰，皇宫里用它来制作火炬。还有一种蕉纱，是福建人用芭蕉皮破析后缝成的，轻盈纤细得很，价格低而纱缕质地稀薄，不能用来做衣服。

7 铢：古代重量单位。
8 革履：皮鞋。
9 大内：皇宫。
10 枵：布类的丝缕稀疏而薄。

明　佚名　《夏景货郎图》

裘

凡取兽皮制服统名曰裘。贵至貂、狐，贱至羊、麂(jǐ)[1]，值分百等。貂产辽东外徼建州地及朝鲜国。其鼠好食松子，夷人夜伺树下，屏息悄声而射取之。一貂之皮方不盈尺，积六十余貂仅成一裘。服貂裘者立风雪中，更暖于宇下。眯入目中，拭之即出，所以贵也。色有三种，一白者曰银貂，一纯黑，一黯黄。黑而毛长者，近值一帽套已五十金。凡狐、貉(hé)[2]亦产燕、齐、辽、汴诸道。纯白狐腋裘价与貂相仿，黄褐狐裘值貂五

凡是用兽皮做的衣服，统称为“裘”。贵重的有貂皮、狐皮等，便宜的有羊皮、麂皮等，价格的等级可分上百种。貂产于关外辽东、吉林等边远地区，直到朝鲜国一带。貂喜欢吃松子，那里少数民族中捕貂的人，夜里躲藏在树下悄悄守候，伺机射取。一张貂皮还不到一尺见方，要用六十多张貂皮连缀起来才能做成一件皮衣。穿着这种貂皮衣的人站在风雪中，比待在屋里还觉得暖和。遇到灰沙进入眼睛，用这种貂皮毛一擦就抹出来了，所以十分贵重。貂皮的颜色有三种，一种是白色的，叫作“银貂”，一种是纯黑色的，一种是暗黄色的。（近来一顶黑色的、毛较长的貂皮帽套，已能值五十两银子了。）狐狸和貉也产在河北、山东、辽宁和河南等地。纯白色的狐腋下皮的皮衣价钱和貂皮相差不多，黄褐色的狐皮衣价是貂皮衣的五分之一，御

1 麂：哺乳动物，小型鹿，通称麂子。

2 貉：哺乳动物，外形像狐而较小，肥胖，毛棕灰色。毛皮可做衣、帽。

分之一，御寒温体功用次于貂。凡关外狐取毛见底青黑，中国[3]者吹开见白色，以此分优劣。

羊皮裘母贱子贵。在腹者名曰胞羔 毛文略具，初生者名曰乳羔 皮上毛似耳环脚，三月者曰跑羔，七月者曰走羔 毛文渐直。胞羔、乳羔为裘不膻。古者羔裘为大夫之服，今西北搢绅亦贵重之。其老大羊皮硝熟[4]为裘，裘质痴重，则贱者之服耳，然此皆绵羊所为。若南方短毛革，硝其鞟(kuò)[5]如纸薄，止供画灯之用而已。服羊裘者，腥膻之气习久而俱化，南方不

寒保暖的功效比貂皮要差些。关外出产的狐皮，拨开毛露出的皮板是青黑色的，中原地区出产的狐皮把毛吹开露出的皮板是白色的，用这种方法可以区分优劣。

羊皮衣的话，老羊皮价格低贱，羔羊皮价格贵重。孕育在胎中而未生出来的羊羔叫“胞羔”（皮上略有一些毛纹），刚刚出生的叫作“乳羔”（皮上的毛卷得像耳环的钩脚一样），三个月大的叫作“跑羔”，七个月大的叫作“走羔”（毛纹逐渐变直了）。用胞羔、乳羔做皮衣没有羊膻气。古时候，羔羊皮只给士大夫做衣服，而现今西北的地方官吏也讲究地穿羔皮衣了。老羊皮经过芒硝鞣制之后，做成的皮衣很笨重，是穷人们穿的，然而这些都是绵羊皮做的。如果是南方的短毛羊皮，经过芒硝鞣制去毛之后就变得像纸一样薄，只能用来做画灯了。穿羊皮衣的人，对于羊皮的腥膻气味，穿久了就习惯了，南方不习惯穿的人就受不了。

3 中国：这里指我国的中部，即中原地区。

4 硝熟：用芒硝等鞣制毛皮的过程。

5 鞟：去毛的兽皮。

习者不堪也。然寒凉渐杀，亦无所用之。

麂皮去毛，硝熟为袄裤御风便体，袜靴更佳。此物广南繁生外，中土[6]则积集聚楚中，望华山为市皮之所。麂皮且御蝎患，北人制衣而外，割条以缘衾边，则蝎自远去。虎豹至文，将军用以彰身；犬豕至贱，役夫用以适足。西戎尚獭(tǎ)[7]皮，以为毳(cuì)[8]衣领饰。襄黄之人穷山越国射取而远货，得重价焉。殊方异物如金丝猿[9]，上[10]用为帽套；扯里狲[11]御服以为袍，皆非中华物也。兽

然而，往南天气逐渐变暖，皮衣也没什么用处了。

麂子皮去了毛，经过芒硝鞣制之后做成袄裤，既可抵御寒风，又穿着合体轻便，做鞋子、袜子就更好。这种动物除广东很多外，中原地区则集中在湖南、湖北一带，望华山是买卖麂皮的地方。麂皮还有防御蝎子蜇人的功用，北方人除了用麂皮做衣服外，还用麂皮做被子边，这样蝎子就会避得远远的。虎豹皮的花纹最美丽，将军们用它们来装饰彰显自己的身份；猪皮和狗皮价格最低贱，脚夫苦力用它们来做靴子、鞋子穿。西北部少数民族地区很流行用水獭皮做成细毛皮衣的领子。东北女真族襄黄人翻山越岭去猎取水獭，运到很远的地方去卖，可以得到双倍的价钱。异域他乡的珍奇物产，如金丝猴的皮，皇帝用来做帽套；猞猁狲皮，皇帝用来做皮袍，这些都不是中原地区所出产的。这些就是人类用兽皮做衣服的大致情形，各地

6 中土：中原地区。

7 獭：即水獭，一种水居食鱼的兽。皮毛棕色，很珍贵，可做衣领、帽子等。

8 毳：鸟兽的细毛。

9 金丝猿：即金丝猴，毛质柔软，非常珍贵。

10 上：指皇上、皇帝。

11 扯里狲：猞猁（shēlì）的别名。一种外形像猫但比猫大的哺乳动物。毛可做皮衣，极贵重。

皮衣人此其大略，方物则不可殚述。飞禽之中有取鹰腹、雁胁毳毛，杀生盈万乃得一裘，名天鹅绒者，将焉用之？

的特产不可能在这儿详尽叙述。在飞禽之中，有用鹰的腹部和大雁腋部的细毛做衣服的，杀上万只才能做一件所谓“天鹅绒”的衣服，哪里用得着耗费这么大呢？

清 佚名 《缂绣九羊启泰轴》（局部）

褐、毡

凡绵羊有二种，一曰蓑衣羊，剪其毳为毡、为绒片，帽袜遍天下，胥（xū）[1]此出焉。古者西域[2]羊未入中国，作褐为贱者服，亦以其毛为之。褐有粗而无精，今日粗褐亦间出此羊之身。此种自徐、淮以北州郡无不繁生。南方唯湖郡饲畜绵羊，一岁三剪毛。夏季稀革[3]不生。每羊一只，岁得绒袜料三双。生羔牝（pìn）牡[4]合数得二羔，故北方家畜绵羊百只，则岁入计百金云。

一种矞芀（yù lè）羊[5]番语，

绵羊有两种，一种名叫蓑衣羊，剪下它的细毛用来制成毛毡或者绒片，遍及全国的绒帽、绒袜子等原料都出自这种羊。古代西域的羊还没有传到中原地区，穷人制作那些粗陋的服装，就是用的这种羊毛。绵羊毛毡只有粗糙的而没有太精致的，现在的粗毛布，有的也是出自这种羊的毛。这种羊在徐州、淮河以北的地区喂养得很多。南方只有浙江湖州喂养绵羊，一年之中剪羊毛三次（绵羊夏季不长新毛）。每只羊的毛，一年可以做三双绒袜的原料。一只公羊和一只母羊配种后可生两只小羊，所以一个北方家庭如果喂养一百只绵羊，一年便可以收入一百两银子。

还有一种羊叫作羖䍽羊（西部民族的称呼），唐代末年才从西域地区传

1 胥：皆，都。

2 西域：指玉门关、阳关以西广大地域。

3 稀革：换新毛。

4 牝：雌性（鸟兽）。牡：雄性（禽兽）。

5 矞芀羊：即羖䍽（gǔlì）羊。《本草纲目》卷五十《兽部·羊》引宋人苏颂《图经本草》云："羊之种类甚多，而羖羊亦有褐色、黑色、白色者。毛长尺余，亦谓之羖䍽羊。"

唐末始自西域传来。外毛不甚蓑（suī）[6]长，内毳细软，取织绒褐。秦人名曰山羊，以别于绵羊。此种先自西域传入临洮（táo）[7]，今兰州独盛，故褐之细者皆出兰州。一曰兰绒。番语谓之孤古绒，从其初号也。山羊毳绒亦分两等。一曰搊（chōu）绒，用梳栉（zhì）[8]搊下，打线织帛，曰褐子、把子诸名色。一曰拔绒，乃毳毛精细者，以两指甲逐茎挦（xián）[9]下，打线织绒褐。此褐织成，揩面如丝帛滑腻。每人穷日之力打线只得一钱重，费半载工夫方成匹帛之料。若搊绒打线，日多拔绒数倍。凡打褐绒线，冶铅为锤，

到中原来。这种羊外毛不是很长，内毛却很细软，用来织绒毛布。陕西人把它叫作山羊，以此区别于绵羊。这种羊先从西域传到甘肃临洮，所以如今的兰州特别盛产这种羊，细软的毛布都出自兰州，因此又名兰绒。少数民族把它叫作孤古绒，这是沿用它起先的名字。山羊的细毛绒也可以分为两种。一种叫作搊绒，是用梳子从羊身上梳下来的，打成线织成绒毛布，有褐子或把子等名称。另一种叫作拔绒，是细毛中比较精细的，用两个手指甲从羊身上挨着挨着扯下来，打成线织成绒毛布。这样织成的毛布，摸起来像丝织品那样光滑细腻。每人打一整天的线也只能得到一钱重的毛料，要花半年工夫才够织成一匹织品的原料。如果是用搊绒打线，一天所得能比拔绒多好几倍。打绒线的时候，用铅锤坠着线端，然后用两手转动搓成绒线。

织绒毛布的织机比织棉麻布的大，要用八片综，让经线从此通过，下面装

6 蓑：毛下垂的样子，犹“蓑蓑”。

7 临洮：今甘肃临洮一带。

8 栉：梳子、篦子一类的梳头用具。

9 挦：扯，拔。

坠于绪端，两手宛转搓成。

凡织绒褐机大于布机，用综八扇，穿经度缕，下施四踏轮，踏起经隔二抛纬[10]，故织出文成斜现。其梭长一尺二寸，机织、羊种皆彼时归夷传来名姓再详。故至今织工皆其族类，中国无典也。凡绵羊剪毳，粗者为毡，细者为绒。毡皆煎烧沸汤投于其中搓洗，俟其粘合，以木板定物式，铺绒其上，运轴赶[11]成。凡毡绒白黑为本色，其余皆染色。其氍(qú)俞、氆(pǔ)鲁[12]等名称，皆华夷各方语所命。若最粗而为毯者，则驽马诸料杂错而成，非专取料于羊也。

四个踏轮，每踏起两根经线，才过一次纬线，因此就能织成斜纹。这种织机的梭子长一尺二寸，这种机器织绒的方法和羊种都是当时从少数民族那边传来的（名称还有待查考）。所以到现在织布工匠还全是那些民族的人，没有中原地区人的记载。从绵羊身上剪下的细毛，粗的做毡子，细的做绒。毡子都是将羊毛放到沸水中搓洗，等到黏合后，才用木板轧成一定的式样，把绒铺在上面，转动机轴轧成。毡绒的本色是白与黑，其他颜色都是染成的。至于“氍毹”“氆氇”等名称，那都是中原地区和边疆各地的方言所命名的名称。若是最粗糙的毛绒做成的毯子，必定掺杂着各种劣马的毛在里面，并不是用纯羊毛制成的。

10 踏起经隔二抛纬：每踏起两根经线，才过一次纬线。

11 赶：轧。

12 氍俞：即氍毹（shū），毛织的地毯。氆鲁：即氆氇（lǔ），藏族地区出产的一种羊毛织品，可做床毯、衣服等。

清　佚名　《豳风十二月图说册》之八月载绩

彰施[1]第三

宋子曰：霄汉[2]之间云霞异色，阎浮[3]之内花叶殊形。天垂象而圣人则之[4]，以五采[5]彰施于五色，有虞(yú)氏[6]岂无所用其心哉？飞禽众而凤则丹，走兽盈而麟则碧。夫林林[7]青衣[8]，望阙(què)[9]而拜黄朱[10]也，其义亦犹是矣。君子曰："甘受和，白受采。"[11]世间丝、麻、裘、褐皆具素质，而

宋先生说：天空中的云霞有各种不同的颜色，大地上的花叶更是形态各异、五彩纷呈。大自然呈现出种种美丽景象，上古的圣人就效法自然，按照五彩的颜色将衣服染成青、黄、赤、白、黑五种颜色，难道虞舜没有这种用心吗？飞禽鸟类那么多而只有凤凰丹红超群，走兽充盈而唯独麒麟是青碧异常的。那些身穿青衣的平民望着皇宫，向穿黄袍、红袍的帝王将相们遥拜，这道理也是一样的。有君子说："甜味容易与其他各种味道相调和，白的底子容易染成各种色彩。"世界上的丝、麻、皮和粗布都具有素的底色，

1 彰施：明施，即染色。语出《书·益稷》："以五采彰施于五色，作服，汝明。"

2 霄汉：天空。

3 阎浮：梵语的音译，亦作阎浮世、阎浮界、阎浮提。多泛指人世间。此指大地上。

4 天垂象而圣人则之：语出《周易·系辞上》："天垂象，见吉凶，圣人象之。河出图，洛出书，圣人则之。"垂，呈现。则，效法。

5 五采：指青、黄、赤、白、黑五种颜色。采，通"彩"。彩色。

6 有虞氏：即虞舜，古代传说中的一个帝王。

7 林林：众多。

8 青衣：自汉代以后卑贱者的服装。引申为平民百姓。

9 阙：古代王宫、祠庙门前两边的高建筑物。此作宫廷。

10 黄朱：黄袍朱衣，指穿黄袍、红袍的帝王将相。

11 此句语出《礼记·礼器》，意思是甘味用来调和五味，白色可染绘五色。

使殊颜异色得以尚焉。谓造物不劳心者，吾不信也。

因而能染上各种颜色。所以说创造新事物不必劳心费力，我是不相信的。

明　仇英　《汉宫春晓图》（局部）

诸色质料

大红色、其质红花[1]饼一味，用乌梅水煎出。又用碱水澄数次，或稻稿灰代碱，功用亦同。澄得多次，色则鲜甚。染房讨便宜者，先染芦木打脚[2]。凡红花最忌沉、麝，袍服与衣香[3]共收，旬月之间其色即毁。凡红花染帛之后，若欲退转，但浸湿所染帛，以碱水、稻灰水滴上数十点，其红一毫收转，仍还原质。所收之水藏于绿豆粉内，放出染红，半滴不耗。染家以为秘诀，不以告人。莲红、桃红色、银红、

大红色（用红花饼做原料，加乌梅水煎煮出来。再用碱水澄清几次，如果用稻草灰代替碱，效果也大致相同。多澄清几次，颜色就会非常鲜艳。有的染家图便宜，先将织物用黄栌木水染上黄色打底子。红花最怕沉香和麝香，红色袍服与这类熏衣服的香料放在一起，一个月之内袍服的颜色就会毁掉。用红花染过的红色丝帛，如果想要回到原来的颜色，只要把所染的丝帛浸湿，滴上几十滴碱水或者稻草灰水，红色就可以完全褪掉，仍然恢复原来的颜色。将洗下来的红色水倒在绿豆粉里进行收藏，下次再用它来染红色，半点也不会耗损。染坊把这种方法作为秘方不肯告诉外人）、莲红色、桃红色、银红色、水红色（以上四种颜色所用的原料也是红花饼，颜色的深浅按所用的红花饼的分量多少加减而成。但这四种颜色都不能染黄色的蚕茧

1 红花：菊科，一年生草本。夏季开花，橘红色，可做染料。

2 芦木打脚：用黄栌木水染成黄色打底。芦木，即黄栌。漆树科，木材内可提炼出黄色染料。打脚，染底色。

3 衣香：熏衣服的香料。

水红色、以上质亦红花饼一味，浅深分两加减而成。是四色皆非黄茧丝所可为，必用白丝方现。木红色、用苏木[4]煎水，入明矾、棓(bèi)子[5]。紫色、苏木为地，青矾尚之。赭黄色、制未详。鹅黄色、黄檗(bò)[6]煎水染，靛(diàn)水[7]盖上。金黄色、芦木煎水染，复用麻稿灰淋，碱水漂。茶褐色、莲子壳煎水染，复用青矾水盖。大红官绿色、槐花煎水染，蓝淀[8]盖，浅深皆用明矾。豆绿色、黄檗水染，靛水盖。今用小叶苋蓝煎水盖者，名草豆绿，色甚鲜。油绿色、槐花薄染，青矾盖。天青色、

丝，只有白色的蚕茧丝才可以）、木红色（用苏木煎水，再加入明矾、五倍子染成）、紫色（用苏木水染上底色，再用青矾做媒染剂上色）、赭黄色（制法还不清楚）、鹅黄色（先用黄檗煮水染上底色，再用蓝靛水套染）、金黄色（先用黄栌木煮水染色，再用麻秆灰水淋泡，然后用碱水漂洗）、茶褐色（用莲子壳煎水染色，再用青矾水染成）、大红官绿色（先用槐花煎水染色，再用蓝靛套染，浅色和深色都要用明矾来进行调节）、豆绿色（用黄檗水染上底色，再用蓝靛水套染。如今还有用小叶苋蓝煎水套染的，叫作草豆绿，颜色十分鲜艳）、油绿色（用槐花稍微染一下，再用青矾水染成）、天青色（放在靛缸里稍微染一下，再用苏木水套染而成）、葡萄青色（放进靛缸里染成深蓝色，再用深苏木水套染而成）、蛋青色（先用黄檗水染，再放入靛

4 苏木：豆科植物，枝干可提取红色染料，根部可提取黄色染料。

5 棓子：“棓”亦作“倍”，即五倍子，是寄生在盐肤木上的五倍子蚜虫刺激叶细胞而形成的虫瘿，表面灰褐色，含鞣酸，可用于染料、制革等工业。

6 黄檗：亦称“黄柏”。芸香科落叶乔木，茎、皮可提取黄色染料。

7 靛水：即蓝靛水，深蓝色染料。

8 蓝淀：一种深蓝色染料，通称蓝靛，有的地区叫靛青。用蓼蓝的叶子发酵制成，现多用人工合成，用来染布，颜色经久不退。

入靛缸浅染，苏木水盖。蒲萄[9]青色、入靛缸深染，苏木水深盖。蛋青色、黄檗水染，然后入靛缸。翠蓝、天蓝二色俱靛水分深浅。玄色、靛水染深青，芦木、杨梅皮[10]等分煎水盖。又一法，将蓝芽叶水浸，然后下青矾、棓子同浸，令布帛易朽。月白草色二色、俱靛水微染，今法用苋蓝煎水，半生半熟染。象牙色、芦木煎水薄染，或用黄土。藕褐色、苏木水薄染，入莲子壳，青矾水薄盖。

附：染包头青色。此黑不出蓝靛，用栗壳或莲子壳煎煮一日，漉起，然后入铁砂、皂矾锅内，再煮一宵即成深黑色。

缸中染成）、翠蓝、天蓝色（这两种颜色都是用蓝靛水染成的，只是深浅各有不同）、玄色（先用蓝靛水染成深青色，再用黄栌木和杨梅树皮各一半煎水套染。还有一种方法，是先用蓝芽嫩叶水浸染，再放进青矾、五倍子的水中一块浸泡，但是用这种方法浸染，容易使布和丝帛腐烂）、月白、草白色（都是用蓝靛水稍微染一下，现在的方法是用苋蓝煮水，煮到半生半熟的时候再染）、象牙色（用黄栌木煎水稍微染一下，或者用黄泥水染）、藕褐色（先用苏木水稍微染一下，再放进莲子壳和青矾一起煮的水中进行浸染）。

附：包头巾青色的染法。（这种黑色不是用蓝靛染出来的，而是用栗子壳或莲子壳一起熬煮一整天，然后捞出来沥干，再在锅里加入铁砂、皂矾煮一整夜，就会变成深黑色。）

附：染毛青布色的方法。（布青色最初流行于安徽芜湖地区，到现在

9 蒲萄：即葡萄。
10 杨梅皮：杨梅树的皮，含有单宁，可起固色、配色作用。

附：染毛青布色法。布青初尚芜湖千百年矣。以其浆碾成青光，边方外国皆贵重之。人情久则生厌。毛青乃出近代，其法取松江美布染成深青，不复浆碾，吹干，用胶水参豆浆水一过。先蓄好靛，名曰标缸。入内薄染即起，红焰之色隐然。此布一时重用。

已有近千年的历史了。因为这种颜色的布可以浆碾成青光色，边远地区和国外的人都把它看得很贵重。但是人们用的时间长了，也就不那么喜爱它了。毛青色是近代才出现的，它的染法是用松江产的上等好布，先染成深青色，不再浆碾，吹干后，用掺胶水和豆浆的水过一遍。再放在预先装好的质量优良的靛蓝“标缸”里。稍微染一下就立即取出，布上就会隐隐约约带有红光。这种布曾经很受重视。）

明　仇英　《竹林居士》

清　佚名　《御题棉花图册》之练染

蓝淀

凡蓝五种，皆可为淀。茶蓝即菘(sōng)蓝，插根活；蓼蓝、马蓝、吴蓝等皆撒子生。近又出蓼蓝小叶者，俗名苋蓝，种更佳。

蓝（草本植物，叶茎含蓝汁）有五种，都可以用来制作染料——蓝靛。茶蓝也就是菘蓝，扦插就能成活；蓼蓝、马蓝和吴蓝等都是播撒种子种植的。近来又出现了一种小叶的蓼蓝，俗称“苋蓝”，是更好的蓝品种。

凡种茶蓝法冬月割获，将叶片片削下，入窖造淀。其身斩去上下，近根留数寸，熏干，埋藏土内。春月烧净山土使极肥松，然后用锥锄其锄勾末向身长八寸许。刺土打斜眼，插入于内，自然活根生叶。其余蓝皆收子撒种畦圃中。暮春生苗，六月采实，七月刈身造淀。

种植茶蓝的方法，是在冬天（一般是农历十一月）割取茶蓝时，把叶子一片一片剥下来，放进花窖里制成蓝靛。把茎秆的两头切掉，只在靠近根部的地方留下几寸长的一段，熏干后再埋藏在土里。到第二年春天（农历正、二、三月）时，放火将山上的杂草烧干净，使土壤变得疏松肥沃，然后用锥锄（这种锄的锄钩朝向内，约长八寸）插入土中打成斜眼，将那保存的茶蓝根茎插进去，就会自然生根长叶子。其余的几种蓝都是收了种子撒播在园圃中。春末就会出苗，到六月采收种子，七月就可以将蓝割回来用于造靛了。

凡造淀，叶与茎多者入窖，少者入桶

制作蓝靛时，茎和叶多的放进花窖里，少的放在桶里或缸里。用水浸泡七天，它与缸。水浸七日，其汁自来。每水浆一石下石灰五升，搅冲数十下，淀信[1]即结。水性定时，淀沉于底。近来出产，闽人种山皆茶蓝，其数倍于诸蓝。山中结箬（ruò）篓[2]，输入舟航。其掠出浮沫晒干者曰靛花。凡靛入缸必用稻灰水先和，每日手执竹棍搅动，不可计数。其最佳者曰标缸。

的蓝汁就自然出来了。每一石蓝的汁液加入石灰水五升，搅打几十下，就会凝结成蓝靛。水静放以后，蓝靛就沉积在底部。近来出产的蓝中，福建人在山地上种植的都是茶蓝，茶蓝的数量是其他几种蓝的好几倍。他们在山上先把茶蓝装入箬篓子，再装上船往外运。制作蓝靛时，把撇出的浮沫晒干后就叫“靛花”。蓝靛放在缸里，一定要先用稻草灰水搅拌调和，每天都手执竹棍搅拌无数次。蓝靛中质量最好的叫作“标缸”。

明　蓝瑛　《青山红树图》

1 淀信：即蓝靛，古时亦作蓝淀。

2 箬篓：用箬竹编的篓子。箬竹是一种茎中空细长、叶子宽而大的小竹，茎叶可以编制篓、笠等器物，叶子还可以用来包粽子。

红　花

红花场圃撒子种，二月初下种。若太早种者，苗高尺许即生虫如黑蚁，食根立毙。凡种地肥者，苗高二三尺。每路打橛（jué）[1]，缚绳横阑，以备狂风拗折。若瘦地尺五以下者，不必为之。

红花场圃都是撒播种子种植的，二月初就下种。如果种得太早，花苗长到一尺左右就会长出像黑蚂蚁一样的害虫，这种虫咬食花的根部，花苗很快就会死亡。凡是在肥地里种的红花，花苗能长到二尺到三尺高。这就要给每行红花打木桩，横拴绳子将红花拦起来，以防备红花被狂风吹断。如果种在瘦地里，花苗只有一尺半以下高就不必那么做。

红花入夏即放绽[2]，花下作梂（qiú）汇[3]多，刺花出梂上。采花者必侵晨[4]带露摘取。若日高露旰，其花即已结闭成实，不可采矣。其朝阴雨无露，放花较少，旰摘无妨，以无日色故也。红花逐日放绽，经

红花到了夏天就会开花，花下结出球状花托和花苞，花托上有好多刺，花就长在球状花托上。采花的人一定要在天刚亮红花还带着露水时就摘取。如果等到太阳升起，露水干了，红花已经闭合成果实状，就不方便摘了。如果遇上早晨阴雨而没有露水，花开得少，就晚点摘也可以，因为没有太阳。红花是一天天开放的，大约一个月才能开完。作为药用的红花不

1 橛：木桩。

2 放绽：开花。

3 梂汇：指红花的球状花托。梂，本为栎树的果实，此为球状。

4 侵晨：凌晨，天刚亮之时。侵，渐近。

月乃尽。入药用者不必制饼。若入染家用者，必以法成饼然后用，则黄汁净尽，而真红乃现也。其子煎压出油，或以银箔贴扇面，用此油一刷，火上照干，立成金色。

必制成花饼。若是要进染房用来制染料用的，就必须按照一定的方法制成花饼后再用，这样黄色的汁液除干净了，真正的红色就显出来了。红花的籽经过煎压后可以榨出油，如果将银箔贴在扇面上，再刷上一层这种油，在火上烘干后，马上就会变成金黄色。

明　文俶　《金石昆虫草木状》之红蓝花

造红花饼法

带露摘红花，捣熟以水淘，布袋绞去黄汁。又捣以酸粟或米泔(gān)清。又淘，又绞袋去汁，以青蒿(hāo)覆一宿，捏成薄饼，阴干收贮。染家得法，我朱孔扬[1]，所谓猩红也。染纸吉礼用，亦必紫矿，不然全无色。

摘取还带着露水的红花，捣烂并用水淘洗，然后装在布袋里，拧去黄汁。再次捣烂，用已发酵的酸谷子水或淘米水再次进行淘洗，又装入布袋中拧去汁液，然后用青蒿覆盖一个晚上，捏成薄饼，阴干后收藏好。如果染家染的方法得当，就可以把衣裳染得格外鲜红。（染喜庆、贺礼用的红纸，也必须用紫胶来染，否则就会一点儿颜色都没有。）

明　孙克弘　《百花图》（局部）

1 我朱孔扬：原为“我朱孔阳”，语出《诗经·豳风·七月》：“八月载绩，载玄载黄，我朱孔阳，为公子裳。”意为“八月纺麻织布忙，染成黑红染成黄，我染深红最明亮，为那公子做衣裳”。

附：燕脂[1]

燕脂古造法以紫矿染绵者为上，红花汁及山榴[2]花汁者次之。近济宁路[3]但取染残红花滓为之，值甚贱。其滓干者名曰紫粉，丹青家[4]或收用，染家则糟粕弃也。

古时候制造胭脂，以用紫胶做成并可染丝绵的为上品，用红花汁和山榴花汁做的要差一些。近来，山东济宁一带有人用染剩的红花渣滓来做，很便宜。干的渣滓叫“紫粉”，画家有的收用紫粉，染坊则把它当作废物丢弃。

清　华嵒　《春谷杜鹃图》（局部）

1 燕脂：即胭脂，一种红色的化妆品，涂在两颊或嘴唇上。也用作国画的颜料。

2 山榴：杜鹃花，又名映山红、红踯躅等，根、叶、花皆可入药。

3 济宁路：元世祖至元八年（1271）升济州置济宁府，十六年（1279）改为路，治巨野（今县）。

4 丹青家：画家。丹青本为红色和青色的颜料，借指绘画。

槐　花

凡槐树十余年后方生花实。花初试未开者曰槐蕊，绿衣所需，犹红花之成红也。取者张度篽(yú)[1]稠其下而承之。以水煮一沸，漉干捏成饼，入染家用。既放之，花色渐入黄，收用者以石灰少许晒拌而藏之。

槐树生长十几年后才能开花结果。初长出还没有开放的槐花叫作槐蕊，这是染绿衣服所需要的，就像染红色要用红花一样。采摘的人将竹篓子张口放在槐树下承接槐蕊。将收集起来的槐花加水煮开，沥干后捏成饼，给染坊用。已开的花慢慢变成黄色，收用的人把它们撒上点石灰拌晒后，收藏备用。

清　戴衢亨　《夏槐八景册》之槐谷飞甘（局部）

1 篽：竹篓子。

清　佚名　《画幅集册》

粹精[1]第四

宋子曰：天生五谷以育民，美在其中，有黄裳之意[2]焉。稻以糠为甲[3]，麦以麸为衣，粟、粱、黍、稷毛羽隐然。播精而择粹，其道宁终秘也。饮食而知味者，食不厌精[4]。杵（chǔ）臼之利，万民以济，盖取诸《小过》。为此者岂非人貌[5]而天者哉？

宋先生说：自然界生长的各种谷物是用以养育人的，但五谷的精华包藏在如同金黄外衣的谷壳里面。稻谷以糠皮为甲壳，麦子用麸皮做外衣，粟、粱、黍、稷的颗粒都隐藏在如同毛羽的外壳之中。通过扬簸和碾磨等工序将谷物去壳、加工成米和面，这套技术对于人们难道永远是一种秘密吗？讲究饮食滋味的人们，都希望粮食加工得越精美越好。杵臼的发明使用，帮助广大民众解决了谷物加工问题，这是取象于《小过》卦。发明这套技术的人，难道不是靠人的智慧而只是靠上天的赐予吗？

1 粹精：纯粹无瑕。语出《周易·乾》：“大哉乾乎，刚健中正，纯粹精也。”这里用作粮食加工。

2 黄裳之意：语出《周易·坤》：“六五，黄裳，元吉。《象》曰：黄裳元吉，文在中也。”意为王后穿着黄色下裙，非常吉利，是文采存在于服饰之中。借指自然界生长五谷养育人类，五谷的精华藏在金黄的外壳之中。

3 甲：壳。

4 食不厌精：粮食不嫌舂得精。语出《论语·乡党》：“食不厌精，脍不厌细。”

5 人貌：此指人的智慧。

攻　稻[1]　击禾、轧禾、风车、水碓（duì）[2]、石碾、臼、碓[3]、筛皆具图

凡稻刈获之后，离稿取粒。束稿于手而击取者半，聚稿于场而曳牛滚石以取者半。凡束手而击者，受击之物或用木桶，或用石板。收获之时雨多霁少，田稻交湿，不可登场者，以木桶就田击取。晴霁稻干，则用石板甚便也。

凡服牛曳[4]石滚压场中，视人手击取者力省三倍。但作种之谷，恐磨去壳尖，减削生机。故南方多种之家，场禾多借牛力，而来年作种者则宁向石板击取也。

稻子收割之后，就要设法让谷粒脱离稻秆而收取谷粒。脱粒的方法，用手握稻秆摔打来脱粒的约占一半，把稻子铺在晒场上，用牛拉石磙进行脱粒的也占一半。手工摔打脱粒，承受稻秆摔打的，或者用木桶，或者用石板。稻子收获的时候，若遇上多雨少晴的天气，稻田和稻谷都很潮湿，不能把稻子收到晒场上去脱粒，就用木桶在田间就地脱粒。若是晴天，稻子很干，就使用石板脱粒，很方便。

用牛拉石磙在晒场上压稻谷，要比手工摔打脱粒省力三倍。但是留着做稻种的稻谷，恐怕被磨掉保护谷胚的壳尖而使种子发芽率降低。因此南方种植水稻较多的人家，多半是用牛力在稻场上脱粒，但留着做稻种的谷子就宁可在石

1 攻稻：加工稻谷。攻，加工。

2 水碓：利用水力转动的一种舂米设备。

3 碓：舂谷、米的工具。用柱子架起一根木杠，杠的一端装杵或圆石，用脚踏或水轮带动使杵或石连续起落，去掉下面石臼中的谷壳或糙米皮。

4 曳：拖，拉，牵引。

濕田擊稻圖
木桶

場中打稻圖

赶稻及菽圖
石

凡稻最佳者九穰(ráng)[5]一秕(bǐ)[6]。倘风雨不时，耘耔失节[7]，则六穰四秕者容有之。凡去秕，南方尽用风车扇去；北方稻少，用扬法，即以扬麦、黍者扬稻，盖不若风车之便也。

凡稻去壳用砻(lóng)[8]，去膜用舂(chōng)、用碾。然水碓主舂，则兼并砻功。燥干之谷入碾亦省砻也。凡砻有二种：一用木为之，截木尺许，质多用松。斫合成大磨形，两扇皆凿纵斜齿，下合植笋[9]穿贯上合，空中受谷。木砻攻米二千余石，其身乃尽。凡木砻，谷不甚燥者入砻亦不碎，故入贡军国

板上摔打脱粒。

最好的稻谷九成谷粒饱满，一成是颗粒不饱满的。如果风雨不调，壅根除草不及时，那么谷粒六成饱满、四成不饱满的情况也可能出现。去掉秕谷的方法，南方都是用风车扇去；北方稻子少，多用扬场的办法，也就是用扬麦子、黍子那样的办法来扬稻子，这总的来说不如用风车那样方便。

稻谷去掉谷壳是用砻，去掉糠皮是用舂或用碾。但用水碓来舂，就同时兼有砻的功用。干燥的稻谷用碾加工也可以不用砻。砻有两种：一种是用木头做的，锯下一尺来长的原木（多用松木），砍削并合成磨盘形状，两扇都凿出纵向的斜齿，下面安装一个凸出于下扇的轴穿进上扇，将上扇中间挖空以便稻谷从孔中注入。一个木砻加工到两千多石米后便已损坏。用木砻加工，即便是不太干燥的稻谷，加工后也不会被磨碎，因

5 穰：谷粒饱满。

6 秕：中空或不饱满的谷粒。

7 耘耔失节：指中耕除草不及时。

8 砻：磨去谷壳的器具，外形像磨。

9 植笋：安装凸起于砻下扇的轴心。植，安装；笋，通“榫”，榫头。

風車

扇颺

礱

木
礱

漕储千万，皆出此中也。

一土砻析竹匡围成圈，实洁净黄土于内，上下两面各嵌竹齿。上合篘（chōu）[10]空受谷，其量倍于木砻。谷稍滋湿者入其中即碎断。土砻攻米二百石，其身乃朽。凡木砻必用健夫，土砻即孱妇弱子可胜其任。庶民饔飧[11]皆出此中也。

凡既砻，则风扇以去糠秕，倾入筛中团转。谷未剖破者浮出筛面，重复入砻。凡筛大者围五尺，小者半之。大者其中心偃隆而起，健夫利用。小者弦高二寸，其中平洼，妇子所需也。凡稻米既筛之后，入臼而舂，臼亦两种。八口以上之家掘地藏石臼其上，臼量大者容五斗，小者半之。横木穿插

此进贡上缴的军粮和官粮，漕运或就地储藏的，数以千万石计都是用木砻加工。

另一种是土砻，破开竹子编织成一个圆筐，里面用干净的黄土填充压实，上下两扇都镶上竹齿。上扇安个竹篾漏斗用来装稻谷，它的装谷量要比木砻多一倍。稻谷稍微潮湿一点，在土砻中就会磨碎。土砻加工二百石米就坏了。使用木砻的必须是身体强壮的劳动力，而土砻即使是体弱力小的妇女儿童也能使用。老百姓吃的米都是用土砻加工的。

稻谷用砻磨碾后，就用风车扇去糠秕，再倒进筛子里团团转筛。未破壳的稻谷便会浮到筛子里的米上面来，再捧入砻中进行加工。大的筛子周长五尺，小的筛子周长约为大筛的一半。大筛的中心稍微隆起，供强壮的劳动力使用。小筛的边高只有二寸，中心微凹，供妇女儿童使用。稻米筛过以后，再放到臼里舂，臼也有两种。八

10 篘：砻上装谷的竹编容器。

11 饔飧：熟食。

土礱

篩穀

舂臼
舂
杵臼

碓头，碓嘴冶铁为之，用醋滓合上。足踏其末而舂之。不及则粗，太过则粉，精粮从此出焉。晨炊无多者，断木为手杵，其臼或木或石以受舂也。既舂以后，皮膜成粉，名曰细糠，以供犬豕之豢。荒歉之岁，人亦可食也。细糠随风扇播扬分去，则膜尘净尽而粹精见矣。

凡水碓，山国之人居河滨者之所为也。攻稻之法省人力十倍，人乐为之。引水成功，即筒车灌田同一制度也。设臼多寡不一。值流水少而地窄者，或两三臼。流水洪而地室宽者，即并列十臼无忧也。

江南信郡水碓之法巧绝。盖水碓所愁者，埋臼之地卑则洪潦为患，高则承流不及。信郡造法即以一舟为地，橛桩维之。筑

口以上的人家，一般是在地上挖坑埋石臼，大臼的容量是五斗，小臼的容量约为大臼的一半。用横木的一端穿插碓头（碓嘴是用铁冶制的，用醋滓将它和碓头黏合），用脚踩踏横木的末端就可以舂米。舂得不够时，米就会粗糙，舂得太过，米就细碎了，精米都是从这里加工出来的。人口不多的人家就截木做成手杵，用木头或石头做臼来舂米。舂过以后糠皮都变成了粉，叫作细糠，用来喂猪狗。遇到荒年，人也可以吃。细糠随风车的风扇播扬分开，糠皮灰尘都能除干净，留下的就是纯粹精良的大米了。

水碓是山区住在河边的人所创造发明的。用这个办法加工稻谷，要比人工省力十倍，因此人们都乐意使用水碓。利用水力带动水碓和利用筒车浇水灌田是同样的方法。水碓上放臼的数量没有一定的限制。如果流水量小且地方也狭窄，就设置两至三个臼。如果流水量大而地方又宽敞，那么并排放十个臼也不成问题。

江西上饶一带建造水碓的方法非

碓

水碓
盖利用茅

土舟中，陷臼于其上，中流微堰石梁，而碓已造成，不烦椓(zhuó)木[12]壅坡之力也。又有一举而三用者，激水转轮头，一节转磨成面，二节运碓成米，三节引水灌于稻田，此心计无遗者之所为也。凡河滨水碓之国，有老死不见砻者，去糠去膜皆以臼相终始，惟风筛之法则无不同也。

凡硙(wèi)[13]砌石为之，承藉[14]、转轮皆用石。牛犊、马驹惟人所使，盖一牛之力日可得五人。但入其中者，必极燥之谷，稍润则碎断也。

常巧妙。因为建造水碓所担心的，就是埋臼的地方地势低，可能会被洪水淹没，地势太高，水又流不上去。上饶一带造水碓的方法是用一条船作为地，把船系在木桩上。在船中填土埋臼，再在河的中流筑一个小石坝，这样碓造成了，打桩筑坡的劳力却节省下来了。此外，水碓还有一举三用的：利用水流的冲击来使水轮转动，用第一节带动水磨磨面，第二节带动水碓舂米，第三节用来引水浇灌稻田，这是考虑得非常周密的人所创造的。在使用水碓的河滨地区，有一辈子也没有见过砻的人，那里的稻谷去壳去糠皮始终都是用水碓臼，唯独使用风车和筛子，各个地方没有什么不同。

碾磨是用石头砌成的，碾盘和转轮都是用石头做的。用牛犊或马驹来拉碾都可以，随人自便，一头牛干一天的劳动量可以当得五个人一天的劳动量。但进入碾盘的稻谷必须是晒得很干燥的，稍微潮湿一点的谷，米就会被碾碎碾断。

12 椓木：打桩。
13 硙：石磨。
14 承藉：指碾盘。

石輾

攻　麦　扬、磨、罗[1]具图

凡小麦其质为面。盖精之至者，稻中再舂之米；粹之至者，麦中重罗之面也。小麦收获时，束稿击取如击稻法。其去秕法北土用扬，盖风扇流传未遍率土[2]也。凡扬不在宇[3]下，必待风至而后为之。风不至，雨不收，皆不可为也。

凡小麦既扬之后，以水淘洗尘垢净尽，又复晒干，然后入磨。凡小麦有紫、黄二种，紫胜于黄。凡佳者每石得面一百二十斤，劣者损三分之一也。凡磨大小无定形，大者用肥健力牛曳转，其牛曳磨时用

对小麦而言，它的精华部分是面。稻米中最优质纯净的是舂过多次的稻米，麦面中最优质纯净的是反复用罗筛过的小麦面。收获小麦的时候，用手握住麦秆摔打脱粒，和稻子手工脱粒的方法相同。去掉秕麦的方法，北方多用扬场的办法，这是因为风车的传播使用还没有遍及全国。扬场不能在屋檐下，而且一定要等有风的时候才能进行。风不到，雨不收，都不能扬场。

小麦扬过后，要用水淘洗干净那些灰尘污垢，再晒干，然后入磨。小麦有紫皮和黄皮两种，其中紫皮的比黄皮的好些。好的小麦每石可磨得面粉一百二十斤，差一点儿的要减少三分之一。磨的大小没有一定的规格，大的磨要用肥壮有力的牛来拉，牛拉磨时要用油桐的果壳遮住牛的眼睛，否则牛就会转晕了。牛的腹部下面要系一只桶用来盛装牛的

1 罗：一种细密的筛子；也指用罗筛东西。
2 率土：指全国；整个境内。
3 宇：屋檐。

礳

桐壳掩眸，不然则眩晕。其腹系桶以盛遗，不然则秽也。次者用驴磨，斤两稍轻。又次小磨，则止用人推挨者。

凡力牛一日攻麦二石，驴半之。人则强者攻三斗，弱者半之。若水磨之法，其详已载《攻稻》“水碓”中，制度相同，其便利又三倍于牛犊也。凡牛、马与水磨，皆悬袋磨上，上宽下窄。贮麦数斗于中，溜入磨眼。人力所挨则不必也。

凡磨石有两种，面品由石而分。江南少粹白上面者，以石怀沙滓，相磨发烧，则其麸并破，故黑颣(lèi)[4]参和面中，无从罗去也。江北石性冷腻，而产于池郡之九华山者美更甚。以此石制磨，石不发烧，其麸压至扁秕之极不破，则黑疵一毫不

排泄物，否则会把面弄脏。小一点儿的磨用驴来拉，重量相对较轻些。再小一点儿的磨则只需用人来推。

一头壮牛一天能磨两石麦子，一头驴一天只能磨牛的一半。强壮的人一天能磨麦三斗，而体弱的人只能磨一半。至于使用水磨的办法，已经详细记述在《攻稻》“水碓”一节中，制作办法相同，水磨的功效却是牛拉磨的三倍。用牛马或水磨磨面，都要悬挂一个上宽下窄的袋子在磨的上方。装上几斗小麦在里面，麦子就会慢慢自动滑入磨眼。而人力推磨时就用不着了。

造磨的石料有两种，面粉品质的高低也随石料的差异而有所区分。江南很少出精粹净白的上等面粉，就是因为磨石里含有沙粒渣滓，磨面时会发热，以致带色的麸皮破碎与面掺和在一起而无法筛掉。江北的石料性凉而且细腻，安徽池州九华山出产的石料质地更好。用这种石头制成的磨，磨面时石头不会发

4 颣：丝上的疙瘩。这里指磨碎的麦麸。

礱磨

水碾

水磨

入，而面成至白也。凡江南磨二十日即断齿，江北者经半载方断。南磨破麸得面百斤，北磨只得八十斤，故上面之值增十之二。然面筋、小粉皆从彼磨出，则衡数[5]已足，得值更多焉。

凡麦经磨之后，几番入罗，勤者不厌重复。罗匡之底用丝织罗地绢为之。湖丝所织者，罗面千石不损，若他方黄丝所为，经百石而已朽也。凡面既成后，寒天可经三月，春夏不出二十日则郁坏。为食适口，贵及时也。凡大麦则就舂去膜，炊饭而食，为粉者十无一焉。荞麦则微加舂杵去衣，然后或舂或磨以成粉而后食之。盖此类之

热，麸皮虽然也轧得很扁但不会破碎，所以麸皮一点儿都不会掺和进面里，这样磨成的面粉就非常白了。江南的磨用二十天就可能磨钝磨齿，而江北的磨，用半年才会磨钝一次磨齿。南方的磨由于把麦麸一起磨碎，可以磨得一百斤面的话，北方的磨就只能得八十斤面粉，所以上等面粉的价钱就要贵十分之二。但是从北方的磨里出来的麸皮还可以提取面筋和小粉，所以不仅面的总量已经足数，而且得到的收益会更多。

麦子磨成粉之后，还要经过几次罗筛，勤劳的人不怕反复劳作。罗框的底是用丝织的罗地绢制作的。用浙江湖州一带出产的丝织制成的罗地绢做罗底，罗一千石面也不坏，若用其他地方的黄丝制作的，罗过一百石面就坏了。面粉磨好之后，在寒冷季节里可以存放三个月，春夏时节存放不到二十天就会受潮而变质。为了面食的优质可口，就要注意随磨随吃。大麦一般是舂掉外皮后用来煮成饭食用的，把大麦磨成面粉的不到十分之一。荞麦则是先用杵棒稍微舂一下，捣掉外皮，然后

5 衡数：指重量。

麪羅
撞機

视小麦，精粗贵贱大径庭也。

再舂或磨成面来吃。这些粮食与小麦相比，精粗贵贱相差太大了！

明　周之冕　《写生册》

攻黍、稷、粟、粱、麻、菽 小碾、枷[1]具图

凡攻治小米，扬得其实，舂得其精，磨得其粹。风扬、车扇而外，簸法生焉。其法篾织为圆盘，铺米其中，挤匀扬播。轻者居前，簸弃地下；重者在后，嘉实存焉。凡小米舂、磨、扬、播制器，已详《稻》《麦》之中。唯小碾一制在《稻》《麦》之外。北方攻小米者，家置石墩，中高边下，边沿不开槽。铺米墩上，妇子两人相向，接手而碾之。其碾石圆长如牛赶石，而两头插木柄。米堕边时随手以小彗[2]扫上。家有此具，杵臼竟悬也。

凡是加工小米，一般是风扬而得其实粒，舂后而得到小米，碾磨后而得到小米粉。除了用风扬、风车扇之外，还有一种方法是用簸箕。其法是用篾条编成圆盘，把谷子铺在上面，均匀地扬簸。轻的扬到前面，就从箕口丢弃地下；重的留在后面，饱满的实粒就在这儿了。加工小米用的舂、磨、扬、播等工具，已经详述于《攻稻》《攻麦》两节中。只是小碾这个工具，在《攻稻》《攻麦》两章节尚未谈到。北方加工小米，在家里安置一个石墩，中间高，四边低，边沿不开槽。把谷子铺在墩上，妇女两人面对面，相互用手交接碾柄来碾压。它的碾石是长圆形的，好像牛拉的石磙子，两头插上木柄。米落到碾的边沿时，就随手用小扫帚扫进去。家里有了这种工具，就用不着杵臼了。

芝麻收割后，在烈日下晒干，扎

1 枷：同"枷（jiā）"。一种打谷的工具。
2 彗：扫帚。

揚簸

小碾圖
石碾
粱粟稷黍皆用此碾

凡胡麻刈获，于烈日中晒干，束为小把，两手执把相击。麻粒绽落，承藉以簟[3]席也。凡麻筛与米筛小者同形，而目密五倍。麻从目中落，叶残角屑皆浮筛上而弃之。

凡豆菽刈获，少者用枷，多而省力者仍铺场，烈日晒干，牛曳石赶而压落之。凡打豆枷，竹木竿为柄，其端锥圆眼，拴木一条长三尺许，铺豆于场，执柄而击之。

凡豆击之后，用风扇扬去荚叶，筛以继之，嘉实洒然入廪矣。是故舂磨不及麻，硙碾不及菽也。

（芝麻收割后，在烈日下晒干，捆）成小把，然后两手各拿一把相互拍打。芝麻壳就会裂开，芝麻粒也就脱落了，下面用竹席子承接。芝麻筛跟小的米筛形状相同，但筛眼比米筛密五倍。芝麻粒从筛眼中落下，叶屑和碎片等杂物都会浮在筛上而抛掉。

豆类收获后，量少的用连枷脱粒，如果量多，省力的办法仍然是铺在晒场上，在烈日下晒干，用牛拉石磙来压碾脱粒。打豆的连枷，是用竹竿或木杆作柄，柄的前端钻个圆孔，拴上一条长约三尺的木棒，把豆铺在场上，手执枷柄甩打。

豆粒被打落后，用风车扇去荚叶，再筛过，饱满的豆粒就可以入仓了。所以说，芝麻用不着舂和磨，豆类用不着硙和碾。

3 簟：竹席。

擊麻

打枷圖

作咸[1]第五

宋子曰：天有五气[2]，是生五味[3]。润下作咸，王访箕子而首闻其义焉。口之于味也，辛酸甘苦经年绝一无恙。独食盐禁戒旬日，则缚鸡胜匹[4]倦怠恹然。岂非"天一生水[5]"，而此味为生人生气之源哉？四海之中，五服而外，为蔬为谷，皆有寂灭之乡[6]，而斥卤[7]则巧生以待。孰知其以然？

宋先生说：自然界有五种气，于是相应地产生了五种味道。水性向地下渗透而具有咸味这件事，是周武王访问箕子时才第一次听到这个道理。对于人来说，五味中的辣、酸、甜、苦，长期缺少其中任何一种，对身体都没有多大影响。唯独盐，十天不吃，人就会像得了病一样精神疲乏、软弱无力，连缚鸡提鸭都做不到。这岂不正说明水是自然界中最重要的物质，水中产生的咸味是人生命力的源泉吗？全国各地，无论是在京郊、内地，还是僻远的边疆，到处都有不长蔬菜和谷物等庄稼的不毛之地，然而这些地方也会巧妙地产出食盐，以待人们享用。又有谁能知道其中的缘由呢？

1 作咸：即制盐。语出《尚书·洪范》："润下作咸。"意为向下润湿的水产生咸味的盐。
2 五气：五行之气，即水、火、木、金、土。
3 五味：五行之味，即咸、苦、酸、辛、甘。
4 缚鸡胜匹：即缚鸡提鸭，喻软弱无力。
5 天一生水：意为自然界首先有水。语出《汉书·五行志》："天以一生水，地以二生火。"作者以此强调水和水生盐的重要性。
6 寂灭之乡：佛教把死亡叫作"寂灭"，这里指不毛之地。
7 斥卤：即盐碱地。这里指盐。

明　文俶　《金石昆虫草木状》之光明盐

盐　产

凡盐产最不一，海、池、井、土、崖、砂石，略分六种，而东夷树叶[1]、西戎光明[2]不与焉。赤县[3]之内，海卤居十之八，而其二为井、池、土碱。或假人力，或由天造。总之，一经舟车穷窘，则造物应付出焉。

盐的产地大不相同，其种类大体上可以分为海盐、池盐、井盐、土盐、崖盐和砂石盐等六种，但是东部少数民族地区出产的树叶盐和西部少数民族地区出产的光明盐不包括在其中。在中国范围内，海盐的产量约占十分之八，其余十分之二是井盐、池盐和土盐。这些盐，或靠人工提炼，或天然生成。总之，只要是车船运输不便的地方，自然界就会在那儿自然地产出食盐。

南宋　李迪　《秋卉草虫图》

1 树叶：指树叶盐。

2 光明：即光明盐。是一种岩盐，纯净得无色透明。

3 赤县："赤县神州"的简称。指中国。

明　文俶　《金石昆虫草木状》之海盐

海水盐

凡海水自具咸质。海滨地高者名潮墩，下者名草荡，地皆产盐。同一海卤传神，而取法则异。一法高堰地，潮波不没者，地可种盐。种户各有区画经界，不相侵越。度诘朝（jié zhāo）[1]无雨，则今日广布稻麦稿灰及芦茅灰寸许于地上，压使平匀。明晨露气冲腾，则其下盐茅勃发[2]。日中晴霁，灰、盐一并扫起淋煎。

一法潮波浅被地，不用灰压。候潮一过，明日天晴，半日晒出盐霜，疾趋扫起煎炼。一法逼海潮深地，先掘深

海水本身就具有盐分这种咸质。海滨地势高的地方叫作潮墩，地势低的地方叫作草荡，这些地方都能出产盐。同样是用海水制盐，但制取的方法各不相同。一种方法是在海岸高处的围堰地，海潮不能浸漫的地方，围地产盐。各产盐户都有自己的地段和界线，互不侵占。估计第二天早晨无雨，就在当天把稻、麦秆灰及芦苇、茅草灰遍地撒上一寸多厚，然后压紧整平匀。第二天早上，地下湿气和露气升腾，经太阳照晒，饱吸盐卤的草灰就会如同芳草般勃然生发。等到太阳中升放晴，半天晒出盐霜，应赶快将灰和盐一起扫起来去煎炼。

另一种方法是，在潮水浅浅的地方，不用撒灰。只等潮水过后，第二天天晴，半天就能晒出盐霜来，然后赶快扫起来煎炼。还有一种方法是在挨近海潮淹没的地方预先挖掘一个深坑，上面横架竹

1 诘朝：早晨。也指第二天早晨。

2 盐茅勃发：指经太阳照晒的盐，会像茅草一样勃然生发。

佈灰種鹽
潮墩
日中掃鹽
先日撒灰

坑，横架竹木，上铺席苇，又铺沙于苇席之上。俟潮灭顶冲过，卤气[3]由沙渗下坑中，撤去沙、苇，以灯烛之，卤气冲灯即灭，取卤水煎炼。总之功在晴霁，若淫雨连旬，则谓之盐荒[4]。又淮场地面有日晒自然生霜如马牙者，谓之大晒盐。不由煎炼，扫起即食。海水顺风飘来断草[5]，勾取煎炼名蓬盐。

凡淋煎法，掘坑二个，一浅一深。浅者尺许，以竹木架芦席于上，将扫来盐料不论有灰无灰，淋法皆同，铺于席上。四围隆起作一堤垱(dàng)[6]形，中以海水灌淋，渗下浅坑中。深者深七八尺，

子或木棒，竹木上铺苇席，再在苇席上铺好沙子。当海潮盖顶淹过深坑时，卤气便通过沙子渗入坑内，将沙子和苇席撤去，用灯向坑里照一照，当卤气能把灯冲灭的时候，就可以取卤水出来煎炼了。总之，成功的关键在于能否天晴，如果阴雨连绵多日，盐被迫停产，这就叫作盐荒。在江苏淮扬一带的盐场，也有靠日光把海水晒干而自然凝结成像马牙形的盐霜的，这就叫作大晒盐。它不需要经过煎炼，扫起来就可以食用。还有利用海水中顺风漂来的海草，捞起来熬炼出的盐，名叫蓬盐。

淋洗、煎炼食盐的方法，是先挖一浅一深两个坑。浅的坑深一尺左右，上面架上竹木架，再铺上芦席，将扫起来的盐料（不论是有灰的还是无灰的，淋洗的方法都相同）铺在席子上面。四周堆得高些，做成堤坝形，中间用海水淋灌，盐卤水便可以渗到浅坑之中。深的坑约七到八尺深，接受浅坑淋灌下来的

3 卤气：指未成结晶盐时的形态。

4 盐荒：古代全靠天晴来制海盐，一遇阴雨天气就无法生产，便造成盐荒。

5 断草：海藻之类的海草。

6 垱：横筑在低洼地中用以挡水的小堤。

受浅坑所淋之汁，然后入锅煎炼。

凡煎盐锅古谓之牢盆，亦有两种制度。其盆周阔数丈，径亦丈许。用铁者以铁打成叶片，铁钉拴合，其底平如盂，其四周高尺二寸，其合缝处一经卤汁结塞，永无隙漏。其下列灶燃薪，多者十二三眼，少者七八眼，共煎此盘。南海有编竹为者，将竹编成阔丈深尺。糊以蜃(shèn)灰[7]，附于釜背。火燃釜底，滚沸延及成盐。亦名盐盆，然不若铁叶镶成之便也。凡煎卤未即凝结，将皂角[8]椎碎，和粟米糠二味，卤沸之时投入其中搅和，盐即顷刻结成。盖皂角结盐犹石膏之结腐[9]也。

盐水，然后倒入锅里煎炼。

煎盐的锅，古时候叫作牢盆，它也有两种制作规格。牢盆的周长有好几丈，直径也有一丈多。一种是用铁做的，把铁锤打成叶片，再用铁钉铆合，盆的底部像盂那样平，盆深约一尺二寸，它的接口合缝处经过卤汁结晶后堵塞住，就永无隙缝漏水了。牢盆下面砌灶烧柴，灶眼多的能有十二三个，少的也有七八个，用柴火共同烧煮这个锅。南海地区有用竹篾编成牢盆锅围的，锅围阔约一丈，深一尺。在篾围上糊上蛤蜊灰，衔接在锅的边上。锅下烧火，使卤水沸腾，一直到结成盐。这种盆也叫作盐盆，但还是不如用铁片做成的锅那样便利。煎炼盐卤汁还没到凝结的时候，可以将皂角捣碎掺和小米糠一起投入沸腾的卤水里搅拌均匀，盐分便会很快地结晶成盐粒。加入皂角而使盐凝结，就好像加入石膏能使豆浆凝结成豆腐一样。

7 蜃灰：牡蛎壳烧成的灰，性质与石灰相同。

8 皂角：即皂荚，豆科植物。

9 犹石膏之结腐：像做豆腐时要加入石膏一样。

淋水先入淺坑
草蕩
淺坑
深坑

凡盐淮扬场者，质重而黑。其他质轻而白。以量较之，淮场者一升重十两，则广、浙、长芦[10]者只重六七两。凡蓬草盐不可常期[11]，或数年一至，或一月数至。凡盐见水即化，见风即卤，见火愈坚。凡收藏不必用仓廪[12]，盐性畏风不畏湿，地下叠稿三寸，任从卑湿无伤。周遭以土砖泥隙[13]，上盖茅草尺许，百年如故也。

江苏淮扬一带盐场出产的盐，又重又黑。其他地方出产的盐则是又轻又白。从重量上比较，淮扬盐场的盐，一升重约十两，而广东、浙江、长芦盐场的盐就只有六七两重。蓬草盐的出产不可定期，因为蓬草或者好几年来一次，或者一个月来好几次。盐遇到水就会溶解，遇到风就会流盐卤，碰上火却愈发坚硬。储藏盐不必用仓库，因为盐的特性是怕风吹而不怕地湿，只要在地上铺三寸来厚的稻草秆，任凭地势低湿也没有什么妨害。如果周围再用土砖砌起来，用泥封堵好缝隙，上面盖上一尺多厚的茅草，那就即使放置一百年也不会发生变化。

10 长芦：指河北省、天津市渤海沿岸，为北起山海关南至黄骅市盐场的长芦盐区。

11 常期：定期。

12 仓廪：贮藏米谷的仓库。

13 泥隙：用泥堵隙缝。

海卤煎炼
牢盆

藏收較量

池　盐

凡池盐，宇内[1]有二，一出宁夏，供食边镇；一出山西解池[2]，供晋、豫诸郡县。解池界安邑、猗氏、临晋[3]之间，其池外有城堞(dié)[4]，周遭禁御[5]。池水深聚处，其色绿沉。土人种盐者池旁耕地为畦垄，引清水入所耕畦中，忌浊水，参入即淤淀盐脉。

凡引水种盐，春间即为之，久则水成赤色。待夏秋之交，南风大起，则一宵结成，名曰颗盐，即古志所谓大盐也。以海

池盐在国内有两个地方出产，一是产自宁夏，产的食盐供边远地区食用；一是产自山西解池，它产的盐供山西、河南各郡县食用。解池位于山西安邑、猗氏和临晋之间，它的外围筑有城墙，用来防卫保护盐池。池水深的地方，水呈现为深绿色。当地制盐的人，在池旁把地耕成畦垄，把池内清水引入畦垄之中，但是要注意提防浊水流入，否则就将造成泥沙淤积盐脉。

凡引池水制盐，每年春季就要开始，时间太晚水就会变成红色。等到夏秋之交南风劲吹的时候，一夜之间就能凝结成盐，这种盐名叫颗盐，也就是古代志书上所说的大盐。因为海水煎炼的盐细碎，而池盐呈颗粒状，所以得到了“大

1 宇内：国内。

2 解池：亦称“运城盐池”，古称“河东盐池”。在山西运城南，中条山北麓。所产盐称“解盐”“潞盐”或“河东盐”。

3 安邑：古县名，在今山西夏县西北，解池附近。猗（yī）氏：古地名，在今山西临猗南。临晋：旧县名，在山西省西南部。1954 年与猗氏县合并为临猗县。

4 城堞：城墙。

5 周遭禁御：四周严加守卫。

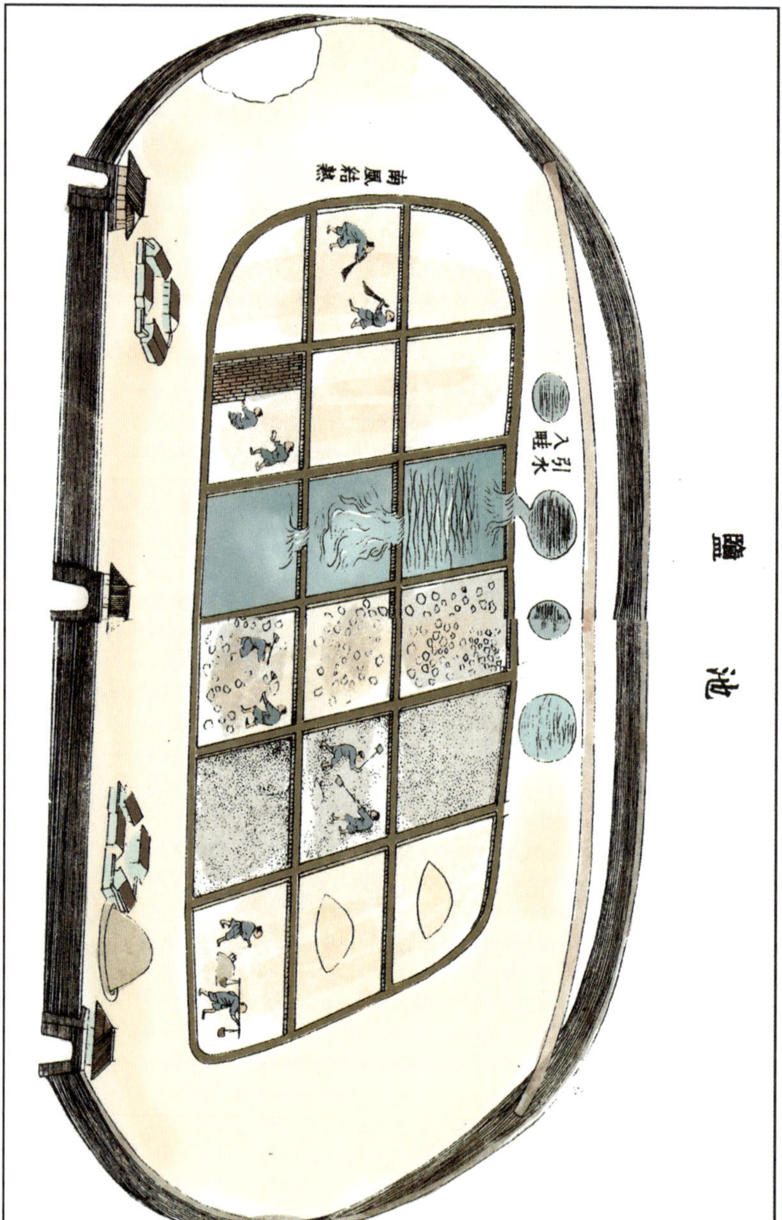
鹽池
南風結熬
引水入畦

水煎者细碎，而此成粒颗，故得大名。其盐凝结之后，扫起即成食味。种盐之人，积扫一石交官，得钱数十文而已。其海丰、深州[6]引海水入池晒成者，凝结之时扫食不加人力，与解盐同。但成盐时日，与不借南风则大异也。

盐”的称号。这种盐一经凝结，扫起来就可食用。制盐的人，积扫一石盐上交给官府，所得的铜钱也不过几十文而已。在广东海丰和河北深州地区，把海水引入池内晒成的盐，凝结后扫起来就可食用，而不需人力煎炼加工，这一点和山西解池产的盐相同。但成盐的时间与它不需依靠南风吹这两点，就跟解池盐大不相同了。

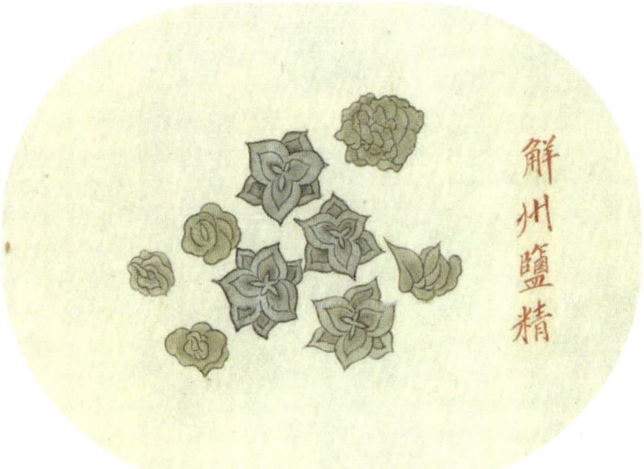

明　文俶　《金石昆虫草木状》之解州盐精

6 海丰：今为山东省滨州市无棣县。深州：今为深州市，是河北省衡水市下辖县级市。

明　周臣　《春山游骑图轴》

井　盐

凡滇、蜀两省远离海滨，舟车艰通，形势高上，其咸脉即蕴藏地中。凡蜀中石山去河不远者，多可造井取盐。盐井周圆不过数寸，其上口一小盂覆之有余，深必十丈以外乃得卤性[1]，故造井功费甚难。其器冶铁锥，如碓嘴形，其尖使极刚利，向石山舂凿成孔。其身破竹缠绳，夹悬此锥。每舂深入数尺，则又以竹接其身使引而长。初入丈许，或以足踏碓稍，如舂米形。太深则用手捧持顿下，所舂石成碎粉，随以长竹接引，悬铁盏挖之而上。大抵深者半载，

云南、四川两省远离海滨，车船交通很不方便，地势又很高，因此那两个省的盐就蕴藏在地下。在四川离河不远的石山上，大多可以凿井取盐。盐井的圆周不过几寸，盐井的上口用一个小盂便能盖上，而盐井的深度必须达到十丈以上，才能到盐层，因此凿井耗费很大，很艰难。凿井的工具是使用铁锥，铁锥的形状很像碓嘴，它的尖端要做得非常坚固锋利，才能用它在石山上冲凿成孔。铁锥的锥身要用破开两半的竹片夹住，再用绳子缠紧。每凿进数尺深，就要用竹竿接上以增加它的长度。起初凿进去的一丈多深，可以用脚踏锥梢，就像舂米那样。再深一些就用两手举着铁锥用力一下一下舂下去，这才能把石头舂得粉碎，随后把长竹接在一起再捆上铁勺，把碎石挖出来。打一眼深井大概需要半年时间，而打一眼浅井一个多月就能够成功。

1 卤性：指盐层。

鑿井

開井口
蜀省井鹽

下石圈

浅者月余，乃得一井成就。

盖井中空阔，则卤气游散，不克[2]结盐故也。井及泉后，择美竹长丈者，凿净其中节，留底不去。其喉下安消息[3]，吸水入筒，用长絙(gēng)[4]系竹沉下，其中水满。井上悬桔槔、辘轳诸具，制盘驾牛。牛拽盘转，辘轳绞絙，汲水而上。入于釜中煎炼，只用中釜，不用牢盆。顷刻结盐，色成至白。

西川有火井[5]，事奇甚。其井居然冷水，绝无火气，但以长竹剖开去节合缝漆布，一头插入井底，其上曲接，以口紧对釜脐，注卤水釜中，只见火

一般来说，井眼凿得过大，卤气就会游散，以致不能凝结成盐。当盐井凿到卤水层能打出水后，挑选一根长约一丈的好竹子，凿干净竹内的节，只保留最底下的一节。然后在竹节的下端安一个吸水的单向阀门以便汲取盐水入筒，用长绳拴住这根竹筒，将它沉到井底之下，竹筒内就会汲满盐水。井上安装桔槔或辘轳等提水工具，再制作一个转盘套上牛。牛拉动转盘就能带动辘轳绞绳把汲满盐水的竹筒提上来。然后将卤水倒进锅里煎炼（只用中等大小的锅，而不用牢盆），很快就能凝结成雪白的盐了。

四川西部地区有一种火井，非常奇妙。火井里居然全是冷水，完全没有一点热气，但把长竹子劈开去掉竹节，再拼合起来用漆布缠紧，将一头插入井底，另一头用曲管对准锅脐，把卤水接到锅里，只见热烘烘的，卤

2 不克：不能。

3 消息：阀门。当竹筒入井，装在下端的阀门受卤水压力而开启；当竹筒提升，卤水进入筒中后，阀门又因其重力而关闭，卤水随之被提上来。

4 絙：粗绳子。

5 火井：指天然气井。

意烘烘，水即滚沸。启竹而视之，绝无半点焦炎意。未见火形而用火神，此世间大奇事也。凡川、滇盐井逃课[6]掩盖至易，不可穷诘。

水很快就沸腾起来了。可是打开竹筒一看，却没有半点烧焦的痕迹。看不见火的形象而起到了火的作用，这真是人世间的一大奇事啊！四川、云南两省的盐井若要逃避官税，是很容易隐瞒的，难以追查。

清　陆恢　《青绿山水图》

6 课：指官税。

竹木製

下木竹

汲卤

鹽煮竈場

井火煮鹽

滇載運

末　盐[1]

凡地碱煎盐，除并(bīng)州[2]末盐外，长芦分司[3]地土人，亦有刮削煎成者，带杂黑色，味不甚佳。

用地碱煎熬的盐，除了山西并州的粉末盐之外，家住河北沿渤海湾一带的人，也有刮取地碱熬制食盐的，但是这种盐含有杂质，颜色比较黑，味道也不太好。

北宋　崔白　《芦雁图页》

1 末盐：粉末状的盐。

2 并州：古地名。约当今山西大部和内蒙古、河北的一部。此指山西太原一带。

3 分司：明代在产盐地设转运盐使司，下设分司，掌管盐政。

崖　盐[1]

凡西省阶、凤[2]等州邑，海井交穷[3]。其岩穴自生盐，色如红土，恣[4]人刮取，不假煎炼。

陕西的阶州、凤县等地区，海盐和井盐都没有，但当地的岩洞里自然产生一种盐，颜色像红土，任凭人们刮取食用，并不需要煎炼熬制。

明　仇英　《玉洞烧丹》（局部）

1 崖盐：食盐的一种。明李时珍《本草纲目·金石五·食盐》："盐品甚多……阶、成、凤州所出，皆崖盐也，生于土崖之间，状如白矾。"即岩盐或石盐。

2 阶：阶州，今为甘肃陇南市武都区。凤：今陕西凤县。

3 海井交穷：海盐、井盐都没有。

4 恣：任凭。

甘嗜[1]第六

宋子曰：气至于芳，色至于艶[2]，味至于甘，人之大欲存焉。芳而烈，艶而艳，甘而甜，则造物有尤异之思矣。世间作甘之味十八产于草木，而飞虫竭力争衡[3]，采取百花酿成佳味，使草木无全功。孰主张是[4]，而颐养遍于天下哉？

宋先生说：气味到达极点是芳香，色彩到达极点是艳丽，味道到达极点是甜美，人的大欲望就在这些色香味里面。有的东西芳香特别浓烈，有的东西颜色特别艳丽，有的东西味道特别可口，这些在自然界似乎有着特殊的安排。世间具有甜味的东西，十之八九来自草木，而蜜蜂极力争先，采集百花酿成佳蜜，使草木不能全部占有甜蜜的功劳。是谁在主宰这件事，而使天下人都受到滋养呢？

明　文俶　《秋花图》

1 甘嗜：词出《尚书·五子之歌》“甘酒嗜音”，本指喜欢喝酒和爱听音乐，此指制糖。

2 艶：青黑色。此处引申为浓艳、艳丽的意思。

3 争衡：争强斗胜。

4 孰主张是：是谁主宰这件事呢？语出《庄子·天运》：“日月其争于所乎？孰主张是？”

蔗种

凡甘蔗有二种，产繁闽、广间，他方合并得其十一而已。似竹而大者为果蔗[1]，截断生啖，取汁适口，不可以造糖。似荻而小者为糖蔗，口啖即棘伤唇舌，人不敢食，白霜、红砂[2]皆从此出。凡蔗古来中国不知造糖。唐大历[3]间，西僧邹和尚游蜀中遂宁始传其法。今蜀中种盛，亦自西域渐来也。

甘蔗有两种，盛产于福建和广东一带，其他各个地方所种植的，总量合起来也只有这两个省的十分之一。甘蔗中形状像竹子而又粗大的，叫作果蔗，截断后可以直接生吃，汁液甜蜜可口，但不适合造糖。另一种像芦荻那样细小的，叫作糖蔗，生吃时容易刺伤唇舌，所以人们不敢生吃，白砂糖、红砂糖都是用这种甘蔗生产的。在中国古代，人们还不懂得如何用甘蔗造糖。唐朝大历年间，西域僧人邹和尚游经四川遂宁，才开始传授这种制糖的方法。现在四川大量种植甘蔗，也是从西域逐渐传播开来的。

凡种荻蔗[4]，冬初霜将至将蔗砍伐，去杪[5]与根，埋藏土内。土忌洼聚水湿处。雨水前五六

种植荻蔗的方法，是在初冬将要下霜时，把荻蔗砍倒，去掉头和根部，埋在泥土里（注意不能埋在低洼积水潮湿的地方）。到第二年“雨水”节气的

1 果蔗：指蔗汁专供生食的甘蔗品种。
2 白霜：白砂糖。红砂：红砂糖。
3 大历：唐代宗李豫的年号。
4 荻蔗：中国古代最早种植的一种甘蔗。节疏细短似荻。
5 杪：树木的末梢。

日，天色晴明即开出，去外壳，斫断约五六寸长，以两个节为率。密布地上，微以土掩之，头尾相枕，若鱼鳞然。两芽平放，不得一上一下，致芽向土难发。芽长一二寸，频以清粪水浇之，俟长六七寸，锄起分栽。

前五六天，趁天气晴朗时将荻蔗挖出来，剥掉外面的叶鞘，砍成五六寸长一段，以每段都要留有两个节为准。再将这些蔗节密排在地上，稍微盖上点泥土，让它们像鱼鳞似的头尾相枕。每段荻蔗上的两个芽都要平放，不能一上一下，致使向下的种芽难以萌发出土。待荻蔗芽长到一两寸时，就要经常用清粪水浇灌它们；等它们长到六七寸的时候，就要挖出来移植分栽了。

凡栽蔗必用夹沙土，河滨洲土为第一。试验土色，掘坑尺五许，将沙土入口尝味，味苦者不可栽蔗。凡洲土近深山上流河滨者，即土味甘，亦不可种。盖山气凝寒，则他日糖味亦焦苦。去山四五十里，平阳洲土[6]择佳而为之。黄泥脚地毫不可为。

栽种甘蔗必须选用沙壤土，靠近江河边的沙洲土是最好的。测试土质的方法，是挖一个深约一尺五寸的坑，将坑里的沙土放入口中尝尝味道，味道苦的沙土不能用来栽种甘蔗。靠近深山河流上游的沙洲土，即使土味甘甜也不能用于栽种甘蔗，这是因为山地气候寒冷，将来制成的蔗糖的味道也会是焦苦的。应该在距山四五十里的平坦宽阔、阳光充足的水边沙洲中，选择最好的地段来种植。（黄泥土根本不适合于种植。）

凡栽蔗治畦，行阔四尺，犁沟深四寸。蔗

栽种甘蔗要整地造畦，将地耕成行距四尺、沟深四寸的畦垄。把蔗苗栽种

6 平阳洲土：平坦而阳光充足的水边土地。

栽沟内，约七尺列三丛[7]，掩土寸许，土太厚则芽发稀少也。芽发三四个或六七个时，渐渐下土，遇锄耨时加之。加土渐厚，则身长根深，蔗免攲(qī)[8]倒之患。凡锄耨不厌勤过，浇粪多少视土地肥硗。长至一二尺，则将胡麻或芸薹枯浸和水灌，灌肥欲施行内。高二三尺则用牛进行内耕之。半月一耕，用犁一次垦土断旁根，一次掩土培根。九月初培土护根，以防斫后霜雪。

在沟里面，约七尺栽种三株，盖上一寸多厚的土，土太厚了出芽就会稀少。每株甘蔗长到三四个或六七个芽，就逐渐将两旁的土推到沟里，在每次中耕锄草时都要培土。培的土渐渐加厚，甘蔗秆长高而根也扎深了，就可避免倾斜倒伏的危险。中耕除草的次数不嫌多，施肥的多少就要看土地的肥瘦程度了。等甘蔗苗长到一两尺时，就要把胡麻或油菜籽枯饼浸泡后掺水一起浇灌，肥要浇灌在行内。等到甘蔗苗长高到两三尺时就要用牛进入行间进行耕作。每半月犁耕一次，以翻土切断旁根，培土一次用以培根。到了九月初则要大培土保护甘蔗根，以防甘蔗砍收后的宿根被霜雪冻坏。

7 七尺列三丛：即七尺种三株。

8 攲：倾斜。

清　丁观鹏　《太平春市图》

蔗品

凡荻蔗造糖，有凝冰[1]、白霜、红砂三品。糖品之分，分于蔗浆之老嫩。凡蔗性[2]至秋渐转红黑色，冬至以后由红转褐，以成至白。五岭以南无霜国土，蓄蔗不伐以取糖霜。若韶、雄[3]以北十月霜侵，蔗质遇霜即杀[4]，其身不能久待以成白色，故速伐以取红糖也。凡取红糖，穷十日之力而为之。十日以前其浆尚未满足，十日以后恐霜气逼侵，前功尽弃。故种蔗十亩之家，即制车釜一副以

用荻蔗造出的蔗糖，有冰糖、白糖和红糖三个品种。糖的品种不同，是由于蔗糖浆的老嫩不同。荻蔗的外皮到秋天会逐渐转变为深红色，冬至以后再由红色转变为褐色，然后出现白色的蔗蜡。在华南五岭以南没有霜冻的地区，荻蔗冬天也留在地里不砍伐，让它长得更好些以用来制造白糖。但是在广东韶关、南雄以北地区，十月份就会出现霜冻，甘蔗的含糖量一经霜冻就要受到破坏，那些地区的荻蔗不能长久留在地里等它变成白色再收，因此要赶紧砍伐用来造红糖。制造红糖必须在十天之内全力完成。因为十天以前荻蔗糖浆还没有长足，十天以后又怕受霜冻的侵袭而导致前功尽弃。所以种蔗多达十亩地的人家，就要制作榨糖、煮糖用的车和锅以

1 凝冰：即冰糖。

2 蔗性：指甘蔗表皮的性状。

3 韶、雄：韶指韶关，今广东省北部的一个地级市；雄指南雄，古称雄州，是广东省东北部大庾岭南麓的一个副地级市。

4 蔗质遇霜即杀：指甘蔗的含糖量经霜就要受到损害。蔗质，指甘蔗的含糖量。

供急用。若广南无霜，迟早惟人也。

供急用。至于在广东南部没有霜冻的地区，收割荻蔗的迟早就随人自主安排了。

清　董诰　《寿寓登丰册》之春原于耜

造　糖　具图

凡造糖车[1]，制用横板二片，长五尺，厚五寸，阔二尺，两头凿眼安柱，上笋出少许，下笋出板二三尺，埋筑土内，使安稳不摇。上板中凿二眼，并列巨轴两根木用至坚重者。轴木大七尺围方妙。两轴一长三尺，一长四尺五寸，其长者出笋安犁担。担用屈木，长一丈五尺，以便驾牛团转走。轴上凿齿分配雌雄，其合缝处须直而圆，圆而缝合。夹蔗于中，一轧而过，与棉花赶车同义。

蔗过浆流，再拾其滓，向轴上鸭嘴扱入，再轧，又三轧之，其汁

制作造糖用的轧浆车，是用每块长五尺、厚五寸、宽二尺的上下两块横板，在横板两端凿孔安上柱子，柱子上端的榫头从上横板露出少许，下端的榫头要穿过下横板二至三尺，这样将车身埋在地下筑牢，才能使整个车身安稳而不摇晃。在上横板的中部凿两个孔眼，并排安放两根大木轴（木料要用非常坚实的）。做轴的木料以周长大于七尺的为最好。两根木轴一根长三尺，另一根长四尺五寸，长轴的榫头露出上横板用来安装犁担。犁担是用一根长约一丈五尺的弯曲的木材做成的，以便套牛轭使牛转圈走。轴端凿有相互配合的凹凸转动齿轮，两轴的合缝处必须又直又圆，这样才能很好地密合。把甘蔗夹在两根轴之间一轧而过，这与轧棉花的赶车原理是相同的。

甘蔗经过压榨便会流出糖浆，再把蔗渣拾起来放进轴上的“鸭嘴”处进行

1 糖车：木制双辊式压榨机。

尽矣，其滓为薪。其下板承轴，凿眼，只深一寸五分，使轴脚不穿透，以便板上受汁也。其轴脚嵌安铁锭于中，以便捩转[2]。凡汁浆流板有槽枧(jiǎn)[3]，汁入于缸内。每汁一石下石灰五合(gě)[4]于中。凡取汁煎糖，并列三锅如“品”字，先将稠汁聚入一锅，然后逐加稀汁两锅之内。若火力少束薪，其糖即成顽糖[5]，起沫不中用。

第二次压榨，然后压榨第三次，蔗汁就被压榨尽了，剩下的蔗渣可以用作燃料。下横板是用来支撑木轴的，装木轴的地方要凿两个孔，每个孔深一寸五分，这样才能使轴脚不穿透下横板，以便在板面上承接蔗汁。轴的下端要安装铁条和锭子以便于转动。下横板上有槽，将蔗汁导流进糖缸里。每石蔗汁加入石灰约半升。取用蔗汁熬糖，要把三口铁锅排列成品字形，先将浓蔗汁集中在一口锅里，然后把稀蔗汁逐渐加入另两口锅里。如果柴火不够火力不足，哪怕只少一把火，也会把糖浆熬成胶状不起砂结晶的顽糖，满是泡沫却没有什么用。

2 捩转：扭转。
3 枧：引管。
4 合：量词。十合为一升。
5 顽糖：无法结晶的胶糖。

出筍
鴨嘴

軋蔗取漿圖
犁擔

造白糖

凡闽、广南方经冬老蔗，用车同前法。榨汁入缸，看水花为火色。其花煎至细嫩，如煮羹沸，以手捻试，粘手则信来矣。此时尚黄黑色，将桶盛贮，凝成黑沙[1]。然后以瓦溜[2]教陶家烧造置缸上。其溜上宽下尖，底有一小孔，将草塞住，倾桶中黑沙于内。待黑沙结定，然后去孔中塞草，用黄泥水[3]淋下。其中黑滓[4]入缸内，溜内尽成白霜。最上一层厚五寸许，洁白异常，名曰洋糖，

南方福建、广东一带过了冬的成熟老甘蔗，用轧浆车榨汁的方法与前面所说的相同。将榨出的糖汁引入糖缸之中，熬糖时要通过观察蔗汁沸腾时的水花来控制火候。缸里的水花熬到细珠状，好像煮开了的羹糊似的时候，就用手捻试一下，如果粘手就说明已经熬到火候了。这时的糖浆还是黄黑色，把它装贮在桶里，让它凝结成黑色的糖膏，然后把瓦溜（请陶工专门烧制而成）放在糖缸上。这种瓦溜上宽下尖，底下留有一个小孔，用草将小孔塞住，把桶里的糖膏倒入瓦溜中。等糖膏凝固后，就除去塞在小孔中的草，用黄泥水从上淋浇下来。其中黑色的糖浆就会淋进缸里，留在瓦溜中的全都变成了白糖。最上面的一层约有五寸多厚，非常洁白，名叫洋糖（西洋糖非常白而好看，因此而得名），下面的一层稍带黄褐色。

1 黑沙：指黑色的糖膏。

2 瓦溜：旧时制砂糖用的一种陶器。利用糖膏自身重力来分离糖蜜，取得砂糖。

3 黄泥水：黄泥调水经沉淀后，其上层的黄泥水可脱除糖中的颜色和气味。

4 黑滓：指黑色的糖浆。

凡造獸糖者每巨釜一口受糖五十斤其下發火慢煎火從一角燒灼則糖頭滚旋而起若釜心發火則盡盡沸溢于地每釜用雞子三个去黃取清入冷水五升化解逐匙滴下用火糖頭之上則浮漚黑滓盡起水面以笊籬撈去其糖清白之甚然後打入銅銚下用自風慢火溫之看定火色然後入模凡獅象糖模兩合如瓦爲之杓寫糖入隨手覆轉傾下模冷糖燒自有糖一膜靠模凝結名曰享糖華筵用之

西洋糖绝白美，故名。下者稍黄褐。

造冰糖者将洋糖煎化，蛋青[5]澄去浮滓，候视火色。将新青竹破成篾片，寸斩撒入其中。经过一宵，即成天然冰块。造狮、象、人物等，质料精粗由人。凡白糖[6]有五品，“石山”为上，“团枝”次之，“瓮鉴”次之，“小颗”又次，“沙脚”为下。[7]

制作冰糖的方法，是将最上层的白糖加热溶化，用鸡蛋白澄清并去除掉面上的浮渣，要注意适当控制火候。将新鲜的青竹破成篾片，裁成一寸长，撒入糖汁之中。经过一夜之后，糖汁就会凝结成天然冰块那样的冰糖。制作狮糖、象糖及人物等形状的糖，糖质的精粗都可以由人们自主选定。白（冰）糖有五个品级，其中“石山”为最上等，“团枝”稍微差些，“瓮鉴”又差些，“小颗”更差些，“沙脚”则为最下等。

明　文俶　《金石昆虫草木状》之蜀州蜜

5 蛋青：鸡蛋清。
6 白糖：白冰糖。
7 这种按结晶形状的分类，见于宋人王灼的《糖霜谱》。

饴饧[1]

凡饴饧，稻、麦、黍、粟皆可为之。《洪范》云："稼穑作甘[2]。"及此乃穷其理。其法用稻麦之类浸湿，生芽暴干[3]，然后煎炼调化而成。色以白者为上，赤色者名曰胶饴，一时宫中尚之，含于口内即溶化，形如琥珀。南方造饼饵者谓饴饧为小糖，盖对蔗浆而得名也。饴饧人巧千方以供甘旨，不可枚述。惟尚方[4]用者名"一窝丝"，或流传后代不可知也。

制作饴糖，用稻、麦、黍、粟都可以。《尚书·洪范》篇中说："种植的百谷可以制作甜美的食品。"由此就可以明白其中的道理了。制作饴糖的方法，是将稻、麦之类泡湿，等到它发芽后再晒干，然后煎炼调化而成。色泽以白色的为上等品，红色的叫作胶饴，在皇宫里曾一时很受推崇，这种糖含在嘴里就会溶化，外形像琥珀一样。南方制作糕点饼干的称饴糖为小糖，大概是为区别于蔗糖而取的名字。制造饴糖的人的技巧和方法很多，能千方百计将饴糖制成各种美味，品种多得不能一一列举。但是宫廷中皇族们所吃的名叫"一窝丝"的糖，是否会流传到后世，就不知道了。

1 饴饧：即饴糖，用米和麦芽为原料制成的糖。饧是"糖"的古字。《本草纲目》载："饴即软糖也，北人谓之饧。"

2 稼穑作甘：意为种植的百谷产生甜味。

3 暴干：晒干。

4 尚方：本为官署名，掌管供应制造帝王所用器物。这里指皇宫。

明　郭文通　《渔家聚乐册》

蜂　蜜

凡酿蜜蜂普天皆有，唯蔗盛之乡则蜜蜂自然减少。蜂造之蜜出山岩土穴者十居其八，而人家招蜂造酿而割取者，十居其二也。凡蜜无定色，或青或白，或黄或褐，皆随方土花性而变。如菜花蜜、禾花蜜之类，百千其名不止也。凡蜂不论于家于野，皆有蜂王。王之所居[1]造一台如桃大，王之子世为王[2]。王生而不采花，每日群蜂轮值，分班采花供王。王每日出游两度，春夏造蜜时。游则八蜂轮值

酿蜜的蜜蜂普天之下到处都有，但在盛产甘蔗的地方，蜜蜂就自然减少。蜜蜂所酿造的蜂蜜，出自山崖土穴的野蜂酿造的约占十分之八，而出自人工养蜂割取的蜜只占十分之二。蜂蜜没有固定的颜色，有的青色，有的白色，有的黄色，有的褐色，随各地方的花性不同而不同。如菜花蜜、禾花蜜等，名目何止成百上千啊！不论是野蜂还是家蜂，其中都有蜂王。蜂王居住的地方，造一个有如桃子般大小的台，蜂王之子世代继承王位。蜂王从生出来就不用外出采蜜，每天由群蜂轮流分班值日，采集花蜜供蜂王食用。蜂王（在春夏造蜜季节）每天出游两次，每次出游都有八只蜜蜂轮流值班伺候。当蜂王自己爬出洞穴口时，就有四只蜂用头顶着蜂王的腹部，把它顶出，另外四只蜂在周围护卫着蜂王飞翔而去，游约几刻钟就会返回，回来时还像出去时那样由四只蜂顶着蜂王的肚腹

1 王之所居：蜂王房，即母蜂居住的地方。

2 王之子世为王：蜂王的后代永世为王。作者以封建世袭观念来比喻蜜蜂生活。

以待。蜂王自至孔隙口，四蜂以头顶腹，四蜂傍翼飞翔而去，游数刻而返，翼顶如前。

畜家蜂者或悬桶檐端，或置箱牖(yǒu)[3]下，皆锥圆孔眼数十，俟其进入。凡家人杀一蜂二蜂皆无恙，杀至三蜂则群起螫(shì)[4]人，谓之蜂反。凡蝙蝠最喜食蜂，投隙入中，吞噬无限。杀一蝙蝠悬于蜂前，则不敢食，俗谓之“枭(xiāo)令[5]”。凡家畜蜂，东邻分而之西舍，必分王之子去而为君，去时如铺扇拥卫。乡人有撒酒糟香而招之者。

凡蜂酿蜜，造成蜜脾[6]，其形鬣(liè)鬣然[7]。咀嚼

把蜂王送进蜂巢。

喂养家蜂的人，有的把蜂桶挂在屋檐下的一头，有的把蜂箱放在窗户下面，都要钻几十个小圆孔让蜂群进入。养蜂的人，如果打死一两只家蜂都还没有什么问题，如果打死三只以上家蜂，蜜蜂就会群起螫人，这叫作蜂反。蝙蝠最喜欢吃蜜蜂，一旦它钻空子进入蜂巢，就会吃个没完没了。如果打死一只蝙蝠悬挂在蜂巢前方，其他的蝙蝠也就不敢再来吃蜜蜂了，俗话叫作斩首示众的“枭令”。家养的蜜蜂从东邻分群到西舍时，一定会分一个蜂王之子去当新的蜂王，届时蜂群将组成扇形阵势簇拥护卫着新的蜂王飞去。乡下养蜂的人常常有喷洒甜酒糟用酒香来招引蜜蜂的。

蜜蜂酿造蜂蜜，要先制造蜜脾，蜜脾的样子如同一排排整齐向上的马鬃毛。蜜蜂是吸食咀嚼花心的汁液，一点一滴吐出来积累酿成蜂蜜的。再润以采来的

3 牖：窗户。

4 螫：蜂、蝎等刺人。

5 枭令：犹枭示，即斩头并悬挂在杆上示众。

6 蜜脾：贮有蜂蜜而未下卵的巢脾。

7 鬣鬣然：像马鬃毛一样整齐。

花心汁吐积而成。润以人小遗[8]，则甘芳并至，所谓臭腐神奇[9]也。凡割脾取蜜，蜂子[10]多死其中，其底则为黄蜡。凡深山崖石上有经数载未割者，其蜜已经时自熟，土人以长竿刺取，蜜即流下。或未经年而攀缘可取者，割炼与家蜜同也。土穴所酿多出北方，南方卑湿，有崖蜜而无穴蜜。凡蜜脾一斤炼取十二两。西北半天下，盖与蔗浆分胜云。

小便，就会使蜂蜜变得既甘甜又芳香，这就是庄子所谓“化臭腐为神奇”的作用吧！割取蜜脾炼蜜，会有很多蜂卵、蜂蛹和幼虫死在里面，蜜脾的底层是黄色的蜂蜡。深山崖石上有经过好几年都没有割取过的蜜脾，已经很长时间，就自己成熟了，当地人用长竹竿把蜜脾刺破，蜂蜜随即就会流下来。有的是刚酿不到一年能够爬上去取下来的蜜脾，加工割炼的方法就同家养蜜蜂所酿造的蜂蜜是一样的。土穴中酿的蜜（穴蜜）多产自北方，南方因为地势低气候潮湿，只有崖蜜而无穴蜜。一斤（古时一斤为十六两）蜜脾，可炼取十二两蜂蜜。西北地区所出产的蜜占了全国的一半，因此可以说能与南方出产的蔗糖相媲美了。

8 小遗：小便，尿。

9 臭腐神奇：臭腐指小便，神奇指蜜蜂润以小便酿出的蜜更香甜这一神奇现象。语出《庄子·知北游》：“是其所美者为神奇，其所恶者为臭腐；臭腐复化为神奇，神奇复化为臭腐。”

10 蜂子：蜂卵、蜂蛹和幼虫。

附：造兽糖[1]

凡造兽糖者，每巨釜一口受糖五十斤。其下发火慢煎，火从一角烧灼，则糖头滚旋而起。若釜心发火，则尽尽沸溢于地。每釜用鸡子[2]三个，去黄取清，入冷水五升化解。逐匙滴下用火糖头之上，则浮沤(ōu)[3]黑滓尽起水面，以笊(zhào)篱(li)[4]捞去，其糖清白之甚。然后打入铜铫(diào)[5]，下用自风慢火温之，看定火色然后入模。凡狮象糖模，两合如瓦为之，杓(sháo)[6]写[7]糖

制作兽糖的方法，是在一口大锅中放入白糖五十斤，在锅底下烧火加热熬煎，要让火从锅的一角徐徐烧热，就会看见溶化的糖液滚沸而起。如果是在锅底的中心部位加热的话，糖液就会满锅急剧沸腾而溢出到地上。每一锅要用三个鸡蛋，去掉蛋黄，只取蛋清，加入五升冷水调匀。一勺一勺滴入，加在滚沸而起的糖液上，糖液中的浮泡和黑渣就会全部浮起在水面上，这时用笊篱捞去，糖液就会变得很洁白。再把糖液转盛到带手柄的小铜釜里，下面用煤粉慢火保温，注意控制火候，然后倒入糖模中。狮糖模和象糖模是由两半像瓦一样的模子合成的，用勺把糖倾泻进糖模中，

1 此附录《造兽糖》，据原刻本“澄结糖霜瓦器”图下一段文字所录，因其内容而加标题为“造兽糖”。兽糖：兽像糖。

2 鸡子：鸡蛋。

3 浮沤：浮泡。

4 笊篱：用竹篾或柳条、铁丝编成的勺形用具，能漏水，用来在油里、汤里捞东西。

5 铫：铫子，也作吊子，一种有柄有嘴的小烹器。

6 杓：同“勺”。

7 写：同“泻”。

入，随手覆转倾下。模冷糖烧，自有糖一膜靠模凝结，名曰享糖，华筵[9]用之。

随手翻转，再把糖倒出。因为糖模冷而糖液热，靠近糖模壁的地方便能凝结成一层糖膜，名叫“享糖”，盛大的酒席上有时要用到它。

宋　李迪　《秋葵山石图》

卷中

陶埏（shān）[1]第七

宋子曰：水火既济而土合。万室之国，日勤千人而不足，民用亦繁矣哉。上栋下室以避风雨[2]，而瓴（líng）[3]建焉。王公设险以守其国，而城垣雉堞（zhì dié）[4]，寇来不可上矣。泥瓮（wèng）坚而醴酒欲清，瓦登洁而醯醢（xī hǎi）[5]以荐。商周之际俎（zǔ）豆[6]以木为之，毋以质重之思耶。后世方土效灵，人工表异，陶成雅

宋先生说：通过水与火的成功交合，泥土就能牢固地结合成为陶器与瓷器。在上万户的城镇里，每天都有上千人在辛勤地制作陶器却还是供不应求，可见民间日用陶瓷的需求量非常大。修建房屋，上面有栋梁，下面是房间，用来避风雨，就要用到瓴瓦。王公为了设置险阻以防守邦国，就要用砖来建造城墙和避箭的矮墙，使敌人攻不上来。泥瓮坚固，能使甜酒保持清澈；瓦器清洁，用于盛装献祭的醋和肉酱。商周时代，用以载牲的俎、豆等祭祀礼器都是用木制作的，无非是注重质朴庄重的意思罢了。后来，各个地方都发现了不同特点的陶土和瓷土，人工又创造出各种技巧奇艺，制成了优美洁雅的陶瓷器皿，有着像绢似的白如肌肤或质地光

1 陶埏：陶人把陶土放入模型中制成陶器。比喻造就培育。语出《荀子·性恶》："故陶人埏埴而为器。"

2 上栋下室以避风雨：指造房屋以避风雨。语出《周易·系辞下》："上栋下宇，以待风雨。"

3 瓴：古称陶瓦制的盛水瓶。这里指房屋上仰盖的瓦，也称瓦沟。

4 雉堞：城墙上排列如齿状的矮墙，用砖砌成，用以避箭。

5 醯：醋。醢：用肉、鱼制成的酱。

6 俎：古代祭祀时盛牛羊等祭品的器具。豆：古代食器，形似高脚盘。

器，有素肌玉骨之象焉。掩映几筵，文明可掬，岂终固哉？

滑如玉石的形象。摆设在桌子、茶几或宴席上交相辉映，其色泽、图案十分美观，让人爱不释手，难道这仅仅是因为它们坚固耐用吗？

清　佚名　《陶瓷谱册图》之御窑厂

瓦

凡埏泥造瓦，掘地二尺余，择取无沙粘土而为之。百里之内必产合用土色，供人居室之用。凡民居瓦形皆四合分片，先以圆桶为模骨，外画四条界。调践熟泥，叠成高长方条。然后用铁线弦弓[1]，线上空三分，以尺限定，向泥不[2]平戛一片，似揭纸而起，周包圆桶之上。待其稍干，脱模而出，自然裂为四片。凡瓦大小古无定式，大者纵横八九寸，小者缩十之三。室宇合沟中，则必需其最大

揉和泥土制造瓦片，需要掘地两尺多深，从地下择取不含沙子的黏土来造。方圆百里之内，一定会出产适合制造瓦片的黏土，以供人们造瓦、盖房屋。民房所用的瓦是四片合在一起成型的。先用圆桶做一个模型，圆桶外壁画出四条界，把黏土调和踩成熟泥，再堆叠成一定高度的长方形泥墩。然后用一个铁线制成的弦弓向泥墩平拉，割出一片三分厚的陶泥，像揭纸张那样把它揭起来，再将这块泥片包紧在圆桶的外壁上。等它稍干一些，从模子上脱离出来，就会自然裂成四片瓦坯了。瓦的大小从来没有一定的规格，大的长宽达八九寸，小的可缩小到大瓦的十分之三。屋顶上流水的沟槽，必须要用那种最大的瓦片，名字叫作沟瓦。这样才能承受连续持久的大雨而不会溢漏。

瓦坯造成并干燥之后，就堆砌到窑里面用柴火烧，有烧一昼夜的，也有烧两

1 铁线弦弓：用铁丝做弦的弓。

2 不：这里指砖状的瓷土块，是制造瓷器的原料。

造瓦
鐵綫弓過熟泥
瓦模桶中有四界痕
瓦坯脫桶

者，名曰沟瓦，能承受淫雨不溢漏也。

凡坯既成，干燥之后，则堆积窑中燃薪举火，或一昼夜或二昼夜，视窑中多少为熄火久暂。浇水转釉(yòu)[3]，与造砖同法。其垂于檐端者有滴水，下于脊沿者有云瓦，瓦掩覆脊者有抱同。镇脊两头者有鸟兽诸形象，皆人工逐一做成，载于窑内受水火而成器则一也。

若皇家宫殿所用，大异于是。其制为琉璃瓦[4]者，或为板片，或为宛筒[5]。以圆竹与斫木为模逐片成造，其土必取于太平府[6]舟运三千里方达京师，参沙之伪，雇役掳船之扰，害不可极。即承天[7]

昼夜的，要根据瓦窑里瓦坯的多少来定烧多久才熄火。熄火后，马上在窑顶浇水，使瓦片呈现出蓝黑色的光泽，方法跟烧青砖相同。垂悬在屋檐端的瓦叫作滴水瓦，用在屋脊两边的瓦叫作云瓦，覆盖屋脊的瓦叫作抱同瓦。镇在屋脊两头做装饰品的有陶鸟、陶兽各种形象，都是人工一件一件做成后放进窑里烧成的，它们在窑中所受的水和火与普通瓦是一样的。

至于皇家宫殿所用的瓦的制作方法，就大不相同了。如制作成琉璃瓦的，有的是板片形，有的是半圆筒形，这些都是用圆竹筒或木块做模型逐片制成的。所用的黏土必须是从安徽太平府运来的（用船运三千里才到达京都，有掺沙的，也有强雇民工、抢船承运的，害处非常大。甚至承天皇陵也要到这里来取土，没有人敢提议来纠正），才能制造成功。瓦坯造成后，先

3 浇水转釉：烧制青瓦、青砖的一道工艺，使容器烧成后能发出光泽。

4 琉璃瓦：内层用较好的黏土，表面用琉璃烧制成的瓦。形状和普通瓦相似而略长，外表多呈绿色或金黄色，鲜艳发光，多用于修盖宫殿庙宇。

5 宛筒：半圆筒形。

6 太平府：府名。治当涂（今属安徽）。

皇陵亦取于此，无人议正造成。先装入琉璃窑内，每柴五千斤烧瓦百片。取出，成色以无名异[8]、棕榈毛等煎汁涂染成绿黛，赭石、松香、蒲草等涂染成黄。再入别窑，减杀薪火，逼成琉璃宝色。外省亲王殿与仙佛宫观间亦为之，但色料各有配合[9]，采取不必尽同，民居则有禁也。

装入琉璃窑内，每烧一百片瓦要用五千斤柴。烧成功后取出来涂上釉色，用无名异和棕榈毛煎汁涂成绿色或青黑色，或者用赭石、松香及蒲草等涂成黄色。然后再装入另一窑中，减小火焰，用较低的温度烧出带有琉璃光泽的漂亮色彩。京都以外各省的亲王宫殿和寺观庙宇，也有用琉璃瓦的，各地都有它自己的色釉配方，采用的制作方法不一定都相同，一般民房则禁止用这种琉璃瓦。

清　钱熙　《山水扇面》

7 承天：承天府，今湖北钟祥市。

8 无名异：矿物名。即天然产的含水氧化铁。可作陶瓷器的青釉料。

9 配合：指配方，配制方法。

清　佚名　《陶瓷谱册图》之取土

砖

凡埏泥造砖，亦掘地验辨土色，或蓝或白，或红或黄，闽、广多红泥，蓝者名善泥，江、浙居多。皆以粘而不散、粉而不沙者为上。汲水滋土，人逐数牛错趾[1]，踏成稠泥，然后填满木匡之中，铁线弓戛平[2]其面，而成坯形。

凡郡邑城雉民居垣墙所用者，有眠砖、侧砖两色。眠砖方长条，砌城郭与民人饶富家，不惜工费直垒而上。民居算计者则一眠之上施侧砖一路，填土砾其中以实之，盖省啬之义也。凡墙砖而外甃（zhòu）[3]地者名曰方墁（màn）砖[4]。

1 错趾：践踏。

2 戛平：刮平。

3 甃：用砖砌。

4 方墁砖：铺地的方形砖。

用水调和泥土造砖，也要挖取地下的黏土，并察看、辨别泥土的成色。黏土有蓝色、白色、红色、黄色（福建、广东多红泥，蓝色的叫善泥，多在江苏、浙江），都是以黏而不散、土质细而没有沙的为上等。先要浇水浸润泥土，再赶几头牛去践踏，踩成稠泥，然后把稠泥填满木框模子，用铁线弓刮平面上多余的泥，脱下模子就成砖坯了。

建筑各郡县的城墙和民房的院墙所用的砖中，有眠砖和侧砖两种。眠砖是长方形条状的，砌郡县的城墙和有钱人家的墙壁，就不惜工本，全部用眠砖一块一块叠砌上去。精打细算的居民则在一层眠砖上面砌两条侧砖，中间填些泥土和沙石瓦砾之类用以充实它。除了墙砖以外，还有铺砌地面

泥造磚坯

榱桷[5]上用以承瓦者曰桯板砖。圆鞠[6]小桥梁与圭门[7]与窀穸[8]墓穴者曰刀砖，又曰鞠砖。凡刀砖削狭一偏面，相靠挤紧，上砌成圆，车马践压不能损陷。

造方墁砖，泥入方匡中，平板盖面，两人足立其上，研转而坚固之，烧成效用。石工磨斫四沿，然后甃地。刀砖之直视墙砖稍溢一分，桯板砖则积十以当墙砖之一，方墁砖则一以敌墙砖之十也。

凡砖成坯之后，装入窑中，所装百钧则火力一昼夜，二百钧则倍时而足。凡烧砖有柴薪

用的叫作方墁砖。屋椽和屋桷斜枋上用来承瓦的叫作桯板砖。砌圆形小拱桥、圆拱门和墓穴用的砖叫作刀砖，或者又叫作鞠砖。刀砖用的时候要削窄一边，相靠挤紧，砌成圆拱形，即便车马践压也不会损坏坍塌。

造方墁砖的方法是，将泥放进木方框中，上面盖一块平板，两个人站在平板上面，把泥土踩压坚实，烧成后再用。石匠用这种方墁砖，要先磨削砖的四周成斜面，再用来铺砌地面。刀砖的价钱要比墙砖稍贵一些，桯板砖只值墙砖的十分之一，方墁砖的价钱则是一块可值墙砖的十倍。

砖泥做成砖坯之后，就可以装窑烧制了。每装一百钧（一钧为三十斤）砖要烧一个昼夜，装二百钧则要烧上两昼夜才够火候。烧砖有的用柴薪窑，有的用煤炭窑。用柴烧成的砖呈青黑色，而用煤烧成的砖呈浅白色。柴薪窑顶

5 榱：即椽子。桷：方形的椽子。
6 圆鞠：圆拱。鞠，弯曲。
7 圭门：小圆拱门。
8 窀穸：墓穴。

窑，有煤炭窑。用薪者出火成青黑色，用煤者出火成白色。凡柴薪窑巅上偏侧凿三孔以出烟，火足止薪之候，泥固塞其孔，然后使水转釉。凡火候少一两则釉色不光，少三两则名嫩火砖。本色杂现，他日经霜冒雪，则立成解散，仍还土质。火候多一两则砖面有裂纹，多三两则砖形缩小拆裂，屈曲不伸，击之如碎铁然，不适于用。巧用者以之埋藏土内为墙脚，则亦有砖之用也。凡观火候，从窑门透视内壁，土受火精[9]，形神摇荡，若金银熔化之极然，陶长辨之。

凡转釉之法，窑巅作一平田样，四围稍弦起，灌水其上。砖瓦百

上偏侧凿有三个孔用来出烟，当火候已足不需要再烧柴时，就用泥封住出烟孔，然后在窑顶浇水使砖变成上了釉样的青黑色。烧砖时，凡是火候少一成的，砖就会没有光泽；火候少三成的，就叫作嫩火砖。嫩火砖是坯土的本色与烧过的砖色都有，日后经过霜雪风雨侵蚀，就会立即松散而重新变回泥土。若火候过一成，砖面就会出现裂纹；火候过三成，砖块就会缩小拆裂、弯曲不直，一敲就会碎如烂铁，不再适用于砌墙。有些会使用材料的人把它埋在地里做墙脚，这也算是起到了砖的作用。烧窑时观察火候，要从窑门往里面透视窑的内壁，窑土受到高温的作用，看起来好像有点晃荡，就像金银完全熔化时的样子，这要靠管理砖窗的老师傅来辨认掌握。

使砖变成釉青色的方法，是在窑顶砌一个平田样的台，台的四周要稍高一点，然后灌些水在上面。每烧一百钧砖瓦要灌水四十石。窑顶的水从窑壁的土层渗透下来，与窑内的火相互作用。借

9 火精：指高温。

清　佚名　《陶瓷谱册图》之陶泥

钧用水四十石。水神透入土膜之下，与火意相感而成。水火既济，其质千秋矣。若煤炭窑视柴窑深欲倍之，其上圆鞠渐小，并不封顶。其内以煤造成尺五径阔饼，每煤一层隔砖一层，苇薪垫地发火。

若皇家居所用砖，其大者厂在临清，工部分司主之。初名色有副砖、券砖、平身砖、望板砖、斧刃砖、方砖之类，后革去半。运至京师，每漕舫[10]搭四十块，民舟半之。又细料方砖以甃正殿者，则由苏州造解。其琉璃砖色料已载《瓦》款。取薪台基厂[11]，烧由黑窑[12]云。

助水火的配合作用，砖块的质量就够坚实，耐用上千年了。煤炭窑要比柴薪窑深一倍，顶上圆拱逐渐缩小，而不用封顶。窑里面堆放直径约一尺五寸的煤饼，每放一层煤饼就隔放一层砖坯，最下层垫上芦苇或者柴薪以便引火烧窑。

皇宫里所用的砖，大厂设在山东临清，由工部设立的主管砖块烧制的分司来管理。最初定的砖名有副砖、券砖、平身砖、望板砖、斧刃砖及方砖等名目，后来有一半左右被废除了。要将这些砖运到京都，按规定每只运粮船要搭运四十块，民船可以减半。用来砌皇宫正殿的细料方砖，是在苏州烧成后再运到京都的。皇宫用的琉璃砖和釉料已记述在《瓦》那一节了。据说用的是台基厂的柴薪并在黑窑中烧制而成的。

10 漕舫：水道运输漕粮的船。

11 台基厂：明工部营缮司所辖三大材料厂之一，贮存柴薪、芦苇等物料，以供朝廷修作宫殿、陵寝、城郭、祠庙等工程之用。

12 黑窑：指明代隶属于工部营缮司的官办砖厂，厂址在北京左安门外。

磚瓦
濟水
轉釉
窰

煤炭燒
磚窯

罂[1]、瓮[2]

凡陶家为缶[3]属，其类百千。大者缸瓮，中者钵盂，小者瓶罐，款制各从方土，悉数之不能。造此者必为圆而不方之器。试土寻泥之后，仍制陶车旋盘。工夫精熟者视器大小掐泥，不甚增多少。两人扶泥旋转，一捏而就。其朝廷所用龙凤缸窑在真定曲阳与扬州仪真[4]与南直[5]花缸，则厚积其泥，以俟雕镂。作法全不相同，故其直或百倍或五十倍也。

凡罂缶有耳嘴者皆另为合上，以釉水[6]涂粘。

陶坊制造的缶类盛酒器有成百上千种。较大的有缸瓮，中等的有钵盂，小的有瓶罐，其式样随各地的风俗而不太一样，难以一一列举。制作的这类陶器，必定都是圆形的，而不是方形的。通过实验找到适宜的陶土之后，就要制造陶车和旋盘。技术熟练的人按照需造陶器的大小捏取陶泥，陶泥的大小要正好而不能增减。陶泥上了旋盘后，扶泥和旋转陶车的两人配合，用手一捏就制成了。制造朝廷所用的龙凤缸（窑设在河北真定、曲阳与江苏仪真）和南直隶的花缸，陶泥就要厚一些，以便制成后再在上面雕镂刻花。这种缸的制法跟一般缸的制法完全不同，价钱也要贵五十倍到一百倍。

1 罂：盛酒器，小口大腹，瓶状。
2 瓮：一种陶制容器，腹部较大。
3 缶：古代一种盛酒、水的瓦器，大腹小口，有盖，两边有环，用来盛酒，亦可用来汲水。
4 真定曲阳：今河北曲阳县，隶属于保定市。扬州仪真：今江苏仪征市。
5 南直：即南直隶，相当今江苏、安徽、上海两省一市。明成祖从南京迁都北京后，原直属南京管辖的江南省诸府州，称为南直隶。
6 釉水：由釉料与泥浆调和而成的涂料。

造瓶

陶器皆有底，无底者则陕以西炊甑（zèng）[7]用瓦不用木也。凡诸陶器精者中外皆过釉，粗者或釉其半体。惟沙盆齿钵之类其中不釉，存其粗涩，以受研擂之功。沙锅沙罐不釉，利于透火性以熟烹也。

凡釉质料随地而生，江、浙、闽、广用者蕨（jué）蓝草一味。其草乃居民供灶之薪，长不过三尺，枝叶似杉木，勒[8]而不棘人。其名数十，各地不同。陶家取来燃灰，布袋灌水澄滤，去其粗者，取其绝细。每灰二碗参以红土泥水一碗，搅令极匀，蘸涂坯上，烧出自成光色。北方未详用何物。苏州黄罐釉亦别有料。惟上用龙凤器则仍用松香与无名异也。

罂缶有嘴和耳，都是另外调和釉料和陶泥粘上去的。陶器都有底，没有底的只有陕西以西地区蒸食物用的甑子，是用陶土烧制而不是用木料制成的。精制的陶器，里外都要上釉；粗制的陶器，有的只是下半体上釉。只有沙盆和齿钵之类里面不上釉，使内壁保持粗涩，以便于研磨。沙煲和瓦罐不上釉，以利于传热煮食。

制造陶釉的原料到处都有，江苏、浙江、福建和广东用的是一种蕨蓝草。它原是居民灶中烧火用的木柴，不过三尺长，枝叶像杉树，捆缚它不感到棘手（这种草有几十个名称，各地的叫法不相同）。陶坊把蕨蓝草烧成灰，装进布袋里，然后灌水过滤，除去粗的而只取其极细的灰末。每两碗灰末，掺一碗红泥水，搅得特别匀，将它蘸涂到坯上，烧成后自然就会出现光泽。不了解北方用的是什么釉料。苏州黄罐釉用的是别的原料。只有朝廷用的龙凤器仍然用松香和无名异作为釉料。

7 甑：煮蒸食物的陶制炊具。

8 勒：捆缚，勒束。

凡瓶窑烧小器，缸窑烧大器。山西、浙江省分缸窑、瓶窑，余省则合一处为之。凡造敞口缸，旋成两截，接合处以木椎内外打紧。匝口、坛瓮亦两截，接合不便用椎，预于别窑烧成瓦圈，如金刚圈形，托印其内，外以木椎打紧，土性自合。

凡缸、瓶窑不于平地，必于斜阜山冈之上，延长者或二三十丈，短者亦十余丈，连接为数十窑，皆一窑高一级。盖依傍山势，所以驱流水湿滋之患，而火气又循级透上。其数十方成窑者，其中若无重值物，合并众力众资而为之也。其窑鞠成之后，上铺覆以绝细土，厚三寸许。窑隔五尺许则透烟窗，窑门两边相向而开。装物以至小器，装载头一低

瓶窑用来烧制小件的陶器，缸窑用来烧制大件的陶器。山西、浙江的缸窑和瓶窑是分开的，其他各省的缸窑和瓶窑则是合在一个地方做的。制造敞口的缸，要先转动陶车分别制成上下两截再接合起来，接合处用木槌内外打紧。口部内缩的坛瓮也是由上下两截接合成的，只是里面不便捶打，便预先在别的窑烧制像金刚圈那样的瓦圈承托内壁，外面再用木槌打紧，两截泥坯就会自然地黏合在一起了。

缸窑和瓶窑都不建在平地上，而必须建在山冈的斜坡上，长的窑有二三十丈，短的窑也有十多丈，几十个窑连接在一起，一个窑比一个窑高。这样依傍山势，既可以避免流水浸湿陶土，又可以使火力逐级向上渗透。几十个窑连接起来所烧成的陶器，其中虽然没有什么贵重值钱的东西，但也需要好多人合资合力才能做到。窑顶的圆拱砌成之后，上面要铺一层约三寸厚的细土。窑顶每隔五尺多开一个透烟窗，窑门是在两侧相向而开的。最小的陶器装入最低的窑，最大的缸

造缸

瓶窰
連接
缸窰

窑，绝大缸瓮装在最末尾高窑。发火先从头一低窑起，两人对面交看火色。大抵陶器一百三十斤费薪百斤。火候足时，掩闭其门，然后次发第二火。以次结竟至尾云。

瓮则装在最高的窑。烧窑发火是从最低的窑烧起，两个人面对面观察火色。大概陶器一百三十斤，需要用柴一百斤。当第一窑火候足够之时，关闭窑门，再生火烧第二窑。就这样依次序逐窑生火烧到最高的窑为止。

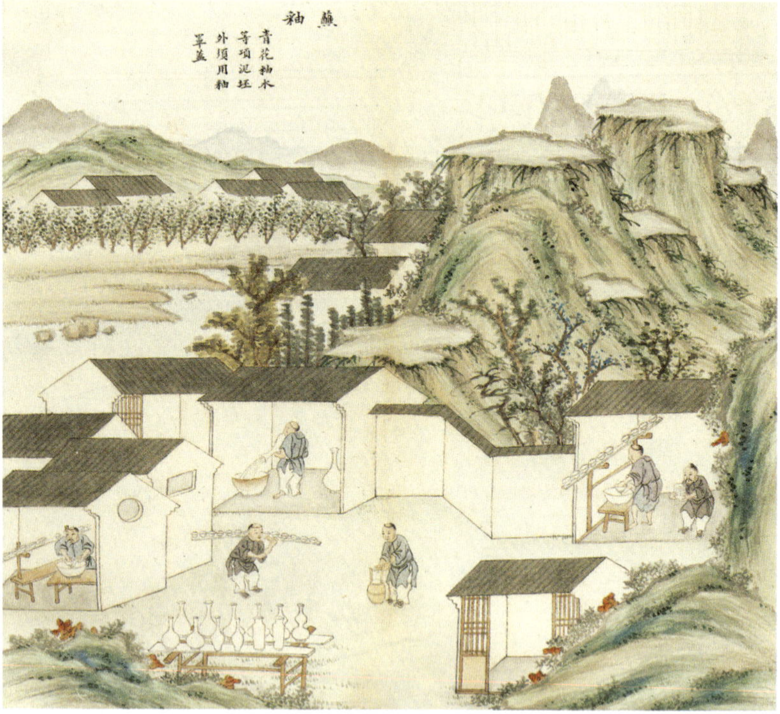

清　佚名　《陶瓷谱册图》之蘸釉

白　瓷　附：青瓷[1]

凡白土曰垩(è)土[2]，为陶家精美器用。中国出惟五六处，北则真定定州[3]、平凉华亭[4]、太原平定[5]、开封禹州[6]，南则泉郡德化[7]土出永定[8]，窑在德化。徽郡婺(wù)源[9]、祁门[10]。他处白土陶范不粘，或以扫壁为墁。德化窑惟以烧造瓷仙、精巧人物、玩器，不适实用。真、开等郡瓷窑所出，色或黄滞无宝光。合并数郡不敌江西饶郡产。浙省处州丽水、

白色的黏土叫作垩土，陶坊用它来制造精美的瓷器。我国只有五六个地方出产这种垩土：北方有河北的定州、甘肃的华亭、山西的平定及河南的禹州，南方有福建的德化（土出福建永定，窑却在福建德化）、江西的婺源和安徽的祁门。（其他地方出的白土，拿来造瓷坯嫌不够黏，但可以用来粉刷墙壁。）德化窑是专烧瓷仙、精巧人物和玩具的，但不适合烧实用的陶器。河北定州和河南禹州的窑所烧制出的瓷器，有的颜色发黄、暗淡而没有光泽。上述好几个地方的产品都比不上江西景德镇出产的瓷器。浙江丽水和龙泉烧制出来的上釉杯碗，墨蓝的

1 青瓷：在坯体上施以青釉烧制而成的一种传统瓷器。中国历代所称的缥瓷、千峰翠色、艾色、翠青、粉青等，都是指这种瓷器。

2 垩土：白色土。

3 真定定州：今河北省定州市，宋代“定窑”所在地。

4 平凉华亭：今甘肃省平凉市华亭县，素有“煤城瓷都”之称，是古丝绸之路的必经之地。

5 太原平定：今山西省阳泉市平定县，在太原市的正东方向。

6 开封禹州：今河南省中部的县级市禹州市，属许昌市管辖，以钧瓷著称。

7 泉郡德化：今福建省泉州市德化县，为中国古代三大瓷都之一。

8 永定：今福建省龙岩市永定区，为著名“土楼之乡”。

9 徽郡婺源：今江西上饶市婺源县，是古徽州六县之一。

10 祁门：今安徽省黄山市祁门县。

龙泉两邑，烧造过釉杯碗，青黑如漆，名曰处窑。宋、元时龙泉华琉山[11]下，有章氏造窑出款贵重，古董行所谓哥窑[12]器者即此。

若夫中华四裔[13]驰名猎取者，皆饶郡浮梁景德镇之产也。此镇从古及今为烧器地，然不产白土。土出婺源、祁门两山：一名高梁山，出粳米土，其性坚硬；一名开化山，出糯米土，其性粢软。两土和合，瓷器方成。其土作成方块，小舟运至镇。造器者将两土等分入臼舂一日，然后入缸水澄。其上浮者为细料，倾跌过

颜色如同青漆，名字就叫作处窑瓷器。宋、元时期龙泉郡的华琉山山脚下有章氏兄弟建的窑，出品极为名贵，这就是古董行所说的哥窑瓷器。

至于我国远近闻名、人人争购的瓷器，则都是江西饶郡浮梁景德镇的产品。景德镇自古以来就是烧制瓷器的地方，但当地并不产白土。白土出自婺源、祁门两地的山上：其中的一座名叫高梁山，出粳米土，土质坚硬；另一座名开化山，出糯米土，土质黏软。把两种白土调和起来才能做成好瓷器。将这两种白土分别做成方块，用小船运到景德镇。造瓷器的人取等量的两种瓷土放入臼内，舂一天，然后放入缸内用水澄清。缸里面浮在上面的是细料，把它倒入另一口缸中，下沉的则是粗料。细料缸中再倒出上浮的部分便是最细料，沉底的是中料。澄过之后，分别倒入窑边用砖砌成的长方塘内，借窑的热力吸干水分，然后重新加清水调和造瓷坯。

11 龙泉华琉山：当为龙泉琉华山，在浙江省龙泉市。亦名仙山。

12 哥窑：宋代著名瓷窑。相传南宋时有章姓兄弟两人在龙泉烧造瓷器，兄名生一，所烧者称“哥窑”；弟名生二，所烧者称“弟窑”，所谓龙泉窑一般皆指弟窑。

13 四裔：四方边远之地。

一缸，其下沉底者为粗料。细料缸中再取上浮者，倾过为最细料，沉底者为中料。既澄之后，以砖砌方长塘，逼靠火窑，以借火力。倾所澄之泥于中吸干，然后重用清水调和造坯。

凡造瓷坯有两种，一曰印器，如方圆不等瓶瓮炉合之类，御器则有瓷屏风、烛台之类。先以黄泥塑成模印，或两破或两截，亦或囫囵。然后埏白泥印成，以釉水涂合其缝，烧出时自圆成无隙。一曰圆器，凡大小亿万杯盘之类乃牛人日用必需。造者居十九，而印器则十一。造此器坯先制陶车。车竖直木一根，埋三尺入土内使之安稳，上高二尺许，上下列圆盘，盘沿以短竹棍拨运旋转，盘顶正中用檀木刻成盔头冒其上。

造出的瓷坯有两种：一种叫作印器，有方有圆，如瓶、瓮、香炉、瓷盒之类，朝廷用的瓷屏风、烛台也属于这一类。先用黄泥制成模印，模具或分成两半，或分成上下两截，或者是整个的。将瓷土放入泥模印出瓷坯，再用釉水涂接缝处让两部分接合起来，烧出时自然会完美无缝。另一种瓷坯叫作圆器，包括数以亿万计的大小杯盘之类，都是人们日常必需的生活用品。圆器产量约占了十分之九，而印器只占其中的十分之一。制造这种圆器坯，要先制作陶车。竖直木一根，埋入地下三尺并使它稳固，上头露出地面二尺，在直木上安装一上一下两个圆盘，用小竹棍拨动盘沿，陶车便会旋转，在上盘的正中戴上一个用檀木刻成的盔头。

塑造杯盘，没有固定的模式，用双手捧泥放在盔头上，拨盘使转。用剪净指甲的拇指按住泥底，使瓷泥沿着拇指旋转向上展薄，便可捏塑成杯碗的形状。（初学者塑不好就让它作废，陶泥反正可以取来再做。）功夫下

瓷器過釉

凡造杯盘无有定形模式，以两手棒泥盔冒之上，旋盘使转。拇指剪去甲，按定泥底，就大指薄旋而上，即成一杯碗之形。初学者任从作废，破坯取泥再造。功多业熟，即千万如出一范。凡盔冒上造小杯者不必加泥。造中盘、大碗则增泥大其冒，使干燥而后受功。凡手指旋成坯后，覆转用盔冒一印，微晒留滋润，又一印，晒成极白干。入水一汶，漉上盔冒，过利刀二次，过刀时手脉微振，烧出即成雀口。然后补整碎缺，就车上旋转打圈。圈后或画或书字，画后喷水数口，然后过釉。

凡为碎器[14]与千钟粟[15]与褐色杯等，不用青料。欲为碎器，利刀过后，日

得多、技术熟练的人，即使做千万个杯碗也如同用一个模子做出来的。在盔帽上塑造小坯时，不必加泥。塑中盘和大碗时，就要加泥扩大盔帽，等陶泥晾干以后再加工。用手指在陶车上旋成泥坯之后，把它翻过来罩在盔帽上印一下，稍晒一会儿，在坯还保持湿润时再印一次，然后把它晒得又干又白。再蘸一次水，带水放在盔帽上用利刀刮削两次（执刀刮削时手若稍有振动，瓷器烧出的成品就会有缺口）。瓷坯修补整治好缺口以后就可以在旋转的陶车上打圈。打圈后可在瓷坯上绘画或写字，喷上几次水，然后再上釉。

在制造大多数瓷器如碎器、千钟粟和褐色杯等时，都不用上青釉料。制造碎器，用利刀修整生坯后，要把它放在阳光下晒得极热，在清水中蘸一下随即提起，烧成后自然会呈现裂纹。千钟粟的花纹是用釉浆快速点染出来的。褐色杯是用老茶叶煎的水一抹而成的。（我国古代的“碎器”，日

14 碎器：表面釉层有裂纹的瓷器，始于宋代哥窑。

15 千钟粟：指有似粟米点状花纹的瓷器。

水汶器瓷

過利圖
手刀一振卽成雀口
陶車根埋土內
造瓷圓器杯盤

打圈圖
打圈
回青畫

晒极热。入清水一蘸而起，烧出自成裂纹。千钟粟则釉浆捷点，褐色则老茶叶煎水一抹也。古碎器，日本国极珍贵，真者不惜千金。古香炉碎器不知何代造，底有铁钉，其钉掩光色不锈。

凡饶镇白瓷釉，用小港嘴泥浆和桃竹叶灰调成，似清泔汁[16]，泉郡瓷仙用松毛水调泥浆，处郡青瓷釉未详所出。盛于缸内。凡诸器过釉，先荡其内，外边用指一蘸涂弦，自然流遍。凡画碗青料总一味无名异。漆匠煎油，亦用以收火色。此物不生深土，浮生地面，深者掘下三尺即止，各省直皆有之。亦辨认上料、中料、下料，用时先将炭火丛红煅过。上者出火成翠毛色，中者微青，下者近土褐。上者

本人非常珍视，他们不惜重金购买真品。古代的香炉碎器，不知是哪个朝代制造的，底部有铁钉，钉头光亮而不生锈。）

景德镇的白瓷釉是用小港嘴那里的泥浆和桃竹叶的灰调和而成的，很像澄清的淘米水（德化窑的瓷仙釉是用松毛灰和瓷泥调成浆而上釉料的，浙江处州府出产的青瓷釉不知道用的是什么原料）盛在瓦缸里。瓷器上釉，先要把釉水倒进泥坯里荡一遍，再用手指蘸釉水涂外壁，点蘸时使釉水刚好浸到外壁弦边，这样釉料自然就会布满全坯。画碗的青花釉料只用无名异一种。（漆匠熬炼桐油，也用无名异当催干剂。）无名异不生在深土之下而是浮生在地面，最多向下挖土三尺深即可得到，各省都有。也分为上料、中料和下料三种，使用时要先经过炭火煅烧。上料出火时呈翠绿色，中料呈微绿色，下料则接近土褐色。每煅烧无名异一斤，只能得到上

16 泔汁：淘米水；米浆。

每斤煅出只得七两，中下者以次缩减。如上品细料器及御器龙凤等，皆以上料画成。故其价每石值银二十四两，中者半之，下者则十之三而已。

料七两，中、下料依次减少。制造上等精致的瓷器和皇帝所用的龙凤器等，都是用上料绘画后烧制成的。因此上料无名异每石值白银二十四两，中料只值上料的一半，下料只值其三分之一。

凡饶镇所用，以衢（qú）[17]、信[18]两郡山中者为上料，名曰浙料，上高[19]诸邑者为中，丰城诸处者为下也。凡使料煅过之后，以乳钵极研，其钵底留粗，不转釉。然后调画水。调研时色如皂，入火则成青碧色。凡将碎器为紫霞色杯者，用胭脂打湿，将铁线纽一兜络，盛碎器其中，炭火炙热，然后以湿胭脂一抹即成。凡宣红器乃烧成之后出火，另施工巧微炙而成者，非

景德镇所用的釉料，以浙江衢州府和江西广信府出产的为上料，也叫作浙料。江西上高县一些城镇出产的为中料，江西丰城等地出产的为下料。凡是煅烧过的青花料，要用研钵磨得极细（钵内底部粗涩，不上釉），然后用水调和。调研时，颜色如皂色的，入窑经过高温煅烧就变成了青碧色。制造紫霞色的碎器的方法是，先把胭脂石粉打湿，用铁线网兜盛着碎器放到炭火上炙热，再用湿胭脂石粉一抹就成了。宣红瓷器是烧制而成之后再用巧妙的技术借微火炙成的，其红色并不是世上的朱砂经火烧留下来的颜色。（宣红器在元朝末年已经失传，明朝正德年间经过反复试验又重新造出来了。）

17 衢：今浙江衢州市，为浙、闽、赣、皖之“四省通衢”。
18 信：今江西上饶市，古称饶州、信州。
19 上高：今江西宜春市上高县。

世上朱砂能留红质于火内也。宣红元末已失传。正德[20]中历试复造出。

凡瓷器经画过釉之后，装入匣钵。装时手拿微重，后日烧出即成坳口，不复周正。钵以粗泥造，其中一泥饼托一器，底空处以沙实之。大器一匣装一个，小器十余共一匣钵。钵佳者装烧十余度，劣者一二次即坏。凡匣钵装器入窑，然后举火。其窑上空十二圆眼，名曰天窗。火以十二时辰为足。先发门火十个时，火力从下攻上，然后天窗掷柴烧两时，火力从上透下。器在火中其软如棉絮，以铁叉取一以验火候之足。辨认真足，然后绝薪止火。共计一坯工力，过手七十二方克成器，其中微细节目尚不能尽也。

瓷器坯子经过画彩和上釉之后，装入匣钵。（装时如果用力稍重，日后烧出的瓷器就会凹陷变形，不再像原来那么周正了。）匣钵是用粗泥造成的，它们一个泥饼托住另一个瓷坯，底下空的部分用沙子填实。大件的瓷坯一个匣钵只能装一个，小件的瓷坯一个匣钵可以装十几个。好的匣钵可以装烧十几次，差的匣钵用一两次就坏了。先把装满瓷坯的匣钵放入窑中，然后点火烧窑。窑顶上有十二个空的圆孔，叫作天窗。烧十二个时辰（一个时辰为两个小时），火候就足了。先从窑门发火烧十个时辰，火力由下向上攻，然后从天窗丢进柴火入窑烧两个时辰，火力从上往下透。瓷器坯子在高温烈火中软得像棉絮一样，用铁叉取出一个样品用以检验火候是否已经足够。辨认出火候已真正足了，就要停止烧柴火了。如此合计造一个瓷坯所费的工夫，要经过七十二道工序才能烧成瓷器，其中一些细节还难以计算在内。

20 正德：明武宗朱厚照年号（1506—1521）。

瓷器窯
天窗十二眼
後入薪燒火
兩箇時火
從上足下
共計火力
十二時辰
門火先燒十箇時
足火從下攻上

附：窑变[1]、回青[2]

正德中，内使监造御器。时宣红失传不成，身家俱丧。一人跃入自焚。托梦他人造出，竞传窑变，好异者遂妄传烧出鹿、象诸异物也。又回青乃西域大青，美者亦名佛头青。上料无名异出火似之，非大青能入洪炉存本色也。

正德年间，皇宫中派出专使来监督制造皇族使用的瓷器。当时宣红瓷器的具体制作方法已经失传，无法造成，因此承造瓷器的人担心自己的生命财产都会不保。其中有一个人害怕皇帝治罪，就跳入瓷窑里自焚而死了。这人死后托梦给别人，终于把宣红瓷器造出来了，于是人们竞相传说发生了“窑变”，好奇的人更胡乱传言烧出了鹿、大象等奇异的动物。又记：回青乃是产自西域地区的大青，优质的又叫作佛头青。用上料无名异为釉料烧出来的颜色与回青的颜色相似，并不是说大青这种颜料能够入瓷窑经过高温之后还能保持它本来的蓝色。

1 窑变：指制造瓷器时，由于窑里高温度的火焰使釉发生化学变化，开窑后出现意外的新奇颜色和花样。

2 回青：石青中一种最珍贵的颜料，产于云南，可作烧制瓷器的原料。

宋　佚名　《十八学士图之棋》

冶铸第八

宋子曰：首山之采，肇(zhào)自轩辕，源流远矣哉。九牧[1]贡金[2]，用襄禹鼎，从此火金[3]功用日异而月新矣。夫金之生也，以土为母，及其成形而效用于世也，母模子肖，亦犹是焉。精粗巨细之间，但见钝者司舂[4]，利者司垦，薄其身以媒合水火而百姓繁，虚其腹以振荡空灵而八音[5]起。愿

宋先生说：相传上古黄帝时代已经开始在山西首山采铜铸鼎，可见冶铸的历史真是创始于姬姓轩辕氏，渊源久远呀。自从全国九州都进贡金属铜给夏禹，用以帮助铸成象征天下大权的九个大鼎以来，冶铸金属的技术也就日新月异地发展起来了。金属本是从泥土中产生出来的，当它被铸造成器物来供人使用时，它的形状又跟泥土造的母模一个样，这正是所谓“以土为母”“母模子肖”。在金属铸件的精、粗、大、小之间，却可以发现：钝拙的可以用来舂东西，锋利的可以用来耕地，薄壁的可以用来烧水煮食而使民间百姓人丁兴旺，空腔的可以用来振荡空气而使声波振荡，各种美妙的乐音得以悠然响起。善良虔诚的信徒模拟仙界神佛的体态为人

1 九牧：传说中夏禹时九个州的地方长官。古代统治者称对百姓的统治为牧，州官称牧，郡官称守。

2 贡金：向帝王进贡金属。

3 火金：冶铸金属。

4 司舂：指用来作舂米的杵。

5 八音：古代乐器的统称，即金（钟）、石（磬）、丝（琴瑟）、竹（箫笛）、匏（笙竽）、土（埙）、革（鼓）、木（柷敔）八种不同音质的乐器。这里泛指乐音。

6 愿者：虔诚的信徒。

者[6]肖仙梵之身，而尘凡有至象[7]。巧者夺上清[8]之魄，而海宇遍流泉[9]。即屈指唱筹，岂能悉数！要之，人力不至于此。

间造出了精致逼真的偶像。心灵手巧的工匠抓住天上月亮的隐约轮廓而造出了流通天下的钱币。诸如此类，任凭人们屈指头、唱筹码，又哪里能够说得完呢！简要言之，这些东西单靠人力还是达不到这种效果的，要靠人力和自然力相协调才能做到。

清　任薰　《寋斋集古图卷上》（局部）

7 尘凡有至象：指人世间才有了精致的偶像。
8 上清：原为道家三清（玉清、上清、太清）之一，这里指天空。
9 泉：古代钱币的名称。

鼎

凡铸鼎，唐虞[1]以前不可考。唯禹铸九鼎，则因九州贡赋壤则[2]已成，入贡方物[3]岁例已定，疏浚河道已通，禹贡业已成书[4]。恐后世人君增赋重敛，后代侯国冒贡奇淫，后日治水之人不由其道[5]，故铸之于鼎。不如书籍之易去，使有所遵守，不可移易，此九鼎所为铸也。年代久远，末学寡闻，如玭(pín)珠[6]、鳖(jì)鱼[7]、狐狸、织皮之类皆其刻

铸鼎的史实，尧舜以前的已无法考证了。只有夏禹铸造九鼎，那是因为当时九州缴纳田地赋税的条例已经颁布，各地每年进贡的物产和品种已经有了具体规定，河道也已经疏通，“九州贡赋壤则”的准则业已形成并写成文字。由于担心后世的帝王增加赋税来敛取百姓财物，各地诸侯用一些由奇技淫巧做出来的东西冒充贡品，以及后来治水的人不遵从原来的法则，夏禹就把这一切都铸刻在鼎上。这样就使法令规章不会像书籍那样容易丢失，使后人有所遵守而不能任意更改，这就是当时夏禹铸造九鼎的原因。经过了许多年代，刻在鼎上的图画，如珍珠、鳖鱼、狐狸、毛织物以及兽皮之类，可能因为锈蚀而变了样，那些学问不深、见识少的人就以为这

1 唐虞：指陶唐氏（尧）和有虞氏（舜）。分别为上古帝尧与帝舜的封号。

2 九州贡赋壤则：九州缴纳田地赋税的准则。

3 方物：土产。

4 禹贡业已成书：指大禹规定的“九州贡赋壤则”已形成文字并铸于九鼎之上。

5 不由其道：不遵从原来的法则。由，遵从。道，法则，规则。

6 玭珠：珍珠。

7 鳖鱼：江河里的一种大鱼。

鑄鼎圖
土槽
土槽
入孔

画于鼎上者，或漫灭改形亦未可知，陋者遂以为怪物。故《春秋传》有使知神奸、不逢魑魅之说也。此鼎入秦始亡。而春秋时郜(gào)大鼎[8]、莒二方鼎，皆其列国自造，即有刻画必失禹贡初旨，此但存名为古物。后世图籍繁多，百倍上古，亦不复铸鼎，特并志之。

是怪物。因此，《春秋左氏传》中才有禹铸鼎是为了教百姓懂得识别妖魔鬼怪而避免受到妖魔伤害的说法。这些鼎到了秦朝时就绝迹了。而春秋时期郜国的大鼎和莒国的两个方鼎，都是诸侯国自行铸造的，即使有一些刻画，也已失去禹王制定九州贡法的初衷，只不过名为古旧之物罢了。后世的图书很多，可能是上古的百倍，也就不必再铸鼎了，这里特地一并说一下。

唐　周昉　《老子玩琴图》（明人画）

8 郜大鼎：春秋时，周诸侯国郜国造的大鼎，是宗庙祭器，后被宋国取去。

清　周鲲　《应钟协律图》

钟

凡钟为金乐[1]之首。其声一宣，大者闻十里，小者亦及里之余。故君视朝[2]、官出署必用以集众；而乡饮酒礼[3]必用以和歌；梵宫仙殿必用以明摄谒者之城，幽起鬼神之敬。

凡铸钟高者铜质，下者铁质。今北极朝钟[4]则纯用响铜，每口共费铜四万七千斤、锡四千斤、金五十两、银一百二十两于内。成器亦重二万斤，身高一丈一尺五寸，双龙蒲

钟是金属乐器中居于首位的乐器。它的声音一响，大的十里之内都可以听得到，小的也能传到一里多。所以，君王临朝听政，官员升堂审案一定要用钟声来召集下属或者民众；各地方上举行乡饮酒礼，也一定会用钟声来和歌伴奏；佛寺仙殿，一定会用钟声来打动人间世俗朝拜者的诚心，唤起对阴间异界鬼神的敬意。

铸钟的原料，上等的好材料是铜，下等材料是铁。现在朝廷北极阁所悬挂的朝钟完全是用响铜铸成的，每口钟总共花费铜四万七千斤、锡四千斤、黄金五十两、银一百二十两。铸成以后重达两万斤，钟身高一丈一尺五寸，上面的双龙蒲牢图像高二尺七寸，直径八尺。这就是当今朝钟的规制。

铸造万斤以上的大钟和铸鼎的方法是相同的。先挖掘一个一丈多深的地坑，坑内

1 金乐：金属乐器。

2 视朝：君王临朝听政。

3 乡饮酒礼：古代诸侯之乡有乡学，学制三年，学成者推荐给诸侯。为此，每三年的正月，乡大夫都要作为主人举行乡饮酒礼，招待乡里的贤能之士和年高德望者。后世沿用，也指地方官按时在儒学举行的一种敬老仪式。

4 北极朝钟：明代北京官内北极阁挂的朝钟。

牢[5]高二尺七寸，口径八尺。则今朝钟之制也。

凡造万钧钟与铸鼎法同。掘坑深丈几尺，燥筑其中如房舍，埏泥[6]作模骨[7]。用石灰、三和土筑，不使有丝毫隙拆。干燥之后以牛油、黄蜡附其上数寸。油蜡分两：油居十八，蜡居十二。其上高蔽抵晴雨。夏月不可为，油不冻结。油蜡墁定[8]，然后雕镂书文、物象，丝发成就。然后舂筛绝细土与炭末为泥，涂墁以渐而加厚至数寸。使其内外透体干坚，外施火力炙化其中油蜡，从口上孔隙熔流净尽，则其中空处即

保持干燥，把它构筑成像房舍一样，和泥做内模。用石灰、细砂和黏土调和的土筑成内模，要求做得没有丝毫的裂缝。内模干燥以后，用牛油加黄蜡在上面涂几寸厚。油和蜡的比例是：牛油占十分之八，黄蜡占十分之二。在钟模型的顶上搭建一个高棚用以防蔽日晒雨淋。（夏天不能做模子，因为油蜡不能冻结。）油蜡层涂好并将表面抹光后，就可以在上面雕刻所需的文字和各种物象图案，一丝一发都能刻画成型。再用舂碎和筛选过的极细的泥粉和炭末，调成糊状，逐层涂铺在油蜡上至几寸厚。等到外模的里外都自然干透坚固后，便在外面用慢火烤炙，使里面的油蜡熔化而从模型的开口处流干净，这时，内外模之间的空腔就成了将来钟、鼎成型的地方了。

每一斤油蜡空出的位置需填铜十斤。即塑模时用去十斤油蜡，就需要准备好一百斤铜。内外模之间的油蜡流净

5 蒲牢：古代传说中的一种生活在海边的兽。据说它吼叫的声音非常洪亮，故古人常在钟上铸上蒲牢的形象。

6 埏泥：揉泥。

7 模骨：内模。

8 油蜡墁定：向内模涂蜡并将表面抹光。墁，涂抹。

朝鍾同法
鼎足刷
鑄鬪合
槽

钟鼎托体之区也。

凡油蜡一斤虚位，填铜十斤。塑油时尽油十斤，则备铜百斤以俟之。中既空净，则议熔铜。凡火铜至万钧，非手足所能驱使。四面筑炉，四面泥作槽道，其道上口承接炉中，下口斜低以就钟鼎入铜孔，槽旁一齐红炭织围。洪炉熔化时，决开槽梗，先泥土为梗塞住。一齐如水横流，从槽道中枧注而下，钟鼎成矣。凡万钧铁钟与炉、釜，其法皆同，而塑法则由人省啬也。若千斤以内者则不须如此劳费，但多捏十数锅炉。炉形如箕，铁条作骨，附泥做就。其下先以铁片圈筒直透作两孔，以受杠穿。其炉垫于土墩之上，各炉一齐

后，就着手熔化铜了。要熔化的火铜如果达到万斤以上，就不能再靠人的手脚来挪移浇铸了。那就要在钟模的周围修筑好些个熔炉和泥槽，槽的上端承接炉的出口，下端倾斜接到钟鼎模的流入铜的浇口上，槽的两旁要用炭火围起来（以防止液体金属流过时冷却凝滞）。当所有熔炉的铜都熔化时，就一齐打开流入铜液的槽梗（事先用泥土把槽梗塞住）。铜液就会如同水流那样从泥槽中像竹笕引水一样注入模内，钟或鼎就这样铸成了。一般而言，万斤以上的铁钟、香炉和大锅，它们的铸造方法都是相同的，只是塑造模子的细节可以由人们根据不同的条件与要求适当省略而已。至于铸造千斤以内的钟，就不必这么费劲了，只要多制作十来个小炉子就行了。这种炉子炉膛的形状像个箕子，用铁条做骨架，用泥塑造即成。炉体下部先用铁片圈两个筒直穿过去形成两个孔，以便于将抬杠穿过。这些炉子都平放在土墩上，所有的炉子都一起鼓风熔铜。铜熔化以后，就用两根杠穿过炉底，轻的两个人，重的

9 鞴：鼓风吹火器。

鼓鞴(bèi)[9]熔化。化后以两杠穿炉下，轻者两人，重者数人抬起，倾注模底孔中。甲炉既倾，乙炉疾继之，丙炉又疾继之，其中自然粘合。若相承迂缓，则先入之质欲冻，后者不粘，衅[10]所由生也。

凡铁钟模不重费油蜡者，先埏土作外模，剖破两边形或为两截，以子口串合，翻刻书文于其上。内模缩小分寸，空其中体，精算而就。外模刻文后以牛油滑之，使他日器无粘糷(làn)[11]，然后盖上，泥合其缝而受铸焉。巨磬、云板[12]，法皆仿此。

几个人，一起抬起炉子，把铜液倾注进模孔中。甲炉一倾注完，乙炉就跟着迅速倾注，丙炉再跟着倾注，这样模子里的铜就会自然黏合。如果各炉倾注时互相承接太慢，那些先注入的铜液快冷凝了，就难以与后注入的铜液互相黏合，缝隙便由此产生了。

能让铸造铁钟的模子不致浪费太多油蜡的方法，是先用黏土制作外模，剖成左右两半，或是上下两截，并在剖面边上制成有接合的子母口，然后将文字和图案反刻在外模的内壁上。内模要缩小一定的尺寸，以使内外模之间留有一定的空间，这要经过精密的计算来确定。外模刻好文字和图案以后，还要用牛油润滑它，以使他日浇铸时铸件不粘在模上，然后把内外模盖合起来，并用泥浆把内外模的接口缝封好，便可以进行浇铸了。巨磬、云板的铸造方法都与此相类似。

10 衅：缝隙。

11 糷：饭烂相粘着。此处为泛指。

12 云板：旧时打击乐器，用长铁片做成，两端为云头形，官署和权贵之家多用作报时报事的器具。

鍾與仙佛像圖

鑄千斤

塑鐘模圖
牛油受鏤
蠟刻鼎鐘外模

釜

凡釜储水受火，日用司命[1]系焉。铸用生铁或废铸铁器为质。大小无定式，常用者径口二尺为率，厚约二分。小者径口半之，厚薄不减。其模内外为两层，先塑其内，俟久日干燥，合釜形分寸于上，然后塑外层盖模。此塑匠最精，差之毫厘则无用。

模既成就干燥，然后泥捏冶炉。其中如釜，受生铁于中。其炉背透管通风，炉面捏嘴出铁。一炉所化约十釜、二十釜之料。铁化如水，以泥固纯铁柄杓[2]从嘴受注，一杓约一釜之料。

锅是用来烧水煮饭的，人们的日常生活离不开它。铸造铁锅一般是用生铁或者废铸铁器为原料。锅的大小没有固定的规格，常用的铸锅直径为二尺左右，厚约二分。小的铸锅直径为一尺左右，厚薄不减少。铸锅的模子分为内外两层。先塑造内模，等它干燥以后，按锅的尺寸折算好，再塑造外模。这种铸模的工匠算得最为精准，因为尺寸有毫厘偏差，模子就没有用了。

模子塑造好并干燥后，用泥捏造熔铁炉。铁炉的中膛像个锅，生铁和废铁原料都装在里面。炉背接一条可以通到风箱的管，炉的前面捏一个出铁嘴。每一炉所熔化的铁水大约可浇铸十到二十口锅。生铁熔化成铁水以后，用镶嵌着泥的带手柄的铁勺子从出铁嘴接盛铁水，一勺子铁水大约可以浇铸一口铁锅。铁水倾注到模子里，不必等到它冷下来就

1 司命：掌管命运。意为关系人的生活、命运。

2 杓：同“勺”。舀东西的器具。同“勺”。

倾注模底孔内，不俟冷定即揭开盖模，看视罅[3]绽未周之处。此时釜身尚通红未黑，有不到处即浇少许于上补完[4]，打湿草片按平，若无痕迹。

凡生铁初铸釜，补绽者甚多，唯废破釜铁熔铸，则无复隙漏。朝鲜国俗破釜必弃之山中，不以还炉。凡釜既成后，试法以轻杖敲之。响声如木者佳，声有差响则铁质未熟之故，他日易为损坏。海内丛林大处[5]，铸有千僧锅者，煮糜[6]受米二石，此真痴物[7]也。

要揭开外模，察看有没有裂缝和铁水没流到的地方。这时锅身还是通红的，没有变黑，发现有铁水尚未浇到的地方，就要随时补浇少量的铁水，并用湿草片按平，不让锅留下任何痕迹。

生铁初次铸锅时，需要这样补浇破绽的地方很多，只有用废铁锅回炉熔铸的，才不会有隙漏。（朝鲜国的风俗是，锅破了以后一定要丢弃到山中，不再回炉。）铁锅铸成以后，测试它好坏的方法是用小木棒敲击它。如果响声像敲硬木头的声音那样沉实，就是一口好锅；如果有其他杂音，就说明铁水中的铁质还没有达到很纯净的程度，这种锅将来容易损坏。国内有的大寺庙里，铸有一种“千僧锅”，可以煮两石米的粥，这真是一个笨重的家什。

3 罅绽：裂缝。

4 补完：注补完整。即发现有铁水尚未浇到的地方，就要趁铸件未冷却而迅速浇补完整。

5 丛林大处：指有寺庙的丛林名胜地。

6 糜：粥。

7 痴物：笨重的东西。

鑄釜圖
鎔鐵
內水
揭蓋
補鏬

像

凡铸仙佛铜像，塑法与朝钟同。但钟鼎不可接，而像则数接为之，故泻时为力甚易，但接模之法分寸最精云。

铸造仙佛铜像，塑模方法与朝钟一样。但是钟、鼎不能接铸，仙佛铜像则可以多次接合铸造，所以在浇注时做起来不费事，不过这种接模工艺对精确度的要求是最高的。

明　陈洪绶　《童子礼佛图》

炮

凡铸炮，西洋红夷[1]、佛郎机[2]等用熟铜[3]造，信炮、短提铳[4]等用生熟铜兼半造，襄阳、盏口、大将军、二将军[5]等用铁造。

铸造大炮，西洋红夷炮、佛郎机等用熟铜为原料，信号炮和短枪等用的是生、熟铜各一半，襄阳炮、盏口炮、大将军炮、二将军炮等，则是用铁铸造。

清　讷尔经额　《兵技指掌图说》（部分）

1 红夷：明朝时称荷兰人为红夷，亦指荷兰所制大炮。

2 佛郎机：明朝时称西班牙人和葡萄牙人为佛郎机人，因而称其火炮也为佛郎机。这里说的是欧洲传来的火炮。

3 熟铜：经过精炼可供锤锻的铜。

4 短提铳：明代一种手持的枪，长一尺多。

5 襄阳、盏口、大将军、二将军：当时我国造的四种炮的名称。襄阳炮是元兵攻打襄阳时所用的炮，实为一种抛石机弩，并非火炮。盏口炮是一种口径小、身长的前装滑腔炮。大将军、二将军系将炮、巨炮或重型炮。

镜

凡铸镜，模用灰沙[1]，铜用锡和。不用倭铅[2]。《考工记》亦云："金锡相半，渭之鉴、燧之剂[3]。"开面成光，则水银附体而成，非铜有光明如许也。唐开元[4]宫中镜尽以白银与铜等分铸成，每口值银数两者以此故。朱砂[5]斑点乃金银精华发现。古炉有入金于内者。我朝宣炉[6]亦缘某库偶灾，金银杂铜锡化作一团，命以铸炉。真者错现金色。唐镜、宣炉皆朝廷盛世物云。

铸镜的模子是用糠灰加细沙做成的，镜本身的材料是铜与锡的合金（不使用锌）。《考工记》中也说："金和锡各一半，是适用于铸镜的合金配比。"镜面能够反光，那是由于镀上了一层水银，而不是铜本身能这样光亮。唐朝开元年间宫中所用的镜子，都是用白银和铜各半配合在一起铸成的，每面镜子价值几两银子就是这个缘故。铸件上有些像朱砂一样的红斑点，那是其中夹杂着金银的表现。（古代铸造的香炉有些是掺入了金子的。）明朝宣德炉的铸造，是由于当时某库偶然发生火灾，里面的金银夹杂着铜、锡都熔成一团，官府便下令用它来铸造香炉（真品的炉面上闪耀着金色的斑点）。唐镜和宣德炉都是王朝昌盛时代的产物。

1 灰沙：指用稻谷壳烧的糠灰加细沙。

2 倭铅：即锌。本书中所说"倭铅"均为"锌"。

3 鉴、燧之剂：铜和锡各占一半，是制造鉴燧的剂量。鉴燧即古代铜镜。平面为鉴，用以照人；凹面为燧，用以取火。

4 开元：唐玄宗李隆基年号（713—741）。

5 朱砂：即辰砂。是炼汞的主要矿物原料。

6 宣炉：也称"宣德炉"，是明代宣德年间（1426—1435）铸造的铜质香炉。铜经精炼，色泽极为美观，为明代著名美术工艺品。后来仿制者很多。

清　徐廷琨　《春节磨镜图》

钱

凡铸铜为钱以利民用。一面刊国号通宝[1]四字，工部分司主之。凡钱通利[2]者，以十文抵银一分值。其大钱当五、当十，其弊便于私铸，反以害民，故中外[3]行而辄不行也。

将铜铸造成钱币，是为了方便民众贸易往来。铜钱的一面刻印着“某某（年号或国号）通宝”四个字，由工部下属的一个分司主管这项工作。通行的铜钱十文抵得上白银一分的价值。一个大钱的面值相当于普通铜钱的五倍或者十倍，发行这种大钱的弊病是容易导致私人铸钱，反而会坑害百姓，因而中央和地方都只通行一阵大钱之后就马上停止了。

凡铸钱每十斤，红铜居六七，倭铅京中名水锡居三四，此等分大略。倭铅每见烈火必耗四分之一。我朝行用钱高色者，唯北京宝源局黄钱[4]与广东高州炉青钱[5]，高州钱行盛漳泉

铸造十斤铜钱，需要用六七斤红铜和三四斤锌（北京把锌叫作水锡），这是粗略的比例。锌每经过高温加热一次就要耗损四分之一。我（明）朝通用的铜钱，成色最好的是北京宝源局铸造的黄钱和广东高州府宝泉局铸造的青钱（高州钱通行于福建漳州、泉州一带）。这两种钱每一文相当于南京直隶操江局和浙江铸

1 通宝：中国旧时钱币的一种名称。起于唐高祖武德四年（621）铸造的开元通宝。以后历代都曾沿用，并常在“通宝”二字前冠以年号、朝代或国名，铸于币面。

2 通利：通行无阻。

3 中外：指中央和地方。

4 宝源局黄钱：明廷工部所属的铸钱机构北京宝源局铸的黄钱，由六成纯铜和四成锌合铸。

5 高州炉青钱：广东高州府铸的青钱，由 50% 纯青铜、41.5% 锌、6.5% 铅和 2% 锡铸成。

明　杜堇　《玩古图》（局部）

路。其价一文敌南直江、浙[6]等二文。黄钱又分二等，四火铜[7]所铸曰金背钱，二火铜[8]所铸曰火漆钱。

凡铸钱熔铜之罐[9]，以绝细土末打碎干土砖妙和炭末为之。京炉用牛蹄甲，未详何作用，罐料十两，土居七而炭居三，以炭灰性暖，佐土使易化物也。罐长八寸，口径二寸五分。一罐约载铜、铅十斤。铜先入化，然后投铅，洪沪扇合，倾入模内。

凡铸钱模以木四条为空框。木长一尺二寸，阔一寸二分。土炭末筛令极细，填实框中，微洒杉木炭灰或柳木炭灰

钱局铸造的铜钱两文。黄钱又分为两等，用经过四次熔炼净化的四火铜铸造的叫作金背钱，用二次熔炼净化的二火铜铸的叫作火漆钱。

铸钱时用来熔化铜的坩埚，是用最细的泥粉（以打碎的干土砖粉为最好）和炭粉混合后制成的（北京的熔铜坩埚还加入了牛蹄甲，还不知道它起什么作用）。其配料比例，是每十两坩埚料中，泥粉占七两而炭粉占三两，因为炭粉的保温性能很好，是辅佐泥粉而使铜更易于熔化的物品。熔铜坩埚高八寸，口径二寸五分。一个熔铜坩埚大约可以装铜和锌十斤。冶炼时，先把铜放进熔铜坩埚中熔化，然后加入锌，鼓风使它们熔合之后，再倾注入模子。

铸钱的模子，是用四根木条构成空框（木条各长一尺二寸，宽一寸二分），用筛选过的非常细的泥粉和炭粉混合后填实空框，再撒少量的杉木或柳木炭灰到粉末的面上，或者用燃烧松香和菜籽

6 南直江、浙：指明朝南京直隶辖区（相当于今江苏、安徽两省）所属铸钱局铸造的钱币。

7 四火铜：经过四次熔炼净化的铜，品质较纯。

8 二火铜：经过两次熔炼净化的铜。

9 熔铜之罐：熔炼铜的坩埚。

于其面上，或熏模则用松香与清油，然后以母百文用锡雕成或字或背布置其上。又用一框如前法填实合盖之。既合之后，已成面、背两框，随手覆转，则母钱尽落后框之上。又用一框填实，合上后框，如是转覆，只合十余框，然后以绳捆定。其木框上弦原留入铜眼孔，铸工用鹰嘴钳，洪炉提出熔罐，一人以别钳扶抬罐底相助，逐一倾入孔中。冷定解绳开框，则磊落[10]百文，如花果附枝。模中原印空梗，走铜如树枝样，挟出逐一摘断，以待磨鎈（chā）[11]成钱。凡钱先错[12]边沿，以竹木条直贯数百文受鎈，后鎈平面则

油的混合烟熏过，然后把成百枚（用锡雕成的）母钱（钱模）按有字的正面或者按无字的背面铺排在框面上。又用一个填实泥粉和炭粉的木框如上述方法合盖上去。这样合盖之后，就构成了钱的底、面两框模，再随手把它翻转过来，揭开前框，则全部母钱就脱落在后框上面了。再用另一个填实了的木框合盖在后框上，照样翻转，就这样反复做成十几套框模，最后把它们叠合在一起用绳索捆绑固定。木框的边缘上原来留有灌注铜液的口子，铸工用鹰嘴钳把熔铜坩埚从炉里提出来，另一个人用钳托着坩埚的底部，共同把铜液注入模子中。冷却之后，解下绳索打开框模，便可看到密密麻麻的成百个铜钱像累累果实结在树枝上一样。因为模中原来的铜水通路已凝结成树枝状的铜条网了，把它夹出来将钱逐个摘下，就只等磨锉加工成钱币了。加工时先锉铜钱的边沿，可用竹条或木条穿上几百个铜钱一起锉，然后逐个锉平铜钱表面不规整的地方。

10 磊落：多而错杂的样子。

11 鎈：锉子，一种使工件平滑的工具。

12 错：即锉，用锉刀切削打磨以使物件平滑。

入銅孔
鷹嘴鉗

铸錢圖
模印錢母

錢鎈

逐一为之。

凡钱高低以铅多寡分，其厚重与薄削，则昭然易见。铅贱铜贵，私铸者至对半为之。以之掷阶石上，声如木石者，此低钱也。若高钱铜九铅一，则掷地作金声矣。凡将成器废铜铸钱者，每火十耗其一。盖铅质先走，其铜色渐高，胜于新铜初化者。若琉球诸国银钱，其模即凿锲（qiè）[13]铁钳头上，银化之时入锅夹取，淬于冷水之中，即落一钱其内。图并具后。

铜钱质量的高低以锌的含量多少来辨别区分，它的轻重与厚薄，是明显易见的。由于锌价低而铜价贵，私铸铜币的人甚至用铜、锌对半开来铸铜钱。将这种钱掷在石阶上，发出像木头或石块落地声响的，就是含铜成色低的钱。若是成色高质量好的钱，应是铜占十分之九，锌占十分之一，把它掷在地上，会发出铿锵的金属声。凡用废铜器铸造铜钱的，每熔化一次就会损耗十分之一。因为其中的锌会挥发掉一些，铜的含量逐渐提高，所以铸造出来的铜钱的成色就会比用新铜第一次铸成的铜钱要高。琉球一带铸造的银币，模子就刻在铁钳头上，当银熔化的时候，将铁钳头伸进坩埚里夹取银液后，提出来往冷水中一淬，一块银币就落在水里了。“倭国造银钱”的图也一并附在后面。

13 锲：雕刻。

倭國造銀錢

附：铁钱

铁质贱甚，从古无铸钱。起于唐藩镇魏博[1]诸地，铜货不通，始冶为之，盖斯须之计也。皇家盛时则冶银为豆，杂伯衰时[2]则铸铁为钱。并志博物者感慨。

铁这种金属价值很低贱，自古以来没有用铁来铸钱的。铁钱起源于作为唐朝藩镇之一的魏博地区，由于当时藩镇割据，金属铜无法贩运，才不得已而用铁来铸钱，那只是一时的权宜之计罢了。唐代皇家兴盛之时，曾经用白银铸成豆子来玩耍取乐，而到后来藩镇割据、国势衰落时，就连低贱的铁也拿去铸钱了！一并记在这里以表示博物广识者的感慨吧。

清　蒋廷锡　《花鸟册图》

1 魏博：唐代河北的三个藩镇之一，治所在魏州（今河北大名东）。
2 杂伯衰时：指藩镇割据、国势衰落之时。杂，杂乱。伯，通“霸”。

唐　周昉　《麟趾图》（局部）

附　录

明　仇英　《人物故事册》之南华秋水

舟车第九

宋子曰：人群分而物异产，来往懋（mào）迁[1]以成宇宙。若各居而老死，何借有群类哉？人有贵而必出，行畏周行[2]；物有贱而必须，坐穷负贩[3]。四海之内，南资舟而北资车。梯航[4]万国，能使帝京元气充然。何其始造舟车者不食尸祝[5]之报也。浮海长年，视万顷波如平地，此与列子所谓御泠风[6]者无异。传所称奚仲[7]之流，倘所谓神人者

宋先生说：人类分散居住在各地，各地的物产各有不同，只有通过贸易交往才能构成整个世界。如果人们都各居一方而老死不相往来，那凭什么来构成人类社会呢？有钱、有地位的人要出门到外地的时候，往往怕走远路；有些物品虽然价钱低贱，却也是生活所必需，因为缺乏也就需要有人贩运。从全国来看，南方多凭借船运，而北方多用车运。人们凭借车和船，翻山渡海，沟通各地的物资贸易，使得京都繁荣起来充满生气。然而，为什么最早发明并创造车、船的人，却没有受到人们敬仰崇拜的报答呢？人们驾驶船只漂洋过海，长年在大海中航行，把万顷波涛看成如同平地一样，这和列子乘风飞行的故事没有什么不同。如果把历史书上记载的车辆创造者奚仲等人

1 懋迁：同"贸迁"。贩运；买卖。

2 行畏周行：怕走远路。周行，巡行，绕行，引申为走远路。

3 坐穷负贩：因为缺乏就需要贩运。坐，由于，因为。

4 梯航：本为登山航海的工具，比喻翻山渡海，长途跋涉。

5 尸祝：本指古代祭祀时对神主掌祝的人，即主祭人。引申为祭祀、崇拜。

6 列子所谓御泠风：典出《庄子·逍遥游》："夫列子御风而行，泠然善也。"列子，即列御寇，相传为战国时道家，郑国人。泠风，清风。

7 奚仲：传说中车的创造者，在夏代曾任车正（掌管车辆的官）。

非耶！　称为“神人”不是也可以的吗？

南宋　佚名　《秋浦停舟图》

舟

凡舟古名百千，今名亦百千，或以形名，如海鳅、江鳊、山梭之类。或以量名，载物之数。或以质名，各色木料。不可殚述。游海滨者得见洋船，居江湄者得见漕舫。若局趣[1]山国之中，老死平原之地，所见者一叶扁舟、截流乱筏而已。粗载数舟制度，其余可例推云。

船的名称，古代有成百上千种，今天也有成百上千种，有的根据船的形状来命名（比如海鳅、江鳊、山梭之类的名字）。有的按照船的载重量来命名（或者船载物的数量），有的依据造船的木质（各种木料）来命名，名目多得难以一一述说殆尽。在海滨游玩的人可以见到远洋船，在江边居住的人可以看到运粮的漕舫。如果一生局限在山区或老死于平原之地，那所见到的只能是独木舟或者截流漂行的筏子罢了。这里粗略记载几种船的形制规格，其余的可以按例类推。

明 文俶 《金石昆虫草木状》之船底苔

1 局趣：同“局促”，意为拘束、局限。

明　张宏　《舟泊吴门图》

漕舫

凡京师为军民集区，万国水运以供储，漕舫所由兴也。元朝混一[1]，以燕京为大都。南方运道由苏州刘家港、海门黄连沙开洋，直抵天津，制度用遮洋船[2]。永乐[3]间因之。以风涛多险，后改漕运[4]。

平江伯陈某[5]始造平底浅船，则今粮船[6]之制也。凡船制底为地，枋为宫墙，阴阳竹为覆瓦。伏狮[7]前为阀阅[8]，后为寝堂。桅

京都是军队与百姓聚居的地区，全国各地都要利用水运来向它提供物质储备，漕船运输就是这样兴起的。元朝统一全国之后，决定以北京为都城。当时由南方到北方的航运通道，一条是从苏州的刘家港出发，一条是从海门的黄连沙出发，都沿海路直达天津，用的是有遮阳设备的遮洋船，一直到明朝的永乐年间还是这样。后来因为海洋中风浪太大，危险过多，而改为由运河为主的内河航运了。

永乐元年（1403）封为平江伯的陈某，首先提倡制造平底的浅船，也就是现在的运粮船。这种船，船底相当于建筑物的地基，船身相当于它的墙壁，上面用阴阳竹覆盖相当于屋顶的瓦。船头最顶上的那一根大横木相当于屋前的门楼柱，船尾上的

1 混一：统一。
2 遮洋船：船上有遮阳设备的船。
3 永乐：明成祖朱棣的年号（1403—1424）。
4 漕运：旧指从水路运输粮食，供应京城或军需。
5 平江伯陈某：指永乐元年（1403）被封为平江伯的陈瑄。
6 粮船：专门用来运载粮食的船只。
7 伏狮：也称“头梁”，指船首、尾顶部的大横木。
8 阀阅：古代仕宦人家门前题记功业的左右两石柱，左阀右阅。

柁樓

漕舫圖

为弓弩，弦、篷为翼，橹为车马，簟(tán)纤[9]为履鞋，繂(yù)索[10]为鹰雕筋骨，招为先锋，舵为指挥主帅，锚为扎军营寨。

粮船初制，底长五丈二尺，其板厚二寸，采巨木楠为上，栗次之。头长九尺五寸，梢[11]长九尺五寸。底阔九尺五寸，底头阔六尺，底梢阔五尺，头伏狮阔八尺，梢伏狮阔七尺，梁头一十四座。龙口梁[12]阔一丈，深四尺，使风梁[13]阔一丈四尺，深三尺八寸。后断水梁阔九尺，深四尺五

横木架就相当于寝室。船上的桅杆就像一张弩的弩身，风帆和帆索就像弩的翼，摇船的橹相当于拉车的马，拉船的纤索相当于脚上的鞋子，那些系住铁锚的长缆以及绑紧全船的大索则很像鹰和雕那些猛禽的筋骨，船头的第一桨是开路先锋，船尾控制方向的舵则是指挥航行的主帅，锚的作用则是为了安营扎寨。

航运粮船最初的规制是：船底长五丈二尺，使用的木板厚二寸，最好采用大木之中的楠木，其次是栗木。船头长九尺五寸，船尾长九尺五寸。船底宽九尺五寸，船底前部宽六尺，船尾宽五尺，船头顶部的大横木长八尺，船尾相应的横木长七尺，整个船由船面横梁及其连接木头（包括两侧肋骨、底梁和隔舱板）形成的构架一共有十四个。其中接近船头的龙口梁长一丈，到船底的距离为四尺，树立中桅的使风梁长一丈四尺，高出船底三尺八寸。船尾的后断水梁长九尺，离船底四尺五寸。船楼

9 簟纤：拉船用的绳索。

10 繂索：长索。这里指系锚的缆绳。

11 梢：通“艄”。船尾。

12 龙口梁：指接近船头的梁。龙口即船头。

13 使风梁：指树立中桅的梁。使风即利用风力，张帆行船。

寸。两廒(áo)[14]共阔七尺六寸。此其初制，载米可近二千石[15]。交兑每只止足五百石。

后运军造[16]者私增身长二丈，首尾阔二尺余，其量可受三千石。而运河闸口原阔一丈二尺[17]，差可度过。凡今官坐船，其制尽同，第窗户之间宽其出径，加以精工彩饰而已。

凡造船先从底起，底面傍靠樯，上承栈[18]，下亲地面。隔位列置者曰梁。两傍峻立者曰樯。盖樯巨木曰正枋[19]，枋上

两旁的通道共宽七尺六寸。这些都是初期漕船的尺寸规格，每艘漕船的载米量接近两千石（每只船每次只需缴五百石便算足额了）。

后来由漕运军造的漕船，私自把船身增长了二丈，船头和船尾各加宽了二尺多，这样便可以载米三千石了。运河的闸口原有一丈二尺宽，可以让这种船勉强通过。现在官用的旅游船，大小规格与此完全相同，只是船上舱楼的门窗宽了一些，外加一番精工装修和华彩装饰罢了。

建造漕船时要先从船底造起，船底的两侧紧靠着船身，船身上面承受着铺船栈板，漕船下面接触到地面。相隔一定距离安置着的一批横贯船身的木头叫梁。船底两旁高高竖立的是船身。盖在船身木头最顶上的一根粗大方柱形木头叫作正枋，而在每根正枋上面还有一片纵长木板叫作弦。梁前面竖桅的地方叫作锚坛，锚坛底部固

14 两廒：贮藏粮食的仓库。

15 载米可近二千石：据船身各部分尺寸计算（明代寸、尺、丈是十进制，每尺相当于31.1厘米），全船排水量不足一百吨，因此不可能载米达两千石之多。

16 军造：即军粮。

17 原阔一丈二尺：此数据疑误，因梁阔一丈四尺的漕船，不可能经由阔一丈二尺的闸口通过。

18 栈：木栈板，今称甲板。

19 正枋：也称“舷口”，是构成船身两侧的顶木，比较粗。

曰弦。梁前竖桅位曰锚坛[20]，坛底横木夹桅本者曰地龙[21]。前后维曰伏狮，其下曰拿狮，伏狮下封头木曰连三枋[22]。船头面中缺一方曰水井。其下藏缆索等物。头面眉际树两木以系缆者曰将军柱。船尾下斜上者曰草鞋底，后封头下曰短枋，枋下曰挽脚梁[23]。船梢掌舵所居其上者野鸡篷[24]。使风时，一人坐篷巅，收守篷索。

凡舟身将十丈者，立桅必两，树中桅之位，折中过前二位，头桅又前丈余。粮船中桅长者以八丈为率，

定桅杆根部的结构叫作地龙。船头和船尾各有一根连接船体的大横木叫作伏狮，在伏狮的两端下面紧靠着船身的一对纵向木叫作拿狮，在伏狮之下还有一块由三根木串联着的拦浪板叫作连三枋。船头中间空开一个方形舱口叫作水井（里面用来收藏缆索等物品）。船头两边竖起两根用以系结缆索的木桩，叫作将军柱。锚坛船尾底下两侧倾斜着的木材叫作草鞋底，它后面封头下的一根木头叫短枋，短枋下靠船尾边的一根底梁叫挽脚梁（也叫尾扎脚梁）。在船尾掌舵人所居处上面盖着的篷叫作野鸡篷（漕船扬帆时，一个人坐在篷顶上负责收守篷索）。

凡是身长将近十丈的漕船，要竖立两根桅杆，中间的桅杆竖在船中间再朝前两个梁位处，船头的桅杆要比中间的桅杆靠前一丈多。运粮船中间的桅杆长的一般达八丈，短的则可能会缩短十分之一二。桅身进入舱楼至舱底的部分长达一丈多，悬挂帆篷的位置要占桅杆总长的五六丈。船

20 锚坛：也称“桅上斗”，在船面处用来固定桅杆的一个方框结构。

21 地龙：也称“桅下斗”，固定桅根的结构。

22 连三枋：在船的头部三根三根串连搪浪板的木料，作用相当于船旁的肋骨。

23 挽脚梁：也叫“尾扎脚梁”，是船尾靠边的底梁。

24 野鸡篷：用篾席或布做的遮蔽风雨的船篷。

短者缩十之一二。其本入窗内亦丈余，悬篷之位约五六丈。头桅尺寸则不及中桅之半，篷纵横亦不敌三分之一。苏、湖六郡运米，其船多过石瓮桥[25]下，且无江汉之险，故桅与篷尺寸全杀[26]。若湖广、江西省舟，则过湖冲江无端风浪，故锚、缆、篷、桅必极尽制度而后无患。凡风篷尺寸，其则一视全舟横身，过则有患，不及则力软。

凡船篷其质乃析篾成片织就，夹维竹条，逐块折叠，以俟悬挂。粮船中桅篷合并十人力方克凑顶，头篷则两人带之有余。凡度篷索先系空中寸圆木关捩[27]于

头桅杆的高度还不及中间桅杆的一半，帆的纵横幅度也不到中间的桅杆上所挂帆的三分之一。苏州、湖州六郡一带运米的船，大多要经过石拱桥，而且没有长江、汉水那样的风险，所以桅杆和帆的尺寸都要缩小。如果是航行到湖广及江西等省的船，由于过湖过江会遇到突然的风浪，所以锚、缆、帆和桅杆等，都必须严格按照规格来建造，这样才能没有后患。风帆的大小也要跟整个船身的宽度一致，太大了会有危险，太小了就会风力不足。

风帆的材质是用破开竹子制成的篾片编织的，每编成一块就要夹进一根带篷缰的篷挡竹条做骨干，这样既可以逐块折叠，又可以让风帆紧贴着桅杆升起悬挂。运粮船中间的桅杆上所挂的帆，需要十个人一齐用力才能升到桅杆顶，而船头的桅杆上所挂的帆只要两人拉就足够了。安装帆索时，先将直径约一寸的木制滑轮绑在桅杆顶上，然后把绳索带在腰间沿着木桅杆爬上去，把三

25 石瓮桥：即石拱桥。南方多称拱桥为瓮桥。

26 尺寸全杀：尺寸都缩小。

27 关捩：本指操纵转动的器具，此指滑轮。

明　仇英　《清明上河图》（局部）

桅巅之上，然后带索腰间缘木而上，三股交错而度之。凡风篷之力其末一叶，敌其本三叶。调匀和畅顺风则绝顶张篷，行疾奔马。若风力洊(jiàn)至[28]，则以次减下。遇风鼓急不下，以钩搭扯。狂甚则只带一两叶而已。

凡风从横来名曰抢风。顺水行舟，则挂篷之玄游走。或一抢向东，止寸平过，甚至却退数十丈。未及岸时捩舵转篷，一抢向西，借贷水力兼带风力轧[29]下，则顷刻十余里。或湖水平而不流者亦可缓轧。若上水舟则一步不可行也。凡船性随水，若草从风，故制舵障水使不定向流，舵板一转，一泓(hóng)[30]从之。

股绳索交错着穿过滑轮。风帆受的风力，顶上的一叶相当于底下的三叶。把它调节平匀顺畅，顺着风力将帆扬到最顶端，船就会疾行如奔马。如果风力一次一次不断增大，就要逐渐把帆叶降下来（遇到很大的风，帆叶鼓得太厉害而降不下来时，就要用搭钩拉扯）。风力很猛烈时，带一两叶帆就够了。

借用从横向吹来的风航行就叫作抢风。如果船只顺水而行，就可以升起风帆按“之”字形或者“玄”字形的路线游水行进。如果操纵船帆把船抢向东，只能平过对岸，甚至还可能会后退几十丈。这时趁船还未到达对岸，便应立刻转舵，并把风帆调转为抢向西，这是借助水势和风力的挤压而使船不得不斜向顺水而下，一下子便可以行走十多里。如果是在平静的湖水中，也可以缓慢地转抢斜行。但如果是逆水行舟，那就一步也难以行进了。船跟着水流走就如同草随着风儿摆动一样，所以要利用舵来挡水，使水不按原来的方向流动，舵板

28 洊至：再来；一次一次接连到来。洊，通“荐”，再。

29 轧：压。这里特指因风力、水力两相挤压而使船不得不斜向航行。

30 泓：指水流。

凡舵尺寸，与船腹切齐。若长一寸，则遇浅之时船腹已过，其梢尼[31]舵使胶住，设风狂力劲，则寸木为难不可言。舵短一寸则转运力怯，回头不捷。凡舵力所障水，相应及船头而止，其腹底之下俨若一派急顺流，故船头不约而正，其机妙不可言。

舵上所操柄名曰关门棒，欲船北则南向捩转，欲船南则北向捩转。船身太长而风力横劲，舵力不甚应手，则急下一偏披水板[32]以抵其势。凡舵用直木一根粮船用者围三尺，长丈余为身，上截衡受棒，下截界开[33]衔口，纳板其中如斧形，铁钉固拴以障水。梢后

一转，一股水流就会顺着船流动。

舵的尺寸，其下端要同船底平齐。如果舵比船底长出一寸，那么当遇到水浅时，船底已经通过了，船尾的舵却会被卡住，要是风力很大的话，那一寸木带来的麻烦就难以形容了。反之，若舵比船底短了一寸，那么舵的运转力就会弱，船身回转也就不够敏捷了。舵板挡住的水，相应地流到船头为止，此时船底下的水好像一股急切的顺流，所以船头就能自然而然地转到一定方向，这中间的灵活巧妙是难以用言语说清的。

舵上的操纵杆名叫关门棒，要船头向北就将关门棒扭转向南，要船头向南就将关门棒扭转向北。船身太长而横向吹来的风又太猛，舵力不很得心应手，就要赶紧放下吹风一侧的那块劈水板，用来增加水对船的横向阻力以抵消风势。船舵要用一根直木做舵身（运粮船上用的舵周长三尺，长一丈多），上截凿个横孔插进关门棒，下截锯开一个衔口，用来夹紧舵板，构成斧头般的形状，然后

31 梢尼：当作“梢尾”，即船尾。

32 披水板：即“劈水板”，是安装在船头的一块可提上或放下的纵向木板。

33 界开：南方方言，指用锯剖开木材。

隆起处，亦名曰舵楼。

凡铁锚所以沉水系舟。一粮船计用五六锚，最雄者曰看家锚，重五百斤内外，其余头用二枝，梢用二枝。凡中流遇逆风不可去又不可泊，或业已近岸，其下有石非沙，亦不可泊，惟打锚深处。则下锚沉水底，其所系缍缠绕将军柱上。锚爪一遇泥沙扣底抓住，十分危急则下看家锚。系此锚者名曰本身，盖重言之也。或同行前舟阻滞，恐我舟顺势急去有撞伤之祸，则急下梢锚提住，使不迅速流行。风息开舟则以云车[34]绞缆提锚使上。

凡船板合隙缝以白麻斫絮为筋，钝凿扱入，然后筛过细石

用铁钉钉牢便可以挡水了。船尾凸起来的地方，也叫作舵楼。

铁锚是用来沉入水底将船栓稳定住的。一条运粮船上共有五或六个锚，其中最大的锚叫作看家锚，重达五百斤左右，其余的锚在船头上用两个，船尾部也用两个。船在航行之中如果遇到逆风无法前进又不能靠岸停泊的情况（或者已经接近岸边，但是水底是石头而不是沙土，也不能停泊，这时只能在水深的地方赶紧抛锚），就要将锚抛下沉入水底，把系锚的长索缠绕在将军柱上。锚爪子一接触到泥沙，就能陷进泥里抓住。如果情况十分危急，便要抛下看家锚。系住这个锚的缆索叫作本身（命根子），这就是说它至关重要的意思。若同一航向航行的船只，走在前面的受阻了，怕自己的船会顺势急冲向前，有互相撞伤的危险，那就要赶快抛下船尾锚拖住船只，使船不再那么迅速前行。风静了要开船，就要用绞车绞缆把锚提上来。

填充船板间的缝隙要用捣碎了的白麻絮结成筋，用钝凿把筋塞进缝隙里，

34 云车：立式绞车。一种用人力绞转以起重的工具。

灰，和桐油舂杵成团调艌[35]。温、台、闽、广即用蛎灰。凡舟中带篷索，以火麻秸一名大麻绹绞[36]。粗成径寸以外者即系万钧不绝。若系锚缆则破析青篾为之，其篾线入釜煮熟然后纠绞。拽缱簟亦煮熟篾线绞成十丈以往，中作圈为接彄[37]，遇阻碍可以掐断。凡竹性直，篾一线千钧。三峡入川上水舟，不用纠绞簟缱，即破竹阔寸许者，整条以次接长，名曰火杖[38]。盖沿崖石棱如刃，惧破篾易损也。

凡木色桅用端直杉木，长不足则接，其表铁箍逐寸包围。船窗前道皆当中空阙，以便树

再用筛得很细的石灰拌和桐油，以木棒舂成油灰团嵌塞船缝，封住麻筋。浙江温州、台湾、福建及两广等地都用贝壳灰来代替石灰。船上所用的帆索是用火麻纤维（也叫大麻）纠绞而成的。帆索直径达一寸多，即便系住万斤以上的东西也不会断。至于系锚的那种锚缆，则是用破开竹子剖析成的青篾条做的，这些篾条要先放在锅里煮透再纠绞。拉船的纤缆也是用煮过的篾条绞成的，每长十丈以上要在篾条中间做个圈作为接口，以便碰到障碍时可以用手指出力将篾条掐断。竹的特性是纵向拉力强，一条竹篾可以承受极大的拉力。凡是经三峡进入四川的上水船，往往不用纠绞的纤索，而是把竹子破成一寸多宽的竹片，整条整条互相连接起来，这就叫作火杖。因为沿岸的崖石棱角锋利得像刀刃一样，恐怕破成竹篾条反而更容易损坏。

造船所用的木料，桅杆要选用匀称笔直的杉木，一根杉木长度不够的可以

35 艌：用麻絮油灰嵌塞船缝。

36 绹绞：纠绞绳索。

37 彄：环状物。

38 火杖：指拖绳。因竹片连接的拖绳用旧后可截断作火炬而得名。

桅。凡树中桅，合并数巨舟承载，其末长缆系表而起。梁与枋樯用楠木、槠木、樟木、榆木、槐木。樟木春夏伐者，久则粉蛀。栈板不拘何木。舵杆用榆木、榔木、槠木。关门棒用椆木、榔木。橹用杉木、桧木、楸木。此其大端云。

接长，在接合部用铁箍一寸寸包箍紧即可。在舱楼前面，应当空出一块地方以便树立桅杆。树立船中间的桅杆时，要拼合几条大船来共同承载，然后用靠系在桅杆顶的长缆索将它拉吊起来。船上的梁和构成船身的长木材都要选用楠木、槠木、樟木、榆木或者槐木来做。（春夏两季砍伐的樟木，时间长了会被虫蛀。）衬舱底或者铺面的栈板则不论什么木料都可以。舵杆要使用榆木、榔木或者槠木。关门棒要用椆木或者榔木。橹要用杉木、桧木或者楸木。这里所阐述的只是有关漕船的一些要点。

五代十国　卫贤　《闸口盘车图》（局部）

海　舟

凡海舟，元朝与国初[1]运米者曰遮洋浅船，次者曰钻风船即海鳅。所经道里，止万里长滩[2]、黑水洋[3]、沙门岛[4]等处，皆无大险。与出使琉球、日本暨商贾爪哇[5]、笃泥[6]等船制度，工费不及十分之一。

凡遮洋运船制，视漕船长一丈六尺，阔二尺五寸，器具皆同，唯舵杆必用铁力木[7]，艌灰用鱼油和桐油，不知何义。凡外国海舶制度大同小异，闽、广闽由海

在海洋中航行运米的船，在元朝和明朝初年叫作遮洋浅船，小一点儿的叫作钻风船（即海鳅）。海船的航道仅限于经过长江口以北的万里长滩、黑水洋和沙门岛等地方，一路上并没有什么大的风险。制造这种海船的工本费，还不到那些出使琉球、日本和到爪哇、笃泥等地经商的海船的十分之一。

遮洋浅船的规格，比漕船长一丈六尺，宽二尺五寸。船上的器具设备都相同，只是遮洋浅船的舵杆必须要用铁力木造，糊舱板缝的灰要用鱼油加桐油拌和，不知道这是出于什么理由。外国的海船跟遮洋浅船的规格大同小异。福建、广东的远洋船（福建的远洋船由海澄开出，广东的远洋船由澳门开出）把竹子

1 国初：指明朝初年。
2 万里长滩：指长江口向北行的一带浅水海域。
3 黑水洋：从崇明岛向东北直至山东省成山角中间、通过黄海较深处的一条航线。
4 沙门岛：在山东蓬莱市海中，为宋元时流放罪犯之地。
5 爪哇：即爪哇岛，是印度尼西亚人口最集中、经济最发达的地区，在苏门答腊同巴厘岛之间。
6 笃泥：地址不详，按音译，或指马来半岛上的大泥。
7 铁力木：又名铁栗木，常绿乔木，高可达 30 多米，叶子披针形，花白色。木材暗红色，质地坚硬，是很好的建筑材料。

澄[8]开洋，广由香山澳[9]洋船截竹两破排栅，树于两旁以抵浪。登、莱[10]制度又不然，倭国海舶两旁列橹手栏板[11]抵水，人在其中运力。朝鲜制度又不然。

至其首尾各安罗经盘[12]以定方向，中腰大横梁出头数尺，贯插腰舵，则皆同也。腰舵非与梢舵形同，乃阔板斫成刀形插入水中，亦不捩转，盖夹卫扶倾之义。其上仍横柄拴于梁上，而遇浅则提起，有似乎舵，故名腰舵也。凡海舟以竹筒贮淡水数石，度供舟内人两日之需，遇岛又汲。其何国何岛合用何向，针指示昭然，恐非人力所祖[13]。舵

破成两半编成排栅，竖立在船的两旁用来挡海浪。山东登州和莱州的方法又不太一样，日本的海船是在船的两旁安装带有把手的栏板，由人拨动栏板来挡水。朝鲜的方法又不一样。

至于在船头、船尾都安装罗盘用来辨定航向，船中腰的大横梁伸出几尺以便于插进腰舵，这些都是相同的。腰舵的形状跟尾舵不同，它是把宽木板斫成刀的形状，插进水中后并不转动，只是对船身起平衡作用。它上面还有个横把拴在梁上，遇到搁浅时就可以提起来，因为它有点儿像舵，所以就叫作腰舵。海船出海时，要用竹筒储备几石淡水，估计足够供应船上的人食用两天，一旦遇到岛屿，就再补充淡水。无论到什么国家、什么岛屿，需要按什么方向航行，罗盘针都会指示得很清楚，这恐怕不是人力所能熟习的。舵手们相互配合操纵海船，

8 海澄：旧县名。在福建南部。明置县。1960 年与龙溪县合并为龙海县。1993 年改设市。
9 香山澳：今澳门。
10 登、莱：府名，即山东省登州、莱州。
11 橹手栏板：一种带把的可供操纵的栏板。
12 罗经盘：即罗盘。一种测定方向的仪器。
13 祖：熟习，老经验。

工一群主佐，直是识力造到死生浑忘地，非鼓勇之谓也。

其见识和魄力简直到了将生死置之度外的境界，这可不是只凭一时鼓起的勇气所能够做到的。

南宋　阎次于　《风雨维舟图》

杂　舟

江汉课船[1]：身甚狭小而长，上列十余仓，每仓容止一人卧息。首尾共桨六把，小桅篷一座，风涛之中恃有多桨挟持。不遇逆风，一昼夜顺水行四百余里，逆水亦行百余里。国朝盐课淮、扬[2]数颇多，故设此运银[3]，名曰课船。行人欲速者亦买之。其船南自章、贡，西自荆、襄，达于瓜、仪而止。

三吴浪船：凡浙西、平江纵横七百里内尽是深沟小水湾环，浪船最小者曰塘船以

长江、汉水上行驶的官府用来运载税银的课船：船身十分狭长，前后一共有十多个舱，每个舱只能容纳一个人睡觉休息。整只船总共有六把桨和一座小桅帆，在风浪当中就靠这几把桨划行掌控。如果不遇上逆风，一昼夜顺水就可行四百多里，逆水也能行驶一百多里。明朝的盐税中，淮阴和扬州一带征收的数额很大，所以设置这种船来运送税银，名叫“课船”。来往旅客想要赶速度的，往往也租用这种船。课船的航线一般是南从江西的章水、贡水出发，西从湖北的荆州、襄阳出发，到江苏的瓜洲、仪真（今仪征）为止。

三吴浪船：在浙江的西部至江苏的苏州之间纵横七百里的范围中，到处都是深沟和迂回曲折的小溪，这一带的浪船（最小的叫作塘船）数以十万计。旅客无论贫富都搭乘这种船往来，以代替车马或者步行。这种船即使很小也要装配上窗户、厅

1 课船：官府运载税银用的船只。课，按规定的数额和时间征收赋税。
2 淮、扬：江苏淮阴、扬州。
3 运银：运载税银。

六槳課船圖

万亿计。其舟行人贵贱来往以代马车、屝履（fèi lǚ）[4]。舟即小者必造窗牖（yǒu）[5]堂房，质料多用杉木。人物载其中，不可偏重一石，偏即欹侧，故俗名天平船。此舟来往七百里内。或好逸便者径买，北达通、津。只有镇江一横渡，俟风静涉过。又渡清江浦，溯黄河浅水二百里则入闸河[6]安稳路矣。至长江上流风浪，则没世避而不经也。浪船行力在梢后，巨橹一枝两三人推轧前走，或恃缱簟。至于风篷，则小席如掌所不恃也。

东浙西安船：浙东自常山至钱塘八百里，水径入海，不通他道，故此舟自常山、开化、遂

房，所用的木料多是杉木。人和货物在船里要做到保持两边平衡，不能有多达一石的偏重，否则浪船就会倾斜，因此这种船俗称“天平船”。这种船来往的航程通常在七百里之内。有些贪图安逸和求方便的人，租它一直往北驶达通州和天津。沿途只有长江南岸的镇江要横渡一次，那要等风平浪静时才能过江。还要渡过淮阴的清江浦，再在黄河浅水逆行二百里，才可以进闸口，然后驶入安稳的运河水路。长江上游水急浪大，那是浪船永远要避开而不能经过的。浪船的推动力全靠船尾那根粗大的橹，由两三个人合力摇橹而使船前进，或者是靠人上岸拉纤使船前进。至于船的风帆，那不过是一块巴掌大小的小席罢了，船的行进是不能靠它的。

东浙西安船：浙江东部从常山至钱塘江之间航程八百里，水流径直入海，不通其他航道，因此这种船的航线是从常山、开化、遂安等小河起，一直到钱塘江为止，不用再走别的航道。这种

4 屝履：指草鞋。

5 窗牖：窗户。

6 闸河：即运河。因运河中设闸调节水位而名。

安等小河起，至钱塘而止，更无他涉。舟制箬篷如卷瓦[7]为上盖，缝布为帆，高可二丈许，绵索张带。初为布帆者，原因钱塘有潮涌，急时易于收下。此亦未然，其费似侈于篾席，总不可晓。

福建清流、梢篷船：其船自光泽、崇安两小河起，达于福州洪塘而止，其下水道皆海矣。清流船以载货物、客商，梢篷制大差可坐卧，官贵家属用之。其船皆以杉木为地。滩石甚险，破损者其常，遇损则急舣（yǐ）[8]向岸搬物掩塞。船梢径不用舵，船首列一巨招，捩头使转。每帮五只方行，经一险滩则四舟之人皆从尾后曳缆，

船用箬竹叶编成拱形的篷当顶盖，用棉布缝成风帆，高两丈多，帆索也是棉质的。当初采用布帆，据说是因为钱塘江有潮涌，当情形危急时布帆更容易收下来。但也未必一定是这个原因，它的造价比起篾席的帆要高好多，很难弄明白当地要使用棉布船帆的原因。

福建清流、梢篷船：这两种船仅航行于由光泽、崇安两小河起到福州洪塘为止的一段，再下去的水道就是海了。清流船用于运载货物和客商，梢篷船则仅可供人坐卧，这是达官贵人及其家属所用的。这两种船都是用杉木做船底。途中经过的河滩礁石很危险，船只碰破或损坏的情况常常发生，遇到这种情况就要马上停船靠岸，抢卸货物以便堵塞漏洞。这种船的尾部不安装船舵，而是在船头安装一把叫作“招”的大桨来使船扭头转动。这种船出航每次要联合五只结伴才可开行，经过急流险滩时，后面四只船的人都要上岸用缆索往后拉住第一只船，以减慢它的速度。船工长年在外，即便是在寒冷的冬天也不穿鞋子，

7 卷瓦：本指陶瓮的弯拱，此处形容船篷。
8 舣：停船靠岸。

清 袁耀 《邗江胜览图》

邗江勝覽
時丁卯清和月袁耀畫

以缓其趋势。长年即寒冬不裹足，以便频濡[9]。风篷竟悬不用云。

四川八橹等船：凡川水源通江、汉，然川船达荆州而止，此下则更舟矣。逆行而上，自夷陵入峡，挽缱[10]者以巨竹破为四片或六片，麻绳约接[11]，名曰火杖。舟中鸣鼓若竞渡，挽人从山石中闻鼓声而咸力。中夏至中秋川水封峡，则断绝行舟数月。过此消退，方通往来。其新滩[12]等数极险处，人与货尽盘岸行半里许，只余空舟上下。其舟制腹圆而首尾尖狭，所以辟滩浪云。

黄河满篷梢：其船自

以便经常涉水。据说这种船的风帆竟是挂而不用的。

四川八橹等船：四川的水源本来是和长江、汉水相通的，但是四川的船只仅仅航行到湖北的荆州为止，再往下行驶就要更换另一种船了。从湖北宜昌进入三峡的船上水航行，拉纤的人用的是将大竹子破开成四片或六片，再用麻绳缠紧连接起来的竹纤，名叫火杖。船上的人击鼓像划船竞赛一样，拉纤的人在岸上山石之间听到鼓声都一起鼓劲。到中夏至中秋期间，江水涨满封峡，就停止行船几个月。直到水位下降，船只才继续通行往来。这段航道要经过湖北新滩等几处极其危险的地方，人与货物都要盘运上岸，转运半里多路，只剩下空船在江里行走。这种船腹部圆而两头尖狭，为的是能在险滩处劈波斩浪。

黄河满篷梢船：从黄河进入淮河，再从淮河进入河南的汴水，使用的都是这种船。造满篷梢船的材质是楠木，工

9 频濡：常常涉水。

10 缱：同“纤（qiàn）”。拉船用的绳索。

11 约接：连接。约，缠束。

12 新滩：一名青滩。在湖北秭归县东，为长江中险滩之一。

河入淮，自淮溯汴用之。质用楠木，工价颇优。大小不等，巨者载三千石，小者五百石。下水则首颈之际，横压一梁，巨橹两枝，两旁推轧而下。锚、缆、篷、帆制与江、汉相仿云。

广东黑楼船、盐船：北自南雄，南达会省，下此惠、潮通漳、泉则由海汊乘海舟矣。黑楼船为官贵所乘，盐船以载货物。舟制两旁可行走。风帆编蒲为之，不挂独竿桅，双柱悬帆不若中原随转。逆流凭借缱力，则与各省直同功云。

黄河秦船俗名摆子船：造作多出韩城，巨者载石数万钧顺流而下，供用淮、徐地面。舟制首尾方阔均等，仓梁平下不甚隆起。急流顺下，巨橹两旁夹推，来往不

本费相当高。船的大小不等，大的可以载重三千石，小的载五百石。顺水行驶时，在船头与船身交接处安上一根横梁伸出船的两边，挂上两把粗大的橹，人在船两边摇橹使船顺水而下。至于铁锚、缆索、纤索和风帆等的规格，和长江、汉水中的船大致相同。

广东黑楼船、盐船：北起广东南雄、南到广州都使用这两种船，但从广东的惠州、潮州通行至福建的漳州、泉州，就应在河道的出海岔口改乘海船了。黑楼船是达官贵人坐的，盐船是用来运载货物的。船的规格是它的两侧人可以行走。风帆是用蒲草席做成的，使用的不是单桅杆而是双桅杆，因此不像中原地区的船帆那样可以随意转动。逆水航行时要靠纤缆拖动，在这一点上和其他各省的都相同。

黄河秦船（俗名摆子船）：这种船大多出自陕西的韩城，大的可以装载数万斤石头，顺流而下，供淮阴、徐州一带使用。它的船头和船尾都一样宽，船舱和梁都比较低平，并不怎么凸起。当船顺着急流而下的时候，摇动两旁的巨橹使船推进，船的来往不必凭借风力。

冯风力。归舟挽缱多至二十余人，甚有弃舟空返者。

逆流返航时，往往在岸上拉纤的人多到二十多个，因此甚至有丢弃船只空手返回的。

明 佚名 《舟行图》

车

凡车利行平地。古者秦、晋、燕、齐之交，列国战争必用车，故千乘、万乘之号起自战国。楚、汉血争[1]而后日辟。南方则水战用舟，陆战用步马，北膺胡虏交使铁骑，战车逐无所用之。但今服马驾车以运重载，则今日骡车即同彼时战车之义也。

凡骡车之制有四轮者，有双轮者，其上承载支架，皆从轴上穿斗而起。四轮者前后各横轴一根，轴上短柱起架直梁，梁上载箱。马止脱驾之

车适合于平地上通行。古时候，陕西、山西、河北与山东之间的交往及各诸侯国之间的战争都必须使用车辆，因此所谓“千乘之国”“万乘之国”的称号都起自战国时期。项羽与刘邦血战之后，战车的使用才逐渐减少。南方的水战用的是船，陆战用的则是步兵和骑兵，向北进攻匈奴的军队，双方都使用骑兵，战车也就派不上用场了。但是现在人们又驭马驾车运载重物，可见今天的骡马车相当于过去的战车。

骡车有四轮的，也有双轮的，车上面的承载支架都是从轴那里连接上去的。四轮的骡车，前两轮和后两轮各有一根横轴，在轴上竖立的短柱上面架着纵梁，这些纵梁上面承载车厢。当停马脱驾时，车厢平正，就像坐在房子里那样安稳。两轮的骡车，行车时马在前头拉，车厢平正；停马脱驾时，则用短木向前

1 楚、汉血争：指秦末刘邦、项羽为争夺封建统治权的血战。项羽，西楚霸王。刘邦，汉王。血争，血战。

时，其上平整，如居屋安稳之象。若两轮者驾马行时，马曳其前则箱地平正，脱马之时则以短木从地支撑而住，不然则欹卸也。

凡车轮一曰辕[2]俗名车陀。其大车中毂（gǔ）[3]俗名车脑长一尺五寸见《小戎》朱注。所谓外受辐[4]、中贯轴者。辐计三十片，其内插毂，其外接辅[5]。车轮之中内集轮外接辋[6]，圆转一圈者是曰辅也。辋际尽头则曰轮辕也。凡大车脱时则诸物星散收藏。驾则先上两轴，然后以次间架。凡轼[7]、衡[8]、

抵住地面来支撑，否则车就会向前倾倒。

马车的车轮叫作辕（俗名叫作车陀）。这种大车中心装轴的毂（俗名叫车脑）周长一尺五寸（见《诗经·秦风·小戎》朱熹所注）。这是所谓外接辐条中穿车轴的一个重要部件。辐条共有三十片，它的内端插入毂中，外端连接轮的内缘（辅）。在车轮之中，由于它向内集中于辐，外接轮圈（辋），也是圆转一圈的，因此也叫作辅。轮圈（辋）外边就是整个轮的最外周，叫作轮辕。大车收车时，一般都把几个部件拆卸下来进行收藏。要用车时先装两轴，然后依次装车架、车厢。因为轼、衡、轸、轭等部件都是承载在轴上的。

四轮的大马车，运载量可达五十石，所用的骡马，多的有十二匹或者十匹，少的也有八匹。执鞭驾车的人位居车厢中间，站在高处。车前的马分为前

2 辕：车辕，车前驾牲畜的两根直木。

3 毂：车轮中心插轴的部分。亦泛指车轮。

4 辐：车轮中连接车毂和车辋的一条直棍。

5 辅：本指加在车轮外的两根直木，以加强车辐的承受力。这里指内接车辐而外顶轮圈的内缘。

6 内集轮外接辋：轮，当为“辐”；辋，车轮的轮圈，即车轮周围的圆形框子。

7 轼：车厢前面供人凭依的横木。

8 衡：车辕前端的横木。

轸[9]、轭[10]皆从轴上受基也。

凡四轮大车量可载五十石，骡马多者或十二挂或十挂，少亦八挂。执鞭掌御者居箱之中，立足高处。前马分为两班战车四马一班，分骖、服[11]。纠黄麻为长索分系马项，后套总结收入衡内两旁。掌御者手执长鞭，鞭以麻为绳，长七尺许，竿身亦相等，察视不力者鞭及其身。箱内用二人踹[12]绳，须识马性与索性者为之。马行太紧则急起踹绳，否则翻车之祸从此起也。凡车行时遇前途行人应避者，则掌御者急以声呼，则群马皆止。凡马索总系透衡入箱处，皆以牛皮

后两排（战车以四匹马为一排，靠外的两匹叫作骖，居中的两匹叫作服），用黄麻拧成长绳，分别系住马脖子，收拢成两束，并穿过车前中部横木（衡）进入厢内左右两边。驾车人手执长鞭，鞭是用麻绳做的，约七尺长，鞭竿长度与鞭长相等，看到有不卖力气的马，就挥鞭打到它身上。车厢内要安排两个人负责踩绳，这两人必须识马性和会掌绳子。如果马跑得太快，就要立即踩住缰绳，否则可能发生翻车事故。车在行进时，如果前面遇到行人应停车让路的，驾车人就要立即发出吆喝声，这样群马就都会停下来。马缰绳收拢成束并透过衡（前横木）进入车厢那一段，都要用牛皮束缚，这就是《诗经》中所说的“游环胁驱”。

大车在中途喂马时，不必将马牵入马厩里，车上载有柳条盘，解索后让马就地进食。乘车的人上下车都

9 轸：车厢后边的横木。

10 轭：驾车时驾在牲口颈上的曲木。

11 骖、服：古代驾车的四马，居中驾辕者称服，位于两侧者称骖。

12 踹：踏，踩。即用脚踩。

合掛大車圖

箱
衡

束缚，《诗经》所谓“胁驱[13]”是也。

凡大车饲马不入肆舍，车上载有柳盘，解索而野食[14]之。乘车人上下皆缘小梯。凡过桥梁中高边下者，则十马之中择一最强力者系于车后。当其下坂，则九马从前缓曳，一马从后竭力抓住，以杀其驰趋之势，不然则险道也。凡大车行程，遇河亦止，遇山亦止，遇曲径小道亦止。徐、兖、汴梁之交或达三百里者，无水之国所以济舟楫之穷也。

凡车质惟先择长者为轴，短者为毂，其木以槐、枣、檀、榆用榔榆为上。檀质太久劳则发烧，有慎用者合抱枣、槐，其

要经由小梯。凡是经过坡度比较大的桥梁时，就要在十匹马之中选出最强壮有力的一匹，系在车的后面。下坡时，前面九匹马缓慢地拉，后面一匹马拼命把车拖住，以减缓车速，不然就会有危险了。大车在行进过程中，遇到河流、山岭和曲径小道都要停下来。徐州、兖州和河南汴梁一带，方圆三百里很少有河流和湖泊，马车正好用以弥补船舶水运的不足。

造车的木料，先要选用长的做车轴，短的做毂（轴承），以槐木、枣木、檀木和榆木（用榔榆）为上等材料。因为黄檀木摩擦久了会发热，所以有些谨慎细心的人就选用两手才能合抱的枣木或者槐木来做，那当然是最好的了。轸、衡、车厢及轭等其他部件，则是各种木材都可以做。

此外，用牛车装载草料的以山西为最多。到了路窄的地方，就在牛

13 胁驱：语出《诗经·秦风·小戎》“游环胁驱”。游环是结在服马颈套上的活动皮环，用它贯串两旁骖马的外辔，控制它不乱跑。胁驱是装在马胁两旁的皮扣，连在拉车的皮带上，也是控制骖马用的。

14 野食：即野饲，就地喂马。

至美也。其余轸、衡、箱、轭则诸木可为耳。

此外，牛车以载刍[15]粮，最盛晋地。路逢隘道则牛颈系巨铃，名曰报君知，犹之骡车群马尽系铃声也。又北方独辕车，人推其后，驴曳其前，行人不耐骑坐者，则雇觅之。鞠席[16]其上以蔽风日。人必两旁对坐，否则欹倒。此车北上长安、济宁径达帝京。不载人者，载货约重四五石而止。其驾牛为轿车者，独盛中州[17]。两旁双轮，中穿一轴，其分寸平如水。横架短衡列轿其上，人可安坐，脱驾不欹。其南方独轮推车，则一人之力是视。容载二石，遇坎即止，最远者止达百里而已。其余难以枚述。但生于南方者不见大

颈上系个大铃，名叫“报君知”，正如一般骡马车的牲口都系上铃铛一样。还有北方的独辕车，驴子在前面拉，人在后面推，不能持久骑坐牲口的旅客常常租用这种车。车的座位上面有拱形席，用以挡风和遮阳。旅客一定要两边对坐，不然车子就会倾倒。这种车子，可以北上至陕西的西安和山东的济宁，还可以直达北京。不载人时，载货最多的可达四五石。还有一种用牛拉的轿车，只盛行于河南。这种车两旁有双轮，中间穿过一条横轴，轴装得非常平。再架起几根短横木，轿就安置在上面，人坐在轿中很安稳，牛停下来脱驾时车也不会倾倒。至于南方的独轮推车，就只能看一个人的力气有多大。这种车可以载重两石，遇到高低不平的坎就过不去，最远也只能走一百里。其余的各种车辆难以一一列举。只是考虑到南方人没有见过大骡车，而北方人又

15 刍：牲口吃的草料。

16 鞠席：拱形席。鞠，弯曲，拱曲。

17 中州：今河南省。因其地在古代九州的中央而得名。

圖車轅

雙

南方獨推車圖

车，老于北方者不见巨舰，故粗载之。

没有见过大船只，因而粗略地介绍了一下。

宋　张齐翰　《秉烛夜游图》

锤锻第十

宋子曰：金木受攻而物象曲成。世无利器，即般、倕(chuí)[1]安所施其巧哉？五兵[2]之内，六乐[3]之中，微[4]钳锤之奏功也，生杀之机泯[5]然矣。同出洪炉烈火，小大殊形。重千钧者系巨舰于狂渊，轻一羽者透绣纹于章服[6]。使冶钟铸鼎之巧，束手而让神功焉。莫邪、干将[7]，双龙飞跃，毋其说亦有征[8]焉者乎？

宋先生说：金属和木材经过加工而成为各式各样的器物。假如世界上没有精良的工具，即使是鲁班和倕这样的能工巧匠，又怎么能施展他们精巧的技艺呢？各种兵器及各种金属乐器，如果没有钳子和锤子发挥作用，它们的功用也就被泯灭了。同样出自熔炉烈火，各种器物的大小形状都不一样。有重达千钧能在狂风巨浪中系住大船的铁锚，也有轻如羽毛的可在礼服上刺绣出花样的小针。这就使得冶铸钟鼎的技巧不得不束手让位于锤锻五金所铸就的奇功了。莫邪、干将这两把雌雄宝剑，传说后来还化成双龙在空中飞跃，这个传说大概也有它的根据吧！

1 般、倕：般，公输般，即鲁班。春秋时鲁国的巧匠。传说曾创造攻城的云梯和磨粉的硙，发明多种木作工具，被后世建筑工匠、木匠尊为“祖师”。倕，相传为中国上古尧舜时代的一名巧匠，善作弓、耒、耜等。

2 五兵：五种兵器，所指不一。这里泛指武器。

3 六乐：古指钟、镈（bó）、錞（chún）、镯（zhuó）、铙（náo）、铎（duó）六种金属乐器。这里泛指金属乐器。

4 微：无，没有。

5 泯：灭，消失。

6 章服：用不同图案、花饰标志官阶品级的礼服。

7 莫邪、干将：春秋时在吴国制成的两把著名宝剑，以当时铸剑者夫妇的名字命名。

8 征：证据，证明，根据。

北宋　赵佶　《听琴图》（局部）

治　铁

凡治铁成器，取已炒熟铁[1]为之。先铸铁成砧，以为受锤之地。谚云“万器以钳为祖”，非无稽之说也。凡出炉熟铁名曰毛铁。受锻之时，十耗其三为铁华[2]、铁落[3]。若已成废器未锈烂者名曰劳铁[4]，改造他器与本器，再经锤锻，十止耗去其一也。凡炉中炽铁用炭，煤炭居十七，木炭居十三。凡山林无煤之处，锻工先择坚硬条木烧成火墨[5]，俗名火矢，扬烧不闭穴火。其炎更烈于煤。即用煤炭，

锻造铁成为器具，是采用已由生铁炼成的熟铁。先将铁铸成砧，作为承受敲打的垫座。俗话说“万器以钳为祖”，这并不是没有根据的。刚出炉的熟铁，叫作毛铁，锻打时有十分之三会变成铁花和铁屑被耗损掉。已经成为废品但还没锈烂的铁器叫作劳铁，用它做成别的或者原样的铁器，再经锤锻只会耗损十分之一。铁炉中熔化铁所用的炭，其中煤炭约占十分之七，木炭约占十分之三。山区没有煤的地方，锻工便选用坚硬的木条烧成坚炭（俗名叫作火矢，它燃烧时不会变为碎末而堵塞通风口），它的火焰比烧煤更加猛烈。煤炭当中有一种叫作铁炭的，特点是燃烧起来火焰并不明显但是温度很高，它与通常烧饭所用的煤形状相似，但不是同类。

1 熟铁：亦称“软铁”“锻铁”“纯铁”。由铁矿石用碳直接还原，或由生铁熔化并将杂质氧化而得到的铁材。

2 铁华：铁花。

3 铁落：打铁时飞溅出的铁屑。

4 劳铁：废铁。

5 火墨：一种较坚硬的木炭，也叫“坚炭”。

亦别有铁炭[6]一种，取其火性内攻，焰不虚腾者，与炊炭同形而有分类也。

凡铁性逐节粘合，涂上黄泥于接口之上，入火挥槌，泥滓成枵(xiāo)而去，取其神气为媒合。胶结之后，非灼红斧斩，永不可断也。凡熟铁、钢铁已经炉锤，水火未济，其质未坚。乘其出火时，入清水淬[7]之，名曰健钢、健铁。言乎未健之时，为钢为铁，弱性犹存也。凡焊铁之法，西洋诸国别有奇药。中华小焊用白铜末，大焊则竭力挥锤而强合之，历岁之久终不可坚。故大炮西番有锻成者，中国则惟事冶铸也。

铁的特性是，逐节接合起来时，要在接口处涂上黄泥，上火烧红后立即挥锤锤合，那些泥渣就会全部飞掉，这是利用它的“气”来作为媒介。锤合之后，要不是烧红了再砍开的话，它是永远不会断的。熟铁或者钢铁烧红锤锻之后，由于水火还未完全配合起来并且相互作用，因此质地还不够坚韧。趁它们出炉时将其突然浸入清水中，使之急速冷却（淬火），便是人们所说的“健钢”和“健铁”。这就是说，钢铁在未淬火变硬之前，它在性质上还是脆弱的。至于焊铁的方法，西方各国另有一些特殊的焊接材料。我国的小焊是用白铜粉作为焊接材料，大的焊接则是尽力敲打使之强行黏合，然而过了一些年月后，接口也就脱焊而不牢固了。因此，制造大炮在西方有的是锻造而成的，中国则完全是靠铸造而成的。

6 铁炭：一种火焰不高的碎煤。

7 淬：使钢质变硬的淬火法。即把金属加热到一定温度后，将金属浸入冷却剂（水或盐水）中急速冷却。这一热处理技术早在我国春秋时代就已发明。

斤　斧

凡铁兵薄者为刀剑，背厚而面薄者为斧斤[1]。刀剑绝美者以百炼钢包裹其外，其中仍用无钢铁[2]为骨。若非钢表铁里，则劲力所施即成折断。其次寻常刀斧，止嵌钢于其面。即重价宝刀可斩钉截凡铁者，经数千遭磨砺，则钢尽而铁现也。倭国刀背阔不及二分许，架于手指之上不复欹倒，不知用何锤法，中国未得其传。

凡健刀斧皆嵌钢、包钢，整齐而后入水淬之。其快利则又在砺石成功也。凡匠斧与椎（chuí）[3]，其中空管受柄处，皆先打冷铁为骨，名曰羊头，然后热铁包裹，

铁制的兵器之中，薄的叫作刀剑，背厚而刃薄的叫作斧头或者砍刀。最好的刀剑，外面包的是百炼钢，里面仍然用熟铁当骨架。如果不是钢面铁骨的话，猛一用力它就会折断。通常所用的刀斧，只是嵌钢在刃部表面。即使是能够斩金截铁的贵重宝刀，磨过几千次以后，也会把钢磨尽而现出铁来。日本出产的一种刀，刀背还不到两分宽，架在手指上却不会倾倒，不知道是用什么方法锻造出来的，这种技术还没有传到中国来。

凡是健刀健斧，都要先嵌钢或者包钢，锻锤整齐后再浸入水中淬火。要使它锋利，还得在磨石上多下功夫才行。锻打斧头和铁锤装木柄的中空管子，都要先锻打一条铁模当作冷骨，名叫羊头，然后把烧红的铁包在这条

1 斤：砍刀。

2 无钢铁：熟铁。即仍用熟铁做骨架。

3 椎：槌、锤之类捶击工具。

冷者不沾，自成空隙。凡攻石椎日久四面皆空，熔铁补满平填，再用无弊。

铁模上敲打。冷铁模不会黏住热铁，取出来后自然形成中空管子。打石用的锤子用久了四面都会凹陷下去，用熔铁水补平后继续使用也没什么问题。

清　佚名　《民间生活图册》之铁匠

锄、镈[1]

凡治地生物，用锄、镈之属，熟铁锻成，熔化生铁淋口，入水淬健，即成刚劲。每锹、锄重一斤者，淋生铁三钱为率，少则不坚，多则过刚而折。

凡是开垦土地、种植庄稼这些农活，都要使用锄和宽口锄这类农具。它们都是先用熟铁锻打成形，再熔化生铁淋在锄口上，入水淬火之后，就会变得十分坚硬了。锻造时，锹、锄每重一斤，需淋生铁熔液三钱，生铁淋少了不够刚硬，淋多了又会过于硬脆而容易折断。

清　徐扬　《高宗御题农具十咏册》之稻田桥锄

1 镈：一种锄草用的宽口锄。

鎈

凡铁鎈纯钢为之，未健之时钢性亦软。以已健钢錾(zàn)[1]划成纵斜文理，划时斜向入，则文方成焰。划后烧红，退微冷，入水健。久用乖平，入火退去健性，再用錾划。凡鎈开锯齿用茅叶鎈，后用快弦鎈。治铜钱用方长牵鎈，锁钥之类用方条鎈，治骨角用剑面鎈。朱注所谓鑢鐋(lǜ tàng)[2]。治木末则锥成圆眼，不用纵斜文者，名曰香鎈。划鎈纹时，用羊角末和盐醋先涂。

锉刀是用纯钢制成的，在锉刀淬火之前，它的钢质锉坯也还是脆软的。这时先用经过淬火的硬钢小凿在锉坯表面划出成排的纵纹和斜纹，注意在划凿锉纹时要斜向进刀，纹沟才能有火焰似的锋芒。划凿之后再将锉刀烧红，取出来稍微冷却一下，放进水中进行淬火变硬。锉刀用久了会变得平滑，这时应先行退火使得钢质变软，然后用钢凿划凿出新的纹沟。使用锉刀，开锯齿可以先用三角的茅叶锉，再用半圆的快弦锉。修平铜钱可用方长牵锉，加工锁和钥匙一类可用方条锉，加工骨角可用剑面锉。（朱熹《四书集注》中所说的“鑢鐋”。）加工木器钻成圆孔，不必用纵纹和斜纹的钢锉，而用一种木工专用的香锉。（凿划锉纹时，要先将盐、醋及羊角粉拌和，涂上后再凿。）

1 錾：同“鏨”，一种平口小凿，用以攻凿金属或石头等坚硬质料。

2 鑢鐋：磋磨。鑢，是磋磨骨角铜铁等的工具。鐋，平木石器。

锥

凡锥熟铁锤成，不入钢和。治书编[1]之类用圆钻，攻皮革用扁钻。梓人[2]转索通眼、引钉合木者，用蛇头钻。其制颖[3]上二分许，一面圆，二面剜入，旁起两棱，以便转索。治铜叶用鸡心钻，其通身三棱者名旋钻，通身四方而末锐者名打钻。

钻孔的锥子是用熟铁锤击成的，不必掺入钢。装订书刊之类的东西用的是圆钻，穿缝皮革等用的是扁钻。木工转索钻孔以便引钉拼合木板时用的是蛇头钻。蛇头钻的钻头有两分长，一面为圆弧形，两面挖有空位，旁边起两个棱角，以便于蛇头钻转动时更容易钻入。钻铜片用的是鸡心钻，鸡心钻身上有三条棱的叫旋钻，钻身四方而末端尖的叫打钻。

清　佚名　《民间生活图册》之鞋匠

1 治书编：指装订书刊。
2 梓人：亦称梓匠，即木匠。
3 颖：指工具的尖端或尖锐部分。

锯

凡锯熟铁锻成薄条，不钢[1]，亦不淬健。出火退烧后，频加冷锤坚性[2]，用鎈开齿。两头衔木为梁，纠篾张开，促紧使直。长者刮木，短者截木，齿最细者截竹。齿钝之时，频加鎈锐而后使之。

凡锻造锯片，先把熟铁锻打成薄条，锻造中既不掺杂钢也不需要淬火。把薄条烧红取出来退火以后，再不断地锤打，使它变得坚韧，然后用锉刀开齿。锯条的两端衔接短木作为锯把，中间连接一条横梁，用竹篾纠扭使锯片张开绷直。长锯用来锯开木料，短锯用来截断木料，锯齿最细的可用来锯断竹子。锯齿磨钝时，就用锉刀将一个个锯齿锉得锋利，然后就可以继续使用了。

清　佚名　《民间生活图册》之木匠

1 不钢：不加钢。
2 坚性：增强其坚韧性。

刨

凡刨磨砺嵌钢寸铁，露刃秒忽[1]，斜出木口之面，所以平木，古名曰准。巨者卧准露刃，持木抽削，名曰推刨，圆桶家使之。寻常用者横木为两翅，手执前推。梓人为细功者，有起线刨，刃阔二分许。又刮木使极光者名蜈蚣刨，一木之上，衔十余小刀，如蜈蚣之足。

刨子是把一寸宽的嵌钢铁片磨得锋利，稍微露出点刃口，斜向插入木刨框中，用来刨平木料的工具，古名叫作准。大的刨子是仰卧露出点刃口的，用手拿着木料在它的刃口上抽削，这种刨叫作推刨，制圆桶的木工要用它。平常用的刨子，在刨的木框上穿上一条横木，像一对翅膀，手执横木往前推。精细的木工还备有起线刨，这种刨子的刃口宽两分。还有一种能把木面刮得极为光滑的，叫作蜈蚣刨，是在一个刨框上装十几把小刨刀，好像蜈蚣的脚。

清　佚名　《民间生活图册》之做木桶

1 秒忽：犹丝毫。比喻细微。

凿

凡凿熟铁锻成，嵌钢于口，其本空圆，以受木柄。先打铁骨为模，名曰羊头，杓柄同用。斧从柄催，入木透眼。其末[1]粗者阔寸许，细者三分而止。需圆眼者则制成剜凿为之。

凿子是用熟铁锻造而成的，凿子的刃口部嵌钢，上身是一截圆锥形的空管，是用来装进木柄的。（锻凿时先打一条圆锥形的铁骨做模，这叫作羊头，加工铁勺的木柄也要用到它。）用斧头敲击凿柄，凿子的刃就能插入木料而凿出孔。凿子的刃口宽的一寸，窄的约三分。需要凿圆孔的，则要另外制作一种弧形刃口的剜凿来做。

清　佚名　《民间生活图册》之刻字

1 其末：指凿口，即刃口。

锚

凡舟行遇风难泊，则全身系命于锚。战船、海船有重千钧者。锤法先成四爪，以次逐节接身。其三百斤以内者用径尺阔砧，安顿炉旁，当其两端皆红，掀去炉炭，铁包木棍夹持上砧。若千斤内外者则架木为棚，多人立其上共持铁链。两接锚身，其末皆带巨铁圈链套，提起捩转，咸力[1]锤合。合药不用黄泥，先取陈久壁土筛细，一人频撒接口之中，浑合方无微罅。盖炉锤之中，此物其最巨者。

每当船只航行遇到大风难以靠岸停泊的时候，全船身家性命就完全依靠锚了。战船或者海船的锚，有重量达到上万斤的。它的锻造方法是先锤成四个铁爪子，然后将铁爪子逐一接在锚身上。三百斤以内的铁锚，可以先在炉旁安一块直径一尺的砧，当锻件的接口两端都已烧红，便掀去炉炭，用包着铁皮的两根木棍把它夹持着抬到砧上锤锻。如果是一千斤左右的铁锚，则要先搭建一个木棚，让许多人都站在棚上，一齐握住铁链，铁链的另一端套住锚身两端的大铁环，把锚吊起来并按需要使它转动，众人合力把锚的四个铁爪逐个锤合上去。接铁用的黏合药不是黄泥，而是筛过的旧墙泥粉，由一个人不断地把泥粉撒在接口上，一起与铁质锤合，这样，接口才不会有缝隙。在炉锤工艺中，锚算是最大的锻造物件了。

1 咸力：合力。咸，都，全，共同。

錘錨圖

针[1]

凡针先锤铁为细条。用铁尺一根，锥成线眼，抽过条铁成线，逐寸剪断为针。先鎈其末成颖，用小槌敲扁其本[1]，钢锥穿鼻，复鎈其外。然后入釜，慢火炒熬。炒后以土末入松木火矢、豆豉三物罨(yǎn)[2]盖，下用火蒸。留针二三口插于其外，以试火候。其外针入手捻成粉碎，则其下针火候皆足。然后开封，入水健之。凡引线成衣与刺绣者，其质皆刚。惟马尾刺工为冠者，则用柳条软针。分别之妙，在于水火健法云。

制造针一般是先将铁片锤成细条。再用铁尺一根，在上面钻出小孔作为线眼，然后将细铁条从线眼中抽过便成铁线，将铁线逐寸剪断就成了针坯。先把针坯的一端锉尖，而另一端用小锤打扁，再用钢锥钻出针鼻（穿针眼），又把针的周身锉平整。这时再把针放入锅里，用慢火炒。炒过之后，用泥粉、松木炭和豆豉这三种混合物掩盖，下面再用火蒸。留两三根针插在混合物外面作为观察火候之用。当外面的针完全氧化到能用手捻成粉末时，表明混合物盖住的针已经达到火候了。然后开封，浸入水中淬火变硬，便做成针了。凡是缝衣服和刺绣所用的针，质地都硬。只有福州附近的马尾镇的工人缝帽子所用的针才比较软，因而又叫柳条针。针与针之间的软硬差别的诀窍就在于淬火方法的不同。

1 其本：指针尖的另一端。
2 罨：掩覆。

抽線琢鍼圖

冶　铜

凡红铜升黄[1]而后熔化造器，用砒升者为白铜器，工费倍难，侈者事之。凡黄铜，原从炉甘石升者不退火性受锤；从倭铅升者出炉退火性，以受冷锤。凡响铜入锡参和法具《五金》卷成乐器者，必圆成无焊。其余方圆用器，走焊、炙火粘合。用锡末者为小焊，用响铜末者为大焊。碎铜为末，用饭粘和打，入水洗去饭。铜末具存，不然则撒散[2]。若焊银器，则用红铜末。

凡锤乐器，锤钲(zhēng)[3]

纯净的红铜要加锌熔炼成黄铜（铜锌合金）后才能制造成各种器物，如果加砒霜等配料冶炼，红铜就合炼成白铜，白铜加工困难、成本高，只有奢侈的有钱人家才用到它。熔炼黄铜，由一种含碳酸锌的矿石——炉甘石升炼而成的黄铜，熔化后要趁热敲打；若是加入锌而冶炼成的，则要在熔化出炉后经过退火冷却再锤击。铜和锡的合金（制法详见本书《五金第十四》卷）叫作响铜，用来做乐器，制造时要用完整的一块加工而不能由几部分焊接而成。而其他的方形或者圆形的铜器，却可以通过走焊或者加温黏合。用锡粉做焊料的为小件焊接，用响铜做焊料的为大件焊接。（把铜打碎加工成粉末，要用米饭黏合着舂打，再泡入水中把饭渣洗掉便能得到铜粉了。如果不用米饭黏合，舂打时铜粉就会四处飞散。）若是焊接银器，就要用红铜粉做焊料。

1 红铜升黄：由红铜加锌或炉甘石熔炼成黄铜，即铜锌合金。

2 撒散：分散，散落。

3 钲：即后文的“丁宁”。古代军中的一种乐器。形似钟而狭长，有柄，击之发声，用铜制成。

俗名锣不事先铸，熔团即锤。锤镯[4]俗名铜鼓与丁宁，则先铸成圆片，然后受锤。凡锤钲、镯皆铺团于地面。巨者众共挥力，由小阔开，就身起弦声，俱从冷锤点发。其铜鼓中间突起隆炮，而后冷锤开声。声分雌与雄[5]，则在分厘起伏之妙。重数锤者，其声为雄。凡铜经锤之后，色成哑白，受鎈复现黄光。经锤折耗，铁损其十者，铜只去其一。气腥而色美，故锤工亦贵重铁工一等云。

锤制乐器时，锤钲（俗称锣）不必事先铸造，而是把铜熔成一团之后直接锤打。锤镯（俗称铜鼓）和丁宁的时候，就要先铸成圆片，然后锤打。无论是锤钲还是锤镯，都要把铜块或铜片铺在地上进行敲打。其中大的铜块或者铜片还要众人齐心合力敲打才行，铜块或铜片由小逐渐展阔，冷件敲打会从物体本身发出类似于弦乐的声音，在铜鼓中心要打出一个凸起的圆泡，然后用冷锤敲定音色。声音分为高音与低音，关键在于圆泡的厚薄及深浅的细微差别。重打数锤的，铜片变薄，它的音调就比较低。铜质经过锤打后，表层会变成哑白色而无光泽，但是经过锉工加工之后又呈现黄色而恢复光泽了。金属经过锤打的损耗量，铁的损耗量为十，而铜只损失其一。铜有腥味而色泽美观，所以说铜匠要比铁匠高出一等。

4 镯：古代军中乐器，钟状小铃。

5 声分雌与雄：即声音分高低，高音尖为雌，低音沉为雄。

錘鉦與鐲圖

燔石[1]第十一

宋子曰：五行之内，土为万物之母。子之贵者，岂惟五金[2]哉。金与火相守而流，功用谓莫尚焉矣。石得燔而成功，盖愈出而愈奇焉。水浸淫而败物，有隙必攻，所谓不遗丝发者。调和一物以为外拒，漂海则冲洋澜，粘甃[3]则固城雉。不烦历候远涉，而至宝得焉。燔石之功，殆莫之与京[4]矣。至于矾现五色之形[5]，硫为群石之将，皆变化于烈火。

宋先生说：在水、火、木、金、土这五行之中，土是产生万物的根本。从土中产生的众多物质之中，贵重的岂止有金属这一类啊！金属和火相互作用而熔融流动，这种功用真可以算是足够大的了。石头经过烈火焚烧而成就它的功用，好像是越来越奇特了。水会浸坏东西，只要有空隙，水就必定会渗透，可说是连一根头发丝那么小的裂缝都不放过。但是，有了石灰这一类调和以填补缝隙的东西，用它来填补船缝就能确保大船经得起海洋波澜的冲击，用来砌砖筑城则能使城墙坚固。人们并不需要经过多长时间或长途跋涉就能得到这种宝物。因此，大概没有什么东西比烧石的功用更大的了。至于矾能呈现出五色的形态，硫黄能成为群石的主将，这些也都是从烈火中变化生成的。炼丹术可以说是

1 燔石：烧矿石。燔，焚烧。

2 五金：金、银、铜、铁、锡。这里泛指金属。

3 甃：原意是指以砖瓦等砌的井壁。此处指砖石墙壁。

4 京：大。

5 矾现五色之形：矾石呈现五种颜色的形态，指白矾（明矾）、青矾（绿色）、红矾、黄矾、胆矾（蓝色）。

巧极丹铅炉火[6]，方士纵焦劳唇舌，何尝肖[7]像天工之万一哉！

最巧妙不过的了，然而，尽管炼丹术士费尽唇舌地吹嘘，又怎能比得上自然力的万分之一呢！

明　仇英　《玉洞烧丹》（局部）

6 丹铅炉火：指炼丹术。丹即丹砂，铅即铅汞，都是炼丹的主要材料。

7 肖：类似，相似，这里为比得上。

石　灰

凡石灰经火焚炼为用。成质之后，入水永劫不坏。亿万舟楫，亿万垣墙，窒隙防淫，是必由之。百里内外，土中必生可燔石[1]。石以青色为上，黄白次之。石必掩土内二三尺，掘取受燔，土面见风者[2]不用。燔灰火料煤炭居十九，薪炭居十一。先取煤炭、泥，和做成饼，每煤饼一层叠石一层，铺薪其底，灼火燔之。最佳者曰矿灰，最恶者曰窑滓灰。火力到后，烧酥石性，置于风中久自吹化成粉。急用者以水沃之，亦自解散。

石灰是由石灰石经过烈火煅烧而成的。石灰石一旦烧成了石灰这种物质之后，即便遇到水也永远不会变坏。多少船只，多少墙壁，凡是需要填隙防水的，一定要用到它。方圆百里之内，必定会有可供煅烧石灰的矿石。这种矿石以青色的为最好，黄白色的则差些。这种石灰石一般埋在地下二三尺，可以挖取进行煅烧，但表面已经风化的就不能用了。煅烧石灰的燃料，用煤的约占十分之九，用柴火或者炭的约占十分之一。先把煤掺泥做成煤饼，然后一层煤饼一层石相间着堆砌，底下铺柴引燃煅烧。质量最好的叫作矿灰，最差的叫作窑滓灰。火候足后，石头就会变脆，放在空气中会慢慢风化成粉末。需急用的时候洒上水，也会自动散开。

石灰若用来补塞船缝，就与桐油、鱼油调拌后再加上舂烂的厚绢、细罗，

1 可燔石：可烧成石灰的矿石，即石灰石，主要含碳酸钙。
2 见风者：即已风化的。

煤餅燒石成灰
燒蠣房法

凡灰用以固舟缝，则桐油、鱼油调，厚绢、细罗和油杵千下塞艌[3]。用以砌墙石，则筛去石块，水调粘合。甃墁[4]则仍用油灰。用以垩墙壁[5]，则澄过入纸筋涂墁。用以襄墓及贮水池，则灰一分，入河沙、黄土二分，用糯粳米、羊桃藤[6]汁和匀，轻筑坚固，永不隳(huī)坏[7]，名曰三和土[8]。其余造淀造纸，功用难以枚述。凡温、台、闽、广海滨石不堪灰者，则天生蛎蚝[9]以代之。

用木杵沾着油灰一下一下去塞补船缝。用石灰来砌墙砌石块，则要先筛去石灰中的石块，再用水调匀黏合。用石灰来砌砖铺地面，则仍用油灰。用来粉刷或者涂刷墙壁时，则要先将石灰水澄清，再加入纸筋，然后涂刷。用来造坟墓或者建蓄水池时，则是用一份石灰加两份河沙和黄泥，再用粳糯米饭和猕猴桃汁拌匀，轻轻筑一下便很坚固，永远不会毁坏，这就叫作三合土。石灰还有其他用途，如染色、造纸等，用途繁多而难以一一列举。但在温州、台州、福州、广州一带，沿海的石头不能用来煅烧石灰的，就寻找天然的牡蛎壳来代替它。

3 塞艌：塞船缝。指用油灰填塞船缝。
4 甃墁：用砖拌石灰砌墙铺地。
5 垩墙壁：涂刷墙壁。垩为白土，也作用白土涂刷。
6 羊桃藤：即猕猴桃藤，茎、皮都含有胶汁。
7 隳坏：毁坏。
8 三和土：即三合土，河沙、黄土、石灰三者混合而成的建筑材料。
9 蛎蚝：即牡蛎。壳含碳酸钙，烧后成石灰，叫蛎灰。

明　仇英　《春山吟赏图》（局部）

蛎灰

凡海滨石山傍水处，咸浪积压，生出蛎房，闽中曰蚝房。经年久者长成数丈，阔则数亩，崎岖如石假山形象。蛤之类压入岩中，久则消化作肉团，名曰蛎黄，味极珍美。[1]凡燔蛎灰者，执椎与凿，濡足取来，药铺所货牡蛎，即此碎块。叠煤架火燔成，与前石灰共法。粘砌城墙、桥梁，调和桐油造舟，功皆相同。有误以蚬(xiǎn)灰[2]即蛤粉为蛎灰者，不格物之故也。

海滨一些背靠石山面临海水的地方，由于咸质的海浪长期冲击，生长出一种蛎房，福建一带称为“蚝房”。经过长时间积累而形成的这种蛎房可以长到几丈高、几亩宽，外形高低不平，如同石头的假山一样。一些蛤蜊一类的生物被冲压进入像岩石似的蛎房里面，经过长久消化就变成了肉团，名叫“蛎黄”，味道非常鲜美。煅烧蛎灰的人，拿着椎和凿子，涉水将蛎房凿取下来（药房销售的牡蛎就是这种碎块），将蛎壳和煤饼叠砌在一起煅烧就变成石灰了，这与前面所说的烧石灰的方法相同。用它来砌城墙、桥梁，或调和桐油用来造船，功用都与石灰相同。有人误以为蚬灰（即蛤蜊粉）是牡蛎灰，是因为没有考察客观事物的缘故。

1 作者认为是“蛤之类”被压入蛎壳内时间久了化作肉团，“咸浪积压”而生成蛎房。实际上是牡蛎附在浅海岩石上，以随海漂游的浮游生物为食料，死后肉体腐烂而留下空壳，新的牡蛎又附着空壳生长，久而久之便形成“阔则数亩”的蛎壳堆积。可见作者观察有误。

2 蚬灰：蚬壳烧成的灰。蚬是一种淡水产的软体动物。虽蚬灰、蛎灰、蛤灰的主要成分都是氧化钙，与石灰同质，但蚬不是蛤，蚬灰不能叫“蛤粉”。原注有误。

鑿取蠣房

煤　炭

凡煤炭普天皆生，以供锻炼金、石之用。南方秃山无草木者，下即有煤，北方勿论。[1]煤有三种，有明煤、碎煤、末煤。明煤大块如斗许，燕、齐、秦、晋[2]生之。不用风箱鼓扇，以木炭少许引燃，熯(hàn)[3]炽达昼夜。其旁夹带碎屑，则用洁净黄土调水作饼而烧之。碎煤有两种，多生吴、楚。炎高者曰饭炭，用以炊烹；炎平者曰铁炭，用以冶锻。入炉先用水沃湿，必用鼓鞴后红，以次增添而用。末煤如面者，名曰自来风。泥水调成饼，入于炉内，既灼之后，与明

煤炭在全国各地都有出产，供冶金和烧石之用。南方不生长草木的秃山底下便有煤，北方却不一定是这样。煤大致有三种：明煤、碎煤和末煤。明煤块头大，有的像量具斗那么大，产于河北、山东、陕西及山西。明煤不必用风箱鼓风，只需加入少量木炭引燃，便能日夜炽烈地燃烧。明煤旁边夹带的碎屑，则可以用干净的黄土调水做成煤饼来烧。碎煤有两种，多产于江苏、安徽和湖北等地区。碎煤燃烧时，火焰高的叫作饭炭，用来煮饭烹调；火焰平的叫作铁炭，用于冶炼锻造。碎煤先用水浇湿，入炉后再鼓风才能烧红，以后只要不断添煤，便可继续燃烧。末煤呈粉状的叫作自来风，用泥水调成饼状，放入炉内，点燃之后，便和明煤一样，日夜

1 此说不确切。事实上我国南方大多数煤矿的地表都生长着茂盛的植物。
2 燕、齐、秦、晋：指今河北、山东、陕西、山西。
3 熯：燃烧。

煤相同，经昼夜不灭。半供炊爨(cuàn)[4]，半供熔铜、化石、升朱[5]。至于燔石为灰与矾、硫，则三煤皆可用也。

凡取煤经历久者，从土面能辨有无之色，然后掘挖，深至五丈许方始得煤。初见煤端时，毒气[6]灼人。有将巨竹凿去中节，尖锐其末，插入炭中，其毒烟从竹中透上，人从其下施钁拾取者。或一井而下，炭纵横广有，则随其左右阔取。其上枝板[7]，以防压崩耳。

凡煤炭取空而后，以土填实其井，以二三十年后，其下煤复生长[8]，取之不尽。其底及四周石卵，

燃烧不会熄灭。末煤有的用来烧火做饭，有的用来炼铜、熔化矿石及升炼朱砂。至于烧制石灰、矾或者硫，上述三种煤都可使用。

凡采煤久而有经验的人，从地面上的土质情况就能判断地下是不是有煤，然后往下挖掘，挖到五丈深左右才能得到煤。煤层出现时，毒气冒出能烧伤人。一种方法是将大竹筒的中节凿通，削尖竹筒末端，插入煤层，毒气便通过竹筒往上空排出，人就可以下去用大锄挖煤了。井下发现煤层向四方延伸，人可以横打巷道进行挖取。巷道上面要用木板支护，以防崩塌伤人。

煤层挖完以后，要用土把井填实，经过二三十年之后，井下的煤又会重生，取之不尽。煤层底板以及周围的一种石卵，被当地人叫作铜炭的，可以用来烧取皂矾和硫黄（详见后面

4 爨：烧火做饭。

5 升朱：炼取朱砂。升，升炼，犹升华。

6 毒气：煤井下的瓦斯，可燃的煤气、沼气，对人体有毒。

7 枝板：即支板，用木板支撑。

8 其下煤复生长：此说法错误。煤是由古代植物在地下经过长时间的地质变化和微生物作用形成的，短期内不能再生。

挖煤
毒烟氣
井内

土人名曰铜炭者，取出烧皂矾与硫黄。详后款。凡石卵单取硫黄者，其气熏甚，名曰臭煤，燕京房山、固安、湖广荆州等处间有之。凡煤炭经焚而后，质随火神化去，总无灰滓[9]。盖金与土石之间，造化别现此种云。凡煤炭不生茂草盛木之乡，以见天心之妙[10]。其炊爨功用所不及者，唯结腐一种而已。结豆腐者用煤炉则焦苦。

的条文）。只能用来烧取硫黄的铜炭，气味特别臭，叫作臭煤，在北京的房山、固安与湖北的荆州等地有时还可以采到。煤炭经过燃烧之后，煤质全都随火焰变化散去了，不会留下灰烬和渣滓。这是自然界中介于金属与土石之间的特殊品种。煤不产于草木茂盛的地方，可见自然界安排得十分巧妙。若说煤的炊事功用还有不足之处的话，那就只有不适合用于做豆腐而已。（用煤炉煮豆浆，结成的豆腐会有焦苦味。）

明　文俶　《金石昆虫草木状》握雪礐石

9 总无灰滓：此说欠妥。各种煤燃烧后都有灰滓。

10 天心之妙：指自然界安排的巧妙。

明　顾懿德　《春绮图》（局部）

矾石、白矾

凡矾燔石而成。白矾一种，亦所在有之。最盛者山西晋、南直无为[1]等州，值价低贱，与寒水石[2]相仿。然煎水极沸，投矾化之，以之染物，则固结肤膜之间，外水永不入，故制糖饯与染画纸、红纸者需之。其末干撒，又能治浸淫恶水[3]，故湿疮家[4]亦急需之也。

明矾是由矾石烧制而成的。白矾（即明矾）这种东西，到处都产，出产最多的是山西的晋州和安徽的无为州等地，它的价钱十分便宜，同寒水石的价钱差不多。然而，把水烧开之后，将明矾放入沸水中溶化并用它来染东西时，它就能够固结在所染物品的表面，使其他的水分永不渗入。所以，制蜜饯、染画纸、染红纸都要用到明矾。将明矾研磨成粉末后直接撒在患处，还能治疗流出臭水的湿疹和疱疮等病症，因此患有此类皮肤病的人也急需这种药物。

凡白矾，掘土取磊块石，层叠煤炭饼锻炼，如烧石灰样。火候已足，冷定入水。煎水极沸时，盘中有溅溢如物飞出，俗名蝴蝶矾者，

烧制明矾要先挖取矾石，将矾石块与煤饼逐层垒积进行烧炼，如同烧石灰一样。等到火候烧足的时候，让它自然冷却，再放入水中溶解。明矾的水溶液煮沸了，会看见盛盘中有一种东西飞溅出来，这东西俗名叫作蝴蝶矾，这时

1 南直无为：南直隶无为州，在今安徽省中部、长江水岸。属芜湖市。

2 寒水石：即石膏。

3 浸淫恶水：指流出臭水的各种皮肤疮疹。

4 湿疮家：指患有湿疮（湿疹）的人。

则矾成矣。煎浓之后，入水缸内澄。其上隆结曰吊矾，洁白异常。其沉下者曰缸矾。轻虚如棉絮者曰柳絮矾。烧汁至尽，白如雪者，谓之巴石。方药家煅过用者曰枯矾云。

明矾就制成功了。煮浓之后，要装入缸内澄清。上面凝结的一层，颜色非常洁白，叫作吊矾。沉淀在缸底的叫作缸矾。质地轻如棉絮的叫作柳絮矾。溶液蒸发干之后，剩下一种色白如雪的东西，叫作巴石。白矾经方药家煅制后用来当作粉药的，叫作枯矾。

南宋　马远　《梅石溪凫图》

青矾、红矾、黄矾、胆矾

凡皂、红、黄矾[1]，皆出一种而成[2]，变化其质。取煤炭外矿石俗名铜炭子，每五百斤入炉，炉内用煤炭饼自来风不用鼓鞴者千余斤，周围包裹此石。炉外砌筑土墙圈围，炉巅[3]空一圆孔如茶碗口大，透炎直上，孔旁以矾滓厚罨。此滓不知起自何世，欲作新炉者，非旧滓罨盖则不成。然后从底发火，此火度经十日方熄。其孔眼时有金色光直上。取硫，详后款。

煅经十日后，冷定取出。半酥杂碎者另拣

皂矾、红矾、黄矾，都是由同一物质（含铁的化合物）变化而来，性质却各不相同。先收取煤炭外层的矿石（俗名铜炭），每次放入炉中五百斤，再在炉内用一千多斤煤饼（不必鼓风就能燃烧的那种煤粉，名叫自来风）从周围包住这些矿石。在炉外修筑一堵土墙绕圈围着，炉顶留出一个圆孔，孔径如茶碗口那么大，让火焰直接从炉孔中透出，炉孔旁边用矾渣盖严实。（这种矾渣不知从什么时候开始就有了。凡是起新炉子，不用旧渣掩住炉孔就会烧不成功。）然后从炉底发火，估计这炉火要连续烧十天才能熄灭。燃烧时炉孔眼不时会有金色光焰冒出来。（具体如何取硫，后文将详细叙述。）

煅烧十天之后，等矾石冷却了才可取出。其中半酥碎的另外挑出，名叫时矾，用来煎炼红矾。那些像矿灰样的精

1 皂、红、黄矾：即青矾、红矾和黄色染料黄矾。

2 皆出一种而成：都出自含铁化合物。

3 炉巅：炉顶。

出，名曰时矾，为煎矾红用。其中精粹如矿灰形者，取入缸中浸三个时，漉[4]入釜中煎炼。每水十石煎至一石，火候方足。煎干之后，上结者皆佳好皂矾，下者为矾滓。后炉用此盖。此皂矾染家必需用[5]。中国煎者亦惟五六所。原石五百斤成皂矾二百斤，其大端也。其拣出时矾俗又名鸡屎矾，每斤入黄土四两，入罐熬炼，则成矾红。圬墁及油漆家用之。

其黄矾所出又奇甚，乃即炼皂矾炉侧土墙，春夏经受火石精气，至霜降、立冬之交，冷静之时，其墙上自然爆出此种，如淮北砖墙生焰硝[6]样。刮取下来，名曰黄矾，染家用

华部分就取出来放入缸里，用水浸泡约三个时辰，过滤后再放入锅中煎炼。每十石水溶液熬成一石，火候才够了。等水煎干之后，上层结成的是优质的皂矾，下层便是矾渣（下一炉的炉孔旁就用此渣掩盖）。这种皂矾是印染业所必需的原料。整个中原地区制矾的也只有五六家。大概每五百斤石料可以炼出皂矾二百斤来。另外挑出的时矾（俗名又叫鸡屎矾），每斤加进黄土四两，再入罐熬炼，便成红矾了。泥水工和油漆工经常用到这种矾。

至于黄矾的出现就更加奇异了，那就是炼皂矾的炉旁土墙，因为每年春夏炼皂矾时吸附了矾的蒸气，到了霜降与立冬相交的季节，土墙上就会自然析出这种矾来，好像淮北的砖墙上生出火硝一样。把它刮取下来，便是黄矾，染坊经常会用到它。如果金色太淡了，把黄矾涂上去放在火上一烤，立刻就会变成紫红色。那些从外

4 漉：过滤。

5 此皂矾染家必需用：我国古时多用天然靛蓝染色，靛蓝不溶于水，民间习惯用皂矾石灰法，必用皂矾作靛蓝染色助剂。

6 焰硝：即硝石。易燃，可用以引火。

燒皂礬圖
土墻自流黃礬

之。金色淡者涂炙，立成紫赤也。其黄矾自外国来，打破，中有金丝者，名曰波斯矾，别是一种。

又山、陕[7]烧取硫黄山上，其滓弃地，二三年后雨水浸淋，精液流入沟麓之中，自然结成皂矾。取而货用，不假煎炼。其中色佳者，人取以混石胆云。

石胆一名胆矾者，亦出晋、隰(xí)[8]等州，乃山石穴中自结成者，故绿色带宝光。烧铁器淬于胆矾水中，即成铜色也。[9]

《本草》载矾虽五种，并未分别原委。其昆仑矾状如黑泥，铁矾状如赤石脂[10]者，皆西域产也。

国运来的黄矾，打破以后中间会现出金丝的，名叫波斯矾，是另外一个品种。

山西、陕西等地烧硫黄的山上，那些废渣随地丢弃，两三年后，其中的矾质经过雨水的浸淋溶解，流到山沟里，经过蒸发就自然会结成皂矾。这种皂矾，取用或拿去卖，都不必再熬炼了。其中色泽最好的，听说还有人用来冒充石胆。

石胆又叫作胆矾，也产自山西晋州、隰县等地，胆矾是在山崖洞穴中自然结晶的，因此它的绿色具有宝石般的光泽。将烧红的铁器淬入胆矾水中，铁器上会立刻镀上一层铜膜，现出黄铜的颜色。

《本草纲目》中记载的矾虽然有五类，但并没有区别它们的来源和关系。其中的昆仑矾状态如同黑泥，铁矾好像赤石脂，都是西北边域出产的。

7 山、陕：指山西、陕西。

8 隰：指隰州，今山西隰县，隶属于临汾市。

9 烧铁器淬于胆矾水中，即成铜色也：这是金属置换反应，其结果是在铁器上镀上一层铜膜。用此法取铜早在汉代已经开始，是我国古代劳动人民对世界化学发展史的一大贡献。

10 赤石脂：中药名。砂石中硅酸类的含铁陶土，多呈粉红色。

硫　黄

凡硫黄，乃烧石承液而结就。著书者误以焚石为矾石，遂有矾液之说。[1]然烧取硫黄，石半出特生白石，半出煤矿烧矾石，此矾液之说所由混也。又言中国有温泉处必有硫黄[2]，今东海[3]、广南产硫黄处又无温泉，此因温泉水气似硫黄，故意度言之也。

硫黄是由烧炼矿石时得到的液体经过冷却后凝结而成的。过去著书的人误以为硫黄都是煅烧矾石而取得的，就把它叫作矾液。其实煅烧硫黄的原料，有的来自当地特产的白石，有的出自煤矿的煅烧矾石，这就是矾液的说法之所以混杂的缘由。又有人说中国凡是有温泉的地方就一定会有硫黄，可是，东南沿海一带出产硫黄的地方并没有温泉，这可能是因为温泉的气味很像硫黄的猜想之言吧。

凡烧硫黄石，与煤矿石同形。掘取其石，用煤炭饼包裹丛架，外筑土作炉。炭与石皆载千斤于内，炉上用烧硫旧渣罨盖，中顶隆起，透一圆孔其中。火力到时，孔内

烧取硫黄的矿石与煤矿石的形状相同。挖取了硫黄矿石之后，先用煤饼包裹矿石并堆垒起来，外面用泥土夯实建造成熔炉。每炉的石料和煤饼都装载上千斤，炉上用烧硫黄的旧渣掩盖，炉顶中间要隆起，空出一个圆孔。火力烧到一定程度，炉孔内便会

1“著书者误以焚石为矾石”二句：指李时珍《本草纲目》卷十一《石硫黄》条所引梁代陶弘景《名医别录》：“石硫黄生东海牧羊山谷中，及太山、河西山，矾石液也。”

2 有温泉处必有硫黄：见《本草纲目》卷十一《石硫黄》条：“时珍曰：凡产石硫黄之处，必有温泉，作硫黄气。”此说不误，然作者说李时珍乃“意度言之”，显然不对。

3 东海：指今山东、江苏沿海地区。

透出黄焰金光。先教陶家[4]烧一钵盂，其盂当中隆起，边弦卷成鱼袋[5]样，覆于孔上。石精感受火神，化出黄光飞走，遇盂掩住不能上飞，则化成汁液靠着盂底，其液流入弦袋之中，其弦又透小眼流入冷道灰槽小池，则凝结而成硫黄矣。

其炭煤矿石浇取皂矾者，当其黄光上走时，仍用此法掩盖以取硫黄。得硫一斤则减去皂矾三十余斤，其矾精华已结硫黄，则枯滓遂为弃物。

凡火药，硫为纯阳，硝为纯阴，两精逼合，成声成变，此乾坤幻出神物也。

硫黄不产北狄[6]，或

冒出金黄色的火焰和气体。预先请陶工烧制一个中部隆起的钵盂，钵盂边缘往内卷成像鱼膘状的凹槽，烧硫黄时，将钵盂覆盖在炉孔上。硫黄的黄色蒸气沿着炉孔上升，被钵盂挡住而不能散发，于是便冷凝成液体，沿着钵盂的内壁流入凹槽，又透过小眼沿着冷却管道流进小池子，最终凝结而变成固体硫黄。

用含煤黄铁矿烧取皂矾，当黄色的蒸气上升时，也可以用这种钵盂掩盖的方法收取硫黄。得硫一斤，就要减收皂矾三十多斤，因为皂矾的精华都已转化为硫黄了，剩下的枯渣便成了废物。

制造火药的主要原料，硫黄是纯阳，硝石是纯阴，两种物质合在一起相互作用，能引起爆炸，产生巨大的声响，这是自然界变化出来的神奇之物。

北方少数民族居住的地方不出

4 陶家：陶工。

5 鱼袋：唐代五品以上官员盛放鱼符的袋。宋代无鱼符，但仍佩鱼袋。

6 硫黄不产北狄：此说不确，现已知全国各地均出产硫黄，包括古称“北狄”的北方少数民族地区。

燒取硫黄圖
捲弦向内
注黄

产而不知炼取亦不可知。至奇炮出于西洋与红夷[7]，则东徂(cú)[8]西数万里，皆产硫黄之地也。其琉球土硫黄、广南水硫黄，皆误记也。[9]

产硫黄，或者也有可能出产硫黄而不会炼取。新式枪炮出现在西洋与荷兰，这说明由东往西数万里，都有出产硫黄的地方。那些所谓琉球的土硫黄、广东南部的水硫黄，都是一些错误的记载。

明　文俶　《金石昆虫草木状》之硫黄

7 红夷：指荷兰。

8 徂：及；至。

9 “其琉球土硫黄”二句：作者认为环太平洋的琉球群岛和广南不存在土硫黄、水硫黄，这是不对的。

砒　石[1]

凡烧砒霜，质料似土而坚，似石而碎，穴土数尺而取之。江西信郡、河南信阳州皆有砒井，故名信石。近则出产独盛衡阳，一厂有造至万钧者。凡砒石井中，其上常有浊绿水，先绞水尽，然后下凿。砒有红、白两种，各因所出原石色烧成。

凡烧砒，下鞠土窑[2]，纳石其上，上砌曲突[3]，以铁釜倒悬覆突口。其下灼炭举火，其烟气从曲突内熏贴釜上。度其已贴一层厚结寸许，下复熄火。待前烟冷定，又举次火，熏贴如前。一釜之内数层已满，然后提下，毁釜而

烧砒霜的原料好像泥土却又比泥土坚硬，类似石头却又比石头容易碎，向下掘土几尺就能够开采到。江西信郡、河南信阳一带都有砒井，因此砒石又名信石。近来生产砒霜最多的则是湖南衡阳，一个工厂的年产量有达到上万斤的。开采砒石的井中，上面常常会有绿色的浊水，开采时要先将水吊上来除尽，然后再往下凿取。砒霜有红、白两种，各由原来的红、白色砒石烧制而成。

烧制砒霜，先在地下挖个土窑堆放砒石，在上面砌个弯曲的烟囱，然后把铁锅倒过来覆盖在烟囱口上。在窑下引火焙烧，烟便从烟囱内上升，熏贴在锅的内壁上。估计锅壁上已贴砒霜有一寸厚时就熄灭炉火。等前面烧的烟火冷却后，便再次起火燃烧，这样反复几次。一直到锅内贴满数层砒

1 砒石：亦名“信石”，中药名。含砷矿石经升华加工而成。精制者称“砒霜”。

2 鞠土窑：挖建拱曲的土窑。

3 曲突：弯曲的烟囱。

燒砒圖
其下曲突

取砒。故今砒底有铁沙，即破釜滓也。凡白砒止此一法。红砒则分金炉内银铜恼气[4]有闪成者。

凡烧砒时，立者必于上风十余丈外。下风所近，草木皆死。烧砒之人经两载即改徙，否则须发尽落。此物生人食过分厘立死。然每岁千万金钱速售不滞者，以晋地菽麦必用拌种，且驱田中黄鼠害，宁、绍郡[5]稻田必用蘸秧根，则丰收也。不然火药与染铜[6]需用能几何哉！

霜，才把锅拿下来，打碎锅而剥取砒霜。因此现在锅底的砒霜常有铁渣，那是破锅的碎屑。白砒霜的制作方法只有这一种。至于红砒霜，则还有在冶炼含砷的银铜矿石时，由分金炉内放出的蒸气冷结而成的。

烧制砒霜时，操作者必须站在风向上方十多丈远的地方。风向下方所触及的地方，草木都会死去。所以烧砒霜的人两年后一定要改行，否则就会须发全部脱光。人只要吃一点点砒霜就会立即死亡。然而，每年却有价值千百万的砒霜畅销无阻，这是因为山西等地乡民要用它来给豆和麦子拌种，还要用它来驱除田中的鼠害；浙江宁波、绍兴一带，种水稻用砒霜蘸秧根，水稻便能获得丰收。不然的话，砒霜仅仅用于火药和炼制白铜，那又能用得了多少呢！

4 恼气：因恼怒而上冲之气，喻蒸气。

5 宁、绍郡：今浙江宁波、绍兴一带。

6 染铜：指将砒霜等物加入纯铜内炼制白铜。见本书《五金第十四·铜》“以砒霜等药制炼为白铜”。

膏液[1]第十二

宋子曰：天道平分昼夜，而人工继晷（guǐ）[2]以襄事，岂好劳而恶逸哉？使织女燃薪，书生映雪，所济成何事也。草木之实，其中韫（yùn）[3]藏膏液，而不能自流。假媒水火，凭借木石，而后倾注而出焉。此人巧聪明，不知于何禀度[4]也。

人间负重致远，恃有舟车。乃车得一铢而辖转[5]，舟得一石而罅完，非此物之为功也不可行矣。至菹（zū）[6]蔬之登釜

宋先生说：天体的运行是昼夜平分，人们却夜以继日地劳动，难道只是爱好劳动而厌恶安闲吗？让纺织女工在柴火的照耀下织布，读书人借助于雪的反光来读书，这又能做得成什么事呢？草木的果实之中含有油膏脂液，但它是不会自己流出来的。要凭借水火、木石来加工，才能使油脂倾注而出。人的这种聪明和技巧，真不知是从哪里得来的！

人们运载东西到远处去，依靠的是船和车。车轴只要有少量的润滑油，车轮子就能旋转；船身有一石油灰，缝隙就可以完全填补好。如果不是油脂这东西在发挥功用，船和车也就无法通行了。至于切碎的蔬菜入锅烹调，如果没有油，

1 膏液：指脂与油。膏为固态脂肪，油为液态脂肪。

2 继晷：夜以继日。晷，日影，引申为白昼。

3 韫：蕴藏，包含。

4 禀度：受教，承受，领受。

5 车得一铢而辖转：车轴有少量的润滑油就能旋转。铢，很轻的重量单位，二十四铢为一两，形容极少量。辖，插在车轴两端孔内，用来固定车轮与车轴的销钉。此代指车轴。

6 菹：切碎。

也，莫或膏之，犹啼儿之失乳焉。斯其功用一端而已哉？

就好比啼哭的婴儿没有奶吃一样，都是不行的。如此看来，这油脂的功用岂止局限于一个方面呢？

明　仇英　《清明上河图》（局部）

油品

凡油供馔食用者，胡麻[1]一名脂麻、莱菔(lái fú)[2]子、黄豆、菘(sōng)菜[3]子一名白菜为上，苏麻[4]形似紫苏，粒大于胡麻、芸薹(tái)[5]子江南名菜子次之，樣(chá)[6]子其树高丈余，子如金罂(yīng)子[7]，去肉取仁次之，苋菜子次之，大麻[8]仁粒如胡荽(suī)[9]子，剥取其皮，为绋索用者为下。

燃灯则桕(jiù)[10]仁内水油为上，芸薹次之，亚

凡油中供食用的，以胡麻油（又名脂麻油）、萝卜子油、黄豆油和菘菜子（又名白菜）油等为最佳。苏麻（形状像紫苏，粒比脂麻粒大些）油、芸薹子（江南叫作菜子）油次之，茶子油（茶树高的有一丈多，茶子外形像金樱子，去壳取仁）次之，苋菜子油再次之，大麻（颗粒像胡荽子，剥取它的皮可以搓制绳索）仁油为下品。

点灯所用的油则以乌桕核仁榨出的水油为最佳，其次是油菜子油，亚麻仁（陕西所种的亚麻，俗名叫壁虱脂麻，气味不好，不堪食用）油次之、棉子油又

1 胡麻：即芝麻。一年生草本植物，种子含有丰富的脂肪，是重要的油料作物。原产于非洲，后从西域传入，故称胡麻。

2 莱菔：即萝卜。种子油可供制肥皂、润滑油。

3 菘菜：俗称大白菜。

4 苏麻：即白苏，也叫荏。种子油可供食用或作涂料。

5 芸薹：即油菜。种子含油率高，是我国南方常用食油之一。

6 樣：即油茶树。是我国长江流域及南方各省区广泛栽培的木本油料植物。种子油供食用及工业用。榨油后的渣子俗称茶枯、茶麸，可作洗涤剂和肥料，并有杀虫作用。

7 金罂子：亦作金樱子。常绿攀缘状灌木，枝条有刺。果实成梨形或椭圆形，可入药或酿酒。

8 大麻：俗称火麻。种子油可作油漆和制肥皂。

9 胡荽：又名芫荽，俗称香菜。果实可提制芫荽油。

10 桕：即乌桕。落叶乔木，种子外面有白蜡层，可用来制造蜡烛等。叶子可作黑色染料。

麻[11]子陕西所种，俗名壁虱脂麻，气恶不堪食次之，棉花子次之，胡麻次之，燃灯最易竭。桐油[12]与柏混油为下。桐油毒气熏人，桕油连皮膜则冻结不清。造烛则柏皮油为上，蓖(bì)麻[13]子次之，柏混油每斤入白蜡冻结次之，白蜡结冻诸清油又次之，樟树子油又次之，其光不减，但有避香气者。冬青[14]子油又次之。韶郡专用，嫌其油少，故列次。北土广用牛油，则为下矣。

凡胡麻与蓖麻子、樟树子，每石得油四十斤。莱菔子每石得油二十七斤。甘美异常，益人五脏。芸薹子每石得三十斤，其耨勤而地沃、榨法精到者，仍得四十斤。陈历一年，则

次之，胡麻子油又其次（用来点灯耗油量会最大），桐油和柏混油则为下品（桐油毒气熏人，连皮膜榨出的柏混油凝结不清）。制造蜡烛，则以柏皮油最为适宜，蓖麻子油次之，加白蜡凝结的柏混油其次，加白蜡凝结的各种清油又其次，樟树子油再次之（点灯时光度不弱，但有人不喜欢它的气味）。冬青子油更差一些（韶关地区专用这种油，但嫌它的含油量少，因此列为次等）。北方普遍用的牛油，则是很下等的油了。

脂麻和蓖麻子、樟树子，每石可以榨油四十斤。萝卜子每石可以榨油二十七斤（味道很好，对人的五脏很有益）。油菜子每石可以榨油三十斤，如果除草勤、土壤肥、榨油时方法又精细周到，还可以榨四十斤（要是放置一年，则子实内空而无油）。茶子每石可以榨油十五斤（油味像猪油一样好，但得到的枯饼只能用来

11 亚麻：一年生草本植物。按用途不同可分纤维用亚麻、油用亚麻和兼用亚麻三种。
12 桐油：用油桐的种子榨的油，黄棕色，是质量很好的干性油，可用来制造油漆、油墨等。
13 蓖麻：也叫大麻子。蓖麻子榨的油，医药上可作泻药，工业上可作润滑油。
14 冬青：即铁冬青。种子油黄色，可供制肥皂、润滑油等。

空内而无油。榛子每石得油一十五斤。油味似猪脂，甚美，其枯则止可种火及毒鱼用。桐子仁每石得油三十三斤。桕子分打时，皮油得二十斤，水油得十五斤，混打时共得三十三斤，此须绝净者。冬青子每石得油十二斤。黄豆每石得油九斤。吴下[15]取油食后，以其饼充豕粮。菘菜子每石得油三十斤。油出清如绿水。棉花子每百斤得油七斤。初出甚黑浊，澄半月清甚。苋菜子每石得油三十斤。味甚甘美，嫌性冷滑。亚麻、大麻仁每石得油二十余斤。此其大端，其他未穷究试验，与夫一方已试而他方未知者，尚有待云。

引火或者药鱼）。桐子仁每石可以榨油三十三斤。将乌桕树子核和皮膜分开榨时，可以得到皮油二十斤、水油十五斤，混合榨时则可以得桕混油三十三斤（子、皮都必须清理干净）。冬青子每石可以榨油十二斤。黄豆每石可以榨油九斤（江苏南部和浙江北部一带榨取豆油食用之外，还把豆枯饼做喂猪的饲料）。大白菜子每石可以榨油三十斤（油清澈得好像绿水一样）。棉花子每一百斤可以榨油七斤（刚榨出来时油色很黑，混浊不清，放置半个月后就很清了）。苋菜子每石可以榨油三十斤（味道很甜美，但嫌冷滑）。亚麻仁、大麻仁每石可以榨油二十多斤。这里所列举的只是一些大概的情况，至于其他油料及其榨油率，因为没有进行深入考察和试验，或者有的已在某个地方试验过而其他地方并不知晓的，那就有待以后再进行补述了。

15 吴下：指江苏南部和浙江北部一带。

明　仇英　《昼锦堂轴》

法　具[1]

凡取油，榨法而外，有两镬(huò)[2]煮取法，以治蓖麻与苏麻。北京有磨法，朝鲜有舂法，以治胡麻。其余则皆从榨出也。凡榨木巨者围必合抱，而中空之。其木樟为上，檀与杞次之。杞木为者，防地湿，则速朽。此三木者脉理循环结长，非有纵直文。故竭力挥椎，实尖其中，而两头无璺(wèn)[3]拆之患，他木有纵文者不可为也。中土江北少合抱木者，则取四根合并为之，铁箍裹定，横栓串合而空其中，以受诸质，则散木有完木之用也。

制取油脂的方法，除了压榨法之外，还有用两个锅煮取的方法，如用来制取蓖麻油和苏麻油。北京有研磨法，朝鲜有舂磨法，用来制取芝麻油。其余的油都是用压榨法制取的。榨具大的要用周长达到两臂伸出才能环抱的木材来做，木头中间要挖空。用樟木做的最好，用檀木与杞木做的要差一些（杞木做的要防止地面潮湿，湿则容易腐烂）。这三种木材的纹理都是缠绕扭曲的，没有纵直纹。因此把尖的楔子插在其中并尽力舂打时，木材的两头不会拆裂，其他有直纹的木材则不适宜。中原地区长江以北很少有两臂抱围的大树，就可用四根木拼合起来，用铁箍箍紧，再用横栓拼合起来，中间挖空，以便它承受榨油的油料，这样就使分散的木料有了完整木材的功用了。

挖开木料做榨框，木料中间能挖

1 法具：指榨油的方法及其器具。
2 镬：锅。
3 璺：裂纹。

凡开榨，空中其量随木大小。大者受一石有余，小者受五斗不足。凡开榨，辟中凿划平槽一条，以宛凿入中，削圆上下，下沿凿一小孔，剭(chí)[4]一小槽，使油出之时流入承藉器中。其平槽约长三四尺，阔三四寸，视其身而为之，无定式也。实槽尖与枋[5]唯檀木、柞(zuò)子木[6]两者宜为之，他木无望焉。其尖过斤斧而不过刨，盖欲其涩，不欲其滑，惧报转也。撞木与受撞之尖，皆以铁圈裹首，惧披散也。

榨具已整理，则取诸麻菜子入釜，文火慢炒凡柏、桐之类属树木生者，皆不炒而碾蒸透出香气，然后碾碎受蒸。凡炒诸麻

空多少，要以木料的大小为准。大的可以装下一石多油料，小的还装不了五斗。做油榨时，要在中空部分凿开一条平槽，用弯凿进入中间，削圆上下，再在下沿凿一个小孔，再削一条小槽，使榨出的油能流入承接的器具中。平槽长约三四尺，宽约三四寸，大小根据榨身而定，没有一定的格式。插入槽里的尖楔和枋木只有用檀木或者柞木来做比较适宜，其他木料不合用。尖楔用刀斧砍成而不需要刨，因为要它粗糙而不要它光滑，以免它滑出。撞木和受撞的尖楔都要用铁圈包箍住头部，这是怕它开裂散开。

榨具整治齐备了，就可以将蓖麻子或油菜子之类的油料放进锅里，用文火慢炒（凡柏子、桐子这类属木本植物生的子实，都要碾碎后蒸熟而不必经过炒制）到透出香气时，再取出来碾碎、入蒸。炒蓖麻子、菜子，比较适宜的是铸一口六寸深的平底锅，将

4 剭：削；剖杀。

5 枋：方柱形的木材。此指榨油用的四棱木块，逐块插入榨槽中间，以挤压油料出油。

6 柞子木：即柞树，木质坚硬，耐腐蚀，木材可用来造船和作枕木等。

南方榨

菜子，宜铸平底锅，深止六寸者，投子仁于内，翻拌最勤。若釜底太深，翻拌疏慢，则火候交伤，减丧油质。炒锅亦斜安灶上，与蒸锅大异。凡碾埋槽土内，木为者以铁片掩之。其上以木竿衔铁陀，两人对举而椎之。资本广者则砌石为牛碾，一牛之力可敌十人。亦有不受碾而受磨者，则棉子之类是也。既碾而筛，择粗者再碾，细者则入釜甑受蒸。蒸气腾足，取出以稻秸与麦秸包裹如饼形。其饼外圈箍，或用铁打成，或破篾绞刺而成，与榨中则寸相稳合。

凡油原因气取[7]，有生于无。出甑之时，包裹怠缓，则水火郁蒸之气游走，为此损油。能者疾

子仁放进锅后不断翻拌。如果锅太深，翻拌又少，就会因子仁受热不均匀而损伤油质，降低产量。炒锅要斜放在灶上，跟蒸锅大不一样。碾子要将槽埋在土里面（木制的要用铁片覆盖），上面用一根木杆穿过圆铁饼的圆心，两人相对一齐向前推碾。资本雄厚的则用石块砌成牛碾，一头牛拉碾的劳动效率相当于十个人的劳动力。也有些子实，不适合碾而适合磨的，例如棉子之类。碾了之后再筛，筛出粗的再碾，细的就放入甑子里蒸。当蒸气升腾蒸够了时，就倒出来用稻秆或麦秆包裹成大饼的形状。饼的外围要用圈箍紧，那些圈或用铁打成，或用竹篾绞织而成，大小要与榨具中空隙的尺寸相符合。

油是通过蒸气而提取的，“有形”生于“无形”，所以出蒸甑的时候如果包裹动作太慢就会使一部分闭结的蒸气逸散，出油率也就降低了。技术熟练的人能够做到快倒、快裹、快箍，得油多的诀窍全在这里，但榨油工匠也

7 凡油原因气取：油分要通过蒸气加温并调节水分，才会随着热的水蒸气流出来。

櫁皮油及諸芸薹胡麻皆同
此釜平底不深
甑

倾，疾裹而疾箍之，得油之多，诀由于此，榨工有自少至老而不知者。包裹既定，装入榨中，随其量满，挥撞挤轧，而流泉出焉矣。包内油出滓存，名曰枯饼。凡胡麻、莱菔、芸薹诸饼，皆重新碾碎，筛去秸芒，再蒸、再裹而再榨之。初次得油二分，二次得油一分。若柏、桐诸物，则一榨已尽流出，不必再也。

若水煮法，则并用两釜。将蓖麻、苏麻子碾碎，入一釜中，注水滚煎，其上浮沫即油。以杓掠取，倾于干釜内，其下慢火熬干水气，油即成矣。然得油之数毕竟减杀。北磨麻油法，以粗麻布袋捩绞，其法再详。

有从小做到老还不明白这个诀窍的。油料包裹好了后，就可以装入榨具中，挥动撞木把尖楔打进去挤压，油就像泉水那样流出来了。包裹在榨具里的油料榨出油后，渣滓留在里面，叫作枯饼。芝麻、萝卜、油菜等刚榨过的枯饼都要重新碾碎，筛去茎秆和壳刺，再蒸、再包和再榨。第一次榨若已得到二份油，第二次榨还能得一份油。但如果是柏子、桐子之类的子实，则第一次榨油已全部流出，也就不必再榨了。

若是采用水煮法制油，则同时使用两个锅。即将蓖麻子或苏麻子碾碎，放进一个锅里，加水煮至沸腾，上浮的泡沫便是油。用勺子撇取，倒入另一个没有水的干锅中，下面用慢火熬干水分，便得到油了。不过用这种方法得到的油量终究会有所降低。北京用研磨法制取芝麻油，是用粗麻布袋把里面装的芝麻子粉扭绞出油的，这种方法以后再详细地加以研究。

皮　油

凡皮油造烛法起广信郡，其法取洁净桕子，囫囵[1]入釜甑蒸，蒸后倾入臼内受舂。其臼深约尺五寸，碓以石为身，不用铁嘴，石取深山结而腻者。轻重斫成限四十斤，上嵌衡木之上而舂之。其皮膜上油尽脱骨而纷落，挖起，筛于盘内再蒸，包裹入榨皆同前法。皮油已落尽，其骨为黑子。用冷腻小石磨不惧火煅者，此磨亦从信郡深山觅取。以红火矢围壅(yōng)煅热，将黑子逐把灌入疾磨。磨破之时，风扇去其黑壳，则其内完全白仁，与梧桐子无异。将此碾蒸，包

用皮油制造蜡烛创始于江西广信郡。那种制作法，是把洁净的乌桕子整个放入饭甑里去蒸，蒸好后倒入臼内舂捣。那种臼约一尺五寸深，碓身是用石头制作的，不用铁嘴，石头是采自深山中坚实而细滑的石块。琢成后的重量限定四十斤，上部嵌在平衡木的一端，便可以舂捣了。乌桕子核外包裹的蜡质层舂过以后全部脱落，挖起来，把它筛掉放入盘里再蒸，然后包裹入榨，方法同上。乌桕子外面的蜡质脱落后，里面剩下的核就是黑子。用一种不怕高温火煅的冷滑小石磨（这种磨石也是从广信的深山中找到的），周围堆满烧红的炭火加以烘热，将黑子逐把投进去快磨。磨破以后，就用风扇掉黑壳，剩下的便全是白色的仁，跟梧桐子没有什么差别。将这种白仁碾碎上蒸之后，用前文所述的方法包裹、入榨。榨出的油叫作水油，很是清亮，装入小灯盏中，用一根灯芯草就可点燃

[1] 囫囵：完整，整个儿。

此碓首信州山中石爲之重額四十斤

推柏子黑糙去壳取仁
此郡炭熱磨子粒擯
磨溪碾如柏取圓
出山燒風中仁勻
信火趁疾黑粒不

裹入榨，与前法同。榨出水油清亮无比，贮小盏之中，独根心草[2]燃至天明，盖诸清油所不及者。入食馔即不伤人，恐有忌者，宁不用耳。

其皮油造烛，截苦竹筒两破[3]，水中煮涨，不然则粘带。小篾箍勒定，用鹰嘴铁杓挽油灌入，即成一枝。插心于内，顷刻冻结，捋[4]箍开筒而取之。或削棍为模，裁纸一方，卷于其上而成纸筒，灌入亦成一烛。此烛任置风尘中，再经寒暑，不敝坏也。

到天明，其他多种清油都比不上它。食用它并不对人有伤害，但也会有些人不放心，宁可不食用。

用皮油制造蜡烛，是将苦竹筒破成两半，放在水里煮涨（否则会黏带皮油），然后用小篾箍固定，用尖嘴铁勺装油灌入筒中，再插进烛芯，便成了一支蜡烛。过一会儿待蜡冻结后，顺筒捋下篾箍，打开竹筒，将烛取出。另一种方法是把小木棒削成蜡烛模型，然后裁一张纸，卷在上面做成纸筒。将皮油灌入纸筒，也能结成一根蜡烛，这种蜡烛无论风吹尘盖，还是经历冷天、热天，都不会变坏。

2 心草：即灯芯草。多年生沼泽草本。茎可用以造纸、织席，其中心部分用作油灯的灯芯。
3 两破：即破成两半。
4 捋：用手顺着抹过去，使物体顺溜脱下。

杀青[1]第十三

宋子曰：物象精华，乾坤微妙，古传今而华达夷，使后起含生[2]，目授而心识之，承载者以何物哉？君与民通，师将弟命[3]，凭借呫（chè）呫[4]口语，其与几何？持寸符，握半卷，终事诠旨[5]，风行而冰释焉。覆载之间之借有楮（chǔ）先生[6]也，圣顽咸嘉赖之矣。身为竹骨与木皮，杀其青而白乃见[7]，万卷百家基从此起。其精在此，而

宋先生说：事物的精华、天地的奥妙，从古代传到现在，从中原抵达边疆，使后来的人能眼观而心领神会，那是用什么东西记载下来的呢？君民之间授命请旨，师徒之间传业受教，若是只凭喋喋不休的口头语言，那又能解决多少问题呢？但是只要持短短一片文符，握半卷书本，就能把有关事物的道理阐述清楚，就能使命令风行天下，疑难也会如同冰雪融化一样地消释。自从世上有了被称为“楮先生”的纸之后，聪明的人和愚钝的人就都受到它的好处了。造纸的原料是竹竿与树皮，除去竹竿与树皮的青色外层就能加工成白纸，于是诸子百家

1 杀青：本指古人在竹简上写字，用火烤去竹简的水分，以便书写和防虫蛀的这道工序。这里所述则是指洗掉浸烂后的竹青以造纸。

2 含生：佛教用语，泛指一切有生命的。

3 师将弟命：师徒间传业受教。将，进行。命，教导、传授。

4 呫呫：喋喋不休的样子。

5 终事诠旨：说清事情的意图和道理。诠旨，阐明事物的道理。

6 楮先生：韩愈著《毛颖传》以物拟人，称笔为毛颖，纸为楮先生。楮，又称榖（gǔ），树皮可造纸，因而以“楮”为纸的代称。

7 杀其青而白乃见：指将竹竿和树皮的外青皮去掉后，经过加工处理就能造成白纸。这是误解“杀青”一语。

其粗效于障风、护物之间。事已开于上古，而使汉、晋时人擅名记者[8]，何其陋哉！

的万卷图书才有了书写和印刷的物质基础。精细的上等纸用在这方面，粗糙的纸则用于糊窗挡风或进行包装。造纸的事应是开创于上古之时，现在却让汉、晋时的人独揽发明权，这种见识是多么地浅陋啊！

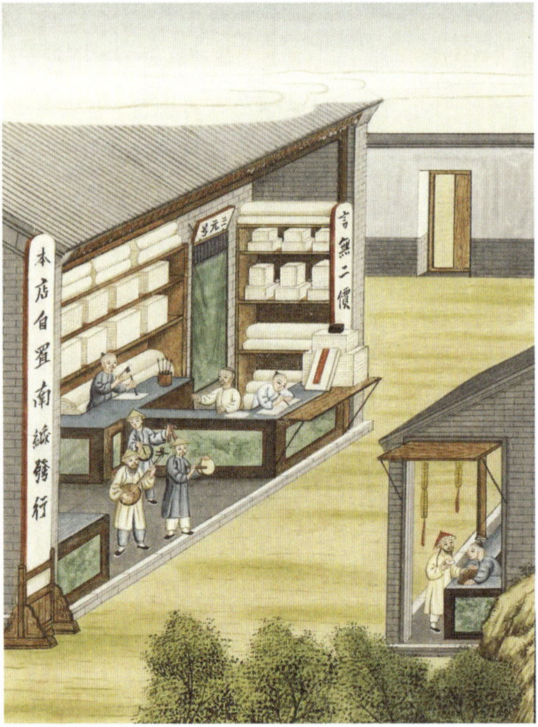

清　蒋友仁　《中国造纸艺术画谱》之入纸店

8 使汉、晋时人擅名记者：这是作者针对《后汉书·蔡伦传》的记载，不同意将发明造纸的事独揽在汉、晋时蔡伦等人的名下。

纸料

凡纸质用楮树一名榖[1]树皮与桑穰(ráng)[2]、芙蓉膜[3]等诸物者为皮纸，用竹麻[4]者为竹纸。精者极其洁白，供书文、印文、柬启用；粗者为火纸[5]、包裹纸。所谓“杀青”，以斩竹得名；“汗青”以煮沥得名；“简”即已成纸名，乃煮竹成简。[6]后人遂疑削竹片以纪事，而又误疑韦编为皮条穿竹札也。[7]秦火[8]未经时，书籍繁甚，削竹能藏几

造纸的原材料，用楮树（一名榖树）皮、桑树的第二层皮和木芙蓉皮等造的为皮纸，用竹麻造的叫作竹纸。精细的纸非常洁白，可以用来书写、印刷和制柬帖；粗糙的纸则用于制作火纸和包装纸。所谓“杀青”，是从斩竹去青而得到的名称；“汗青”则是以煮沥而得到的名称；“简”便是已经造成的纸，因为煮竹能成“简”和纸。后人于是就误认为削竹片可以记事，进而还错误地以为古代的书册都是用皮条穿编竹简而成的。在秦始皇焚书以前，已经有很多书籍，如果纯用竹简，又能写下几个字呢？西域一

1 榖：落叶乔木，皮可制桑皮纸，还可制头巾，叫榖皮巾。

2 桑穰：桑树的第二层皮。白色。为造皮纸的上等原料。

3 芙蓉膜：木芙蓉树的韧皮，可用作纸药汁和纤维原料。

4 竹麻：竹纤维。像麻样的竹纤维。

5 火纸：民间祭奠死者时烧的纸钱。

6 杀青、汗青本为制竹简的工序，并不是用水煮沥，而是用火烘干。作者为坚持他的纸起源于上古说，将杀青、汗青说成了煮竹成简的造纸工序，并将竹简与纸混为一谈。

7 由于知识局限，作者怀疑古代以竹简记事，因而也怀疑简牍的韦编成册。韦编，用皮绳连缀竹简。

8 秦火：指秦始皇焚书之事。

何？如西番用贝树造成纸叶[9]，中华又疑以贝叶书经典。不知树叶离根即焦，与削竹同一可哂（shěn）[10]也。

带的人用贝树造成纸页，而我国又有人猜测他们可以用贝树叶来书写经文。他们不懂得树叶离根就会焦枯的道理，这跟削竹记事的说法是同样可笑的。

清　蒋友仁　《中国造纸艺术画谱》之砍竹子

9 西番用贝树造成纸叶：古时印度、斯里兰卡等国用贝多罗树的叶子，经水沤后晒干成纸，用来书写佛经，并不是作者臆测的把贝树造成纸。

10 可哂：可笑。

造竹纸

凡造竹纸，事出南方，而闽省独专其盛。当笋生之后，看视山窝深浅，其竹以将生枝叶者为上料。节界芒种，则登山砍伐。截断五七尺长，就于本山开塘一口，注水其中漂浸。恐塘水有涸[1]时，则用竹枧通引，不断瀑流注入。浸至百日之外，加功槌[2]洗，洗去粗壳与青皮，是名杀青。其中竹穰形同苎麻样。用上好石灰化汁涂浆，入楻(huáng)桶[3]下煮，火以八日八夜为率。

凡煮竹，下锅用径四尺者，锅上泥与石灰捏弦，高阔如广中煮盐

制造竹纸的事发生在南方，而在福建最为盛行。当竹笋生出之后，到山窝里观察竹林长势，那些将要生枝叶的嫩竹是造纸的上等材料。每年到芒种节令，便可上山砍竹。把嫩竹截成五尺到七尺一段，就地开一口山塘，灌水漂浸。为了避免塘水干涸，就用竹笕引水滚滚流入。浸到一百天开外，把竹子取出再用木棒敲打，并洗去它的粗壳与青皮（这一步骤就叫作杀青），这时候的竹穰就像苎麻一样。再用优质石灰调成乳液拌和，放入楻桶里煮，一般要烧火煮八天八夜。

煮竹子用的锅，直径约四尺，用黏土调石灰封固锅的边沿，使其高度和宽度类似于广东中部沿海地区煮盐的牢盆那样，里面可以装下十多石水。上面盖上周长一丈五尺、直径四尺多的楻桶。竹料放入锅上楻桶中，煮八

1 涸：水干，枯竭。
2 槌：通“捶”。拍打，敲击。
3 楻桶：蒸煮锅上面盛料的木桶。

斬竹漂塘

牢盆[4]样，中可载水十余石。上盖楻桶，其围丈五尺，其径四尺余。盖定受煮八日已足。歇火一日，揭楻取出竹麻，入清水漂塘之内洗净。其塘底面、四维皆用木板合缝砌完，以防泥污。造粗纸者不须为此。洗净，用柴灰浆过，再入釜中，其上按平，平铺稻草灰寸许。桶内水滚沸，即取出别桶之中，仍以灰汁淋下。倘水冷，烧滚再淋。如是十余日，自然臭烂。取出入臼受舂，山国[5]皆有水碓。舂至形同泥面，倾入槽内。

凡抄纸槽，上合方斗，尺寸阔狭，槽视帘，帘视纸。竹麻已成，槽内清水浸浮其面三寸许。

天就足够了。停止加热一天后，揭开楻桶，取出竹麻，放到清水塘里漂洗干净。漂塘底部和四周都要用木板合缝砌好，以防止沾染泥污（造粗纸时不必如此）。竹麻洗净之后，用柴灰水浸透，再放入锅内按平，铺一寸左右厚的稻草灰。煮沸之后，就把竹麻移入另一桶中，继续用草木灰水淋洗。倘若草木灰水冷了，就要煮沸再淋洗。这样经过十多天，竹麻自然就会腐烂发臭。再把它拿出来，放入臼内舂（山区都有水碓），要舂到像泥巴样，才倒入抄纸槽内。

抄纸槽上截像个方斗，大小由抄纸帘而定，抄纸帘又由纸张的大小来定。竹麻泥制成之后，抄纸槽内要放入清水浸泡竹麻，水面高出竹麻三寸左右。再加入纸药水汁（制这种纸药液的植物，叶子好像桃竹叶，各地方的名称不一样），这样抄成的纸干后便会很洁白。抄纸帘是用刮磨得极其细的竹丝编成的。展开时，下面有木框托住。两只手拿着抄纸帘进入水中，荡起竹

4 牢盆：煮盐器。
5 山国：指山区。

煮楻足火

入纸药[6]水汁于其中，形同桃竹[7]叶，方语无定名。则水干自成洁白。凡抄纸帘，用刮磨绝细竹丝编成。展卷张开时，下有纵横架框。两手持帘入水，荡起竹麻入于帘内。厚薄由人手法，轻荡则薄，重荡则厚。竹料浮帘之顷，水从四际淋下槽内。然后覆帘，落纸于板上，叠积千万张。数满则上以板压，俏绳入棍，如榨酒法，使水气净尽流干。然后以轻细铜镊逐张揭起焙干。凡焙纸先以土砖砌成夹巷，下以砖盖巷地面，数块以往，即空一砖。火薪从头穴烧发，火气从砖隙透巷外。砖尽热，湿纸逐张贴上焙

纸浆让它进入抄纸帘中。纸的厚薄由人的手法来调控、掌握，轻荡则薄，重荡则厚。提起抄纸帘，竹浆纸浮在帘上的顷刻，水便从四周帘眼淋回抄纸槽。然后把帘网翻转，让纸落到木板上，叠积成千上万张。等到数目够了时，就压上一块木板，捆上绳子并插进棍子，绞紧，用类似榨酒的方法把水分榨净流干。然后用小铜镊把纸逐张揭起，焙干。烘焙纸张时，先用土砖砌成夹巷，底下用砖盖火道，夹巷之内盖的砖块每隔几块砖就留出一个空位。火从巷头的炉口燃烧，热气从留空的砖缝中透出而充满整个夹巷。等到夹巷外壁的砖都烧热时，就把湿纸逐张贴上去焙干，再揭下来放成一叠。

近来生产一种宽幅的纸，名叫大四连，用来书写，显得贵重。等它用废以后，废纸在洗去朱墨、污秽，浸烂之后入抄纸槽还可以再造纸，这就完全节省了之前浸竹、煮竹所花费的财力，依然成纸，损耗也不多。南方是竹子多

6 纸药：在纸槽中起悬浮作用的植物黏液。

7 桃竹：这里指杨桃藤，猕猴桃科。

蕩料入簾

覆簾壓紙

透火焙乾

干，揭起成帙。

近世阔幅者名大四连，一时书文贵重。其废纸洗去朱墨污秽，浸烂入槽再造，全省从前煮浸之力，依然成纸，耗亦不多。南方竹贱之国，不以为然。北方即寸条片角在地，随手拾取再造，名曰还魂纸。竹与皮，精与细，皆同之也。若火纸、糙纸，斩竹煮麻，灰浆水淋，皆同前法。唯脱帘之后不用烘焙，压水去湿，日晒成干而已。

盛唐时鬼神事繁，以纸钱代焚帛，北方用切条，名曰板钱。故造此者名曰火纸。荆楚[8]近俗，有一焚侈至千斤者。此纸十七供冥烧，十三供日用。其最粗而厚者名曰包裹纸，则竹麻和宿田[9]晚稻稿所为也。若铅(yán)山[10]诸邑所造柬纸，则全用细竹料

且价钱低的地方，也就用不着这样做。北方即使是寸条片角的纸丢在地上，也要随手拾起来再造，这种纸叫作还魂纸。竹纸与皮纸、精细的纸与粗糙的纸，都是用上述方法制造的。至于火纸与粗纸，砍竹子、制取竹麻，用石灰浆、稻草灰水淋洗，那些工序都和前面讲过的相同，只是脱帘之后不必再行烘焙，压干水分后放在阳光底下晒干就可以了。

盛唐时期，拜神祭鬼的事很多，祭祀时烧纸钱代替烧布帛（纸钱在北方用切条，名为板钱），因而这种纸叫火纸。湖南、湖北一带近来的风俗，有奢侈浪费到一次烧火纸就达上千斤的。这种纸十分之七用于为死去的人烧钱，十分之三供人日常所用。其中最粗糙的厚纸叫作包裹纸，是用竹麻和隔年晚稻的稻草制成的。铅山等县出产的信柬纸，则全是用细竹料加

8 荆楚：指湖南、湖北一带，古代属楚国，又称荆州，故合称荆楚。

9 宿田：没有种庄稼的隔年田。宿，隔夜，隔年。

10 铅山：铅山县。位于江西省东北部，为上饶市辖县。

厚质荡成，以射[11]重价。最上者曰官柬，富贵之家通刺[12]用之。其纸敦厚而无筋膜，染红为吉柬[13]，则先以白矾水染过，后上红花汁云。

厚抄成的，用以谋取高价。其中最上等的纸称为官柬纸，供富贵人家制作名片所用。这种纸厚实而没有粗筋，染红了可用作办喜事的婚帖，那就要先用明矾水浸过，再染上红花汁。

清　蒋友仁　《中国造纸艺术画谱》之蒸竹子

11 射：谋取。

12 通刺：本为通报名片以求见，这里用为名片。

13 吉柬：婚帖。

造皮纸

凡楮树取皮，于春末夏初剥取。树已老者，就根伐去，以土盖之。来年再长新条，其皮更美。凡皮纸，楮皮六十斤，仍入绝嫩竹麻四十斤，同塘漂浸，同用石灰浆涂，入釜煮糜。近法省啬者，皮竹十七而外，或入宿田稻稿十三，用药得方，仍成洁白。凡皮料坚固纸，其纵文扯断如绵丝，故曰绵纸，衡断[1]且费力。其最上一等，供用大内[2]糊窗格者，曰棂（líng）纱纸。此纸自广信郡造，长过七尺，阔过四尺。五色颜料先滴色汁槽内和成，不由

剥取楮树皮一般是在春末夏初进行。树龄已高的，就在接近根部的地方将它砍掉，再用土盖上。第二年又会生长出新树枝，它的皮会更好。制造皮纸，用楮树皮六十斤，嫩竹麻四十斤，一起放在池塘里漂浸，一起涂上石灰浆，放到锅里煮烂。近来又出现了比较经济的办法，就是在十分之七的树皮和竹麻原料之外，再加入十分之三的隔年稻草，如果纸药水汁使用得当的话，纸质也会很洁白。坚固的皮纸，扯断纵纹就像丝绵一样，因此又叫作绵纸，要想把它横向扯断就更费力。其中最好的一种，是供皇宫糊窗格用的，叫作棂纱纸。这种纸是江西广信郡造的，长七尺多，宽四尺多。染成各种颜色是先将色料放进抄纸槽内调和而成，而不是做成纸后才染成。其次是连四纸，其中最洁白的叫作红上纸。还有名为皮纸而实际上是用竹

1 衡断：即横断。衡，通“横”，与“纵”相对。

2 大内：皇宫。

后染。其次曰连四纸[3]，连四中最白者曰红上纸。皮名而竹与稻稿参和而成料者，曰揭贴[4]呈文纸。

芙蓉等皮造者统曰小皮纸，在江西则曰中夹纸。河南所造，未详何草木为质，北供帝京，产亦甚广。又桑皮造者曰桑穰纸，极其敦厚，东浙所产，三吴收蚕种者必用之。凡糊雨伞与油扇，皆用小皮纸。

凡造皮纸长阔者，其盛水槽甚宽，巨帘非一人手力所胜，两人对举荡成。若棂纱，则数人方胜其任。凡皮纸供用画幅，先用矾水荡过，则毛茨不起[5]。纸以逼帘者为正面，盖料即成泥浮其上者，粗意犹存也。朝鲜白硾纸，不知用

子与稻草掺和制成的纸，叫作揭帖呈文纸。

用木芙蓉等树皮造的纸都叫作小皮纸，在江西则叫作中夹纸。河南造的纸不知道用的是什么草木做原料，北运供京城人使用，产地也很广。还有用桑皮造的纸叫作桑穰纸，纸质特别厚，是浙江东部出产的，江浙一带收蚕种的必须用到它。糊雨伞和油扇，也都是用小皮纸。

制造又长又宽的皮纸，所用的水槽要很宽，纸帘很大，一个人的手力吃不消，需要两个人面对面举帘对荡而抄成。如果是棂纱纸，则需要好几个人才行。凡是用来绘画和写条幅的皮纸，要先用明矾水荡过，纸面才不会起毛。纸以贴近竹帘的一面为正面，因为料泥都浮在上面，所以纸的上面（反面）就比较粗。朝鲜的白硾纸，不知道是用什么原料做成的。日本有些地方造

3 连四纸：元明以来的一种名纸，后讹称连史纸。产于江西、福建等省。纸细色白，经久不变。
4 揭贴：即揭帖，古代公文的一种。初为机密文件，后使用渐广，广告、启事均为揭帖。
5 毛茨不起：纸面不起毛。

何质料。倭国有造纸不用帘抄者，煮料成糜时，以巨阔青石覆于炕面，其下爇火，使石发烧。然后用糊刷蘸糜，薄刷石面，居然顷刻成纸一张，一揭而起。其朝鲜用此法与否，不可得知。中国有用此法者亦不可得知也。永嘉蠲(juān)糨(jiàng)纸[6]，亦桑穰造。四川薛涛[7]笺，亦芙蓉皮为料煮糜，入芙蓉花末汁。或当时薛涛所指，遂留名至今。其美在色，不在质料也。

的纸不用帘抄，制作方法是将纸料煮烂之后，将宽大的青石覆盖在炕上，在下面烧火而使青石发热，然后用糊刷沾着纸浆，薄薄地刷在青石面上，顷刻就成了一张纸，一揭就起来了。朝鲜是不是用这种方法造纸，我们不得而知。我国有没有用这种方法，也不清楚。温州的蠲糨纸也是用桑树皮造的。四川的薛涛笺，则是用木芙蓉皮作原料，煮烂后加入芙蓉花的汁做成的。这种做法可能是当时薛涛个人提出来的，所以“薛涛笺”的名字流传到今天。这种纸的优点是颜色好看，而不是因为它的质料好。

6 蠲糨纸：一种用浆浆过的洁白光滑的纸。

7 薛涛：唐代女诗人（？—832），字洪度，长安（今陕西西安）人。幼时随父入蜀。曾居成都浣花溪，创制深红小笺写诗，人称薛涛笺。

清　周鲲　《林钟盛夏图》

卷下

五金第十四

宋子曰：人有十等，自王、公至于舆台，缺一焉而人纪[1]不立矣。大地生五金以利用天下与后世，其义亦犹是也。贵者千里一生，促[2]亦五六百里而生；贱者舟车稍艰之国，其土必广生焉。黄金美者，其值去黑铁一万六千倍，然使釜、鬵、斤[3]、斧不呈效于日用之间，即得黄金，直高而无民[4]耳。贸迁有无，货居《周官》[5]泉府[6]，万物

宋先生说：人分十个等级，从高贵的王、公，到低贱的舆、台，其中缺少一个等级，人的立身处世之道就建立不起来了。大地产生出贵贱不同的各种金属（五金），以供人类及其子孙后代使用，它的意义也如同人分等级是一样的。贵金属要上千里才有一处出产，近的也要五六百里才有；五金中最贱的金属，在交通稍有不便的地方，地里也到处出产。最好的黄金，价值要比黑铁高一万六千倍，然而，如果没有铁制的小锅大锅、镰刀斧头之类供人们日常生活之用，即使有了黄金，也不过好比只有高官而没有百姓一样。还有通过贸易交往、货物流通来平衡各地的有无，那就要用金属铸成钱币，由《周礼》所说的泉府一类官员掌管铸钱，以牢牢控制

1 人纪：人伦纲纪，指维护封建统治的三纲五常。

2 促：靠近，迫近。指距离近。

3 斤：斧子一类的工具。

4 直高而无民：比喻只有高官而没有平民百姓。

5《周官》：即《周礼》。《周礼》本名《周官》，是西汉刘歆改称的。

6 泉府：官名。是《周礼》中地官的属官，掌管国家税收、收购市上的滞销货物等。这里引用“泉府”一典，意指金属可铸成货币以作为贸易支付手段。

司命系焉。其分别美恶而指点重轻，孰开其先而使相须于不朽焉？

一切货物的命脉。至于分辨金属的好与坏，指出它们价值的轻与重，是谁开创领先使得它们彼此相辅相成地在永远起作用呢？

明　唐寅　《王蜀宫伎图》

黄　金

凡黄金为五金之长，熔化成形之后，住世永无变更。白银入洪炉虽无折耗，但火候足时，鼓鞴而金花闪烁，一现即没，再鼓则沉而不现。惟黄金则竭力鼓鞴，一扇一花，愈烈愈现，其质所以贵也。[1] 凡中国产金之区，大约百余处，难以枚举。山石中所出，大者名马蹄金，中者名橄榄金、带胯金[2]，小者名瓜子金。水沙中所出，大者名狗头金，小者名麸(fū)麦金、糠金。平地掘井得者，名面沙金，大者名豆粒金。皆待先淘洗后冶炼而成颗块。

黄金是五金中最贵重的，一旦熔化成形，永远不会发生变化。白银入熔炉熔化虽然没有什么损耗，但当温度够高时，用风箱鼓风引起金花闪烁，出现一次就没有了，再鼓风也不再出现金花。只有黄金，用力鼓风时，鼓一次金花就闪烁一次，火越猛金花出现越多，这是黄金之所以珍贵的原因。我国的产金地区有一百多处，难以列举。山石中所出产的，大的叫马蹄金，中的叫橄榄金或带胯金，小的叫瓜子金。在水沙中所出产的，大的叫狗头金，小的叫麸麦金、糠金。在平地挖井得到的叫面沙金，大的叫豆粒金。这些都要先经淘洗，然后进行冶炼，才能成为整颗整块的金子。

黄金多数出产在我国西南部，采金的人开凿矿井十多丈深，一看到伴金石，就可以找到金了。这种石呈褐色，一头好像给火烧黑了似的。水沙中的黄金，

1 意在说明在高温下，白银较易氧化，而黄金不易氧化，更显得贵重。

2 带胯金：指可以系于腰带上作为装饰品的金料。

金多出西南，取者穴山至十余丈见伴金石，即可见金。其石褐色，一头如火烧黑状。水金多者出云南金沙江，古名丽水，此水源出吐蕃(bō)[3]，绕流丽江府，至于北胜州[4]，回环五百余里，出金者有数截。又川北潼川[5]等州邑与湖广沅陵、溆浦等，皆于江沙水中淘沃取金。千百中间有获狗头金一块者，名曰金母，其余皆麸麦形。入冶煎炼，初出色浅黄，再炼而后转赤也。儋(dān)、崖[6]有金田，金杂沙土之中，不必深求而得。取太频则不复产，经年淘炼，若有则限。然岭南夷獠[7]洞穴中金，初出如

大多产于云南的金沙江（古名丽水），这条江发源于青藏高原，绕过丽江府，流至北胜州，迂回达五百多里，产金的河道有好几段。此外还有四川北部的潼川等州和湖南的沅陵、溆浦等地，都可在江沙中淘得沙金。在千百次淘取中，偶尔会获得一块狗头金，叫作金母，其余的都不过是麸麦形状的金屑。金在冶炼时，最初呈现浅黄色，再炼就转化成为赤色。海南岛的儋、崖两县都有砂金矿，金夹杂在沙土中，不必深挖就可以获得。但淘取太频繁，金便不会再出产，一年到头都这样淘取、熔炼，即使有也是很有限的了。在五岭之南广东、广西少数民族地区洞穴中的金，刚挖出来好像黑色的氧化铁屑，要挖几丈深，在黑焦石下面才能找到金。初得时拿来咬一下，是柔软的，有的采金人偷偷把它吞进肚子里去，也不会对人有伤害。河南的汝南县和巩义市一带，江西

3 吐蕃：我国古代藏族所建政权，在今青藏高原。这里指青藏高原。

4 北胜州：古州名，即今云南省丽江市所辖永胜县。

5 潼川：府、州名。北宋重和元年（1118）以梓州为潼川府。治郪县（今三台），辖境相当今四川盐亭、中江、三台、射洪等县地。

6 儋、崖：儋为今海南省儋州市，崖为今海南省三亚市崖州区。

7 夷獠：古代对西南少数民族的蔑称。

黑铁落[8]，深挖数丈得之黑焦石下。初得时咬之柔软，夫匠有吞窃腹中者，亦不伤人。河南蔡、巩[9]等州邑，江西乐平、新建等邑，皆平地掘深井取细沙淘炼成，但酬答人功所获亦无几耳。大抵赤县[10]之内隔千里而一生。《岭表录》[11]云居民有从鹅鸭屎中淘出片屑者，或日得一两，或空无所获。此恐妄记也。

凡金质至重，每铜方寸重一两者，银照依其则，寸增重三钱；银方寸重一两者，金照依其则，寸增重二钱。凡金性又柔，可屈折如枝柳。其高下色[12]，分七青、八黄、九紫、十赤。登试金石上，此石广信郡河中甚

的乐平、新建等地，都是在平地开挖很深的矿井，取出细矿沙淘炼而得到金的，可是由于消耗劳动力太大，扣除人工费用外，所得也就不多了。大概在我国要隔千里才会找到一处金矿。《岭表录》中说，有人从鹅、鸭屎中淘取金屑，有的每日可得一两，有的则毫无所获。这恐怕是个虚妄不可信的记载。

金的质量最重，假定铜每立方寸重一两，银照例每立方寸要增加重量三钱；再假定银每立方寸重一两，则金每立方寸增加重量二钱。黄金的另一种性质就是柔软，能像柳枝那样屈折。至于它的成分高低，大抵青色的含金七成，黄色的含金八成，紫色的含金九成，赤色的则是纯金了。把这些金在试金石上画出条痕（试金石在江西信江流域河里很多，大的如斗那么大，小的就像个拳头，把它放进鹅汤里煮一下，就又光又黑像漆那样了），

8 铁落：指氧化铁屑。
9 蔡、巩：古州名，分别在今河南省东部的汝南县和中部的巩义市。
10 赤县：赤县神州的省称，指中国。
11《岭表录》：即唐代刘恂撰的《岭表录异》，是一部记载岭南各地风俗、物产的地理著作。
12 高下色：指成色的高下，即所含成分的百分比。色，成分，成色。

多，大者如斗，小者如拳，入鹅汤中一煮，光黑如漆。立见分明。凡足色金参和伪售者，唯银可入，余物无望焉。欲去银存金，则将其金打成薄片剪碎，每块以土泥裹涂，入坩锅中硼砂[13]熔化，其银即吸入土内，让金流出以成足色。然后入铅少许，另入坩锅内，勾出土内银，亦毫厘具在也。[14]

凡色至于金，为人间华美贵重，故人工成箔而后施之。凡金箔每金七分[15]造方寸金一千片，粘铺物面，可盖纵横三尺。凡造金箔，既成薄片后，包入乌金纸内，竭力挥椎打成。打金椎，短柄，约重八斤。凡乌金纸由苏、杭造成，其纸用东

用比色法就能够分辨出它的成色。纯金若要掺和别的金属来造假出售，只有银可以掺入，其他金属都不行。如果要想除银存金，就要将这些杂金打成薄片，剪碎，每块用泥土涂上或包住，然后放入坩埚里加入硼砂熔化，这样银便被泥土吸入，让金水流出来，成为纯金。然后另外放一点铅入坩埚里，又可以把泥土中的银吸附出来，而丝毫不会有损耗。

黄金以其华美的颜色被人视为贵重，因此人们将黄金加工成金箔用于装饰。每七分黄金捶成一平方寸的金箔一千片，把它们铺在器物表面，可以盖满三尺见方的面积。打造金箔的方法是，把金捶成薄片，包在乌金纸里，用力挥动铁锤打成箔。（打金箔的锤，柄很短，约有八斤重。）乌金纸由苏州、杭州制造，纸是用东海大竹膜为原料制作的。纸做成后点起豆油灯，周围封闭，只留下一个针眼大的小孔通气，经过灯烟的熏染制成乌金纸。

13 硼砂：矿物名。其熔点低，掺入金银时起助熔作用。

14 “然后入铅少许”整句：说的是今天的“熔溶提取法”。

15 七分：刻本原作“七厘”，经换算，当为“七分”，故径改。

海巨竹膜为质。用豆油点灯，闭塞周围，只留针孔通气，熏染烟光而成此纸。每纸一张打金箔五十度，然后弃去，为药铺包朱用，尚未破损，盖人巧造成异物也。凡纸内打成箔后，先用硝熟猫皮绷急为小方板，又铺线香灰撒墁皮上，取出乌金纸内箔覆于其上，钝刀界画成方寸。口中屏息，手执轻杖，唾湿而挑起，夹于小纸之中。以之华物，先以熟漆布地，然后粘贴。贴字者多用楮树浆。秦中[16]造皮金者，硝扩羊皮使最薄，贴金其上，以便剪裁服饰用。皆煌煌至色存焉。凡金箔粘物，他日敝弃之时，刮削火化，其金仍藏灰内。滴清油[17]数点，伴落聚底，

每张乌金纸供捶打金箔五十次后就不要了，还未破损的话，可以给药铺作包朱砂之用，这是凭精妙工艺制造出来的奇妙东西。夹在乌金纸里的金片被打成箔后，先把硝制过的猫皮绷紧成小方板，再将线香灰撒满皮面，拿出乌金纸里的金箔盖在上面，用钝刀画成一平方寸的方块。然后屏住呼吸，拿一根轻木条用唾液沾湿一下，粘起金箔，夹在小纸片里。用金箔装饰物件时，先用熟漆在物件表面上涂刷一遍，然后将金箔粘贴上去（贴字多用楮树浆）。陕西中部制造皮金的，是将硝制过的羊皮拉至极薄，然后把金箔贴在皮上，供剪裁服饰使用。这些物件都会显现出辉煌夺目的颜色。凡用金箔粘贴的物件，日后破旧不用的时候，可以刮下来用火烧，金仍会留在灰里。加进几滴植物油，金又会积聚沉底，淘洗后再入炉熔炼，可以全部回收而毫无损耗。

有借金色来装饰的，如杭州的扇

16 秦中：古地区名，指今陕西省中部平原地区。
17 清油：方言。植物油；素油。

淘洗入炉，毫厘无恙。

凡假借金色者，杭扇以银箔为质，红花子[18]油刷盖，向火熏成。广南货物以蝉蜕壳调水描画，向火一微炙而就，非真金色也。其金成器物，呈分浅淡者，以黄矾涂染，炭火炸炙，即成赤宝色。然风尘逐渐淡去，见火又即还原耳。黄矾详《燔石》卷。

子是用银箔做底，涂上一层红花子油，再在火上熏一下就成了金黄色。广东、广西的货物是用蝉蜕壳磨碎后调水来描画，再用火稍微烤一下做成金色的，这些都不是真金的颜色。那些由金做成的器物，有因成色较低而颜色浅淡的，则可用黄矾涂染，在猛火中烘一烘，立刻就会变成赤宝色。但是日子久了又会逐渐褪色，把它拿到火中焙一下，则又可以恢复赤宝色。（黄矾详见《燔石》卷。）

南宋　林椿　《枇杷山鸟图》

18 红花子：红蓝花的子实，菊科红花属。中医以之入药，称红花。籽可榨油。

明　文徵明　《长松平皋图》（局部）

银

凡银中国所出，浙江、福建旧有坑场，国初[1]或采或闭。江西饶、信、瑞[2]三郡有坑从未开。湖广则出辰州[3]，贵州则出铜仁[4]，河南则宜阳[5]赵保山、永宁[6]秋树坡、卢氏高嘴儿、嵩县马槽山，与四川会川[7]密勒山、甘肃大黄山等，皆称美矿。其他难以枚举。然生气有限，每逢开采，数不足则括派以赔偿。法不严则窃争而酿乱，故禁戒不得不苛。燕、齐诸道，则地气寒

我国产银的情况大体上是这样的：浙江和福建原有银矿坑场，至明朝初年便有的仍然在开采，有的已经关闭了。江西饶州、信州和瑞州三个州县，有些银坑还从来没有开采过。湖南的辰州，贵州的铜仁，河南的宜阳县赵保山、永宁县秋树坡、卢氏县高嘴儿、嵩县马槽山，四川的会川密勒山，以及甘肃的大黄山等处，都有产银的好矿场，其余的地方就难以一一列举了。然而，这些银矿都产量有限，因此每到开采时都会因为数量达不到原定限额而搜刮摊派钱财来赔偿。若法制不严，就很容易出现偷窃争夺而造成祸乱的事件，所以禁戒律令又不得不十分严苛。河北和山东一带，由于天气寒冷，石层又薄，因而不出产

1 国初：指明朝初年。

2 饶：饶州，治今江西鄱阳县。信：信州，治今江西上饶市西北。瑞：瑞州，治今江西高安市。

3 辰州：州、路、府名。辖今湖南沅陵以南的沅江流域以西地。唐以后缩小。

4 铜仁：明代为县，今为铜仁市，在贵州省东部，沅江支流辰水上游。

5 宜阳：河南省宜阳县，在洛阳市区西南部，洛河中游。

6 永宁：旧县名。治今河南省洛宁东北。

7 会川：治今四川省会理西。

而石骨薄，不产金、银。[8]然合八省所生，不敌云南之半，故开矿煎银，唯滇中可永行也。

凡云南银矿，楚雄、永昌[9]、大理为最盛，曲靖、姚安[10]次之，镇沅又次之。凡石山硐[11]中有铆砂，其上现磊然小石，微带褐色者，分丫成径路。采者穴土十丈或二十丈，工程不可日月计。寻见土内银苗，然后得礁砂[12]所在。凡礁砂藏深土，如枝分派别，各人随苗分径横挖而寻之。上楮(zhī)[13]横板架顶，以防崩压。采工篝灯逐径施镢(jué)[14]，得矿方

金银。以上八地合起来所产的银，总量还比不上云南的一半，所以开矿炼银，只有在云南可以永久进行。

云南的银矿，以楚雄、永昌、大理三个地方储量最为丰富，曲靖、姚安位居其次，镇沅又次之。凡是石山洞里蕴藏有银矿的，在山上面就会出现一堆堆带有微褐色的小石头，分成若干个支脉。采矿的人要挖土一二十丈深才能找到矿脉，这种工程可不是几天或者几个月所能完成的。找到了土里的银矿苗之后，才能知道银矿具体所在。含银的礁砂埋藏得很深，而且像树枝那样有主干、枝干，采矿的人要跟随银矿苗分成几路横挖寻找。挖的时候还要搭架横板用以支撑坑顶，以防塌方。采矿的工人提着小灯笼沿路挖掘，一直到取得矿砂为止。在土里的银矿苗，有的掺杂着一些黄色碎石，有的在泥隙石缝中出现有乱丝的

8 因天气寒冷、石层薄而不产金银的说法无科学依据。
9 永昌：永昌府，南诏置，治今云南保山市。
10 姚安：相当今楚雄彝族自治州西部。
11 硐：通“洞”“峒”。山洞。
12 礁砂：含银矿物。礁为含银矿块，砂则是较细碎的矿。
13 楮：柱子的根脚，引申为支柱、支撑。
14 镢：刨土工具，类似镐。

止。凡土内银苗，或有黄色碎石，或土隙石缝有乱丝形状，此即去矿不远矣。凡成银者曰礁，至碎者如砂，其面分丫若枝形者曰铆（mǎo），其外包环石块曰矿。矿石大者如斗，小者如拳，为弃置无用物。其礁砂形如煤炭，底衬石而不甚黑，其高下有数等。商民凿穴得砂，先呈官府验辨，然后定税。出土以斗量，付与冶工，高者六七两一斗，中者三四两，最下一二两。其礁砂放光甚者，精华泄漏，得银偏少。

凡礁砂入炉，先行拣净淘洗。其炉土筑巨墩，高五尺许，底铺瓷屑、炭灰，每炉受礁砂二石。用栗木炭二百斤，周遭丛架。靠炉砌砖墙一朵，高阔皆丈余。风箱安置墙背，合两三人力，带拽透

形状，这都表明离银矿不远了。银矿石中，含银较多的成块矿石叫作礁，细碎的叫作砂，其表面分布成树枝状的叫作铆，外面包裹着的石块叫作围岩。围岩大的像斗，小的像拳头，都是该抛弃的废物。礁砂形状像煤炭，底下垫着石头，因而显得不那么黑，礁砂品质的高低可分几个等级。（矿场主挖到矿砂后，先要呈交官府验辨分级，再行定税。）刚出土的矿砂用斗量过之后，交给冶工去炼，矿砂品质高的每斗可以炼出纯银六七两，中等的可以炼出纯银三四两，最差的只能炼纯银一二两。（那些特别光亮的礁砂，由于里面的精华已经泄漏得太多，最终得到的纯银反而偏少。）

礁砂在入炉之前，先要进行拣选、淘洗。炼银的炉子是用土筑成的大土墩，高五尺左右，底下铺上瓷片和炭灰之类的东西，每个炉子可容纳含银礁砂二石。用栗木炭二百斤，在矿石周围叠架起来。靠近炉旁还要砌一道砖墙，高和宽都是一丈多。风箱安装在墙背，由两三个人拉动鼓风。用这一道砖墙来隔热，拉风箱的人才能有

井口
鉄
石
苗

開採銀
礦
苗

管通风。用墙以抵炎热，鼓鞴之人方克安身。炭尽之时，以长铁叉添入。风火力到，礁砂熔化成团。此时银隐铅中，尚未出脱。计礁砂二石熔出团约重百斤。

冷定取出，另入分金炉一名虾蟆炉内，用松木炭匝围，透一门以辨火色。其炉或施风箱，或使交箑(shà)[15]。火热功到，铅沉下为底子。其底已成陀僧[16]样，别入炉炼，又成扁担铅。频以柳枝从门隙入内燃照，铅气净尽，则世宝凝然成象矣。[17]此初出银，亦名生银。倾定无丝纹，即再经一火，当中止现一点圆星，滇人名曰“茶经”。逮后入铜少许，

安身之地。等到炉里的炭烧完时，就用长铁叉子陆续添加。如果火力够了，炉里的矿石就会熔化成团。这时的银还混在铅里而没有被分离出来。二石银矿石熔成团后约有一百斤。

冷却后取出，放入另一个名叫分金炉（也叫虾蟆炉）的炉子里，用松木炭围住熔团，透过一个小门辨别火色。炉子可用风箱鼓风，也可以用扇子来回扇。火烧到一定的温度时，熔团熔化后的铅就会沉到炉底。（炉底的铅已成密陀僧样的氧化铅，再放进别的炉子里熔炼，又会变成扁担铅。）要不断用柳树枝从门缝中插进去燃烧照看，如果铅全部被氧化成氧化铅，就可以提炼出纯银来了。这种刚炼出来的银，也叫作生银。倒出来凝固以后的银如果表面没有丝纹，就要再熔炼一次，直到凝固的银锭中心出现一种云南人叫“茶经”的一点圆星。然后加入一点铜，再重新用铅来协助熔化，再

15 交箑：用扇子来回扇。箑，扇子。

16 陀僧：即密陀僧。矿物名，其成分为氧化铅，黄色或红褐色粉末。可入药，外用有杀虫、消积、消肿毒等功效。

17 说的是“灰吹法”制银的过程。即柳枝燃烧发热，会使铅更易于氧化，变成氧化铅而挥发掉。银在这种不太高的温度下基本上不氧化，因而剩下的便是银了。

清　高其佩　《海天出日图》

鎔礁結銀與鉛圖

沉鉛結

重以铅力熔化，然后入槽成丝。丝必倾槽而现，以四围匡住，宝气不横溢走散。其楚雄所出又异，彼硐砂铅气甚少，向诸郡购铅佐炼。每礁百斤，先坐铅二百斤于炉内，然后煽炼成团。其再入虾蟆炉沉铅结银，则同法也。此世宝所生，更无别出。方书、本草[18]，无端妄想妄注，可厌之甚。

大抵坤元精气，出金之所三百里无银，出银之所三百里无金，造物之情亦大可见。[19]其贱役扫刷泥尘，入水漂淘而煎者，名曰淘厘锱。一日功劳，轻者所获三分，重者倍之。其银俱日用剪、斧口中委余[20]，或鞋底粘带布于衢

倒入槽里就会现出丝纹了。（丝纹必经倒进槽里才能出现，是因为四周被围住了，银熔液不会溢出走散。）云南楚雄所出产的银又有些不一样，那里的矿砂含铅太少，还要向其他地方采购铅来辅助炼银。每炼银矿石一百斤，就得先在炉子里垫二百斤铅，然后才鼓风将矿砂冶炼成团。至于再转到虾蟆炉里使铅沉下分离出银，则方法是相同的。这就是银开采和熔炼的方法，并没有其他生产的方法。讲炼丹的方书和谈医药的草药学著作中，常常没有根据地乱想乱注，真是令人十分讨厌。

一般说来，土地里面隐藏的宝气精华，产金的地方三百里之内没有银矿，产银的地方三百里之内没有金矿，大自然的安排设计，从这里也能看出个大概。那些干粗活的人把扫刷到的泥尘放进水里进行淘洗，再加以熬炼，这就叫作淘厘锱。操劳一天，少的只能得到三分银子，多的也只能加一倍。这些银屑都是平常从剪刀或者斧子口

18 方书、本草：方书指炼丹术著作，本草为药物学著作。

19 说金、银是大地里的精华宝气以及所谓出金、出银固定距离三百里之说，均无科学依据。

20 委余：指脱落、丢弃的碎屑。

市，或院宇扫屑弃于河沿。其中必有焉，非浅浮土面能生此物也。

凡银为世用，惟红铜与铅两物可杂入成伪。然当其合琐碎而成钣锭[21]，去疵伪而造精纯。高炉火中，坩锅足炼，撒硝少许，而铜、铅尽滞锅底，名曰银锈。其灰池中敲落者，名曰炉底。将锈与底同入分金炉内，填火土甑之中，其铅先化，就低溢流，而铜与粘带余银，用铁条逼就分拨，井然不紊。人工、天工亦见一斑云。炉式并具于后。

上掉下来的，或者是由鞋底粘带到街道地面，或者是从院子房舍扫出来被抛弃在河边的。那些泥尘中必定夹杂有一些银屑子，但并不是浅的浮土上所能产生的东西。

世间使用的银，只有红铜和铅两种金属可以掺混进去用来作假，但是把碎银铸成银锭的时候，就可以除去杂质加以提纯。方法是将杂银放在坩埚里，送进高炉里用猛火熔炼，撒上一些硝石，其中的铜和铅便全部结在埚底了，这就叫作银锈。那些敲落在灰池里的叫作炉底。将银锈和炉底一起放进分金炉里，用土甑子装满木炭起火熔炼，里面的铅就会先熔化，流向低处，剩下的铜和银可以用铁条分拨，两者就截然分开了。人工与天工的关系由此可见一斑。炉的式样图一并附在后面。

21 钣锭：钣为圆饼状金属货币，锭为铸成条块状的金银。

土甑
鴻火在中
銅出
鐵條

分金爐清銹底

附：朱砂银

凡虚伪方士以炉火惑人者，唯朱砂银愚人易惑。其法以投铅、朱砂与白银等，分入罐封固，温养三七日后，砂盗银气，煎成至宝。拣出其银，形存神丧，块然枯物。入铅煎时，逐火轻折，再经数火，毫忽无存。折去砂价、炭资、愚者贪惑犹不解，并志于此。

那些虚伪的方士用炉火骗人的方法中，只有用朱砂银愚弄人比较容易。在罐子里放入等量的铅、朱砂、白银等物，封存起来，用温火养二十一天后，朱砂就会含有银的成分，炼成很好的宝物。把银子挑出来，那银已经没有银的样子，成了一块枯渣。放铅炼时，随着火力铅有损耗，再炼几次，一点儿都不剩了。损失了朱砂、炭的钱，愚笨的人还抱着贪恋不放，我一并把它记录在这儿。

南宋　马世昌　《银杏翠鸟图》

铜

凡铜供世用，出山与出炉只有赤铜。以炉甘石或倭铅参和，转色为黄铜；以砒霜等药制炼为白铜；矾、硝等药制炼为青铜广锡参和为响铜；倭铅和写为铸铜。初质则一味红铜而已。

世间用的铜，开采后经过熔炼得来的只有红铜一种。但如果在炉中掺加炉甘石或锌一起熔炼，就会转变成黄铜；如果加入砒霜等药物炼制，就会变成白铜；加入明矾和硝石等药物则会炼成青铜；加入锡则会炼成响铜；加入锌则为铸铜。然而最基本的材质不过是红铜一种而已。

凡铜坑所在有之。《山海经》言出铜之山四百六十七[1]，或有所考据也。今中国供用者，西自四川、贵州为最盛。东南间自海舶来，湖广武昌、江西广信皆饶铜穴。其衡、瑞等郡，出最下品曰蒙山[2]铜者，或入冶铸混入，不堪升炼成坚质也。

铜矿到处都有，《山海经》一书中说全国产铜的地方有四百六十七处，这或许是有所考证的。今天我国供人使用的铜，要算西部的四川、贵州出产为最多。东南多是从国外由海上运来的，湖北的武昌以及江西的广信，都有丰富的铜矿。从湖南衡州、江西瑞州等地出产的蒙山铜，有时或在铸造时掺入一点，但不能锤炼成坚实的铜块。

凡出铜山夹土带石，

产铜的山一般都是夹土带石，要挖几丈深才能得到，取得的矿石仍然

1 四百六十七：原刻本作“四百三十七”。今传晋郭璞注本为“出铜之山四百六十七”，故照改。
2 蒙山：在今江西上高县南，此地从宋代以来即产铜。蒙山铜因含杂质较多而性脆，只宜铸造，不宜锤锻。

穴凿数丈得之，仍有矿包其外。矿状如姜石，而有铜星，亦名铜璞[3]。煎炼仍有铜流出，不似银矿之为弃物。凡铜砂在矿内，形状不一，或大或小，或光或暗，或如鍮(tōu)石[4]，或如姜铁[5]。淘洗去土滓，然后入炉煎炼，其熏蒸傍溢者，为自然铜，亦曰石髓铅[6]。

凡铜质有数种。有全体皆铜，不夹铅、银者，洪炉单炼而成。有与铅同体者，其煎炼炉法，傍通高低二孔，铅质先化从上孔流出，铜质后化从下孔流出。东夷铜又有托体银矿内者，入炉煎炼时，银结于面，铜沉于下。商舶漂入中国，名曰日本铜，其形为方长板条。漳郡人

有围岩包在外层。围岩的形状好像姜状的石块，表面呈现一些铜的斑点，这又叫作铜璞。把它拿到炉里去冶炼，仍然会有一些铜流出来，不像银矿石那样完全是废物。铜砂在矿里的形状不一样，有的大，有的小，有的光，有的暗，有的像黄铜矿石，有的则像姜铁。把铜砂夹杂着的土滓洗去，然后入炉熔炼，经过熔化后从炉里流出来的，就是自然铜，也叫石髓铅。

铜矿石有几个品种。其中有全部是铜而不夹杂铅和银的，只要入炉一炼就成。有的却和铅混杂在一起，这种铜矿的冶炼方法，是在炉旁通高低两个孔，铅先熔化从上孔流出，铜后熔化则从下孔流出。日本等处的铜矿，也有与银矿在一块的，当放进炉里去熔炼时，银会浮在上层，而铜沉在下面。由商船运进中国的铜，名叫日本铜，它铸成的形状是长方形的板条。福建漳州人得到这种铜，有把它再入炉熔炼，

3 铜璞：低品位的铜矿石，有黄铜矿、蓝铜矿等斑点，多在脉石里。

4 鍮石：即黄铜。天然产者为真鍮，以铜与炉甘石炼成者为鍮石。

5 姜铁：铜矿中有少量天然铜，色黑如铁呈姜状，故名姜铁。

6 石髓铅：石髓即石钟乳，形状像动物脑髓。这里指从熔炉里流出来的自然铜，冷却后看上去像石髓状的铅，故名。

穴取銅鉛

鉛
銅

化銅
淘淨銅砂

得之，有以炉再炼，取出零银，然后泻成薄饼，如川铜一样货卖者。

凡红铜升黄色为锤锻用者，用自风煤炭，此煤碎如粉，泥糊作饼，不用鼓风，通红则自昼达夜。江西则产袁郡[7]及新喻[8]邑百斤，灼于炉内，以泥瓦罐载铜十斤，继入炉甘石六斤坐于炉内，自然熔化。后人因炉甘石烟洪飞损，改用倭铅。每红铜六斤，入倭铅四斤，先后入罐熔化，冷定取出，即成黄铜，唯人打造。

凡用铜造响器，用出山广锡无铅气者入内。钲今名锣、镯今名铜鼓之类，皆红铜八斤，入广锡二斤。铙、钹、铜与锡更加精炼。凡铸器，低者红铜、倭铅

取出其中零星的银，然后倾铸成薄饼模样，像四川的铜那样出售的。

由红铜炼成可以锤锻的黄铜，要将一百斤自风煤（这种煤细碎如粉，和泥做成煤饼来烧，不需要鼓风，从早到晚炉火通红。江西的这种煤产于宜春、新余等地）放入炉里烧，在一个泥瓦罐里装铜十斤、炉甘石六斤，放入炉内，让它自然熔化。后来人们因为炉甘石挥发得太厉害，损耗很大，就改用锌。每次红铜六斤，配锌四斤，先后放入罐里熔化，冷却后取出就得到黄铜，供人们打造各种器物。

用铜制造乐器，要把两广产的不含铅的锡放进罐里与铜同熔。制造钲（今名锣）、镯（今名铜鼓）一类乐器，都是红铜八斤，掺入广锡二斤。锤制铙、钹所用铜、锡还要更加精炼。铸制铜器，含铜量低的是红铜和锌各一半，甚至锌占六成而铜占四成。含铜量高的则要用经过三次或四次熔炼的

7 袁郡：即江西袁州，今宜春市袁州区。
8 新喻：旧县名。今属江西新余市。

均平分两，甚至铅六铜四。高者名三火黄铜、四火熟铜，则铜七而铅三也。

凡造低伪银者，唯本色红铜可入。一受倭铅、砒、矾等气，则永不和合。然铜入银内，使白质顿成红色，洪炉再鼓，则清浊浮沉立分，至于净尽云。

所谓三火黄铜或四火熟铜来铸制，其中含铜七成、铅三成。

制造含银量低或假银器，只有本色的红铜可以加入。一旦掺杂有锌、砒、矾等物质，就永远都不能熔合。然而铜混进银里，使白色立刻变成红色，再入炉鼓风熔炼，则清、浊、浮、沉，立刻分辨得清清楚楚，银和铜便分离得干干净净了。

南宋　刘松年　《博古图》（局部）

附：倭铅 [1]

凡倭铅古书本无之，乃近世所立名色。其质用炉甘石熬炼而成。繁产山西太行山一带，而荆、衡为次之。每炉甘石十斤，装载入一泥罐内，封裹泥固以渐砑(yà) [2] 干，勿使见火拆裂。然后逐层用煤炭饼垫盛，其底铺薪，发火煅红，罐中炉甘石熔化成团，冷定毁罐取出。每十耗去其二，即倭铅也。此物无铜收伏 [3]，入火即成烟飞去。以其似铅而性猛，故名之曰倭云。[4]

倭铅在古书里本来没有什么记载，只是到了近代才有了这个名字。它是用炉甘石熬炼而成的，大量出产于山西的太行山一带，其次是湖北荆州和湖南衡州。熔炼时，每次将炉甘石十斤装进一个泥罐里，泥罐外面用泥巴包裹封固，再将表面碾光滑，让它渐渐风干，千万不要用火烤，以防泥土拆裂。然后用煤饼一层层地把装炉甘石的罐垫起来，在下面铺柴引火烧红，使泥罐里的炉甘石成一团。等泥罐冷却后，将罐子打烂就可取倭铅。每十斤炉甘石会损耗两斤，这就是倭铅的熬制。但是，这种倭铅如果不和铜结合，一见火就会挥发成烟。因为它很像铅而又比铅的性质更猛烈，所以把它叫作倭铅。

1 倭铅：锌的原名。又曾名白铅、水锡、梚锡。始见于明或之前。明代已大量生产和使用。当时主要用途是配制黄铜。

2 砑：碾磨物体使之结实发亮。

3 锌的熔点、沸点均远低于铜，本较易挥发，但与铜成合金后沸点大为提高，不会挥发成蒸气飞走，故称“收伏”。

4 大概因明末受凶猛的倭寇之害，故名之倭铅。

升煉倭鉛

铁

凡铁场所在有之，其质浅浮土面，不生深穴。繁生平阳、冈埠（bù）[1]，不生峻岭高山。质有土锭、碎砂数种。凡土锭铁[2]，土面浮出黑块，形似秤锤，遥望宛然如铁，拈之则碎土。若起冶煎炼，浮者拾之，又乘雨湿之后牛耕起土，拾其数寸土内者。耕垦之后，其块逐日生长[3]，愈用不穷。西北甘肃，东南泉郡，皆锭铁之薮也。燕京、遵化与山西平阳[4]，则皆砂铁之薮也。凡砂铁一抛土膜即现其形，取来淘洗，入炉煎炼，

铁矿在全国各地都有，它的矿物质都是浅藏在地面而不深埋在洞穴里。出产得最多的，是在平原和丘陵地带，而不在高山峻岭上。铁矿石有土块状的土锭铁和碎砂状的砂铁等好几种。铁矿石呈黑色，露出在泥土上面，形状好像秤锤，从远处看就像一块铁，用手一捏却成了碎土。若要进行冶炼，就可以把浮在土面上的这些铁矿石拾起来，还可以趁着下雨地湿之后，用牛犁耕翻起土，把那些埋在泥土里几寸深的铁矿石都拾起来。犁耕过之后，铁矿石还会逐渐生长，用不完。我国西北的甘肃和东南的福建泉州都盛产这种土锭铁，而北京、遵化和山西临汾则是盛产砂铁的地区。至于砂铁，一挖开表土层就可以显现，把它取出来淘洗后，再入炉冶炼，炼出来的铁跟来自土锭铁的也没有什么

1 平阳：平坦开阔之地。冈：山脊。埠：泊船的岸地。冈埠合指丘陵地带。

2 土锭铁：块状铁矿。一般指磁铁矿。

3 其块逐日生长：此说不妥。

4 平阳：明代山西平阳府，今山西临汾市。

墾土拾錠

淘洗鐵砂

熔化之后与锭铁无二也。

差别。

凡铁分生、熟，出炉未炒则生，既炒则熟。生熟相和，炼成则钢。凡铁炉用盐做造，和泥砌成。其炉多傍山穴为之，或用巨木匡围。塑造盐泥，穷月之力不容造次。盐泥有罅，尽弃全功。凡铁一炉载土二千余斤，或用硬木柴，或用煤炭，或用木炭，南北各从利便。扇炉风箱必用四人、六人带拽。土化成铁之后，从炉腰孔流出。炉孔先用泥塞。每旦昼六时，一时出铁一陀。既出即叉泥塞，鼓风再熔。

铁分为生铁和熟铁，已经出炉但还没有炒过的是生铁，炒过以后便成了熟铁。把生铁和熟铁混合熔炼就变成了钢。炼铁炉是用掺盐的泥土砌成的，这种炉大多是依傍着山洞砌成的，也有些是用大根木头围成框框。用盐泥塑造出这样一个炉子，非得花个把月时间不可，不能轻率贪快。盐泥一旦出现裂缝，那就会前功尽弃了。一座炼铁炉可以装铁矿石两千多斤，燃料有的用硬木柴，有的用煤或者木炭，南方北方各从其便就地取材。鼓风的风箱要由四个人或者六个人一起推拉。铁矿石化成了铁水之后，就会从炼铁炉腰孔中流出来。这个孔要事先用泥塞住。白天六个时辰当中，每个时辰能出一炉子铁。出铁之后，立即用叉子取泥塞住孔，再鼓风熔炼。

凡造生铁为冶铸用者，就此流成长条、圆块，范内取用。若造熟铁，则生铁流出时相连数尺内，低下数寸筑一方塘，短墙抵之。其铁流入塘内，数人执持柳

如果是熔炼供铸造用的生铁，就让铁水注入条形或者圆形的铸模里再取用。如果是造熟铁，便在离炉子几尺远而又低几寸的地方筑一口方塘，四周砌上矮墙。让铁水流入塘内，几个人拿着柳木棍，站在矮墙上，事先将污潮泥晒干，舂成粉，再筛成像面粉一样的细末。

熟煉鐵爐
撒潮泥灰

此管
流出
墜子鋼

木棍排立墙上，先以污潮泥晒干，舂筛细罗如面，一人疾手撒揃[5]，众人柳棍疾搅，即时炒成熟铁。其柳棍每炒一次，烧折二三寸，再用则又更之。炒过稍冷之时，或有就塘内斩划成方块者，或有提出挥椎打圆后货者。若浏阳诸冶，不知出此也。

凡钢铁炼法，用熟铁打成薄片如指头阔，长寸半许，以铁片束包尖紧，生铁安置其上，广南生铁名堕子生钢者妙甚。又用破草履盖其上，粘带泥土者，故不速化。泥涂其底下。洪炉鼓鞴，火力到时，生钢先化，渗淋熟铁之中，两情投合，取出加锤。再炼再锤，不一而足。俗名团钢，亦曰灌钢者是也。

一个人迅速把泥粉均匀地撒播在铁水上面，另外几个人就用柳棍迅猛搅拌，这样很快就炒成熟铁了。柳木棍每炒一次便会烧掉二三寸，再炒时就得更换一根新的。炒过以后，稍微冷却时，或有就在塘里划成方块的，或有把铁块拿出来锤打成圆块，然后出售。但是湖南浏阳那些冶铁场并不懂得这种技术。

炼钢的方法，是先将熟铁打成像指头一般宽的薄片，长约一寸半一块，然后把薄片包扎夹紧，将生铁放在扎紧的熟铁片上面（广东南部有一种叫作堕子生钢的生铁最适宜），再盖上破草鞋（要沾有泥土的，才不会被立即烧毁），在熟铁片底下还要涂上泥浆。投进洪炉进行鼓风熔炼，达到一定的温度时，生铁会先熔化而渗到熟铁里，两者相互融合，取出来后进行敲打。再熔炼再敲打，如此反复进行多次。这样锤炼出来的钢，俗名叫作团钢，也有叫作灌钢的。

日本出的一种刀剑，用的是经过

5 揃：播。南方方言，如揃种谷。

其倭夷[6]刀剑有百炼精纯、置日光檐下则满室辉曜者，不用生熟相和炼，又名此钢为下乘云。夷人又有以地溲[7]淬刀剑者，地溲乃石脑油之类，不产中国。云钢可切玉，亦未之见也。凡铁内有硬处不可打者名铁核，以香油涂之即散。凡产铁之阴，其阳出慈石[8]，第有数处不尽然也。

百炼的精纯好钢，放在日光下会使整个屋子都光芒耀眼，这种钢不是用生铁和熟铁相熔合炼成的，有人把它称为次品。日本人又有用地溲来淬刀剑（地溲即石脑油之类的东西，我国中原地区不出产），据说这种钢刀可以切玉，但也未曾见过。打铁时铁里偶尔会出现一种非常坚硬的、打不散的硬块，这东西名叫铁核，用香油涂抹后再锤打，铁核就会消散。凡是产铁在山北面的，山南面就会有磁石，好几个地方都有这种现象，但并不是全都如此。

元　佚名　《柳塘白燕图》（局部）

6 倭夷：我国古代对日本人的称呼。

7 地溲：这里指石油（下文石脑油）。

8 慈石：即磁石，属磁铁矿，带有强烈的磁性。

清　禹之鼎　《江乡清晓图》

锡

凡锡中国偏出西南郡邑，东北寡生。古书名锡为“贺”者，以临贺郡[1]产锡最盛而得名也。今衣被天下者，独广西南丹[2]、河池二州居其十八，衡、永则次之。大理、楚雄即产锡甚盛，道远难致也。

凡锡有山锡、水锡[3]两种。山锡中又有锡瓜、锡砂两种，锡瓜块大如小瓠(hù)[4]，锡砂如豆粒，皆穴土不甚深而得之。间或土中生脉充牣(rèn)[5]，致山土自颓[6]，恣人拾取者。水锡衡、永出溪中，广西则出南丹州河内。其质黑色，粉碎如

锡主要出产于我国的西南地区，东北地区很少。古书上称锡为“贺”，就是因为广西贺州北部一带产锡最多而得名。今天供应全国的锡，仅广西的南丹、河池两地就占了十分之八，湖南的衡阳、永州次之。云南的大理、楚雄虽然产锡很多，但路途遥远，难以供应内地。

锡矿分为山锡、水锡两种。山锡中又分锡瓜和锡砂两种。锡瓜块头大的如同小葫芦瓜，锡砂则像豆粒，都可以在不很深的地层里找到。偶尔也会有原生矿床所含的矿脉太满，致使山土自行坍塌，而露出风化形成次生矿的，那就可以任凭人们拾取。水锡，在湖南衡阳和永州两地产于小溪里，广西则产于南丹河里。这种水锡

1 贺郡：即今广西贺州市。
2 南丹：南丹县，今隶属广西壮族自治区河池市。
3 山锡、水锡：均为锡石矿。山锡现常称“脉锡”，水锡称“砂锡”。
4 瓠：蔬类名，即瓠瓜、葫芦瓜。
5 充牣：充满。
6 颓：倒塌。

河池山錫
水梘

重罗面[7]。南丹河出者，居民旬前从南淘至北，旬后又从北淘至南。愈经淘取，其砂日长[8]，百年不竭。但一日功劳淘取煎炼不过一斤，会计炉炭资本，所获不多也。南丹山锡出山之阴，其方无水淘洗，则接连百竹为枧，从山阳枧水淘洗土滓，然后入炉。

凡炼煎亦用洪炉，入砂数百斤，丛架木炭亦数百斤，鼓鞴熔化。火力已到，砂不即熔，用铅少许勾引，方始沛然流注。或有用人家炒锡剩灰[9]勾引者。其炉底炭末、瓷灰铺作平池，傍安铁管小槽道，熔时流出炉外低池。其质初出洁白，然过刚，承锤

是黑色的，细碎得好像是筛过了的面粉。南丹河出产的水锡，居民十天前从南淘到北，十天后再从北淘到南，这些矿砂不断生长出来，千百年都取之不尽。但是，一天的淘取和熔炼也不过一斤左右，计算所耗费的炉炭成本，获利实在是不多。南丹的山锡产于山的北坡，那里缺水淘洗，因此就用许多根竹管接起来当导水槽，从山的南坡引水过来把泥沙洗掉，然后入炉。

熔炼锡也用洪炉，每炉放入锡砂数百斤，丛集支起来的木炭也要数百斤，一起鼓风熔炼。当火力足够时，锡砂还不一定能马上熔化，这时要掺少量的铅去勾引助熔，锡才会大量熔流出来。也有采用别人的炼锡炉渣去勾引的。洪炉炉底用炭末和瓷灰铺成平池，炉旁安装一条铁管小槽，炼出的锡水引流入炉外低池内。锡刚出炉时洁白，可是太硬脆，一经锤打就会碎裂，要加铅使锡质变软，才能用来制造各种器具。市面上卖的锡掺铅太多，如果需要提纯，就应

7 重罗面：筛过了的面粉。罗，筛物的器具，罗筛。
8 此说有误。实际上锡矿砂并未生长，只是新从上游冲下来，或从原来的河沙里被水翻滚上来。
9 炒锡剩灰：炒锡剩的炉渣，可起还原和助熔作用。

南丹水錫

煉錫爐
點鉛勾錫
流入鐵盤

即拆裂。入铅制柔，方充造器用。售者杂铅太多，欲取净则熔化，入醋淬八九度，铅尽化灰而去。出锡唯此道。方书云马齿苋[10]取草锡者，妄言也；谓砒为锡苗[11]者，亦妄言也。

该在它熔化后加入醋酸反复淬火八九次，其中所含的铅便会形成渣灰而被除去。生产纯锡只有这一种方法。有的医药书说可以从马齿苋中提取草锡的，这是胡说；所谓发现了砒就一定有锡矿苗的说法，也是信口乱说。

清　恽寿平　《湖山春暖图》（局部）

10 马齿苋：一年生草本植物，茎叶可吃可入药，但尚未发现含锡，更不可能供炼锡之用。
11 砒为锡苗：《本草纲目》说砒“乃锡之苗”。此说有理。中国锡矿床中多含砷，作者说是“妄言”，是不对的。

铅

凡产铅山穴，繁于铜、锡。其质有三种，一出银矿中，包孕白银。初炼和银成团，再炼脱银沉底，曰银矿铅，此铅云南为盛。一出铜矿中，入洪炉炼化，铅先出，铜后随，曰铜山铅[1]，此铅贵州为盛。一出单生铅穴，取者穴山石，挟油灯寻脉，曲折如采银矿，取出淘洗煎炼，名曰草节铅[2]，此铅蜀中嘉、利[3]等州为盛。其余雅州[4]出钓脚铅[5]，形如皂荚子，又如蝌蚪子，生山涧沙中。广信郡上饶、饶郡乐平出杂

产铅的矿山，要比产铜和产锡的矿山多。铅矿的质地有三种：一种产自银矿中，包含着白银矿铅。这种矿，初炼时和银熔成一团，再炼时脱离银而沉底，名叫银铅矿，以我国云南出产为最多。一种出产在铜矿里，入洪炉冶炼时，铅先熔化流出，铜后流出，名叫铜山铅，这种铜铅矿，我国贵州出产最多。一种是产自山洞里的纯铅矿，开采的人凿开山石，点着油灯在山洞里寻找铅脉，弯弯曲曲如同采银矿一样。采出来后再加淘洗、熔炼，名叫草节铅，这种矿以四川的嘉州乐山和利州广元出产为最多。剩下的还有四川雅州出产的钓脚铅，形状像个皂荚子，又好像蝌蚪，出自山涧的沙里。江西广信郡的上饶和饶郡的乐平等地还出产有杂铜铅，剑州还出产有

1 铜山铅：指含方铅矿、闪锌矿、黄铜矿等的多金属矿。
2 草节铅：结晶粗大的方铅矿，也叫硫化铅。
3 嘉：嘉州，治今四川省乐山市。利：利州，治今四川省广元市，地处四川盆地北部边缘。
4 雅州：别名川西咽喉、西藏门户，地处长江上游、四川盆地西缘，治今雅安市。
5 钓脚铅：自然铅，黑色。

铜铅，剑州[6]出阴平铅，难以枚举。

凡银矿中铅，炼铅成底，炼底复成铅。草节铅单入洪炉煎炼，炉傍通管注入长条土槽内，俗名扁担铅，亦曰出山铅，所以别于凡银炉内频经煎炼者。凡铅物值虽贱，变化殊奇，白粉、黄丹[7]，皆其显像。操银底于精纯，勾锡成其柔软，皆铅力也。

阴平铅，在这里难以一一列举。

银矿中的铅要先从银铅矿中提取银，剩下的作为炉底，再把炉底炼成铅。草节铅则单独放入洪炉里冶炼，洪炉旁通一条管子以便铅水流入长条形的土槽里，这样铸成的铅俗名叫作扁担铅，也叫作出山铅，用以区别从银炉里多次熔炼出来的那种铅。铅的价值虽然低贱，变化却特别奇妙，白粉和黄丹便是铅的明显表现形式。此外，白银矿炉底的提炼加铅使产出的银更精纯，以及加铜勾引助熔使锡变得很柔软，这些都是铅起的作用。

明　卞文瑜　《溪山写胜册》之溪山揽胜

6 剑州：治今南平。辖今福建南平市及顺昌、沙县一带，因传说“干将莫邪”在此双剑化龙而得名剑州。后为与四川剑州区别而名南剑州。

7 白粉：即胡粉，也叫铅粉。学名碱式碳酸铅。色洁白，主要用于涂面或绘画。黄丹：矿物名，即氧化铅，通常呈黄色粉末状，可作颜料。

清　董诰　《高宗御笔甲午雪后即事成咏诗》（局部）

附：胡粉[1]

凡造胡粉，每铅百斤，熔化，削成薄片，卷作筒，安木甑内。甑下甑中各安醋一瓶，外以盐泥固济，纸糊甑缝。安火四两[2]，养之七日。期足启开，铅片皆生霜粉，扫入水缸内。未生霜者，入甑依旧再养七日，再扫，以质[3]尽为度，其不尽者留作黄丹料。

每扫下霜一斤，入豆粉二两、蛤粉四两[4]，缸内搅匀，澄去清水，用细灰按成沟，纸隔数层，置粉于上。将干，截成瓦定[5]形，或如磊

制作胡粉是先把一百斤铅熔化，冷却之后再削成薄片，卷成筒状，安置在木甑子里面。甑子下面及甑子中间各放置一瓶醋，外面用盐泥封固，并用纸糊严甑子缝。用大约四两木炭的火力持续加热，这样保持七天。时间到了再把木盖打开，就能够见到铅片上面都覆盖着一层霜粉，就把粉扫进水缸里。那些还未产生霜的铅再放进甑子里，仍旧按照原来的方法再加热七天，再次收扫，直到铅粉尽了为止，剩下的残渣还可留作制黄丹的原料。

每扫下霜粉一斤，加进豆粉二两、蛤粉四两，在缸里把它们搅匀，澄清之后倒去清水，再用细灰做成一条沟，沟上平铺几层纸，将湿粉放在上面。快干的时候把湿粉截成瓦当形，或像堆积的石块，等到完全风干了就可以收藏起来。

1 胡粉：即铅粉，用于傅面或绘画；也用于涂墙壁。

2 安火四两：指保持大约四两木炭的火力。

3 质：此指铅粉。

4 豆粉为胶质，蛤粉呈白色，混合成白色粉末黏结物。

5 瓦定：当为“瓦当”。筒瓦的头部。

块，待干收货。此物古因辰、韶[6]诸郡专造，故曰韶粉俗误朝粉。今则各省直饶为之矣。其质入丹青，则白不减。揸（chā）[7]妇人颊，能使本色转青。胡粉投入炭炉中，仍还熔化为铅，所谓色尽归皂者。

这种粉因为古代只有湖南的辰州和广东的韶州专门制造，所以也叫作韶粉（民间误成了朝粉）。到今天则各省都已经有制造了。这种粉用来作颜料，能够长期保持白色；用来粉饰妇女的脸颊，涂多了会使脸色变青。将胡粉投入炭炉里面烧，仍然会熔化还原为铅，这就是所谓一切的颜色终归还会变回黑色。

清　恽寿平　《丛艳图扇页》

6 韶：州、府名。今广东省韶关市。
7 揸：同“搽”，涂抹。

附：黄丹

凡炒铅丹[1]，用铅一斤，土硫黄十两，硝石一两。熔铅成汁，下醋点之。滚沸时下硫一块，少顷入硝少许，沸定再点醋，依前渐下硝、黄。待为末，则成丹矣。其胡粉残剩者，用硝石、矾石炒成丹，不复用醋也。欲丹还铅，用葱白汁[2]拌黄丹慢炒，金汁[3]出时，倾出即还铅矣。

炒制铅丹，是用铅一斤、土硫黄十两、硝石一两配合。铅熔化变成液体后，加进一点醋。沸腾时再投入一块硫黄，过一会儿再加进一点硝石，沸腾停止后再加点醋，接着依次加硫黄和硝石。就这样加到炉里的东西都成为粉末，就炼成黄丹了。如要是用制胡粉时剩余的铅来炼，那就只加硝石、矾石进去炒成黄丹，而不必加醋了。如想把黄丹还原成铅，则用葱白挤的汁拌入黄丹，慢火熬炒，等到有金黄色的汁流出来时，倒出来就是还原的铅了。

1 铅丹：黄丹的别名。也可叫陶丹、铅黄、丹粉、朱粉、朱丹等。是用铅、硫黄、硝石等合炼而成的红色粉末。

2 葱白汁：葱白挤的汁。用作还原剂，把氧化铅还原为铅。

3 金汁：指金黄色的液汁。

佳兵[1]第十五

宋子曰：兵非圣人之得已也。虞舜在位五十载，而有苗[2]犹弗率[3]。明王圣帝，谁能去兵哉？“弧矢之利，以威天下[4]”，其来尚[5]矣。为老氏[6]者，有葛天[7]之思焉。其词有曰：“佳兵者，不祥之器。”盖言慎也。

宋先生说：用兵是圣人不得已才做的事情。舜帝在位五十年，只有苗部族还没有归附。即使是贤明的帝王，谁又能够放弃战争和取消兵器呢？“武器的功用，就在于威慑天下”，这句话由来已久了。老子怀有葛天氏“无为而治”的理想。他著的书中有句话说：“兵器这玩意儿，是不吉祥的东西。”那只是警诫人们用兵要慎重罢了。

火药机械之窍，其先凿[8]自西番与南裔，而后乃及于中国。变幻百出，日盛月新。中国至今日，则即戎者[9]以为第

制造新式枪炮的技巧，是西洋人较早发明，后经西域和南方的边远地区才传到我国来的。它很快就变化百出，日益兴盛更新。时至今日，我国有些带兵打仗的人已把发展兵器放到了第一位，

1 佳兵：好的兵器。

2 有苗：即三苗，古族名。

3 弗率：不顺服。

4 弧矢之利，以威天下：弓和箭的锋利能威慑天下的人。弧矢，弓箭，泛指武器。

5 尚：久。

6 老氏：指老子，姓李名耳，春秋时期道家创始人，著有《道德经》。

7 葛天：即“葛天氏”，传说中的远古帝名。作者认为老子“无为而治”的思想是继承了葛天氏不用礼教刑法治国、一切听凭自然的思想。

8 凿：凿通，开通。引申为发明。

9 即戎者：指带兵打仗的人。

一义，岂其然哉！虽然，生人纵有巧思，乌能至此极也？

这种做法可能是正确的吧！不然的话，人类纵然有着巧妙的构思，如果不重视，武器的发展又怎能达到这种完善的地步呢？

清　郭朝祚　《征西图》（局部）

弧、矢

凡造弓，以竹与牛角为正中干质，东北夷无竹，以柔木为之。桑枝木为两梢。弛则竹为内体，角护其外；张则角向内而竹居外。竹一条而角两接，桑弰(shāo)[1]则其末刻锲，以受弦彄(kōu)[2]。其本则贯插接笋于竹丫，而光削一面以贴角。

凡造弓，先削竹一片，竹宜秋冬伐，春夏则朽蛀。中腰微亚小，两头差大，约长二尺许。一面粘胶靠角，一面铺置牛筋与胶而固之。牛角当中牙接[3]，北边无修长牛角，则以羊角四接而束之。广弓则黄牛明角亦用，不独水

造弓，要用竹片和牛角做正中的骨干（东北少数民族地区没有竹，就用柔韧的木料做骨干），两头接上桑木。弓弦松弛时，竹在弓弧的内侧，角在弓弧的外侧起保护作用；张紧弓弦时，角在弓弧的内侧，竹在弓弧的外侧。弓的本体是用一整条竹片，牛角则两段相接，弓两头的桑木末端都刻有缺口，使弓弦能够套紧。桑木本身与竹片互相穿插接榫，并削光一面贴上牛角。

动手造弓时，先削竹片一根（竹宜于秋冬季节砍伐，春夏砍的则容易虫蛀朽坏），中腰略小，两头稍大一些，长约两尺。一面用胶粘贴上牛角，一面用胶粘铺上牛筋，用以加固弓身。两段牛角之间互相咬合（北方少数民族没有长的牛角，就用羊角分四段相接扎紧。广东一带的弓，不单用水牛角，有时也用半透明的黄牛角），再用牛筋和胶液固

1 弰：弓的末梢。

2 彄：弓弩两端系弦处。

3 牙接：互相咬合。

牛也。固以筋胶。胶外固以桦皮，名曰暖靶。凡桦木关外产辽阳，北土繁生遵化，西陲繁生临洮郡，闽、广、浙亦皆有之。其皮护物，手握如软绵，故弓靶所必用。即刀柄与枪干亦需用之。其最薄者，则为刀剑鞘(qiào)室[4]也。

凡牛脊梁每只生筋一方条，约重三十两。杀取晒干，复浸水中，析破如苎麻丝。北边无蚕丝，弓弦处皆纠合此物为之。中华则以之铺护弓干，与为棉花弹弓弦也。凡胶乃鱼脬(pāo)[5]杂肠所为，煎治多属宁国郡。其东海石首鱼，浙中以造白鲞(xiǎng)[6]者，取其脬为胶，坚固过于金铁。北边取海鱼脬煎成，坚固与中华无异，种性则别

定。外面还要粘上桦树皮加固，这就叫作暖靶。桦树，东北地区产在辽宁辽阳，华北地区大多产于河北遵化，西北地区则大多产于甘肃临洮一带，福建、广东和浙江等地也有出产。用桦树皮作为保护层，手握起来感到柔软，所以制作弓的把手一定要用它。即使是刀柄和枪身也要用到它。最薄的就可用来做刀剑的套子。

牛脊骨里都有一条长方形的筋，重约三十两。宰杀牛以后取出来晒干，再用水浸泡，然后将它撕成苎麻丝那样的纤维。北方少数民族没有蚕丝，弓弦都是用这种牛筋缠合的。中原地区则用它铺护弓的主干，或者用它来做弹棉花的弓弦。胶是用鱼鳔、杂肠熬成的，多数在安徽宁国熬炼。东海有一种石首鱼，浙江人用它晒鱼干，用它的鳔熬成的胶比铜铁还要牢固。北方少数民族用其他海鱼的鳔熬成的胶，同中原的一样牢固，只是种类不同而已。天然的这几种东西，缺少一种就造不成良弓，看来这并不是偶然的。

4 鞘室：刀剑套。

5 鱼脬：鱼鳔（biào）。用它和鱼肠可熬成黏性很强的胶。

6 白鲞：剖开晒干的黄鱼。

也。天生数物，缺一而良弓不成，非偶然也。

凡造弓初成坯后，安置室中梁阁上，地面勿离火意。促者旬日，多者两月，透干其津液，然后取下磨光，重加筋胶与漆，则其弓良甚。货弓之家，不能俟日足者，则他日解释[7]之患因之。

凡弓弦取食柘叶蚕茧，其丝更坚韧。每条用丝线二十余根作骨，然后用线横缠紧约。缠丝分三停[8]，隔七寸许则空一二分不缠，故弦不张弓时，可折叠三曲而收之。往者北边弓弦，尽以牛筋为质，故夏月雨雾，妨其解脱，不相侵犯。今则丝弦亦广有之。涂弦或用黄蜡，或不用亦无害也。凡弓两弰系弦处，或切最厚牛皮，或削柔木如

弓坯子刚刚做成之后，要放在屋梁高处，地面不断地生火烘焙。时间短的放置十来天，长则两个月，等到胶液干透后，就拿下来磨光，再加缠一次牛筋，并涂胶、上漆，这样做出来的弓质量就很好了。卖弓人若不能等到足够的烘焙时间就把弓卖出，那弓日后就可能出现脱胶散弓的毛病。

弓弦若是用食柘叶的蚕吐的丝来做，就会更加坚韧。每条弦用二十多根丝线为骨，然后用丝线横向缠紧。缠丝的时候分成三段，每缠七寸左右就空一两分不缠。这样，在不张弓时，弦就可以折成三个收起。过去北方少数民族都用牛筋为弓弦，所以每到夏天雨季就怕它吸潮解脱而不敢贸然出兵进犯。现在就到处都有丝弦了。有的人用黄蜡涂弦防潮，不用也不要紧。弓两端系弦的部位，要用最厚的牛皮或软木做成像小棋子那样的垫子，用胶粘紧钉在牛角末端，这叫作垫弦，作用跟垫琴弦的码子差不多。放箭回弹时，弓弦向内的弹力很大，有了垫弦就可以抵消它，否

7 解释：解开，松散。此处为脱胶散弓。

8 停：总数分成几等份，其中一份叫一停。这里指一段。

小棋子，钉粘角端，名曰垫弦，义同琴轸（zhěn）[9]。放弦归返时，雄力向内，得此而抗止，不然则受损也。

凡造弓，视人力强弱为轻重，上力挽一百二十斤，过此则为虎力，亦不数出。中力减十之二三，下力及其半。彀（gòu）[10]满之时皆能中的。但战阵之上洞胸彻札[11]，功必归于挽强者。而下力倘能穿杨贯虱，则以巧胜也。凡试弓力，以足踏弦就地，称钩搭挂弓腰，弦满之时，推移称锤所压，则知多少。其初造料分两，则上力挽强者，角与竹片削就时，约重七两。筋与胶、漆与缠约丝绳，约重八钱。此其大略。中力减十

则会损伤弓弦。

造弓还要按人的挽力大小来分轻重。上等力气的人能挽一百二十斤，超过这个数目的叫作虎力，但这样的人也不多见。中等力气的人能挽八九十斤，下等力气的人只能挽六十斤左右。这些弓箭在拉满弦时都可以射中目标。但在战场上能射穿敌人的胸膛或铠甲的，当然是力气大的射手。力气小的人如果能射穿杨柳的叶子或射中虱子，那是以巧取胜。测试弓力，可以用脚就地踩住弦，将秤钩钩住弓的中点往上拉，弦满之时，推移秤锤称平，就可知道弓力是多少了。（按：作者所绘“试定弓力”的图中所示，却是弓腰挂一包重物，秤钩钩住弦的中点秤量，似与此述不同。）做弓料的分量是，上等力气所用的弓，角和竹片削好后约重七两。筋、胶、漆和缠丝约重八钱，这是它们大概的数量。中等力气的相应减少十分之一或十分之二，下等力气的减少十分之二或十分之三。

9 琴轸：本为琴上调弦的小柱，此指琴面垫弦线的码子。

10 彀：使劲张弓。

11 洞胸彻札：洞穿胸膛、铠甲。彻，穿透。札，古代武士护身铠甲上的叶片，多用厚牛皮或铁片造，每一重甲称为一札。

試弓定力

之一二，下力减十之二三也。

凡成弓，藏时最嫌霉湿。霉气先南后北，岭南谷雨时，江南小满，江北六月，燕、齐七月。然淮、扬霉气独盛。将士家或置烘厨、烘箱，日以炭火置其下。春秋雾雨皆然，不但霉气。小卒无烘厨，则安顿灶突[12]之上。稍怠不勤，立受朽解之患也。近岁命南方诸省造弓解北，纷纷驳回，不知离火即坏之故，亦无人陈说本章者。

凡箭笴（gǎn）[13]，中国南方竹质，北方萑柳质，北边桦质，随方不一。竿长二尺，镞（zú）[14]长一寸，其大端也。凡竹箭削竹四条或三条，以胶粘合，过刀光削而圆成之。漆丝缠约两

弓做成了之后，保管时最怕梅雨潮湿。（梅雨天气先南后北，岭南是谷雨时，江南是小满，江北是六月，河北、山东一带是七月。而以淮河和扬州地区的阴雨天气为最多。）军官家里常设置有烘厨或烘箱，每天都用炭火放在弓下面烘（春秋下雨或多雾的天气都这样做，不只是梅雨天）。士兵没有烘厨或烘箱，就把弓放在灶头烟囱上。稍微照管不周到，弓就会朽坏解脱。（近年来朝廷命令南方各省造弓解送北京，纷纷被退回，就是因为他们不知道弓离火就坏的道理，也没有人就此事上奏朝廷陈述个中原因。）

箭杆的用料，我国南方用竹，北方使用薄柳木，北方少数民族则用桦木，各随本地，不尽相同。箭杆长二尺，箭头长一寸，这是大体的规格。做竹箭时，削竹三四条并用胶黏合，再用刀削圆刮光。再用漆丝缠紧两头，这叫作“三不齐”箭杆。浙江和广东南部有天然的箭竹，不用破开黏合。柳木或桦木做的箭杆，只要选取圆直的枝条稍加削刮就可

12 灶突：灶上的烟囱。

13 箭笴：箭杆。

14 镞：箭头。

头，名曰“三不齐”箭杆。浙与广南有生成箭竹[15]，不破合者。柳与桦杆，则取彼圆直枝条而为之，微费刮削而成也。凡竹箭其体自直，不用矫揉。木杆则燥时必曲，削造时以数寸之木，刻槽一条，名曰箭端。将木杆逐寸戛拖而过，其身乃直。即首尾轻重，亦由过端而均停也。

凡箭，其本刻衔口以驾弦，其末受镞。凡镞冶铁为之。《禹贡》砮石乃方物[16]，不适用。北边制如桃叶枪尖，广南黎人矢镞如平面铁铲，中国则三棱锥象也。响箭则以寸木空中锥眼为窍，矢过招风而飞鸣，即《庄子》所谓嚆(hāo)矢[17]也。凡箭行端斜与疾慢，窍妙皆系本端翎(líng)[18]羽

以了。竹箭本身很直，不必矫正。木箭杆干燥后势必变弯，削木造箭杆时要用一块几寸长的木头，上面刻一条槽，名叫箭端。将木杆嵌在槽里逐寸刮拉而过，杆身就会变直。即使原来杆身头尾重量不均匀的也能矫正得很均匀。

造箭杆，要在箭杆的根端刻一个衔口，以便扣在弦上，它的末端安装箭头。箭头是用铁铸成的。（《尚书·禹贡》记载的那种石制箭头，是用一种土办法做的，并不适用。）箭头的形状，北方少数民族做的像桃叶枪尖，广东南部黎族人做的像平头铁铲，中原地区做的则是三棱锥形。响箭则因为在寸长小木的箭杆上钻有一个洞穿的孔眼，所以箭从空中飞过就能招风飞鸣。这就是《庄子》中所说的嚆矢。箭的飞行，是正还是偏，快还是慢，关键都在箭根部的毛羽上。在箭杆根部近衔口的地方，用胶

15 箭竹：即刚竹。杆坚硬，质地致密，富有弹性。

16 方物：土产。

17 嚆矢：响箭。发射时声比箭先到，因此用来比喻事物的开端。

18 翎：禽类翅和尾上的尖长羽毛。

端箭

之上。箭本近衔处剪翎直贴三条，其长三寸，鼎足安顿，粘以胶，名曰箭羽。此胶亦忌霉湿，故将卒勤者，箭亦时以火烘。

羽以雕膀为上，雕似鹰而大，尾长翅短。角鹰[19]次之，鸱鹞(chī yào)[20]又次之。南方造箭者，雕无望焉，即鹰、鹞亦难得之货，急用塞数，即以雁翎，甚至鹅翎亦为之矣。凡雕翎箭行疾过鹰、鹞翎，十余步而端正，能抗风吹。北边羽箭多出此料。鹰、鹞翎作法精工，亦恍惚焉。若鹅、雁之质，则释放之时，手不应心，而遇风斜窜者多矣。南箭不及北，由此分也。

粘上三条三寸长的翎羽，三足鼎立形地安好，名叫箭羽。（此处的胶也怕潮湿，因此勤劳的将士经常用火来烘烤箭。）

箭矢所用的羽毛，以雕的翅毛为最好（雕像鹰而比鹰大，尾长而翅膀短），角鹰的翎羽居其次，鹞鹰的翎羽更次。南方造箭的人，固然没希望得到雕翎，就是鹞鹰翎也是难得到的东西，急用时要充数，就只好用雁翎，甚至用鹅翎来做了。雕翎箭飞得比鹰、鹞翎箭快，射出十多步的距离还能保持端正，还能抗风吹。北方少数民族的箭羽多数都用雕翎。角鹰或鹞鹰翎箭如果精工制作，效用也跟雕翎箭差不多。若是用鹅翎和雁翎做的箭，射出时就手不应心，一遇到风就斜窜的很多。南方的箭比不上北方的箭，原因就在这里。

19 角鹰：鹰的别名。其头顶有毛角，故称。
20 鸱鹞：即鹞鹰。

清　张廷彦　《平定乌什战图轴》

弩

凡弩为守营兵器，不利行阵。直者名身，衡者名翼[1]，弩牙发弦者名机[2]。斫木为身，约长二尺许，身之首横拴度翼[3]。其空缺度翼处，去面刻定一分，稍厚则弦发不应节。去背则不论分数。面上微刻直槽一条以盛箭。其翼以柔木一条为者名扁担弩，力最雄。或一木之下加以竹片叠承其竹一片短一片，名三撑弩[4]，或五撑、七撑而止。身下截刻锲衔弦，其衔傍活钉牙机，上剔发弦[5]。上弦之时唯力是视。一人以脚踏强弩而弦者，《汉书》名

弩是镇守营地的重要兵器，不适用于冲锋陷阵。其中直的部分叫身，横的部分叫翼，扣弦发箭的开关叫机。砍木做弩身，长约二尺，弩身的前端横拴弩翼。在穿孔拴翼的地方，离弩面划定一分厚（稍微厚了一点，弦和箭就配合不精准），离弩底的距离则不必计较。弩面上还要刻上一条直槽用以盛放箭。那弩翼若是用一根柔木做成的，叫作扁担弩，这种弩的射杀力最强。若是在一根柔木下面再用竹片叠撑竹片（一片比一片短）的弩，就叫作三撑弩、五撑弩或者七撑弩。弩身后端刻一个缺口扣弦，旁边钉上活动扳机，将活动扳机上推即可发箭。上弦时全靠人的体力。由一个人脚

1 翼：即弩担。用弹性好的木条做成的弓身。
2 机：弩机，即弩上发箭的机关。
3 度翼：即弩翼。
4 三撑弩：用三个竹片重叠以增大弓身弹力的弩。
5 上剔发弦：上推发箭。剔，挑动，拨动。

曰“蹶张材官[6]”。弦送矢行，其疾无与比数。

凡弩弦以苎麻为质，缠绕以鹅翎，涂以黄蜡。其弦上翼则谨[7]，放下仍松，故鹅翎可扱首尾于绳内。弩箭羽以箬叶为之。析破箭本，衔于其中而缠约之。其射猛兽药箭，则用草乌[8]一味，熬成浓胶，蘸染矢刃。见血一缕则命即绝，人畜同之。凡弓箭强者行二百余步，弩箭最强者五十步而止，即过咫尺，不能穿鲁缟[9]矣。然其行疾则十倍于弓，而入物之深亦倍之。

国朝军器造神臂弩[10]、克敌弩[11]，皆并发二矢、三

踏强弩上弦的，《汉书》称为“蹶张材官”。弩弦把箭射出，快速无比。

弩弦用苎麻当原材料，缠上鹅翎，涂上黄蜡。弩弦装上弩翼时虽然拉得很紧，但放下来时仍然是松的，所以鹅翎的头尾都可以夹入麻绳内。弩箭的箭羽是用箬竹叶做的。破开箭本，把箬竹叶夹进去并将它缠紧。那些射杀猛兽用的药箭，则是将草乌熬成浓胶蘸涂在箭头上。这种箭一见血就能使人畜断命。强弓可以射行二百多步远，而强弩只能射五十步远，再远一点就连薄绢也射不穿了。然而，弩比弓要快十倍，穿透物体的深度也要大一倍。

本朝的军器监曾制造神臂弩和克敌弩，都能同时发出两三支箭。还有一种诸葛弩，弩上刻有直槽，可装箭十支，弩翼用最柔韧的木制

6 蹶张材官：用脚踏强弩使之张开的力气大的武官。

7 谨：疑为“紧”字之误。

8 草乌：中药名。毛茛科植物乌头（野生种）、北乌头的块根。生用有毒。

9 不能穿鲁缟：典出《汉书·韩安国传》：“强弩之末，力不能入鲁缟。”形容箭枝超过了射程就完全无力了。鲁缟，古代鲁国出产的一种白色丝织品，细而薄。

10 神臂弩：即神臂弓。相传为宋熙宁中李宏所制造的弓，射程可达二百四十多步。

11 克敌弩：良弓名。一次可发两三枝箭。

連發弩

上槽函十矢
一孔出箭

矢者。又有诸葛弩[12]，其上刻直槽，相承函十矢，其翼取最柔木为之。另安机木随手扳弦而上，发去一矢，槽中又落下一矢，则又扳木上弦而发。机巧虽工，然其力绵甚，所及二十余步而已。此民家妨窃具，非军国器。其山人射猛兽者名曰窝弩[13]，安顿交迹之衢，机傍引线，俟兽过，带发而射之。一发所获，一兽而已。

成。另外还安有木制弩机，随手扳机就可以上弦，发出去一箭，槽中又会落下来一箭，又可以再拉扳机上弦发一箭。这种弩机虽设计精巧，但射杀力弱，射程只有二十来步远。这是民间用来防盗用的，不是军队所用的兵器。山区的居民用来射杀猛兽的弩叫作窝弩，安装在野兽往来出没的要道，机弩傍着引线，野兽走过时一触动引线，箭就会自动射出。每发一箭所得的收获，只是一只野兽罢了。

明　文俶　《金石昆虫草木状》之狮子

12 诸葛弩：古代弓弩名。此弩便捷轻巧，闺妇也能使用。
13 窝弩：即窝弓。猎人用以捕兽的伏弩。

明　周全　《射雉图》

干

凡干戈[1]名最古，干与戈相连得名者，后世战卒，短兵驰骑者更用之。盖右手执短刀，则左手执干以蔽敌矢。古者车战之上，则有专司执干，并抵同人之受矢者。若双手执长戈与持戟(jǐ)[2]、槊(shuò)[3]，则无所用之也。凡干长不过三尺，杞柳织成尺径圈置于项下，上出五寸，亦锐其端，下则轻竿可执。若盾名中干，则步卒所持以蔽矢并拒槊者，俗所谓傍牌是也。

“干戈”这个名字，在兵器中最为古老，干和戈相连成为一个词，是因为后代的步兵和手握短兵器的骑兵经常配合使用干和戈。右手执短刀，左手执盾牌以抵挡敌人的箭。古时候的战车上，有人专门负责手执盾牌，一起抵挡同车的人可能遭受的来箭。要是双手拿着长戈或者戟、槊，那就腾不出手来拿盾牌了。盾牌长度一般不会超过三尺，用杞柳枝条编织成的直径约一尺的圆块挂在脖子下，盾牌上方的尖部突出五寸，下端装接有一根轻竿可供手握。另有一种盾叫中干，那是步兵拿来挡箭或长矛用的，俗称傍牌。

1 干：盾牌。古代用以护身的兵器。戈：古代一种长柄横刃，可横击钩杀的兵器。

2 戟：古代一种长杆头上有月牙状利刀，即矛与戈合体的兵器。

3 槊：古代兵器，即矛。

火药料

火药、火器，今时妄想进身博官者，人人张目而道，著书以献，未必尽由试验。然亦粗载数叶[1]，附于卷内。凡火药以硝石、硫黄为主，草木灰为辅。硝性至阴，硫性至阳，阴阳两神物相遇于无隙可容之中，其出也，人物膺(yīng)[2]之，魂散惊而魄齑(jī)粉[3]。凡硝性主直，直击者硝九而硫一。硫性主横，爆击者硝七而硫三。其佐使之灰，则青杨、枯杉、桦根、箬叶、蜀葵、毛竹根、茄秸之类，烧使存性，而其中箬叶为最燥也。

凡火攻有毒火、神火、法火、烂火、喷火。毒火

关于火药和火器，现在那些妄图被提拔博取官位的人，个个都高谈阔论，著书呈献朝廷，他们说的并不一定都是经过试验的。在这里还是要粗略写上几页，附在书中。火药的成分以硝石和硫黄为主，草木灰为辅。其中硝石的阴性最强，硫黄的阳性最强，这两种神奇的阴阳物质在没有一点空隙的地方相遇，就会产生爆炸，不论人还是物都要魂飞魄散、粉身碎骨。硝石的性能是纵向爆发力大，所以用于射击的火药成分是硝九硫一。硫黄的性能是横向爆发力大，所以用于爆破的火药成分是硝七硫三。作为辅助剂的草木灰，则用青杨、枯杉、桦树根、箬竹叶、蜀葵、毛竹根、茄秆之类，烧制成炭，其中以箬竹叶炭末最为燥烈。

战争中火攻采用的火药有毒火、神火、法火、烂火、喷火等。毒火

1 叶：同“页”。
2 膺：承受。
3 齑粉：粉末。喻粉身碎骨。

以白砒、硇(náo)砂[4]为君，金汁、银锈[5]、人粪和制。神火以朱砂、雄黄、雌黄[6]为君。烂火以硼砂、磁末、牙皂、秦椒[7]配合。飞火以朱砂、石黄、轻粉[8]、草乌、巴豆配合。劫营火则用桐油、松香。此其大略。其狼粪烟昼黑夜红，迎风直上，与江豚灰能逆风而炽，皆须试见而后详之。

以白砒、硇砂为主，再加上金汁、银锈、人粪混合配制。神火以朱砂、雄黄、雌黄为主。烂火要配合硼砂、瓷屑、猪牙皂荚、花椒等物。飞火要加上朱砂、雄黄、轻粉、草乌、巴豆等配合。劫营火则要用桐油、松香配合制作。这些配方只是个大概。至于焚烧狼粪的烟白天黑、晚上红，迎风直上，以及江豚的灰能逆风燃烧，这些都必须经过试验，亲眼见到之后才能详加说明。

明　文俶　《金石昆虫草木状》之信州砒霜

4 硇砂：矿物，氯化物类矿物。主要成分为氯化铵。

5 金汁：即粪清，用棉纸过滤后贮藏一年以上的粪汁。银锈：提炼银砂时遗留在坩埚底的铜、铅质渣滓。

6 雄黄：矿物名，也称鸡冠石。橘黄色，有光泽，可制造烟火、染料等。雌黄：矿物名，即三硫化二砷，柠檬黄色，半透明，有毒，能杀菌灭虫。

7 秦椒：即花椒。

8 轻粉：无机化合物，成分是氯化亚汞，白色粉末。

清　郎世宁　《弘历观画图》

硝石

凡硝，华夷皆生，中国则专产西北。若东南贩者不给官引[1]，则以为私货而罪之。硝质与盐同母，大地之下潮气蒸成，现于地面。近水而土薄者成盐，近山而土厚者成硝。以其入水即消溶，故名曰"硝"。长淮以北，节过中秋，即居室之中，隔日扫地，可取少许以供煎炼。

凡硝三所最多：出蜀中者曰川硝，生山西者俗呼盐硝，生山东者俗呼土硝。凡硝刮扫取时，墙中亦或迸出。入缸内水浸一宿，秽杂之物浮于面上，掠取去时，然后入釜，注水煎炼。硝化水干，倾于器内，经过一宿，即结成

硝石是中国和外国都出产的，而中国专产于西北部地区。东南地区卖硝石的人如果没有官府下发的运销凭证，就会以走私的名义被治罪。硝石和盐同类，都是在地下随着潮气蒸发而成并出现在地面的。近水而土层薄的地方形成盐，靠山而土层厚的地方形成硝。因为它入水即消溶，所以一度名叫"消石"。长江、淮河以北地区，过了中秋节以后，即使是在室内，隔天扫地也可扫出少量的硝以供煎炼提纯。

我国有三个地方出产硝石最多：产于四川的叫作川硝，产于山西的叫作盐硝，产于山东的叫作土硝。硝刮扫采集后（土墙中有时也有硝冒出来），先放进缸里用水浸一夜，把浮在水面的秽渣捞出来扔掉，然后将硝溶液倒进锅中，加水煎熬。直到硝完全溶解，水熬干了再倒入容器，经过一

1 官引：由官方发给商人的运销货物凭证。

硝。其上浮者曰芒硝[2]，芒长者曰马牙硝，皆从方产本质幻出。其下猥杂者曰朴硝。欲去杂还纯，再入水煎炼。入莱菔[3]数枚同煮熟，倾入盆中，经宿结成白雪，则呼盆硝。

凡制火药，牙硝、盆硝功用皆同。凡取硝制药，少者用新瓦焙，多者用土釜焙，潮气一干，即取研末。凡研硝不以铁碾入石臼，相激火生，则祸不可测。凡硝配定何药分两，入黄同研，木灰则从后增入。凡硝既焙之后，经久潮性复生。使用巨炮，多从临期装载也。

晚就会结晶成硝。其中浮在上面的叫芒硝，芒长的叫马牙硝（这都是从各地出产的硝本身变化出来的），而沉在下面含杂质较多的叫朴硝。要除去杂质把它提纯，还需要加水再熬炼。扔进去几块萝卜一起煮熟后，再倒入盆中，经过一晚便能析出雪白的结晶，这叫作盆硝。

用硝制造火药，牙硝和盆硝的功用相同。用硝制火药，少量的可以放在新瓦片上焙干，多的就要放在土锅中焙，焙干水分，立即取出来研成粉末。研硝不能用铁碾在石臼里研，因为铁石摩擦一旦产生火花，造成的灾祸就不堪设想了。硝和硫配合成哪种火药是有一定配方比例的，配入硫黄要一起研，木炭粉随后才加入。硝焙干后，时间久了又会返潮。因此大炮所用的硝药，多数是临时才装上去的。

2 芒硝：亦作“芒消”。即硫酸钠。多产于含盐卤的湖泽地带。

3 莱菔：即萝卜。此处用来脱色和除去杂质。

北宋　王希孟　《千里江山图》（局部）

硫　黄　详见《燔石》卷

凡硫黄配硝，而后火药成声。北狄无黄之国，空繁硝产，故中国有严禁。凡燃炮拈硝与木灰为引线，黄不入内，入黄即不透关。凡碾黄难碎，每黄一两，和硝一钱同碾，则立成微尘细末也。

硫黄要和硝配合好，才能变成火药爆炸发声。北方少数民族地区是不产硫黄的地方，徒然生产那么多硝却用不上，因此我国对于硫黄是严禁贩运的。大炮点火，要用硝和木炭末混合搓成导火线，不要加入硫黄，加了硫黄就会使引线导火受阻、失灵。硫黄很难碾碎，但若每两硫黄加入一钱硝一起碾，就很快可以碾成灰尘一样的粉末了。

清　蒋廷锡　《花鸟册图》

火　器

西洋炮熟铜铸就，圆形若铜鼓。引放时，半里之内，人马受惊死。平地爇引炮有关捩，前行遇坎方止。点引之人反走坠入深坑内，炮声在高头，放者方不丧命。

红夷炮铸铁为之，身长丈许，用以守城。中藏铁弹并火药数斗，飞激二里，膺其锋者为齑粉。凡炮爇引内灼时，先往后坐千钧力，其位须墙抵住，墙崩者其常。

大将军、二将军[1]：即红夷之次，在中国为巨物。佛郎机：水战舟头用。三眼铳[2]、百子连珠

西洋炮是用熟铜铸成的，圆形的炮筒像铜鼓。点燃引线放炮时，半里之内，人和马都会吓死。（在平地点燃引线时装上操纵炮身转动的机关，前行遇到坑洼才停下来。点引放炮的人点燃引线后，马上要往回跑并跳进深坑里，这时炮声在高处爆响，放炮的人才不至于受伤或丧命。）

红夷炮是用铸铁造的，身长一丈多，用来守城。炮膛里装有几斗铁丸和火药，射程二里，被击中的目标会变成碎粉。大炮引发时，首先会产生很大的后坐力，炮位必须用墙顶住，墙因此而崩塌是常见的事。

大将军、二将军：是小一点的红夷炮，在中国却已算是个大家伙了。佛郎机：水战时装在船头用。三眼铳、百子连珠炮。

地雷：埋藏在泥土中，用竹管套着引线，引爆时冲开泥土起攻击作用，地雷

1 大将军、二将军：均指将军炮，即巨炮、重型炮。

2 三眼铳：有三个枪眼的一种火器，即一根木把上装有三管枪。

流星砲

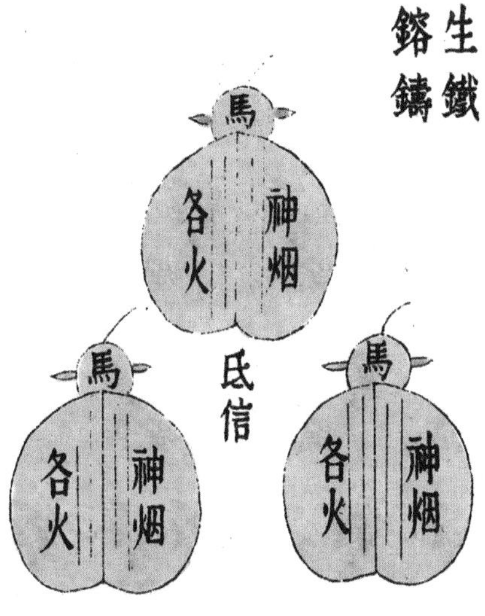

九矢鑽心砲

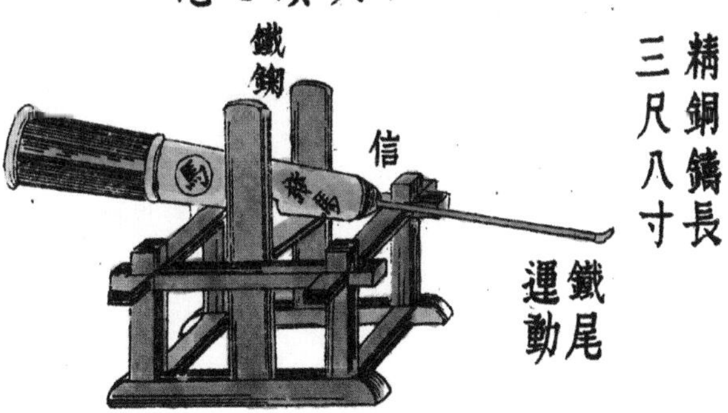

炮[3]。

地雷：埋伏土中，竹管通引，冲土起击，其身从其炸裂。所谓横击，用黄多者。引线用矾油，炮口覆以盆。

混江龙[4]：漆固皮囊裹炮沉于水底，岸上带索引机。囊中悬吊火石、火镰[5]，索机一动，其中自发。敌舟行过，遇之则败。然此终痴物也。

鸟铳：凡鸟铳长约三尺，铁管载药，嵌盛木棍之中，以便手握。凡锤鸟铳，先以铁梃(tǐng)[6]一条大如箸者为冷骨，裹红铁锤成。先为三接，接口炽红，竭力撞合。合后以四棱钢锥如箸大者，透转其中，使极光净，则发药

本身也同时炸裂。这就是所谓的横击，因制火药时用硫黄较多的缘故。(引线要涂上矾油，爆破口要用盆覆盖。)

混江龙：用皮囊包裹好水雷，再用漆密封加固，然后沉入水底，岸上用一条引索控制。皮囊里挂有引火的火石和火镰，一旦牵动引索，皮囊里自然就会点火引爆。敌船从这儿航行过去，碰到它就会被炸坏，但它毕竟是个笨钝的东西。

鸟铳：鸟铳长约三尺，装火药的铁枪管嵌在木托上，以便于手握。锤制鸟铳时，先用一根像筷子一样大的铁杆为锻模，然后将烧红的铁块包在它上面打成铁管。铁管先做三段，再把接口烧红，尽力锤打接合而成枪管。接合之后，又用如同筷子一样粗的四棱钢锥插进枪管里来回转动，使枪管内壁极其光滑，发射弹药时才不会有阻滞。枪管根托近人身的一端比末端大，因为要用来装载火药。每支铳一

3 百子连珠炮：可旋转的金属管炮。
4 混江龙：我国古代的一种水雷。
5 火石、火镰：古代没有雷管和火柴，用镰刀状铁块打击火石，迸出火花以引燃火器。
6 铁梃：铁杆。

八面轉百子連珠砲

神烟炮

地雷

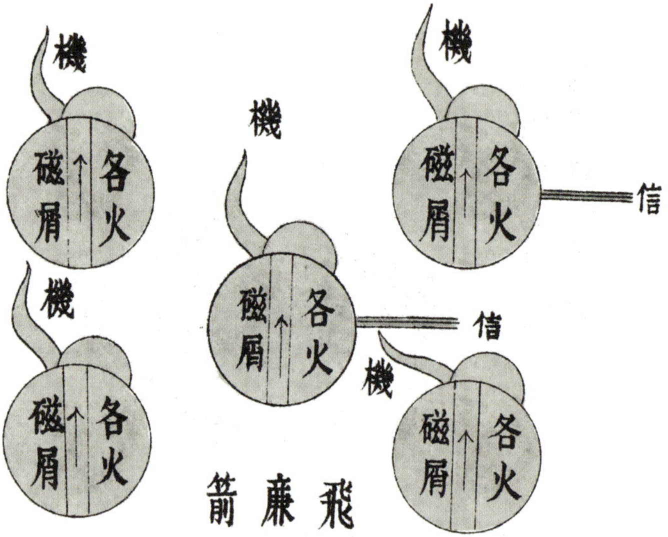

飛廉箭

編竹爲篷

地雷炸

混江龍
鳳翅
薄板
牛脬
火炮
發藥
木牌
石
石

混江龍炸

鳥銃

无阻滞。其本近身处，管亦大于末，所以容受火药。每铳约载配硝一钱二分，铅铁弹子二钱。发药不用信引，岭南制度，有用引者。孔口通内处露硝分厘，捶熟苎麻点火。左手握铳对敌，右手发铁机逼苎火于硝上，则一发而去。鸟雀遇于三十步内者，羽肉皆粉碎，五十步外方有完形，若百步则铳力竭矣。鸟枪行远过二百步，制方仿佛鸟铳，而身长药多，亦皆倍此也。

万人敌[7]：凡外郡小邑乘城却敌，有炮力不具者，即有空悬火炮而痴重难使者，则万人敌近制随宜可用，不必拘执一方也。盖硝、黄火力所射，千军万马立时糜烂。其法：用宿干[8]空中泥团，上留小眼筑实硝、黄火药，参入毒火、

次大约装火药一钱二分，铅铁弹子二钱。点火时不用引信（岭南的鸟铳制法，也有用引信的），在枪管近人身一端通到枪膛的小孔上露出一点硝，用锤烂了的苎麻点火。左手握铳对准目标，右手扣动扳机将苎麻火逼到硝药上，一扣发就射出去了。鸟雀在三十步之内中弹，会被打得稀巴烂，五十步以外中弹才能保存原形，到了一百步，火力就不及了。鸟枪的射程超过二百步，制法跟鸟铳相似，但枪管长度、装的火药量，都增加了一倍。

万人敌：凡是边远小县城里守城御敌，有炮但攻击力不够的，或即使配有火炮却笨重难使的地方，万人敌便是适合近距离作战的机动武器。硝石和硫黄配合产生的火力，能把千军万马立刻炸得粉碎。它的制法是：用干燥了很久的中间有空隙的泥团，通过上边留的小孔装满由硝和硫黄配成的火药，并由人灵活地增减和掺入毒火、神火等药料。这样灌好药并安上引信后，再用木框框住；也有在木桶

7 万人敌：可八方旋转的炸弹，其作用原理类似于烟火中的“地老鼠”。

8 宿干：指干燥了很久的。

神火，由人变通增损。贯药安信而后，外以木架匡围，或有即用木桶而塑泥实其内郭者，其义亦同。若泥团必用木框，所以妨掷投先碎也。敌攻城时，燃灼引信，抛掷城下。火力出腾，八面旋转。旋向内时，则城墙抵住，不伤我兵。旋向外时，则敌人马皆无幸。此为守城第一器。而能通火药之性、火器之方者，聪明由人。作者[10]不上十年，守土者留心可也。

里面糊泥并填实火药造成的，道理是一样的。若用泥团就一定要在泥团外加上木框，这是为了防止抛出去还没爆炸就破裂了。敌人攻城时，点燃引信，把万人敌抛掷到城下。这时，万人敌不断腾射火力，并且四方八面地旋转起来。它向内旋时，因有城墙挡着，不会伤害自己人。当它向外旋时，敌军人马就都难以幸存。这是守城的首要武器。凡能通晓火药性能和火器制法的人，都可以发挥自己的聪明才智。这种武器的研制还不到十年，负责守卫疆土的将士们都可以关注其中的技巧原理。

10 作者：指制作的人或指这种火器的研制。

萬人敵
令

吐燄神毬

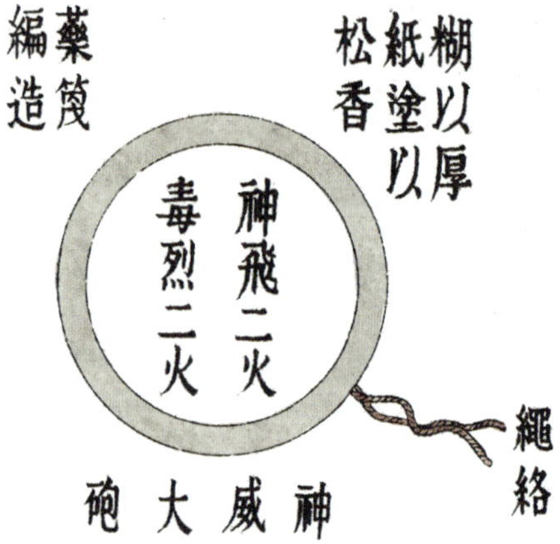

神威大砲

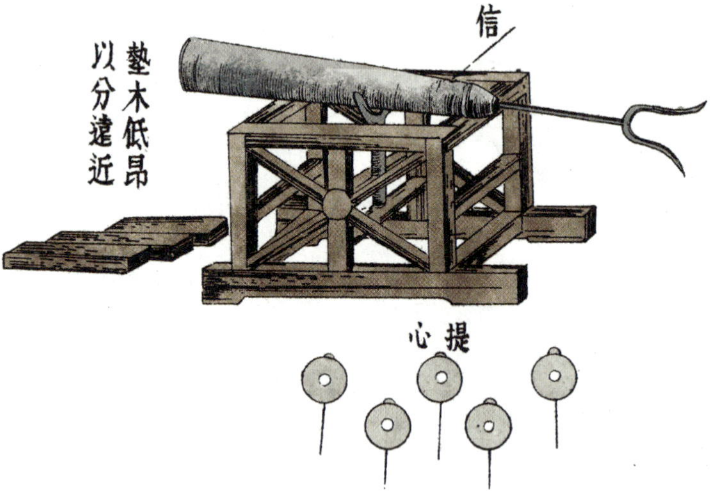

丹青[1]第十六

宋子曰：斯文[2]千古之不坠也，注玄尚白[3]，其功孰与京哉？离火[4]红而至黑孕其中，水银白而至红呈其变。造化炉锤，思议何所容也。五章[5]遥降，朱临墨而大号彰[6]。万卷横披，墨得朱而天章焕。文房异宝，珠玉何为？至画工肖像万物，或取本姿，或从配合，而色色咸备焉。夫

宋先生说：古代的文化遗产之所以能够流传千古而不失散，靠的就是白纸黑字的文献记载，这种功绩是大得无与伦比的。《易经》说离卦为火，火是红色的，其中却酝酿着最黑的墨烟；水银是白色的，最红的银朱却由它变化而来。大自然的熔炉锤炼变化万千，真是不可思议啊！五色诏章从遥远的京都颁发下来，有朱红色的大印盖在墨色的诏文下，就能使重大的号令得到彰扬。万卷书籍的批阅，那些黑墨文字由于红色朱笔的圈点，而使好文章能够焕发异彩。有了文房笔、墨、纸、砚四宝，那些珠玉还有什么用呢？至于画家描摹万物，有的人使用原色，有的人使用调配出来的颜色，各种各样的颜色都齐备了。颜料的调制，正像《易经》中坎卦水附着离卦火一样，要依靠水火的相互

1 丹青：丹砂和青雘（huò），两种可作颜料的矿物。因中国古代绘画常用朱红与青色，故称绘画为丹青。此指各种颜料和墨的制作。

2 斯文：指古代的礼乐教化、典章制度。

3 注玄尚白：意为用白纸黑字记载、注释那些不容易理解的深奥道理。

4 离火：语出《周易·说卦》："离为火，为日，为电。"说"离"的卦象是火。

5 五章：指朝廷颁发的青、黄、赤、白、黑五色诏文。

6 朱临墨而大号彰：与下文"墨得朱而天章焕"都语意双关。一方面说朱、墨等颜料对文化的发展有极大意义，另一方面又以"朱"指代明朝，以"墨"指代文化，说文化在大明皇帝手里得到极大发展，而大明朝也得到文化的支持。

亦依坎附离[7]，而共呈五行变态，非至神孰能与于斯哉？

作用才能制成，从而共同呈现出水、火、木、金、土这五种事物（五行）的变化形态，若不是最为神奇玄妙的大自然，谁能做到这一切呢？

明 文俶 《金石昆虫草木状》之造墨法

7 依坎附离：按《周易》的卦象，坎象征水，离象征火，故曰依坎附离。此处指颜料要靠水火的相互作用才能制成。

朱

凡朱砂、水银、银朱[1]，原同一物[2]，所以异名者，由精细老嫩而分也。上好朱砂出辰、锦今名麻阳与西川[3]者，中即孕汞[4]，然不以升炼。盖光明、箭镞、镜面等砂，其价重于水银三倍，故择出为朱砂货鬻[5]。若以升水[6]，反降贱值。唯粗次朱砂方以升炼水银，而水银又升银朱也。

凡朱砂上品者，穴土十余丈乃得之。始见其苗，磊然白石，谓之

朱砂、水银和银朱本来都是同一类物品，名称不同是因其精与粗、老与嫩的差别所造成的。上等的朱砂，产于湖南西部的辰水、锦江（今名麻阳）流域以及四川西部地区。朱砂里面虽然包含着水银，但不用来炼取水银。这是因为光明砂、箭镞砂、镜面砂等几种朱砂比水银还要贵上三倍，所以要选出来另外卖。如果把它们炼成水银，反而会降低它们的价值。只有等次差一些的朱砂，才用来提炼水银，再由水银提炼成银朱。

上档次的朱砂矿，要挖土十多丈深才能找到。发现矿苗时，只看见一堆白石，这叫作朱砂床。靠近床的朱砂，有像鸡蛋那么大的。那些次等的朱砂一

1 朱砂：也称辰砂，主要成分是硫化汞，是炼汞的主要矿物，也用作颜料。水银：汞的通称，金属汞。银朱：即硫化汞，由汞和硫黄混合加热升华而成。

2 原同一物：此说不严谨。严格说，朱砂与银朱是同一种化合物——硫化汞，而水银不是化合物，是单纯元素汞。

3 西川：今四川成都以东一带。

4 汞：水银。

5 货鬻：卖。

6 水：疑为“汞”之误。

朱砂床。近床之砂，有如鸡子大者。其次砂不入药，只为研供画用与升炼水银者。其苗不必白石，其深数丈即得。外床或杂青黄石，或间沙土，土中孕满，则其外沙石多自折裂。此种砂贵州思、印、铜仁[7]等地最繁，而商州、秦州[8]出亦广也。

凡次砂取来，其通坑色带白嫩者，则不以研朱，尽以升汞。若砂质即嫩而烁视欲丹者，则取来时，入巨铁碾槽中，轧碎如微尘，然后入缸，注清水澄浸。过三日夜，跌[9]取其上浮者，倾入别缸，名曰二朱。其下沉结者，晒干

般不用来配药，而只是研磨成粉供绘画与炼水银用。这种次等朱砂矿不一定会有白石矿苗，挖到几丈深就可以得到，它的矿床外面还掺杂有青黄色的石块或沙土，由于土中蕴藏着朱砂，因此它外面的石块或沙土多会自行裂开。这种次等朱砂在贵州东部的思南、印江、铜仁等地最多，而陕西商县、甘肃天水一带也分布较广。

次等朱砂开采出来，若整条矿坑都是质地较嫩而颜色泛白的，就不用来研磨做朱砂，而全部用来提炼水银。如果砂质虽然很嫩但看起来有红光闪烁的，开采来就放入大铁槽中碾成尘粉，然后放入缸内，注入清水浸泡。浸三天三夜之后，再摇荡水缸，把浮在上面的砂石取出来倒入别的缸里，这叫作二朱。那些沉结在下面的晒干后就叫作头朱。

提炼水银，或用嫩白的次等朱砂，或用缸中倾出的浮面二朱，加水搓成粗条，盘起来放进锅里，每三十斤装入一

7 思、印、铜仁：今贵州省东部的思南县、印江县和铜仁市。

8 商州：古州名。今为陕西省商洛市所辖的商州区。秦州：古州名。今为甘肃省天水市所辖的秦州区。

9 跌：跌宕、摇荡。

研硃
鐵槽
澄硃

即名头朱也。

凡升水银，或用嫩白次砂，或用缸中跌出浮面二朱，水和槎[10]成大盘条，每三十斤入一釜内升汞，其下炭质亦用三十斤。凡升汞，上盖一釜，釜当中留一小孔，釜傍盐泥紧固。釜上用铁打成一曲弓溜管，其管用麻绳密缠通梢，仍用盐泥涂固。煅火之时，曲溜一头插入釜中通气，插处一丝固密。一头以中罐注水两瓶，插曲溜尾于内，釜中之气在达于罐中之水而止。共煅五个时辰，其中砂末尽化成汞，布于满釜。冷定一日，取出扫下。此最妙玄，化全部天机也。《本草》胡乱注："凿地一孔，放碗

口锅提炼，下面烧火用的炭也要三十斤。锅上面还要倒扣一口锅，锅顶当中留一个小孔，两锅的衔接处要用盐泥加固密封。锅顶上的小孔和一支弯曲的铁管相连接，铁管从头至尾要用麻绳缠绕紧密，并涂上盐泥加固。烧火熔炼时，曲管的一端插入锅中通气（插入的地方要用丝线缠紧密封不漏气），另一端则通到装有两瓶水的罐子中，使熔炼锅中的气体能到达罐里的水为止。共煅烧五个时辰，锅中的朱砂就会全部化为水银布满整个锅壁。冷却一天之后，再取出扫下。这里面的玄妙最难以捉摸，包含着自然界的无穷变化。(《本草纲目》中胡乱注释，说什么炼水银时要"凿地一孔，放碗一个盛水"！）

把水银再炼成朱砂，因此就叫作银朱。提炼时的方法，或用敞口的泥罐子，或用上下两只锅。每斤水银加入石亭脂（即天然硫黄）两斤，一起研磨到看不见水银的亮珠为止，并炒成青黑色，装进罐子里。罐子口要用铁盏盖好，盏上压一根铁尺。再用铁丝兜底把罐子

10 槎：疑为"搓"之误。

升煉水銀
鐵弓空管
此頭入水
固濟

一个盛水。”[11]

凡将水银再升朱用，故名曰银朱。其法或用罄口泥罐，或用上下釜。每水银一斤入石亭脂[12]即硫黄制造者二斤，同研不见星[13]，炒作青砂头，装于罐内。上用铁盏盖定，盏上压一铁尺。铁线兜底捆缚，盐泥固济[14]口缝，下用三钉插地鼎足盛罐。打火三炷香久，频以废笔蘸水擦盏，则银自成粉，贴于罐上，其贴口者朱更鲜华。冷定揭出，刮扫取用。其石亭脂沉下罐底，可取再用也。每升水银一斤得朱十四两，次朱三两五钱，出数借硫质而生[15]。

和铁盏绑紧，用盐泥黏结密封罐口，下面用三根铁钉插在地上成鼎足状承托泥罐。烧火加热需要约燃完三炷香的时间，在这个过程中要不断用废毛笔蘸水擦擦铁盏面，那么水银便会变成银朱粉凝结在罐子壁上，贴近罐口的银朱色泽更加鲜艳。冷却之后揭开铁盏封口，即可扫取银朱。那剩下的石亭脂沉到罐底，还可以取出来再用。每提炼水银一斤，可炼得上等朱砂十四两、次等朱砂三两半，多出的重量是凭借石亭脂的硫质而产生的。

用这种方法提炼的朱砂跟天然朱砂研成的朱砂功用差不多。皇家贵族绘画，用的是辰州、锦州等地出产的丹砂直接研磨而成的

11 指《本草纲目》中引元人胡演《丹药秘诀》:“取砂汞法，用瓷瓶盛朱砂，不拘多少，以纸封口，香汤煮一伏时，取入水火鼎内，炭塞口，铁盘盖定。凿地一孔，放碗一个盛水，连盘覆鼎于碗上，盐泥固缝，周围加火煅之。待冷取出，汞自流入碗矣。”此法取汞虽不及作者所述的先进，但也不应斥为“胡乱注”。

12 石亭脂：赤色的天然硫黄，也叫“石流赤”。

13 星：指水银的亮珠。

14 固济：黏结。

15 出数藉硫质而生：多出来的重量是凭借石亭脂的硫质而产生的。这表明作者已认识到化学变化中质量守恒的道理。

銀復生硃

凡升朱与研朱，功用亦相仿。若皇家、贵家画彩，则即同辰、锦丹砂研成者，不用此朱也。凡朱，文房胶成条块，石砚则显，若磨于锡砚之上，则立成皂汁[16]。即漆工以鲜物彩，唯入桐油调则显，入漆亦晦也。

凡水银与朱更无他出，其汞海、草汞之说[17]无端狂妄，耳食者信之。若水银已升朱，则不可复还为汞[18]，所谓造化之巧已尽也。

粉，而不用这种提炼的银朱粉。凡朱砂，文房一般要胶合成条块状，在石砚上磨就能显出原来的鲜红色，但若在锡砚上磨，就会立即变成棕黑色。漆工用朱砂调制红油彩来粉饰器物，只有和桐油调和才会色彩鲜明，加入天然漆调和会色彩灰暗。

水银和朱砂再没有别的产出之处了，那些所谓水银产自水银海或可以从水银草中提炼的说法都是没有根据的任意乱说，只有轻信传闻的人才会相信。水银已提炼为朱砂之后，就再不能还原为水银了，因为大自然创造化育万物的工巧到此施展完了。

16 立成皂汁：朱墨在锡砚上研磨会发生化学变化，变成棕黑色的硫化锡。

17 汞海、草汞之说：见《本草纲目》卷九。汞海，指自然界中存在着水银湖。草汞，指能够提炼出汞的草。这种说法未必狂妄。

18 此说欠妥，且与上文关于用次朱升炼水银的叙述自相矛盾。

墨[1]

凡墨烧烟凝质而为之。取桐油、清油、猪油烟为者居十之一，取松烟为者居十之九。凡造贵重墨者，国朝推重徽郡人。或以载油之艰，遣人僦(jiù)居[2]荆、襄、辰、沅，就其贱值桐油点烟而归。其墨他日登于纸上，日影横射有红光者，则以紫草[3]汁浸染灯心而燃炷者也。

凡爇油取烟，每油一斤得上烟一两余。手力捷疾者，一人供事灯盏二百付。若刮取怠缓则烟老，火燃质料并丧也。其余寻常用墨，则先将松树流去胶香，然

墨是由松烟或炭黑凝结胶质结合而成的。采用桐油、清油或猪油等烧成的烟做墨的，约占十分之一，采用松烟做墨的，约占十分之九。制造贵重的墨，本朝最推崇安徽的徽州人。他们由于油料运输困难，就派人到湖北的江陵、襄阳和湖南的辰溪、沅陵等地租屋居住，购买当地便宜的桐油就地点火烧成烟灰带回来。有种墨是日后写在纸上，在阳光斜照下可泛红光的，那是用紫草汁浸染灯芯之后，燃烧油灯灯芯所得的烟灰做成的。

燃油取烟，每斤油可获得上等烟一两多。手脚伶俐的，一个人可照管专门用于收集烟的灯盏二百多副。如果刮取烟灰缓慢，烟就会过火而质量下降，造成油料和时间的浪费。其余的一般用墨，都是用松烟制成的，先使松树中的松脂流掉，然后砍伐。但凡松脂有一点点没流干净，用这种松烟做成的墨就会

1 墨：用石炭或松烟等材料制成的写字、作画用品。

2 僦居：租房子住。

3 紫草：多年生草本植物，根部含有紫色结晶物质乙酰紫草素，可作紫色染料。

燃扫清烟

后伐木。凡松香有一毛未净尽，其烟造墨，终有滓结不解之病。凡松树流去香，木根凿一小孔，炷灯缓炙，则通身膏液就暖倾流而出也。

凡烧松烟，伐松斩成尺寸，鞠篾为圆屋如舟中雨篷式，接连十余丈。内外与接口皆以纸及席糊固完成。隔位数节，小孔出烟，其下掩土砌砖先为通烟道路。燃薪数日，歇冷入中扫刮。凡烧松烟，放火通烟，自头彻尾。靠尾一、二节者为清烟，取入佳墨为料。中节者为混烟，取为时墨料。若近头一、二节，只刮取为烟子，货卖刷印书文家，仍取研细用之。其余则供漆工、垩工之涂玄者。

凡松烟造墨，入水久

有渣滓，不好书写。让松树流掉松脂的办法，是在松树根部的地方凿一个小孔，然后点灯缓缓燃烧，这样整棵树上的松脂就会朝着这个温暖的小孔倾流出来。

烧松木取烟，先把砍伐的松木切成一定的尺寸，用弯曲的竹篾在地上搭建成圆拱屋，就像小船上的遮雨篷那样，逐个连接十多丈长。这些小篷屋的内外和接口都要用纸和草席糊紧密封。每隔几节，留出一个小孔出烟，竹篷和地接触的地方要盖上泥土，篷内砌砖要预先设计一个通烟火路。让松木在里面一连烧上好几天，冷歇后人们便可进去刮取了。烧松烟时，放火通烟的顺序是从篷头弥散到篷尾。靠篷尾一、二节中取的烟为清烟，是制作优质墨的原料。从中节取的烟为混烟，用作普通墨料。从近头一、二节中只刮取烟做烟子，那就适合卖给印书的店家，仍要磨细后才能用。剩下的就可供漆工、粉刷工做黑色颜料使用了。

用松烟制造的墨，放在水中长时间浸泡的话，按其浮沉会分出精纯和

取流松液

烧取松烟
清烟在尾
掃取粗烟

浸，以浮沉分精悫（què）[4]。其和胶之后，以椎敲多寡分脆坚。其增入珍料与漱金[5]、衔麝（shè）[6]，则松烟、油烟增减听人。其余《墨经》《墨谱》，博物者自详，此不过粗记质料原因而已。

粗厚。墨和胶调和固结之后，用椎敲它，根据敲出的多少可以区别墨的坚脆。至于在墨中增加珍贵材料和荡上金字、加入麝香之类的，则松烟、油烟的多少都由人自行决定。其他有关墨的知识，《墨经》《墨谱》等书中都有所记述，想要知道更多知识的人，可以自己去仔细阅读，这里只不过是粗略地记述一下制墨的原料和方法罢了。

明　文俶　《金石昆虫草木状》之烧松烟法

4 精悫：精纯和粗厚。
5 漱金：荡上金字。漱本义为荡口，引申为荡刷。
6 衔麝：加入麝香。

清　徐扬　《墨法集要图》之烟椀

附

胡粉至白色，详《五金》卷。

黄丹红黄色，详《五金》卷。

淀花至蓝色，详《彰施》卷。

紫粉縹红色，贵重者用、银朱对和，粗者用染家红花滓汁为之。

大青至青色，详《珠玉》卷。

铜绿[1]至绿色，黄铜打成板片，醋涂其上，裹藏糠内，微借暖火气，逐日刮取。

石绿详《珠玉》卷。

代赭(zhě)石[2]殷红色，处处山中有之，以代郡[3]者为最佳。

石黄中黄色，外紫色，

胡粉（最白的颜色，详见《五金》卷）。

黄丹（红黄色，详见《五金》卷）。

靛花（纯蓝色，详见《彰施》卷）。

紫粉（粉红色，贵重的用胡粉、银朱相互对和，粗糙的则用染布坊里的红花滓汁制作）。

大青（深蓝色，详见《珠玉》卷）。

铜绿（深绿色，制法是将黄铜打成板片，在上面涂上醋，包裹起来藏在米糠里，稍微借用其中的热气，每天从铜板面上刮取）。

石绿（详见《珠玉》卷）。

代赭石（殷红色，各地山中都有，以山西代县一带出产的为最好）。

1 铜绿：铜表面所生成的绿锈，主要成分是碱式碳酸铜，粉末状，有毒，用来制烟火和颜料。

2 代赭石：即赭石，矿石，由氧化铁或含氧化铁、氧化锰等矿物的黏土构成，一般呈红褐色，也有土黄色或红色的可作颜料。

3 代郡：指山西代县。

石皮内黄，一名石中黄子。

石黄（中心黄色、表层紫色的一种石头，内层是黄色的，又叫作石中黄子）。

明　陈淳　《设色花卉》

曲糵(niè)[1]第十七

宋子曰：狱讼日繁，酒流生祸，其源则何辜！祀天追远，沉吟《商颂》《周雅》[2]之间，若作酒醴之资曲糵也[3]，殆圣作而明述矣。惟是五谷菁华变幻，得水而凝，感风而化。供用岐黄[4]者神其名，而坚固食羞[5]者丹其色。君臣自古配合日新，眉寿介而宿痼怯[6]，其功不可殚述。

宋先生说：因酗酒闹事而惹起的官司案件一天比一天多，这确实是酗酒造成的祸害，但究其源，酒曲本身又有什么罪过呢？在祭祀天地追念祖先的仪式上，在吟咏《商颂》《周雅》等诗篇的宴会间都要饮酒，要酿酒就必须依靠酒曲，这在古代圣贤的著作中几乎已经说得很明白了。酒曲原本就是五谷精华经过水分和空气的作用制造出来的。供医药上用的曲以神为名叫神曲，而用以保持珍贵食物美味的则因其色为红叫红曲。自古以来制作曲糵的主料和配料的调制配方不断改进，制出的酒既能延年益寿又能辅助治疗各种痼疾顽症，它的功用真是一言难尽。如果没有炎帝神农氏和黄帝轩辕

1 曲糵：用曲霉和它的培养基（多为麦子、麸皮、大豆的混合物）制成的块状物，用来酿酒或制酱。

2《商颂》：《诗经》中有《周颂》《鲁颂》《商颂》，《商颂》本为商朝人所作，至春秋宋国时，由正考父改写，用来祭祀祖先、赞美宋襄公。《周雅》：指《诗经》中的《小雅》《大雅》，是周朝贵族宴饮时的乐章。

3 若作酒醴之资曲糵也：语出《尚书·说命下》："若作酒醴，尔惟曲糵。"作者引文意为：要作酒和醴，得靠曲与糵。醴，甜酒。

4 岐黄：传说中的中国古代医学创造人岐伯和黄帝，后泛指医术。

5 坚固食羞：保持食物的美味。羞，同"馐"，美味的食品。

6 眉寿介而宿痼怯：意为酒可以助人长寿，医治顽固的慢性疾病。眉寿，长寿。介，求，助。宿痼，难治的老病。怯，舍弃，去掉。

自非炎黄作祖[7]、末流聪明，乌能竟其方术哉。

氏这些祖先们的创造发明和后人的聪明才智，又怎么能使酿酒的技术达到这样完善的地步呢？

明　丁云鹏　《漉酒图轴》

7 作祖：开创。

酒　母[1]

凡酿酒必资曲药成信[2]。无曲即佳米珍黍，空造不成。古来曲造酒，糵造醴，后世厌醴味薄，遂至失传，则并糵法亦亡。凡曲，麦、米、面随方土造，南北不同，其义则一。凡麦曲，大、小麦皆可用。造者将麦连皮，井水淘净，晒干，时宜盛暑天。磨碎，即以淘麦水和作块，用楮叶包扎，悬风处，或用稻秸罨黄[3]，经四十九日取用。

造面曲用白面五斤、黄豆五升，以蓼汁煮烂，再用辣蓼末五两、杏仁

酿酒必须要用酒曲作为酒引子。没有酒曲，即便有好米好黍也凭空酿不成酒。自古以来用酒曲酿白酒，用麦芽类的发酵物酿甜酒，后来的人嫌甜酒酒味太薄，结果导致失传，连酿制甜酒的技术和制糵的方法都失传了。制作酒曲用麦子、面粉或米粉为原料，可以因地制宜，南方和北方做法不同，但原理是一样的。做麦曲，大麦、小麦都可以选用。制作酒曲的人，把麦粒带皮用井水洗净、晒干，时间则适宜于选在炎热的夏天。制作时要把麦粒磨碎，用淘麦水拌和做成块状，再用楮叶包扎起来，悬挂在通风的地方，或者用稻草覆盖保温使它长霉菌变黄，这样经过四十九天就可以取用了。

制作面曲，是用白面五斤、黄豆五升，加入蓼汁一起煮烂，再加辣蓼末五

1 酒母：指酿酒用的酒曲，俗称酒药子。

2 信：指引以发生变化的引子。

3 罨黄：指掩盖保温使霉菌发育良好，以长成黄色的孢子。黄，霉菌的黄色孢子。

泥十两和踏成饼，楮叶包悬与稻秸罨黄，法亦同前。其用糯米粉与自然蓼汁溲和成饼，生黄收用者，罨法与时日，亦无不同也。其入诸般君臣草药，少者数味，多者百味，则各土各法，亦不可殚述。近代燕京，则以薏苡仁为君，入曲造薏酒。浙中宁、绍则以绿豆为君，入曲造豆酒。二酒颇擅天下佳雄。别载《酒经》[4]。

凡造酒母家，生黄未足，视候不勤，盥拭不洁，则疵药数丸动辄败人石米。故市曲之家必信著名闻，而后不负酿者。凡燕、齐黄酒曲药，多从淮郡[5]造成，载于舟车北市。南方曲

两、杏仁泥十两，混合踏压成饼状，再用楮叶包扎悬挂或用稻草覆盖使它变黄，方法跟麦曲相同。那种用糯米粉加蓼汁搓和揉成饼，让它长出黄毛孢子后取用的，覆盖制作的方法和时间也跟前述的相同。在酒曲中加入主料、配料和草药，少的几种，多的可达上百种，各地的做法不同，不能一一详尽叙述。近代，北京用薏米为主要原料制作酒曲后再酿造薏酒。浙江的宁波和绍兴则用绿豆为料制作酒曲后再酿造豆酒。这两种酒都在国内有名酒美称。（已另外记载在《酒经》一书中。）

制作酒曲的店家，如果在黄色孢子长得不够、看管不勤、又洗抹得不干净的情况下制成酒曲，那几粒坏酒曲动不动就会败坏人们上百斤的粮食。所以，卖酒曲的人必须要守信用、重名誉，这样才不会对不起酿酒的人。河北、山东一带酿造黄酒用的酒曲，大部分是在江苏淮安造好后用车船运去贩卖的。南方酒曲酿造成红色的，所用的酒曲跟淮安

4《酒经》：指北宋朱肱撰著的《北山酒经》，三卷，是宋代以前制曲酿酒工艺的总结。
5 淮郡：今江苏淮安一带。

酒，酿出即成红色者，用曲与淮郡所造相同，统名大曲。但淮郡市者打成砖片，而南方则用饼团。其曲一味，蓼身为气脉[6]，而米、麦为质料，但必用已成曲、酒糟为媒合。此糟不知相承起自何代，犹之烧矾之必用旧矾滓云。

造的相同，都叫作大曲。但淮安卖的酒曲打成砖块状，而南方的酒曲则是做成饼团状。那种酒曲要加进一种辣蓼粉，以增加通气孔，便于霉菌生长，它用稻米或麦子作为基本原料，还必须加入已制成酒曲的酒糟作为媒介。这种酒糟不知道是从哪个年代传承下来的，就像烧矾必须使用旧矾滓来掩盖炉口一样。

北宋　李公麟　《醉僧图》

6 蓼身为气脉：指制曲饼时要加入蓼粉作通气的脉络。

神曲[1]

凡造神曲所以入药，乃医家别于酒母者。法起唐时[2]，其曲不通酿用也。造者专用白面，每百斤入青蒿自然汁、马蓼、苍耳自然汁相和作饼，麻叶或楮叶包罨如造酱黄法。待生黄衣，即晒收之。其用他药配合，则听好医者增入，苦无定方也。

制作神曲是专供医药用的，医家为了使它与酒曲相区别而称它神曲。神曲的制作方法始于唐代，这种曲不能通用于酿酒。制作时只用白面，每百斤加入青蒿、马蓼和苍耳三种东西的原汁，调和拌制成饼状，再用麻叶或楮叶包裹覆盖，与制作豆酱黄曲的方法一样。等到曲面颜色变黄就晒干收藏起来。至于要用其他什么药配合，则听凭医生的不同经验来增加，很难列出固定的处方。

1 神曲：即六神曲，又名六曲。用面粉、麸皮和杏仁、赤小豆、青蒿、辣蓼、苍耳等药物混合后经发酵制成。中医用于消食和中，主治食积、胀满、泻痢等。

2 法起唐时：此说法不正确。北魏贾思勰《齐民要术》中就已载有配制神曲的五种方法了。

南宋　毛益　《红蓼双凫》

丹　曲[1]

凡丹曲一种，法出近代。其义臭腐神奇，其法气精变化。世间鱼肉最朽腐物，而此物薄施涂抹，能固其质于炎暑之中，经历旬日蛆蝇不敢近，色味不离初，盖奇药也。

凡造法用籼稻米，不拘早晚。舂杵极其精细，水浸一七日，其气臭恶不可闻，则取入长流河水漂净。必用山河流水，大江者不可用。漂后恶臭犹不可解，入甑蒸饭则转成香气，其香芬甚。凡蒸此米成饭，初一蒸半生即止，不及其熟。出离釜中，以冷水一沃，气冷再蒸，则令

有一种红曲，它的制作方法是近代才研究出来的。它的效果就在于能“化腐朽为神奇”，它的巧妙之处在于利用空气和白米的变化。在自然界中，鱼和肉是最容易腐烂的东西，但是只要将红曲薄薄地涂上一层，即便是在炎热的暑天也能保持它原来的品质，放上十来天，蛆蝇都不敢接近，色泽味道还能保持原样，这真是一种奇药啊！

制造红曲用的是籼稻米，早稻、晚稻都可以。米要舂得极其精细，用水浸泡七天，那时的气味真是臭不堪闻，到这时就把它放到流动的河水中漂洗干净（必须用山间流动的溪水，大江大河的水不能用）。漂洗之后臭味还不能完全消除，把米放入饭甑里蒸成饭，就会产生香气，而且香得很。蒸这种米成饭，开头只蒸到半生半熟就要停下来，不要等它完全熟。从锅中取出，用冷水淋浇一次，等到蒸气冷了再蒸，这次就要蒸

1 丹曲：一种红曲。主要用大米培养红曲霉制成，用于防腐。

長流漂米

极熟矣。熟后，数石共积一堆拌信。

凡曲信必用绝佳红酒糟为料，每糟一斗入马蓼自然汁三升，明矾水和化[2]。每曲饭一石入信二斤，乘饭热时，数人捷手拌匀，初热拌至冷。候视曲信入饭，久复微温，则信至矣。凡饭拌信后，倾入箩内，过矾水一次，然后分散入篾盘，登架乘风。后此风力为政[3]，水火无功。

凡曲饭入盘，每盘约载五升。其屋室宜高大，防瓦上暑气侵逼。室面宜向南，防西晒。一个时中翻拌约三次。候视者七日之中，即坐卧盘架之下，眠不

到熟透。这样蒸熟之后，好几石米饭堆放在一起再拌进曲种。

曲种一定要用最好的红酒糟为原料，每一斗酒糟加入马蓼草的原汁三升，再加明矾水拌和调匀。每石熟饭中加入曲种二斤，趁熟饭热时，几个人一起迅速拌和调匀，从热拌到冷。然后注意观察曲种拌入熟饭后的情况，过一段时间之后，饭的温度又会逐渐上升，这就说明曲种发生作用了。饭拌入曲种后，倒进箩筐里面，用明矾水淋一次再分开放进篾盘中，放到架子上通风。这以后就是风力起主要作用，而水火派不上什么用场了。

曲饭放入篾盘中时，每个篾盘大约装载五升。安放这些饭盘的房屋要比较高大宽敞，以防屋顶瓦面上的热气侵入。屋向宜朝南，用以防止太阳西晒。每两个小时之中大约要翻拌三次。观察曲饭的人，在七天之内都要日夜守护在盘架之下，不能熟睡，即便在深更半夜里也要起来好几次。曲饭要做到起先一看颜色雪白，过一两天后就变成黑色。以后

2 明矾水和化：明矾水有酸性，可抑制杂菌繁殖，而红曲霉虽生长缓慢，难与杂菌竞争，却耐酸性，故需加入明矾水。

3 为政：起主要作用。政，主其事者，指起主要作用的。

凉風吹變

拌信成功

敢安，中宵数起。其初时雪白色，经一二日成至黑色。黑转褐，褐转代赭，赭转红，红极复转微黄。目击风中变幻，名曰生黄曲。则其价与入物之力皆倍于凡曲也。凡黑色转褐，褐转红，皆过水一度。红则不复入水。凡造此物，曲工盥手与洗净盘簟，皆令极洁。一毫滓秽，则败乃事也。

再由黑色转为褐色，又由褐色转为赭色，赭色转为红色，到了最红的时候再转回微黄色。通风过程中所看到的这些颜色变化，叫作生黄曲。这样制成的红曲，其价值和功效都比一般的红曲要高好几倍。当曲饭由黑色变褐色、由褐色又变成红色时，都要淋浇一次水。变红以后就不需要再加水了。制造这种红曲，造曲的人必须把手和盛物的篾盘、竹席都洗得非常干净，否则只要有一丝一毫渣滓和肮脏的东西，都会使制作红曲一事失败。

南宋　佚名　《花坞醉归图》

珠玉第十八

宋子曰：玉韫山辉，珠涵水媚，此理诚然乎哉，抑意逆之说也？大凡天地生物，光明者昏浊之反，滋润者枯涩之仇[1]，贵在此则贱在彼矣。合浦、于阗[2]行程相去二万里，珠雄于此，玉峙于彼，无胫而来，以宠爱人寰之中，而辉煌廊庙[3]之上，使中华无端宝藏折节而推上坐焉。岂中国辉山、媚水者，萃在人身，而天地菁华止有此数哉？

宋先生说：蕴藏玉石的山闪烁光辉，涵养珍珠的水格外明媚，这其中的道理是真的如此呢，还是人们的主观臆测？凡是由天地自然化生的事物之中，总是光明与混浊相反，滋润与枯涩对立，在这里属贵重的东西，在另一个地方却相当低贱。广西合浦与新疆和田，相距约两万里，在这边有珍珠称雄，在那里有玉石傲立，但都很快不胫而走，到处流行，在人世间受到宠爱，在朝堂上焕发出辉煌的光彩，这就使得全国各地无尽的宝藏都降低了身价而把珠玉推上宝物的首位。这难道是中原地区的山光水媚全都聚集在人身上了，而天地之间的精华难道就只有珠玉这几种吗？

1 枯涩之仇：枯涩的对立面。

2 合浦：今广西合浦县，属北海市，自古盛产珍珠。于阗：即和阗，今新疆和田，是著名的产玉地。

3 廊庙：庙堂。古代君主与大臣议政之所。

珠

凡珍珠必产蚌腹，映月成胎，经年最久，乃为至宝。[1]其云蛇蝮、龙颔、鲛皮有珠者，妄也。凡中国珠必产雷、廉二池。[2]三代[3]以前，淮扬亦南国地，得珠稍近《禹贡》“淮夷玭珠[4]”，或后互市之便，非必责其土产也。金采蒲里路，元采杨村直沽口，皆传记相承之妄，何尝得珠。[5]至云忽吕古江[6]出珠，则夷地，非中国也。

珍珠一定是出产于蚌腹之内，映照着月光逐渐孕育成形，经历年限最长久的，就成了最贵重的宝物。至于蛇的腹内、龙的下颌及鲨鱼皮中有珍珠等说法，都是虚妄不可信的。我国的珍珠必定出产在广东雷州和广西廉州这两个地方。在夏、商、周三代以前，淮安、扬州一带也属于南方诸侯国的地域，得到的珠子比较接近《尚书·禹贡》中所记载的“淮夷玭珠”，或许是后来从互市上交易得来的，却不一定是当地所出产。金人采自黑龙江克东县乌裕尔河一带，元代采自河北杨村到天津大沽口一带的种种说法，都是传记相承的胡说，这些地方什么时

1 珍珠是某些海水、淡水贝类，在一定外界条件刺激下，所分泌并形成与贝壳珍珠层相似的固体粒状物，具有明亮艳丽的光泽。故“映月成胎”的说法显然有误。

2 珠母贝产于广东、广西沿海及西沙群岛、海南岛等，故文中说法不准确。

3 三代：指夏、商、周三代。

4 淮夷玭珠：《尚书·禹贡》所载淮水产的一种珍珠。玭，蚌的别名。中国境内除南海珍贝产珠外，内地江河淡水中生活的蚌类也能产珍珠；故作者怀疑《禹贡》所载淮水蚌珠非当地土产，是不足为信的。

5 “蒲里路”为“蒲与路”之误。金代蒲与路的遗址在今黑龙江省克东县乌裕尔河南岸。杨村直沽口在今天津大沽口一带。两地采珍属实，并非“传记相承之妄”。

6 忽吕古江：今吉林省境内的一条古江水名。

凡蚌孕珠，乃无质而生质。他物形小而居水族者，吞噬弘多，寿以不永。蚌则环包坚甲，无隙可投，即吞腹，囫囵不能消化，故独得百年千年，成就无价之宝也。[7] 凡蚌孕珠，即千仞水底，一逢圆月中天，即开甲仰照，取月精以成其魄。[8] 中秋月明，则老蚌犹喜甚。若彻晓无云，则随月东升西没，转侧其身而映照之。他海滨无珠者，潮汐震撼，蚌无安身静存之地也。

凡廉州池自乌泥、独揽沙至于青莺[9]，可百八十里。雷州池自对乐岛[10]斜

候采得过珍珠呢？至于说吉林省忽吕古江产珠，那是少数民族地区，不是中原地区。

蚌孕育出珍珠，这是从无到有。其他形体小的水生动物，很多都被吞噬掉了，所以寿命都不长。蚌却因为周身有坚硬的外壳包裹着，天敌没有空子可以钻，即便蚌被吞咽到肚子里，也是囫囵吞枣而不容易被消化掉，所以寿命很长，能够生成无价之宝。蚌孕育珍珠是在很深的水底下，每逢圆月当空时，蚌就张开贝壳接受月光照耀，吸取月光的精华，将之化为珍珠的形魄。尤其是在中秋月明之夜，老蚌会格外高兴。如果通宵无云，它就随着月亮的东升西沉而不断转动它的身体以使月光映照它。其他有些海滨不产珍珠，是因为当地潮汐涨落波涌震荡得厉害，蚌没有藏身和静养之地的缘故。

7 这一说法不妥。因蚌类并非“无隙可投，即吞腹，囫囵不能消化”，其天敌也不少，且珍珠贝的寿命并不长，只有十多年或更少。

8 尽管某些贝类是在满月和新月时产卵比较旺盛，生活习性喜欢水层光照好，但把珍珠的孕育说成是“取月精以成其魄”是不科学的。

9 凡廉州池自乌泥、独揽沙至于青莺：指古时合浦沿海的杨梅、青莺、平江、断望、乌泥、独揽沙和白龙七大珠池。

10 对乐岛：古代广东海康县沿海的小岛。

望石城[11]界，可百五十里。疍户[12]采珠每岁必以三月，时牲杀祭海神，极其虔敬。疍户生啖海腥，入水能视水色，知蛟龙所在，则不敢侵犯。

凡采珠舶，其制视他舟横阔而圆，多载草荐于上。经过水漩，则掷荐投之，舟乃无恙。舟中以长绳系没人腰，携篮投水。凡没人[13]以锡造弯环空管，其本缺处[14]对掩没人口鼻，令舒透呼吸于中，别以熟皮包络耳项之际。极深者至四五百尺，拾蚌篮中。气逼则撼绳，其上急提引上，无命者或葬鱼腹。凡没人出水，煮

广西廉州的珠池从乌泥池、独揽沙池到青莺池，大约有一百八十里远。广东雷州的珠池从对乐岛到石城界，约有一百五十里。这些地方的水上居民采集珍珠，每年必定是在三月间，到时候还宰杀牲畜来祭祀海神，显得非常虔诚恭敬。他们能生吃海腥，潜入水中也能看透水色，知道蛟龙藏身的地方，就不敢前去侵犯。

采珠船比其他的船要宽和圆一些，船上装载有许多草垫子。每当经过有漩涡的海面时，就把草垫子抛下去，这样船就能安全地驶过。采珠人在船上先用一条长绳绑住腰部，然后带着篮子潜入水里。潜水的人还要用一种锡做的弯环空管，管口对准潜水人的口鼻罩住，使人能轻松透气呼吸，另外还要将罩子的软皮带包缠在耳朵和后颈之间，以使牢靠。有的潜水人最深能潜到水下四五百尺，将蚌捡回到篮里。呼吸困难时就摇绳子，船上的人便赶快把他拉上来，命运不好的人也有葬身鱼腹的。潜水的人出水之后，要立即用煮热了的毛

11 石城：古广东廉江县县城，今廉江市有石城镇。

12 疍户：水上居民的旧称。

13 没人：没于水中采珠的潜水人。

14 其本缺处：指锡管的管口。

擲薦禦漩

竹笆沉底

揚帆採珠

没水採珠船

热毳（cuì）[15]急覆之，缓则寒栗死。

宋朝李招讨[16]设法以铁为耩，最后木柱扳口，两角坠石，用麻绳作兜如囊状。绳系舶两傍，乘风扬帆而兜取之，然亦有漂溺之患。今疍户两法并用之。

凡珠在蚌，如玉在璞。初不识其贵贱，剖取而识之。自五分至一寸五分经者为大品。小平似覆釜，一边光彩微似镀金者，此名珰珠，其值一颗千金矣。古来“明月”“夜光”，即此便是。白昼晴明，檐下看有光一线闪烁不定，“夜光”乃其美号，非真有昏夜放光之珠也。次则走珠，置平底盘中，圆转无定歇，价亦与珰珠相仿。化者之身

皮织物盖上，盖迟缓了人就会被冻死。

宋朝有一个姓李的招讨官，曾想办法做了一种齿耙形状的铁器，底部横放木棍用以封住网口，两角坠上石头沉底，四周围上如同布袋子的麻绳网兜。将牵绳绑缚在船的两侧，借着风力扬帆行船来兜取珠贝，然而这种采珠的办法也有漂失和沉溺的危险。现在，水上采珠的居民上述两种方法同时采用。

珍珠生长在蚌的腹内，就如同玉包藏在璞石中一样。开始的时候还分不出贵贱，等到剖取之后才能识别分开。周长从五分到一寸五分的就算是大珠。有一种珠呈扁圆形，像个覆盖的锅，一边光彩略微像镀了金似的，名叫珰珠，它的价值一颗值千金。古时候所传说的“明月珠”“夜光珠”，就是这些珍珠。白天天气晴朗的时候，在屋檐下能看见它有一线光芒闪烁不定，“夜光”不过是它的美号罢了，并不是真有能在夜间发光的珍珠。其次便是走珠，放在平底的盘子里，它会

15 毳：鸟兽的细毛。此指毛织物。

16 李招讨：宋人李重诲，金城人。招讨，即招讨使。《宋史·职官志》：“招讨使，掌收招讨杀盗贼之事，不常置。”

受含一粒，则不复朽坏[17]，故帝王之家重价购此。次则滑珠，色光而形不甚圆。次则螺蚵珠，次官雨珠，次税珠，次葱符珠。幼珠如粱粟，常珠如豌豆。琕（pín）[18]而碎者曰玑。自夜光至于碎玑，譬均一人身而王公至于氓隶也。

滚动不停，价值也跟珰珠差不多。（死人口中含上一颗，尸体就不会腐烂，所以帝王之家不惜出重金购买。）再次的就是滑珠，色泽光亮，但形状不是很圆。再次的是螺蚵珠、官雨珠、税珠、葱符珠等。粒小的珠像小米粒儿，普通的珠像豌豆儿。下等而破碎的珠叫作玑。从夜光珠到碎玑，就好比同样是人却分成从王公到奴隶的不同等级一样。

凡珠生止有此数，采取太频，则其生不继。经数十年不采，则蚌乃安其身，繁其子孙而广孕宝质。所谓珠徙珠还[19]，此煞定死谱，非真有清官感召也。我朝弘治中，一采得二万八千两。万历中，一采止得三千两，不偿所费。

珍珠的生产是有一定限度的，采得太频繁，它的生长产出就会跟不上。如果几十年不采，那么蚌可以安身繁殖后代，孕珠也就多了。所谓“珠去而复还”，这其实是取决于珍珠固有的消长规律，并不是真有什么“清官”感召之类的神奇之事。（明代弘治年间，有一年采得二万八千两。万历年间，有一年只采到三千两，还抵不上采珠的花费。）

17 这是一种迷信说法。化者之身，指死人。

18 琕：下等的珠。

19 珠徙珠还：指合浦珠还之事。《后汉书》卷七十六《孟尝传》载：合浦产珠，因官吏滥采，使蛛蚌外迁。后孟尝任合浦太守，革除弊政，迁去的珠蚌又返回合浦，“百姓皆反其业，商货流通，称为神明”。

清　佚名　《靖海全图》（局部）

平海受降

宝

凡宝石皆出井中，西番诸域[1]最盛，中国惟出云南金齿卫[2]与丽江两处。凡宝石自大至小，皆有石床包其外，如玉之有璞。金银必积土其上，韫结乃成，而宝则不然，从井底直透上空，取日精月华之气而就，故生质有光明。如玉产峻湍，珠孕水底，其义一也。

凡产宝之井即极深无水[3]，此乾坤派设机关。但其中宝气如雾，氤氲井中，人久食其气多致死。故采宝之人，或结十数为群，入井者得其半，而井上众人共

宝石都出产于矿井之中，其产地则以我国西部一些疆域为最多，中原地区就只出产在云南金齿卫（澜沧江到保山、腾冲一带）和丽江两个地方。宝石不论大小，外面都有石床包裹，就像玉有璞石包住一样。金银都是在土层底下经过恒久的变化而形成的，但宝石不是这样，它是从井底直接上透天空，吸取日月的精华而形成的，因此本身质地能够闪光发亮。这跟玉产自湍流之中，珠孕育在深渊水底的道理是相同的。

出产宝石的矿井，即便很深，其中也是没有水的，这是大自然的刻意安排。但井中有宝气就像雾一样地烟云弥漫，人呼吸这种气的时间久了，多数会窒息以至死亡。因此，采集宝石的人通常是十多个人一起合伙，下井的人分得一半宝石，井上的众人分得另一半宝石。下井的人用长绳绑住腰，腰间系两个叉

1 西番诸域：在明代指我国陕西、云南、四川以西边疆地区。

2 金齿卫：指云南澜沧江到保山、腾冲一带。

3 此说法不对。矿井是否有水，取决于地下水存在情况，并非产宝的矿井“极深无水”。

得其半也。下井人以长绳系腰，腰带叉口袋两条，及泉近宝石，随手疾拾入袋。宝井内不容蛇虫。腰带一巨铃，宝气逼不得过，则急摇其铃，井上人引絙提上。其人即无恙，然已昏瞢(méng)[4]。止与白滚汤入口解散，三日之内不得进食粮，然后调理平复。其袋内石，大者如碗，中者如拳，小者如豆，总不晓其中何等色。付与琢工鑢错解开，然后知其为何等色也。

属红黄种类者，为猫精[5]、靺羯芽[6]、星汉砂、琥珀、木难、酒黄、喇子。猫精黄而微带红。琥珀最贵者名曰瑿(yī)[7]音依，此值黄金五倍价，红而微带黑，

口袋，到井底有宝石的地方，随手将宝石赶快装入袋内（宝石井里一般不容蛇虫藏身）。腰间系一个大铃铛，一旦宝气逼得人承受不住的时候，就急忙摇晃铃铛，井上的人就立即拉粗绳把他提上来。这时，那个人即便没有生命危险，也已昏迷不醒了。只能往他嘴里灌一些白开水用来解救，三天内都不能吃东西，然后慢慢加以调理康复。口袋里的宝石，有的大得像碗，中等的像拳头，小的像豆子，但从表面上看不出里面是什么样子。交给琢工锉开后，才知道是什么样的宝石。

属于红色和黄色的宝石有：猫睛石、靺羯芽、星汉砂、琥珀、木难、酒黄、喇子等。猫睛石是黄色而稍带些红色。琥珀最贵的名叫瑿（音依，价值是黄金的五倍），红中微带黑色，但在白天看起来是黑色的，在灯光下看起来却很红。木难是纯黄色，喇子是纯红色。从前不知哪个随口妄言的人在“松树”

4 昏瞢：昏迷。

5 猫精：即猫睛石。

6 靺羯芽：亦称“靺鞨”。即红玛瑙，产于靺鞨，故称。

7 瑿：一种黑玉，即黑色的琥珀。

剖面
寶井

寶氣飽悶

然昼见则黑，灯光下则红甚也。木难纯黄色，喇子纯红。前代何妄人，于松树注茯苓，又注琥珀，可笑也。[8]

属青绿种类者，为瑟瑟珠、珇(zǔ)珻(mǔ)绿[9]、鸦鹘(hú)石[10]、空青之类。空青既取内质，其膜升打为曾青。至玫瑰[11]一种如黄豆、绿豆大者，则红、碧、青、黄数色皆具。宝石有玫瑰，如珠之有玑也。星汉砂以上，犹有煮海金丹[12]。此等皆西番产，亦间气出。滇中井所无。

时人伪造者，唯琥珀易假。高者煮化硫黄，低

条目下加注茯苓，又注释为琥珀，真是浅薄可笑！

属于蓝色和绿色的宝石有：瑟瑟珠、祖母绿、鸦鹘石、空青（空青取自它的内质，外层表皮也可以琢打成曾青）等。至于玫瑰宝石，一种像黄豆或绿豆大小的，则红色、绿色、蓝色、黄色，各色俱全。宝石中有玫瑰，就像珠中有玑一样。比星汉砂高一级的，还有一种名为煮海金丹的。这些宝石都是我国西部地区出产的，偶然也有随宝气出现的，但云南中部的矿井中并不出产这类宝石。

现在的人伪造宝石，只有琥珀最容易造假。高明的造假者用硫黄熬煮，手段低劣的用黑红色的染料煮熬牛角、羊角胶，映照之下隐约可见红光，但如今也最容易辨认（琥珀研磨后有

8 李时珍《本草纲目》中引历代诸说中有晋代葛洪《神仙传》云："老松余气结为茯苓，千年松脂化为琥珀。"《琥珀》条又云："松脂千年作茯苓，茯苓千年作琥珀……大抵皆是神异之说，未可深凭。"茯苓是松树根部生长的菌类，同松脂与琥珀毫不相干，故李时珍指为"神异之说"，不予相信。但琥珀是地质时代中植物树脂经过石化的产物，即"千年松脂化琥珀"，宋应星不当怀疑。

9 珇珻绿：又称祖母绿，一种高档宝石，翠绿鲜艳。

10 鸦鹘石：蓝色宝石名。

11 玫瑰：玫瑰石，泛指像黄豆、绿豆大小的各种颜色的次等宝石。

12 煮海金丹：比星汉砂高一级的红黄色宝石。

者以殷红汁料煮入牛羊明角，映照红赤隐然，今亦最易辨认。琥珀磨之有浆。至引草，原惑人之说[13]，凡物借人气能引拾轻芥也。自来《本草》陋妄，删去毋使灾木。

浆）。至于说琥珀能够吸引草芥，那是骗人的说法，因为物体只有借助人的气息才能吸引轻微的东西。从古代各类药书开始就有一些粗劣荒谬的东西传世，都应当删去，免得浪费雕版刻印书的木料。

清　项焜　《麻姑晋斝图》

13《本草纲目》卷三十七《木部·琥珀》："弘景曰：惟以手心摩热拾芥为真。……时珍曰：琥珀拾芥乃草芥，即禾草也。"琥珀摩擦后产生静电，可吸草芥，并非惑人之说。

玉

凡玉入中国，贵重用者尽出于阗[1]汉时西国号，后代或名别失八里[2]，或统服赤斤蒙古[3]，定名未详。葱岭[4]。所谓蓝田，即葱岭出玉别地名，而后世误以为西安之蓝田也。[5]其岭水发源名阿耨山，至葱岭分界两河，一曰白玉河，一曰绿玉河。后晋人高居诲作《于阗国行程记》[6]载有乌玉河，此节则妄也。

凡贩运到中原内地的玉，贵重的都出自新疆的于阗（汉代时西域的一个地名，后代又叫别失八里，或属于赤斤蒙古，具体名称未详）、葱岭。所谓蓝田，就是葱岭出玉之处的另一地名，而后世误以为是西安附近的蓝田。葱岭的河水发源于阿耨山，流到葱岭后分为两条河，一条叫作白玉河，一条叫作绿玉河。后来晋代人高居诲作《于阗国行程记》载有乌玉河，这段记载是错误的。

含玉的璞石不藏于深土，而是在

1 于阗：古西域国名。在今新疆和田一带。

2 别失八里：古城名。故址即今新疆吉木萨尔北破城子。别失为“五”，八里为“城”，故别失八里意为五城。

3 赤斤蒙古：明代在今甘肃玉门市南赤金设赤斤蒙古千户所于赤斤站，以统辖新疆等少数民族地区。“赤斤”亦作“赤金”。

4 葱岭：古山脉名。是对帕米尔高原、西昆仑山、喀喇昆仑山和兴都库什山等山脉的总称。这里指昆仑山一带盛产玉的地方。

5 作者更正错了。西安附近蓝田一带曾产玉，有玉山之称。

6 原刻本误为“晋人张匡邺作《西域行程记》”，今据《新五代史》卷七十四《于阗传》及《文献通考》卷三百三十七《于阗》条更正。高居诲为五代时后晋高祖石敬瑭于天福三年（938）遣使于阗的判官（供奉官为张匡邺）。高居诲《于阗国行程记》一卷，载产玉之地有白玉河、乌玉河、绿玉河，故作者怀疑乌玉河产玉是没有根据的。

于闐國

葱嶺陰

白玉河

綠玉河
亦力把力國

玉璞不藏深土[7]，源泉峻急激映而生。然取者不于所生处，以急湍无着手。俟其夏月水涨，璞随湍流徙，或百里，或二三百里，取之河中。凡玉映月精光而生[8]，故国人沿河取玉者，多于秋间明月夜，望河候视。玉璞堆聚处，其月色倍明亮。凡璞随水流，仍错杂乱石浅流之中，提出辨认而后知也。

白玉河流向东南，绿玉河流向西北。[9]亦力把力[10]地，其地有名望野者，河水多聚玉。其俗以女人赤身没水而取者，云阴气相召，则玉留不逝，易于捞取，此或夷人之愚

靠近山间源泉处的急流河水中激映而生。但采玉的人并不到产生玉的原生地去采，因为河水湍急无从下手。等到夏天涨水时，含玉的璞石随湍流冲至一百里或二三百里处，再在河中采玉。玉是感受月之精光而生的，所以当地人沿河取石多是在秋天明月之夜，守在河边观察。含玉璞石堆聚的地方，那里的月光就显得倍加明亮。含玉的璞石随河水而流，仍免不了会夹杂在乱石丛集的浅滩之中，那就要采出来经过辨认而后才知道哪块是玉。

白玉河流向东南，绿玉河流向西北。亦力把力（即别失八里）地区有个地方叫望野，附近河水多聚玉。当地的风俗是由妇女赤身下水取玉，说是由于妇女的阴气相召，玉就会停留住不动，易于捞取，这或可说明当地人的愚昧。（当地并不认为此物贵重，如果沿河再过数百里，路途远，卖不出去，就弃而

7 此说欠妥。玉有山产和水产两类，山岩层也产玉。

8 这是不科学的说法。

9 所指白玉河、绿玉河流向皆误。白玉河即今玉龙喀什河，绿玉河即今喀拉喀什河，两河流向均为向北。

10 亦力把力：即亦力把里，在今新疆伊宁市附近。

也。夷中不贵此物，更流数百里，途远莫货，则弃而不用。

凡玉唯白与绿两色。绿者中国名菜玉。其赤玉、黄玉之说，皆奇石、琅玕之类，价即不下于玉，然非玉也。[11]凡玉璞根系山石流水，未推出位时，璞中玉软如棉絮，推出位时则已硬，入尘见风则愈硬。谓世间琢磨有软玉，则又非也。凡璞藏玉，其外者曰玉皮，取为砚托之类，其值无几。璞中之玉有纵横尺余无瑕玷者，古者帝王取以为玺(xǐ)[12]。所谓连城之璧，亦不易得。其纵横五六寸无瑕者，治以为杯斝(jiǎ)[13]，此亦当世重宝也。

此外惟西洋琐里[14]有异玉，平时白色，晴日下看映出红色。阴雨时又为青色，

不用。）

玉只有白、绿两种颜色，绿玉在中原地区叫菜玉。那些赤玉、黄玉的说法，都是指奇石、琅玕等似玉的美石之类，虽然价钱不低于玉，但终究不是玉。含玉璞石源于山石流水之中，未剖出来时，璞中之玉软如棉絮，剖露出来后就已变硬，遇到风尘就变得更硬。世间有所谓琢磨软玉的，这又错了。璞中藏玉，其外层叫玉皮，取来作砚和托座，值不了多少钱。璞中之玉有纵横一尺多而无瑕疵的，古时帝王用以作印玺。所谓价值连城之璧，也不容易得到。那些纵横五六寸而无瑕的玉，用来加工成酒器，这在当代也是重宝了。

此外，只有西洋琐里（今印度科罗曼德尔沿岸）产有异玉，平时白色，晴天在阳光下显出红色，阴雨时又变成青色，这可说是玉妖，宫廷内才有这种玉。朝鲜西北的太尉山

11 此说欠妥。玉虽多数呈白、绿色，但也有红、橙、黄、紫、黑等色的玉，作者否认白、绿色外的其他各色玉，并归为奇石、琅玕之类，是不正确的。

12 玺：印。本为统称，秦后专指皇帝的印。

13 斝：古代酒器。圆口、平底、三足。

14 西洋琐里：《明史·外国传》有西洋琐里之名，在今印度科罗曼德尔海沿岸。

此可谓之玉妖[15]，尚方有之。朝鲜西北太尉山有千年璞，中藏羊脂玉，与葱岭美者无殊异。其他虽有载志，闻见则未经也。凡玉由彼地缠头回，其俗人首一岁裹布一层，老则臃肿之甚，故名缠头回子。其国王亦谨不见发。问其故，则云见发则岁凶荒，可笑之甚。[16]或溯河舟，或驾橐(tuó)驼[17]，经庄浪[18]入嘉峪，而至于甘州[19]与肃州[20]。中国贩玉者，至此互市而得之，东入中华，卸萃燕京。玉工辨璞高下定价，而后琢之。良玉虽集京师，工巧则推苏郡。

凡玉初剖时，冶铁为圆盘，以盆水盛沙，足踏

有一种千年璞，中间藏有羊脂玉，与葱岭所出的美玉没有什么不同。其他各种玉虽书中有记载，但笔者未曾亲身见闻。玉由葱岭缠头的回族人（其风俗是人们经年在头部裹一层布，老了就显得很臃肿，故名缠头回人。那里的国王也是谨慎地不将头发露在外面，问其原因，则说一露头发就会年成不好，这种习俗可笑得很。）或者是沿河乘船，或者是骑骆驼，经庄浪卫运入嘉峪关，而到甘州、肃州。中原内地贩玉的人来到这里从互市中得到玉后，再向东运，一直汇集到北京卸货。玉工辨别玉石等级而定价后开始琢磨。（良玉虽集中在北京，但琢玉的工巧首推苏州。）

开始剖玉时，用铁做个圆形转盘，用一盆水盛沙子，用脚踏动圆盘旋转，不断添沙剖玉，一点点把玉划断。内地剖玉所用的沙，出自顺天府玉田和

15 玉妖：奇异的玉，可能指金刚石。

16 由于历史观的局限，作者在此处讥笑我国少数民族同胞，不可取。

17 橐驼：骆驼。

18 庄浪：古县名。今甘肃省庄浪县，位于甘肃省东部，六盘山西麓。

19 甘州：今甘肃张掖。

20 肃州：今甘肃酒泉。

圆盘使转，添沙剖玉，逐忽划断。中国解玉沙，出顺天玉田与真定邢台两邑，其沙非出河中，有泉流出，精粹如面，借以攻玉，永无耗折。既解之后，别施精巧工夫，得镔（bīn）铁[21]刀者，则为利器也。镔铁亦出西番哈密卫砺石中，剖之乃得。

凡玉器琢余碎，取入钿（diàn）花[22]用。又碎不堪者，碾筛和灰涂琴瑟，琴有玉音，以此故也。凡镂刻绝细处，难施锥刃者，以蟾酥填画而后锲之。物理制服，殆不可晓。凡假玉以砆碔（fū wǔ）[23]充者，如锡之于银，昭然易辨。近则捣舂上料白瓷器，细过微尘，以白蔹诸汁调成为器，干燥玉色烨然，此伪最巧云。

凡珠玉、金银，胎性相反。金银受日精，必沉

真定府邢台两地，这种沙不是产于河中，而是从泉中流出的细如面粉的细沙，用以辅助磨玉，玉永不耗损或折断。玉石剖开后，再用一种利器镔铁刀施以精巧工艺制成玉器。（镔铁也出自新疆哈密那种类似磨刀石的岩石中，剖开就能炼取。）

琢磨玉器时剩下的碎玉，可取来作钿花。碎得不能再用的则碾成粉，过筛后与灰混合来涂琴瑟，琴有玉器的音色，就是这个缘故。雕刻玉器到特别细微的地方难以下锥刀的，就用蟾蜍汁填画在玉上，再以刀刻。这种一物克一物的道理恐怕还很难弄清楚。凡是用珷玞冒充假玉的，就像以锡充银，很容易辨别。近来有人将上等材料的白瓷器舂捣成极细的尘粉，再用白蔹等黏汁调制成器物，干燥后的色彩会像玉那样光亮，这种作伪方法最为巧妙。

珠玉与金银的生成方式相反。金银受日精，必定埋在深土内形成；

21 镔铁：中古时期产自域外的一种优质钢铁。通常用以制作坚利兵器。

22 钿花：用金、银、玉、贝等做成的花朵状装饰品。

23 砆碔：即“碔砆”，同“珷玞”。像玉的石块。

埋深土结成。珠玉、宝石受月华，不受土寸掩盖。宝石在井上透碧空，珠在重渊，玉在峻滩，但受空明、水色盖上。珠有螺城，螺母居中，龙神守护，人不敢犯。数应入世用者，螺母推出人取。玉初孕处，亦不可得。玉神推徙入河，然后恣取，与珠宫同神异云。

而珠玉、宝石受月华，不要一点泥土掩盖。宝石在井中直透青空，珠在深水里，而玉在险峻湍急的河滩，只受明亮的天空或河水覆盖。珠有螺蚌壳坚硬如城，螺母在里面，由龙神守护，人不敢犯。那些注定应用于世间的珠，由螺母推出供人取用。玉处在最初孕育的地方，人不能开采到。只有玉神把它推迁到河里，然后才任人采取，与珠宫一样属于神异的事。

清　姚文瀚　《乾隆皇帝是一是二图》

明　仇英　《宝绘堂》（局部）

附：玛瑙、水晶、琉璃[1]

凡玛瑙非石非玉[2]，中国产处颇多，种类以十余计。得者多为簪箧、钩[3]音扣结之类，或为棋子，最大者为屏风及桌面。上品者产宁夏外徼羌地砂碛[4]中，然中国即广有，商贩者亦不远涉也。今京师货者多是大同、蔚州九空山、宣府[5]四角山所产，有夹胎玛瑙、截子玛瑙、锦红玛瑙，是不一类。而神木、府谷[6]出浆水玛瑙、锦缠玛瑙，随方货鬻，此其大端云。试法以砑（yà）[7]木不

玛瑙既不是石，也不是玉，我国出产的地方很多，种类算起来有十多个。得到的玛瑙，多用作发髻上别的簪子和衣扣之类，或者作棋子，最大的用作屏风及桌面。上等玛瑙产于宁夏塞外羌族居住地区的沙漠中，但内地也到处都有，商贩不必到很远的地方去贩运。现在在北京所卖的，多数是山西大同、河北蔚县九空山及河北宣化四角山出产的，有夹胎玛瑙、截子玛瑙、锦红（江）玛瑙，种类不一。而陕西神木与府谷所产的是浆水玛瑙、锦缠玛瑙，就地卖出，这是大致情况。辨试的方法是用木头在玛瑙上摩擦，不发热的是真品。伪品虽容易做，但真品价钱原来就不怎么高，所以人们也就不愿意多花工夫了。

1 琉璃：釉料，此处泛指玻璃和上彩釉的瓷器制品等。

2 此说武断。玛瑙既是石又是玉。

3 钩：刻本原文为“鉤”，为“钩”的异体字，但与原注“音扣”相违。疑此原文有误。

4 砂碛：沙漠。

5 宣府：军镇名。明九边之一。总兵官驻宣府（今张家口市宣化区）。

6 神木、府谷：县名，在今陕西省。

7 砑：碾压，摩擦。

热者为真。伪者虽易为，然真者值原不甚贵，故不乐售其技也。

凡中国产水晶，视玛瑙少杀[8]，今南方用者多福建漳浦产。山名铜山。北方用者多宣府黄尖山产，中土用者多河南信阳州黑色者最美与湖广兴国州潘家山产。黑色者产北不产南。其他山穴本有之而采识未到，与已经采识而官司厉禁封闭如广信惧中官[9]开采之类者尚多也。凡水晶出深山穴内瀑流石罅之中，其水经晶流出，昼夜不断，流出洞门半里许，其面尚如油珠滚沸。凡水晶未离穴时如棉软，见风方坚硬。[10]琢工得宜

我国产的水晶要比玛瑙少些，现在南方所用的多为福建漳浦出产（当地产玛瑙的山叫铜山）。北方所用的多为河北宣化黄尖山所产，中原用的多为河南信阳（黑色的最美）与湖北兴国（潘家山）所产。黑色的水晶产于北方，不产于南方。其他地方山穴中本来就有，而没被发现与开采，或已经发现并开采，却被官方严禁并封闭（例如江西广信地区惧怕宫里派的宦官盘剥而停采等等），这种情况还比较多。水晶产于深山洞穴内的瀑流、石缝之中，瀑布昼夜不停地流过水晶，流出洞口半里左右，水面上还像油珠沸腾那样翻花。水晶未离洞穴时如棉那样柔软，风吹后才坚硬。琢工为了方便，在山穴就地制成粗坯，再带回去加工，可省力十倍。

琉璃石与我国的水晶、越南占城的火齐同类，都一样光亮透明。但我国出产的不产于内地，而产于新疆及其以西地区。这种石五色俱全，国内的人都喜

8 少杀：少些。

9 中官：宦官。明代宦官掌权，常作为朝廷特使派往地方监督开采矿藏，从中搜刮财富，祸国殃民。

10 因水晶是石英晶体，二氧化硅矿物，故这一段都是不符合事实的无稽之谈。

者，就山穴成粗坯，然后持归加功，省力十倍云。

凡琉璃石[11]，与中国水精[12]、占城[13]火齐(jì)[14]其类相同，同一精光明透之义。然不产中国，产于西域。其石五色皆具，中华人艳之，遂竭人巧以肖之。于是烧瓴甋(líng dì)[15]转釉成黄绿色者曰琉璃瓦。煎化羊角为盛油与笼烛者为琉璃碗。合化硝、铅写珠铜线穿合者为琉璃灯。捏片为琉璃瓶袋。硝用煎炼上结马牙者。各色颜料汁任从点染。凡为灯、珠皆淮北齐地人，以其地产硝之故。

凡硝见火还空，其质本无，而黑铅为重质之物。两物假火为媒，硝欲引铅还空，铅欲留硝住世，和同一釜之

欢，于是竭尽工巧来仿制。就这样烧成砖瓦，挂上琉璃石釉料成为黄、绿颜色的，叫作琉璃瓦。将琉璃石与羊角煎化，用以盛油或用作灯罩的，就叫作玻璃碗。将羊角、硝石、铅化合成珠子，再用铜线穿起来，可制成玻璃灯。用上述材料烧炼后还可捏制成薄片，制作成玻璃瓶。（硝石要用煎炼时结在上面的马牙硝。）可用各种颜料汁任意将材料染成颜色。制造玻璃灯和玻璃珠的，都是淮北人和山东人，因为这些地方出产硝石。

硝石灼烧后便分解消失，它原来的成分便不再存在，而黑铅是重质之物。两种物质通过火的媒介而发生变化，硝吸引铅而自身消失，铅却想留住硝结合保存，它们与琉璃石、羊角等在同一釜中烧炼而得出透明发光的玻璃。

11 琉璃石：指烧制玻璃及玻璃釉质所需的矿石。

12 水精：即水晶。

13 占城：古国名。在今越南中部。

14 火齐：即火齐珠，水晶珠。《本草纲目·水精》附录，说《唐书》载：“东南海中有罗刹国，出火齐珠，大者如鸡卵，状类水精……今占城国有之，名朝霞大火珠。”

15 瓴甋：砖瓦。

中，透出光明形象。[16] 此乾坤造化隐现于容易地面。《天工》卷末，著而出之。

这就是自然界隐约的变化机制在该简单过程中之再现。让我在《天工开物》的卷末，撰著而发表于此。

南宋　赵伯驹　《仙山楼阁图》

16 这几句意在说明硝与铅相互作用制成玻璃的变化关系，但还应提及琉璃石、羊角，不然仅用硝、铅还不能“透出光明形象”。

附录

奉新宋长庚先生传

文 | 丁文江

先生讳应星，字长庚，江西奉新县北乡人。宋氏为奉新望族，科第甚盛。先生曾祖景，嘉靖丙午，官都察院左都御史，卒赠尚书，谥庄靖。景子介庆，嘉靖十七年举人，仕至黟州知州。万历四十三年乙卯，先生与兄应升同魁其经，先生名列第三，一时有二宋之目；然卒不第。崇祯初，著《画音归正》，其友涂伯聚为之梓行。未几，邑贼李肃十等为乱，先生破产，募死士，与司理胡时亨等讨平之。七年，任分宜教谕，著《天工开物》卷，十年刊行。十一年，升任汀州府推官，有贤声。十四年，再迁亳州知州。甲申，解官归，遂不复出。所著尚有《杂色文》《原耗》《卮言十种》等书。兄应升官至广州知府，国变后告归，未几卒。著有《方玉堂集》行世。先生生于万历中叶，卒于顺治康熙之交，兄弟早领乡荐不第，改官，所至有惠政，遭逢国变，弃官不出。居乡孝友恭谨，以文学著述自娱，邑志府乘均有传云。论曰：明政不纲，学风荒陋，贤士大夫在朝者以激烈迂远为忠鲠，在野者以性理道学为高尚，空疏顽固，君子病焉。迨乎晚季，物极而反，先觉之士舍末求本，弃虚务实。风气之变，实开清初诸大儒之先声。先生生于豫章，广信之铜，景德之瓷，悉在户庭；滇南黔湘冶金采矿之业，又皆操于先生乡人之手：《天工开物》卷之作非偶然也。善乎先生之言曰："世有聪明博物者，稠人推焉。乃枣梨之花未赏，而臆度楚萍；釜鬻之范鲜经，而侈谈莒鼎；画工好图鬼魅而恶犬马，即郑侨、晋华，岂足为烈哉？"故先生之学，其精神与近世科学方法相暗合；乃身遭国变，著作沦散；非邻国流传，天幸遇合，则毕生之业，将没世而无闻矣。悲夫！

丁文江曰：余既得《天工开物》卷于罗叔韫前辈，欲知著者之为人，因考原书首载"《天工开物》卷，分宜教谕宋应星著"。著者《自序》末书"崇祯丁丑孟夏月，奉新宋应星书于家食之问堂"。欲觅奉新分宜两县志证之，急切不能得。惟思教谕大抵出身举人，因取《江西通志·选举门》阅之，果见其名于万历四十三年乙卯科表中，下注奉新人，知州。同科又有宋应升，下注奉新人，知府。奉新旧属南昌，复于《通志·列传》南昌人中得宋应升名。其文曰："宋应升，字元孔，奉新人，尚书景曾孙。万历乙卯乡试，与弟应星并魁其经，时有二宋之目。五上公车，不第。谒选，得湘乡知县，复补恩平，历广州同知，升广州知府，所至有慈惠声。家居孝友恭谨，亲族困乏，必勉振之。自广州请告归，未几卒。所著有《方玉堂集》。"乃略知先生家世。后数日，于京师图书馆，得顺治《奉新志》，《选举门》载万历四十三年乙卯举人宋应星，字长庚，北乡人，第三名。福建汀州府推官，升南直亳州知州。著有《天工开物》卷、《画音归正》、《杂色文》、《原耗》诸集行世。又载宋应升字元孔，北乡人，广州知府，有传。传文曰："宋应升字元孔，北乡人。少为诸生，试辄冠军，领万历乙卯乡荐。崇祯末，以恩平令两迁至广州守。广州故膻地，应升独以廉著，邑墨吏望风解绶。乃闻甲申之变，杜门守丧，拊心啮齿。时按粤刘公逵募兵勤王，尽括妻孥妆饰以助。嗣是病眩，次年告归。归日，忏佛以诗曰：'朝汉台前海水流，千年洗净赵佗羞。如何今日光天德，偏入黄巾半壁秋！岭表衰臣惭禄仕，佛前血疏告君仇。誓同戮力询方去，追恨当时水火谋。'抵家不入城市，有欲要之出者，笑而不答。约同志披缁百文，会大雪不果。书二绝曰：'撒手悬崖谁未休，归山正欲唤同游。如今开落知何似，一夜六花散九州。''千里江山带雪看，无君此日亦无官。一生忠孝归何处，惟有冰魂念岁寒。'自是朝夕向祖宗前呢呢默诉，询之亦不对。一日忽泫然曰：'吾其死乎！'家人惊遽，次日无疾坐中堂而逝。左右扶就箦，鼻口喷紫血数把，盖仰药云。刻有《方玉堂集》。"《志》成于顺治十八年，先生无传，疑其时尚存。《宋应升传》辞意亲切，当即先生手笔。先生之曾祖宋景，字以贤，嘉靖丙午，为都察院左都御史，卒赠太子少保，吏部尚书，谥庄靖。《志》亦有传。景子介庆字幼征，嘉靖十九年举人，南直黟州知州，或即先生祖也。又据《志》所列宋庆宋应和子士中均举人，庆子国华，仕至贵州左布政使。因知北乡宋氏为奉新望族。京师图书馆又有乾隆十五年修《奉新县志》,《选举》不及旧志之详。《文苑列传》亦有宋应升名，传文与《通志》同，盖皆录《南昌府志》。惟《应升传》之下附《应星传》。其文曰:“应星字长庚，官至亳州知州。崇祯间，邑贼李肃十等为乱，应星破产，募死士，与司理胡时亨等讨平之。著有《天工开物》卷、《画音归正》、《卮言十种》等书。”凡上所引无言及分宜教谕者。乃复征之《分宜县志》,《学识门》载:“宋应星，奉新人，举人。崇祯七年任升汀州府推官，有贤声。汀人肖像祀之。”下列陈良璧，崇祯十一年任。于是知先生于十一年去分宜。复检亳州汀州各志中，仅载姓名，无他事实可考。惟《亳州志》载其为明代最后之知州。意先生于十一年赴汀，任满后始赴亳与？因综述以上事实而为之传如上。

（收入1956年12月《“中央研究院”院刊》第三辑“丁故总干事文江逝世廿周年纪念刊”）

清　丁观鹏　《十二禁御图之太簇始和图》

重印《天工开物》始末记

文 | 丁文江

民国三年余奉命赴滇，调查迤东地质矿产。读《云南通志·矿政篇》，见所引宋应星著《天工开物》，言冶金法颇详晰，因思读其全书。次年回京，遍索之厂肆，无所得；询之藏书者，皆谢不知；阅四库书目，亦无其名。惟余友章君鸿钊云，曾于日本东京帝国图书馆中一见之，乃辗转托人就抄，年余未得报，已稍稍忘之矣。今年迁居天津，偶于罗叔韫先生座中言及其事，先生曰："是书余求之三十年不能得，后乃偶遇之于日本古钱肆主人青森君斋中，遂以古钱若干枚易之归。君既好此，当以相假。"于是始得慰十年向往之心，然初不知宋应星为何许人。

书计十八卷，九册。凡食物、被服、用器，以及冶金、制械、丹青、珠玉之原料工作，无不具备。说明之外，各附以图。三百年前言工业天产之书，如此其详且明者，世界之中，无与比伦，盖当时绝作也。书为日本菅生堂所翻刻。前有明和辛卯年（乾隆三六，西一七七一）。日本大江都庭钟序；次为著者自序，序末书"崇祯丁丑孟夏月奉新宋应星书于家食之问堂"。汉文旁加有和文字母。卷首载"天工开物，分宜教谕宋应星著"。

欲觅奉新分宜两县志证之，急切不能得。思教谕大抵出身举人，因取《江西通志》选举门阅之，果见其名于万历四十三年乙卯科表中。下注“奉新人，知州”。同科又有宋应升。下注“奉新人，知府”。奉新旧属南昌。复于《通志·列传》南昌人中得宋应升名。其文曰：

宋应升，字元孔，奉新人。尚书景曾孙。万历乙卯乡试，与弟应星共魁其经；时有二宋之目。五上公车不第。谒选得湘乡知县，复补恩平，历广州同知，升广州知府。所至有慈惠声。家居孝友恭谨，亲族困乏，必勉振之。自广州请告归，未几卒。所著有《方玉堂集》。

乃略知先生家世。后数日于京师图书馆得顺治《奉新志》。选举门载：万历四十三年乙卯举人，“宋应星，字长庚，北乡人，第三名。福建汀州府推官，升南直亳州知州。著有《天工开物》《画音归正》《杂色文》《原耗》诸集行世”。又载“宋应升，字元孔，北乡人，广州知府。有传”。传文曰：

宋应升，字元孔，北乡人。少为诸生，试辄冠军。领万历乙卯乡荐。崇祯末以恩平令两迁至广州守。广州故膻地。应升独以廉著，邑墨吏望风解绶。及闻甲申之变，杜门守丧，拊心啮齿。时按粤刘公逵募兵勤王，尽括妻孥妆饰以助。嗣是病眩。次年告归。归日忏佛以诗曰：“朝汉台前海水流，千年洗净赵陀羞。如何今日光天德，偏入黄巾半壁秋？岭表衰臣惭禄仕，佛前血疏告君仇。誓同戮力询方去，追恨当时水火谋。”抵家，不入城市。有欲要之出者，笑而不答。约同志披缁百丈，会大雪不果。书二绝曰：“撒手悬崖谁未休？归山正欲唤同游。如今开落知何似，一夜六花散九州。”“千里江山带雪看，无君此日亦无官。一生忠孝归何处？惟有冰魂念岁寒。”自是朝夕向祖宗前呢呢默诉，询之亦不对。一日忽泫然曰：“吾其死乎？”家人惊遽。次日无疾坐中堂而逝。左右扶就箦，鼻口喷紫血数把；盖仰药云。刻有《方玉堂集》。

《志》成于顺治十八年，先生无传，疑其时尚存。《宋应升传》辞意亲切，当即先生手笔。先生之曾祖宋景，字以贤，嘉靖丙午为都察院左都御史，卒赠太子少保，吏部尚书，谥庄靖。《志》亦有传。景子介庆，字幼征，嘉靖十九年举人，南直黟州知州。或即先生祖也。又据《志》所列，宋庆，宋应和，子士中，均举人。庆子国华，仕至贵州左布政使。因知北乡宋氏为奉新望族。

京师图书馆又有乾隆十五年修《奉新县志》。选举不及旧志之详。文苑列传，亦有宋应升名。传文与通志同，盖皆录《南昌府志》。惟应升传之下，附应星传。其文曰：

应星，字长庚，官至亳州知州。崇祯间邑贼李肃十等为乱，应星破产募死士，与司理胡时亨等讨平之。著有《天工开物》《画音归正》《卮言十种》等书。

凡上所引，无言及分宜教谕者。乃复征之《分宜县志》。学识门载：“宋应星，奉新人，举人。崇祯七年任。升汀州府推官，有贤声，汀人肖像祀之。”下列“陈良壁，崇祯十一年任”。

于是知先生于十一年去分宜。复检亳州、汀州各志。中仅载姓名，无他事实可考。惟《亳州志》载其为明代最后之知州。意先生于十一年赴汀，任满后始赴亳与？

原序中所称之涂伯聚，疑即《通志》有传之涂乔迁。南昌人，万历进士，官至南京太仆卿。以拒建魏珰生祠去官，卒于崇祯末年。

因综述以上事实而为之传曰：

先生讳应星，字长庚，江西奉新县北乡人，宋氏为奉新望族，科第甚盛。先生曾祖景，嘉靖丙午官都察院左都御史，卒赠尚书，谥庄靖。景子介庆，嘉靖十九年举人。仕至黟州知州。万历四十三年乙卯，先生与兄应升同魁其经；先生名列第三；一时有二宋之目。然卒不第。崇祯初，著《画音归正》，其友涂伯聚为之梓行。未几，邑贼李肃十等为乱，先生破产募死士，与司理胡时亨等讨平之，七年任分宜教谕。著《天工开物》。十年刊行。十一年升任汀州府推官，有贤声。十四年再迁亳州知州。甲申解官归，遂不复出。所著尚有《杂色文》《原耗》《卮言十种》等书。兄应升，官至广州知府。国变后告归，未几卒。著有《方玉堂集》行世。先生生于万历中叶，卒于顺治康熙之交。

兄弟早领乡荐。不第改官，所至有惠政。遭逢国变，弃官不出。居乡孝友恭谨，以文学著述自娱，邑志府乘均有传云。

论曰，明政不纲，学风荒陋。贤士大夫在朝者以激烈迂远为忠鲠；在野者以性理道学为高尚；空疏顽固，君子病焉。殆乎晚季，物极而反，先觉之士，舍末求本；乘虚务实。风气之变，实开清初诸大儒之先声。先生生于豫章。鄱阳之煤，景德之磁，悉在户庭：滇南、黔、湘，冶金采矿之业，又皆操于先生乡人之手。《天工开物》之作，非偶然也。善乎先生之言曰："世有聪明博物者，稠人推焉。乃枣梨之花未赏，而臆度楚萍；釜鬵之范鲜经，而侈谈莒鼎；画工好图鬼魅而恶犬马，即郑侨、晋华，岂足为烈哉？"故先生之学，其精神与近世科学方法相暗合。乃身遭国变，著作沦散；非邻国流传，天幸遇合，则毕生之业，没世而无闻矣。悲夫！

传既成，就正于叔韫先生，复承先生之命，以付印事商诸张菊生先生。因原刻附有和文，不宜摄影，乃另抄副本排印，加以句读，而书其始末于首，后生末学与有荣焉。

（《读书杂志》第五期，一九二三年一月七日）

是篇之作，动机在三年以前。去岁移居天津，得借用梁任公先生藏书，始着手统计。今夏科学社开会于南通，曾讲演一次，然其时仅有总表，文字未脱稿也。十一月复以英文讲演于北京协和医学校，乃发愤竭两日之力成之。讨论切磋，得益于任公及胡君适之者甚多。抄写核算，则雷君英广贯任其劳。余弟文浩间亦襄助，爰书数语道谢，且以志服官经商者读书作文之不易也。

南宋　佚名　《初平牧羊图》

明 陈洪绶 《宣文君授经图》（局部）

重印《天工开物》卷跋

文｜丁文江

民国三年，余奉使赴滇。读《云南通志·矿政篇》，其所引宋应星著《天工开物》卷言冶铜法颇详晰。因思读其全书。次年回京，遍索之厂肆无所得；询之藏书者，均谢不知。惟余友章君鸿钊云："曾于日本东京帝国图书馆中一见之。"乃辗转托人就抄。年余未得报，已稍稍忘之矣。十一年，迁居天津，偶于罗叔韫先生座中言及其事。先生曰："是书也，余求之三十年不能得，后乃偶遇之日本古钱肆主人青森君斋中，遂以古钱若干枚易之归。君既好此，当以相假。"于是始得慰十年向往之心焉。书为日本菅生堂以木氏蒹葭堂所藏，江田益英校订者，锓木有明和辛卯年大江都庭钟序。是年为乾隆三十六年，盖据崇祯十年本翻刻。而中国今无其书，殆未尝再版也。乃另抄副本，加以句读；并承叔韫先生之命，商之于商务印书馆张菊生先生，谋以铅字排印。已有成约，且以原图摄影制板矣。顾原书之一部，蚀于蠹鱼，颇有残缺，且多误字。欲求他本校之，苦不可得。原书文字又颇简奥，中多术语，虽加句读，间不可解；欲为之逐一注释，并釐正其误，而为人事所累，或作或辍，竟未成书。十五年，友人章君鸿钊始从日本得其书，亦菅生堂所刻，因以校订罗藏之残缺。未几，罗先生函索原书去，云：武进陶君涉园将付印于天津。今春过津，谒朱公桂辛，则新书已列案上。并知据《图书集成》所引校订原书。不特误字改正，而菅生堂本附图粗劣简略，已失宋氏之真，今据《图书集成》所载临摹重印，俾复旧观。（按《图书集成》引是书约十之七。作《咸卷图》，则按两淮河东四川《盐法志》校正，他如《杀青》《珠玉》《佳兵》卷中枪炮等图，即就原书所载校正之，俾合画理为止。）

盖余之所欲为者，陶君已为之过半矣。朱、陶二君嘱余为序，固辞不获，乃从而为之跋曰：是书也，以《天工开物》卷名，盖物生自天，工开于人，曰天工者，兼人与天言之耳。为卷十有八，凡饮食、衣服、陶冶、矿产、燃料、彩色、兵器、纸墨之原料、出产、造作、工业无不具备。三百年前言农工业书如此其详且备者，举世界无之，盖亦绝作也。读此书者，不特可以知当日生活之状况，工业之程度，且以今较昔，吾国经济之变迁，制作之兴废，亦于是中观焉。全书各卷莫详于《乃粒》，稻则列举粳、糯、旱、香，麦则备述牟、穬、雀、乔，黍、稷、粱、粟之中不遗高粱，火麻胡麻之外遍列各菽，而《膏液》一卷油品植物列举至十有六种。然《乃粒》不载蜀玉黍，《膏液》不载落花生，至于番薯淡巴菰则更无论已。于是知美洲南洋之植物虽已流入中国，在明末时代尚未成为重要之农产也。铜有日本炮曰红夷，糖有洋糖，缎有倭缎。然《佳兵》一卷详弓矢而略枪炮，图亦粗疏，于以知有明末造外国贸易已繁，而日本尤盛，于西洋商品较重于武器也。言金则举川、广、楚、赣、河南而不及辽东塞外，言铜则列举川、黔、鄂、赣，言锡则首推南丹、河池，次及衡、永而皆不言云南，于是知不特东北金场全未开辟，即东川个旧亦皆有清以来始发见也。言银则先举八省，次言八省所产不敌云南之半，于是知迤西诸厂在明时开采已盛，吴尚贤宫里雁之边乱乃其余烬也。其他如耕种灌溉之方，蚕桑纺绩之利，制盐造舟之法，至今未变。松江之织，芜湖之染，近代几无异于明时。而川江行舟所用之火杖（即竹篾编成之纤缠，长可百数十尺，用以纤舟。其折断残余斩以作炬，故名火杖）。殆即东坡、放翁所谓之百丈与？自宋以来未尝改良，于是知科学未兴以前，生活方法进步之不易也。至于北京之琉璃瓦取材于太平，皇居之用砖设厂于临清，分给于苏州，宣红之制法复试于正德，皆足以证明代政令之苛。故是书也，三百年前之农工业史也。然此仅以经济史料言之耳。若以思想史言，则是书固另有价值在。有明一代以制艺取士，故读书者仅知有高头讲章，其优者或涉猎于机械式之诗赋，或剽窃所谓性理玄学以欺世盗名，遂使知识教育与自然观察划分为二，士大夫之心理内容干燥荒芜，等于不毛之沙漠。宋氏独自辟门径，一反明儒陋习，就人民日用饮食器具而穷究本源，其识力之伟，结构之大，观察之富，有明一代一人而已。此其一也。吾国言工业制造之书，固不自宋氏始；然治其业者，类多视为风雅之余事，博识之标榜，又迷信旧说，不能独力观察，往往类引他书，不加判断，其结果则仅尽剪刀浆糊之能事，而无条理叙述之可言。如《陶说》一书即可为此类著作之代表。是书每卷各就其所见闻之事实，为有系统之纪录，首言天产之种类，次言人工之制造，终及物品之功用，通篇未尝引用一书。此种创作之精神，乃吾国学者之所最缺，亦即是书之所独有。此其二也。经济研究首重数计；然统计之观念，乃近世科学训练之结果，故三百年前，欧洲著述者多不能明其重要。宋氏则不然，故《乃粒》篇则曰："凡秧田一亩所生秧供移栽二十五亩。"又曰："蒸（烝）民粒食，小麦居半，而黍稷稻粱仅居半，西极川云，东至闽、浙、吴、楚腹焉，方六千里中，种小麦者二十分而一，种余麦者五十分而一。"《粹精》篇则曰："木砻攻米二千余石，其身乃尽；土砻攻米二百石，其身乃朽。"又曰："凡力牛一日攻麦二石，驴半之，人则强者攻三斗，弱者半之。"《膏液》篇则列举取油原料，每石得油若干斤，以为比较。凡此之类不胜枚举。至于《五金》篇言金质至重，每铜方寸重一两者，银照依其则寸增重三钱；银方寸重一两者，金照依其则寸增重二钱。则物理学之比重观念存焉。此其三也。凡采矿冶金以及贵重品之制造，自古多不正确之传说与迷信。宋氏根据见闻辨正甚多，如《五金》篇辨鹅鸭粪中淘金之讹，斥方士炼银与采锡之妄；《珠玉》篇言珍珠必产蚌腹，其云蛇腹龙颔鲛皮有珠者妄也。又云凡玉入中国贵重用者尽出于阗葱岭，所谓蓝田乃葱岭出玉别地名。《乃粒》篇言野火之非鬼，《陶埏》篇言窑变之无异物，皆根据事实，破除迷信。此其四也。全书多列事实，绝少议论，间有之则精粹绝伦。如《舟车》篇曰："人群分而物异产，来往懋迁以成宇宙。若各居而老死，何借有群类哉？"《陶埏》篇曰："商周之际俎豆以木为之，后世方士效灵，人工表异，陶成雅器，有素肌玉骨之象焉。掩映几筵，文明可掬，岂终固哉？"《五金》篇曰："黄金美者，其值去黑铁一万六千倍，然使釜、鬵、斤、斧不呈效于日用之间，即得黄金，直高而无民耳。"《冶铸》篇曰："皇家盛时则冶银为豆，杂伯衰时则铸铁为钱。"又曰："凡钱通利者，以十文抵银一分值，其大钱当五、当十，其弊便于私铸，反以害民，故中外行而辄不行也。"皆与近世经济学原则符合。此其五也。惟谓矿产采后可以再生螺母，为龙神所护，璞中玉软如棉絮，岭南石金初得之柔软，四川火井不燃而能煮盐，江南有无骨之雀，犹误沿传说。又谓琥珀引草为本草之妄说，棉与纸自古有之，至不信有贝叶书经，则颇出于武断。然此皆观察之不周，时代之限制，不足为是书病。且原序有言："伤哉贫也，欲购奇书考证，则乏洛下之资；欲招同人商略赝真，而缺陈思之馆。随其孤陋见闻，藏诸方寸而写之，岂有当哉？"然则著者之虚衷与著述之困苦，可以想见矣。

余于是盖有感焉：是书成于崇祯十年，距明之亡才六年耳。

而著者初未尝以世乱而废学。且曰:“幸生圣明极盛之世,滇南车马纵贯辽阳,岭徼宦商横游蓟北,为方万里中,何事何物,不可见见闻闻。若为士而生东晋之初、南宋之季,其视燕、秦、晋、豫方物,已成夷产。”方今天下之乱,未必过于明季,交通之利研究之便,则十倍之,而学工者未尝知固有之手艺,习农者不能举南北之谷种,习经济者不能言生活之指数。旧日之生产未明,革新之方案已出,故无往而不败。观于宋氏之书,其亦有以自觉也夫。

一九二八年太岁在戊辰首夏丁文江跋

(收入1956年12月《“中央研究院”院刊》第三辑“丁故总干事文江逝世廿周年纪念刊”)

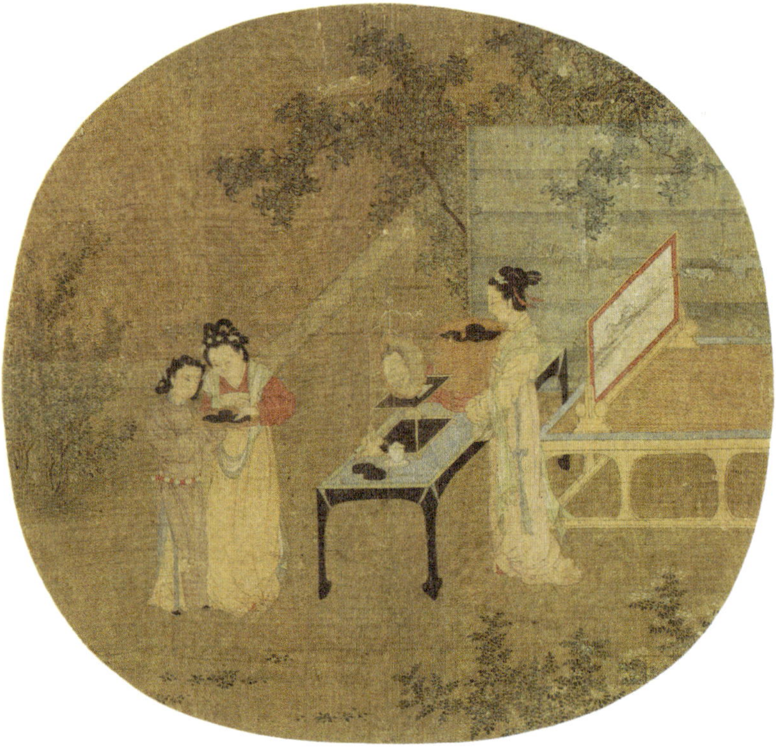

北宋　王诜　《绣栊晓镜图》

明奉新宋应星事略

宋应星，字长庚，明奉新人也，万历四十三年，应星与其兄应并，同举于乡，才名噪甚，而卒不更第。崇祯七年，应星为分宜县教谕，著《画音归正》；友人涂伯聚读而好之，为之刊行。十年，所著《天工开物》既成，伯聚又取以付梓。

家贫，不能广购图书，而艰苦发愤，不少隳其志。十一年，升汀州府推官，有德政，汀人立祠以祀之。寻知亳州。

十五年，奉新有李肃十之乱。肃十者，素业斫轮，而阴为鼠窃者也；练总苛其钱，因仇杀练总，与弟肃七、剧盗李东阳等，聚众为红巾盗；又杀捕兵四人。明年，焚劫马岭邹姓，守备雷大功战死，盗势益张：有十二天王、十八罗汉、二十四天罡、三十六地煞诸名号。分寨乾州，四出焚掠，兵备道陈起龙败绩，都司袁斌等死之。五月，盗会攻安义，为安义县勇击败。起龙方团练乡勇，广招壮士；而应星为推官，招生员周时珙，共谋举义侠；物色得邑人帅万全，万全得乡勇吴义二、吴道一，乃以贡金免焚为名，置酒召肃十。肃十欣然至，慷慨自陈焚掠得胜事，甚夸。万全伪就耳语，挟匕首急刺其颈；没及柄，吴义二等共杀其副将刘子雄。已而起龙以病去，都司何其贤继之，有政声；贼势已杀，应星益破家募士，又遣周时珙纵横游说各寨，兼施反间，盗心多悔者。六月，枧下盗李靖三、乾州盗闵辰一、后城盗张李成等，各杀盗魁来降。司李胡时亨乘胜剿抚兼施，盗始大定。多应星之功也。

应星为人，读书深刻，超迈前人；意所独到，如天马行空，不可羁勒也。多才艺，至书法、奕、棋，无不精通；自谓“淹贯万卷，虽鬼神亦服”。其论明末政治得失：世运、进身、士气、民财、屯田、催科、军饷、练兵、学政、盐政、风俗、乱萌，并有卓见可取；卑卑执政，而世莫能用之。晚岁居隐，终于家。其生卒年代不可考，然顺治十八年邑修志书，有其兄应升传而无应星传；其后志乘，则兼载二人：丁文江先生以是推论应星是年犹存也。应星作怜愚诗曰：“山中樵客老无酶，热芋寒馇八十来，参附若还能续命，王孙公子不须哀！”则应星盖必得其寿者。所著又有《杂色文》《原耗》《卮言十种》等书。

明末理学心传，物极必反，杨惧、陈第、梅鷟之流，已开清人朴学之风；惜乎博于人文，而忽于自然；挚于经史，而疏于格物，科学之不昌明，岂非失之一间哉？应星《天工开物》一书，文成数万，莫不出于实地考察，未尝征引前人一书；是是，非非，必以可信；不袭采以炫异，不泥古而灭今。十八章前言天产，后叙制造，其创作精力之弥满，溢于篇章，前人所未有也。观其乃服、冶铸、陶埏、舟车诸序，皆于人工造化，三复赞美，深服人力可以胜天，而历史进化，后人实愈于前人，皆前人所不敢论者也。应星曰：“世有聪明博物者，稠人推焉。乃枣梨之花未赏，而臆度楚萍；釜鬵之范鲜经，而侈谈莒鼎；画工好图鬼魅而恶犬马，即郑侨、晋华，岂足为烈哉？”此言也，应星之所以为不可及也。

应星以为人力胜天，故凡实事可解者，不以迷信释之。《乃粒》篇云：凡木母火子，多雨之年，孤野坟墓多被狐狸穿塌其中，棺板为水浸，朽烂之极；所谓母质坏也。火子无附，脱母飞扬。人见他处树根放光，以为鬼火也！《冶铸》篇云：大禹恐后世人君，增赋重敛，后代侯国冒贡奇淫，后日治水之人，不由其道，故铸之于鼎，以垂久违。年代久远，末学寡闻，如玭珠、鼍鱼、狐狸、织皮之类皆其刻画于鼎上者，或漫灭改形亦未可知，陋者遂以为怪物魑魅也！《五金》篇云：铸银者取银矿；每礁百斤，先坐铅二百斤于炉内，然后煽炼成团。其再入虾蟆炉沉铅结银，则世宝凝然成象矣。方士以炉火惑人，投铅、朱砂与白银等，分入罐封固，温养三七日后，砂盗银气，煎成至宝。拣出其银，形存神丧，块然枯物耳。《珠玉》篇云：凡珍珠必产蚌腹，其云蛇蝮、龙颔、鲛皮有珠者，妄也。采取太频，则其生不继。经数十年不采，则蚌乃安其身，繁其子孙，而广孕宝质。非真有清官感召也。凡此皆能引实理以入实事，不为凿空无稽之谈；虽今日观之，未必尽是，然其即物穷理，洵无愧于科学方法矣。

应星不为依附影响之谈，故其言：凡罗举名物、统计数目、叙纪方法，必有确乎其可信、可实验、可应用者。如《乃粒》篇所举稻、粱之属，名称数十种；而《膏液》一卷，列油品植物，至十六种；其每石可生油量，悉列之。《陶埏》篇叙景德镇取瓷泥之法，《燔石》篇叙取硫黄之法，皆尤缜致，合于今世化学之论者也。

《天工开物》十八卷：《乃粒》叙谷麦，《乃服》叙丝麻，《彰施》叙文彩，《粹精》叙治米，《作咸》叙取盐，《甘嗜》叙作饧，《陶埏》叙范瓷，《冶铸》叙钟鼎，《舟车》叙交通，《锤锻》叙锥凿，《燔石》叙硫矾，《膏液》叙油膏，《杀青》叙造纸，《五金》叙提炼，《佳兵》叙弓炮，《丹青》叙颜料，《曲蘖》叙酒曲，《珠玉》叙采法。既备述其物类，又精详其造作：天工开之，必有人力成之，乃致用也。为图一百五十余幅，开卷了然，将使吾人日用所利赖，无不知其究竟化生者，可谓勤矣！

应星以为天地间，非形即气，非气即形；杂于形、气之间者，水、火是也。由气化形，由形化气，百姓日用而不知，夫动、植、飞、潜，以至于人，其生且长大，气化形也；及其死而渐灭，形化气也；气聚而不复化形者，日月是也；形成而不复化气者，土、石是也；气从数万里而坠，历埃壒奇候，凝结而为形者，星陨为石是也；气从数百仞而坠，化为形而不能固者，雨雹是也；电光流铄，火、气相化也；密云不雨，水、气相化也。聚千万种子，其大不盈升斗，及其成长，蓊然蔽山谷，皆能气所化也；伐而焚之，既成灰烬，地炁蒸泥，复归无形，仍返气也。牛羊食草木，虎豹饵牛羊，人兼蔬、肴以养，皆草木所化也；及开数百年古墓而视之，则残骸杳然不存；虎豹死于山林，久而澌灭，皆化气也。夫藤蘼积百日而长，根叶蓬然，及其殒落而化也，亦百日而无迹；杉桧之质，数千百年而成，致为栋梁，亦足千百年之用焉；烹雏先熟，而母鸡皮肉方坚韧；黄金入于鼎，其化解也难，铝、铁入于鼎，食顷而化尽。化之迟速者，视其生之久暂。以此推之：墓门之内，彭殇之化，必不同日也。此应星之本质论也。

应星以为：盈天地皆气。气本浑沦之物；分寸间皆具生声之理；然不能自生。以形破气：挥鞭裂帛，急冲急破，气无所归其位，则声得势而生；然缓其势，则不能遭也。高山瀑声，喧豗动魄；而瓮歃水出，曾无声息，为气势之在或不在也。声之播，如投石于水而生环，环之大小，视石之力。夫巨炮震十里之外；摇箑闻五步之间，逼气成声，有差等也。天生五气，以有五行，五行皆有音声：然八音之内，正无水、火，何耶？曰：以水和埏，入火焙之；水、火情合，以为陶器，一击而清声了韵，和合众乐而无愧焉。洪炉之中，金化为水，而复返真；水、火合精，铸为钟镈，乃为八音元韵。则水、火之声，托于金、土也。众器之形，自气所化；发而为声，销化于虚空无形之间，归复于气焉。此应星气声之说也。

世言：水胜火。应星非之曰："水，火之德，相友也。当其隔也，如妃思夫，如母思子；及其合也，融怡爱抱，复返于气。故杯水无功于车薪，束薪不可以沸巨瓮之波，为不称也。其体相称者，'与子偕行'矣！夫燃草木，火空而木烬；为空中自有水气也。闭之于土穴，火不得水意，则其形为炭；此火之变形也。沼池流动；物湿旋干，此皆空中火意所会也。若地面沉阴飕刮，离火气于寻丈之上，则水态不能自活，而凝聚为灾潦矣。至水、火之附物者：凡流沙含金，是金与土有水也；铁击石而火发，是金与土有火也；焚木得火，绞叶滴浆，是木有水火也。夫火疾而水徐，鼓鞴摇箑于炉灶之间，而火先出于薪炭之外矣。"此应星水、火之说也。

应星又以为：二气下聚而为水，上聚而为风。下有归水之墟，小容如觞，中容如盂，大容如瓮，浅者可以度测，深者可以意推，百仞而止。上有归风之郛，或为峭峰，或为圆盖，亦百仞而止。水或湿湿而上蒸，为重云、浓雾，为雨水而归于其墟。风或隐隐而下降，聚游气，微蔼，南北驰驱，仍归于其郛而已。

世说：燕越寒暄，为远，近日轮故也。应星非之曰：大漠以北，仍有炎方；占城以南，尚多冰室：将何以解乎？尘埃之中，水火之数均。夫日，阳精也；夏至及日中常阳，水气腾升，弃火而朝赴之；则火气压抑于地面，故人感火炽热。黄昏日没，水霏霏降而返其初，与火配合焉；则萧萧然寒矣。夫夏至地面甚热，而高山积雪不化；则知地面之热，为水气上薄，而火无偶，故独郁然而盛也。

应星论日，以为：今日之日，非昨日之日也；以为其是一物，是"刻舟求剑"矣。登泰山日观峰而望之，见阳气自下升，至寅、卯，熏聚东方，而渐形成；赤光荡漾，久而后圆，圆乃日矣。时至申、酉，阳气渐征，登亚大腊而望之，白渐红碧，光摇影耀，淹然如炽炭之息；岂复有日形，入于地下，移于远方耶？天形如卵白，上有大圆之郛焉：日、月光耀，未丽其郛，虚悬半际而行；夏至阳气盛长，奋翼高腾，迟迟不坠，故夏日昼长也；冬至阳气萎索，不能强挣而上，精光低垂，故冬日昼短也。日月常明；或及于无明者，所谓"食"也。太阴、太阳，两精会合，道度同，性情应，而还于虚无，其乐融融，乾坤之大欲存焉。寂然之内，呕轮吐明，所谓"无极而太极"也。食不尽，未尽其情也。夫四时代谢，绝处逢生，日、月之一食，其意犹是；而世人以为灾，无是理也。试以事应言之；主彩臣强，日宜食矣；然汉景帝元年乙酉，至后三年庚子，君德昌明，臣庶用命，十六年间，日为之九食。元始五年乙丑，王莽居摄，至建武元年乙酉，强臣窃国，莫此为甚，然二十一年中，日仅两食。事应果如何也？女主乘权，嗣君幽闭，日宜食矣；乃唐贞观元年丁亥至四年庚寅，乾纲独断，坤德顺从，四载之中，日为之五食。永徽元年庚戌迄总章二年己巳，牝鸡之晨，无以加矣；然二十年中，日亦两食。事应又何如也？故日月之食，不为灾也。月有晦、望者，月体东生西没，如日经天，毫不缺少；但为日光所笼，则不见耳。然日长司昼，而月参差其行，不长司夜者，何也？曰："若是，则太阴、太阳，终天隔绝，永无会合之期，故不可也。此造化之深意也。"

赞曰：丁文江先生，谓西洋三百年前科学家，无有及宋应星者；然是时哥白尼、奈端之流，已次第出，则丁先生之说，不尽然也。前人士大夫，皆好言形上之学；其精至者，虽异乎诡奇玄玄，然已非中下之士所可闻而知，行而得者。

至于形下之学，则皤然有所不屑；故高才或掩于极境，亦不过一人知之、一人用之而已。能昌书格物而实地观察者独有一朱熹。熹之言曰："今登高山，以望群山，皆为波浪之状，便是水泛如此；只不知缘甚事凝了？"此今日地壳之说也。推而思之，可以解火山、地震。又曰："常见高山有螺蚌壳，或生石中；此石即旧日之土，螺蚌即水中之物。下者却变为高，柔者却变为刚，此事思之至深，有可验者。"此今日化石及地球化生之说也。推而思之，可以及古生物与地质之学。西人设思、步骤、次第，整然可寻，故能前说后继，发扬不绝；虽恒人亦能了了其究竟。吾国论思出自天才，故数百年而后得一朱熹，又数百年而得一宋应星。应星之抽思，深密博大，固前无古人；而列于世界科举史中无怍色矣。自顾炎武以还，虽方法渐加缜密，而所用在研经稽古，穷人事于邃茫，即有心得，难施于实用，又岂能与今日科学同日语哉？

（选自《江西乡贤事略初稿》，1935年1月江西省教育厅编印）

明　仇英　《山水图》（局部）

《天工开物》原书插图详情表

<table>
<tr><th>卷名</th><th>章名</th><th>节名</th><th>插图名称</th><th>插图数量（幅）</th></tr>
<tr><td rowspan="6">卷上</td><td rowspan="3">乃粒第一</td><td>稻工</td><td>耕
耙
耔
耘</td><td>4</td></tr>
<tr><td>水利</td><td>筒车
堰
陂
高转筒车
牛车
踏车
拔车
水车
桔槔
辘轳</td><td>10</td></tr>
<tr><td>麦工</td><td>耨
北耕兼种图
北盖种图
南种牟麦图</td><td>4</td></tr>
<tr><td rowspan="3">乃服第二</td><td>蚕浴</td><td>蚕浴</td><td>1</td></tr>
<tr><td>老足</td><td>老足</td><td>1</td></tr>
<tr><td>结茧</td><td>山箔</td><td>1</td></tr>
</table>

续表 1

卷名	章名	节名	插图名称	插图数量（幅）
卷上	乃服第二	取茧	取茧	1
		择茧	择茧	1
		治丝	缫车一 缫车二 治丝一 治丝二	4
		调丝	调丝	1
		纬络	纺车	1
		经具	溜眼、掌扇、经耙	1
		过糊	印架、过糊	1
		花机式	花机图	1
		腰机式	腰机图	1
		布衣	赶棉 弹棉 擦条 纺缕图一 纺缕图二	5
	彰施第三	此章无图		

续表 2

卷名	章名	节名	插图名称	插图数量（幅）
卷上	粹精第四	攻稻	湿田击稻图 场中打稻图 赶稻及菽图 风车 扬扇 砻 木砻 土砻 筛谷 舂臼 碓 水碓 石碾	13
		攻麦	磨 砻磨 水碾 水磨 面罗	5
		攻黍、稷、粟、粱、麻、菽	簸扬 小碾图 击麻 打枷图	4

续表 3

卷名	章名	节名	插图名称	插图数量（幅）
卷中	作咸第五	海水盐	布灰种盐 淋水先入浅坑 海卤煎炼 量较收藏	4
		池盐	池盐	1
		井盐	凿井 开井口 下石圈 制木竹 下木竹 汲卤 场灶煮盐 井火煮盐 川滇载运	9
	甘嗜第六	造糖	轧蔗取浆图	1
		造白糖	澄结糖霜瓦器	1
	陶埏第七	瓦	造瓦	1
		砖	泥造砖坯 砖瓦济水转釉窑 煤炭烧砖窑	3
		罂、瓮	造瓶 造缸 瓶窑连接缸窑	3

续表 4

卷名	章名	节名	插图名称	插图数量（幅）
卷中	冶铸第八	白瓷	瓷器过釉 瓷器汶水 过利图 打圈图 瓷器窑	5
		鼎	铸鼎图	1
		钟	朝钟同法 铸千斤钟与仙佛像图 塑钟模图	3
		釜	铸釜图	1
		钱	铸钱图 鎈钱 倭国造银钱	3
	舟车第九	漕舫	漕舫图	1
		杂舟	六桨课船图	1
	锤锻第十	车	合挂大车图 双缒独辕车图 南方独推车图	3
		锚	锤锚图	1
		针	抽线琢针图	1
		治铜	锤钲与镯图	1
	燔石第十一	石灰	煤饼烧石成灰	1
		蛎灰	凿取蛎房	1
		煤炭	挖煤	1

续表 5

卷名	章名	节名	插图名称	插图数量（幅）
卷中	燔石第十一	青矾、红矾、黄矾、胆矾	烧皂矾图	1
		硫黄	烧取硫黄图	1
		砒石	烧砒图	1
	膏液第十二	法具	南方榨 柏皮油及诸芸薹胡麻皆同	2
	杀青第十三	皮油	推柏子黑糙去壳取仁	1
		造竹纸	斩竹漂塘 煮楻足火 荡料入帘 覆帘压纸 透火焙干	5
卷下	五金第十四	银	开探银矿图 镕礁结银与铅图 沉铅结银图 分金炉清锈底	4
		铜	穴取铜铅 化铜	2
		附：倭铅	升炼倭铅	1
		铁	垦土拾锭 淘洗铁砂 生熟炼铁炉	3

续表 6

卷名	章名	节名	插图名称	插图数量（幅）
卷下	五金第十四	锡	河池山锡 南丹水锡 炼锡炉	3
	佳兵第十五	弧、矢	试弓定力 端箭	2
		弩	连发弩	1
		火器	流星炮 八面转百子连珠炮 地雷 地雷炸 混江龙 混江龙炸 鸟铳 万人敌 吐焰神球	9
	丹青第十六	朱	研朱 升炼水银 银复升朱	3
		墨	燃扫清烟 取流松液 烧取松烟	3
	曲蘖第十七	丹曲	长流漂米 凉风吹变	2

续表 7

卷名	章名	节名	插图名称	插图数量（幅）
卷下	珠玉第十八	珠	掷荐御漩 扬帆采珠 竹笆沉底 没水采珠船	3
		宝	宝井 宝气饱闷	2
		玉	于阗国 葱岭阴 白玉河 绿玉河 琢玉	5

清　王翚　《仿赵大年水村图》（局部）